中央编译局文库出版工作领导小组(编委会)

主　　任：贾高建
副 主 任：俞可平　魏海生　陈和平　柴方国　杨金海
委　　员：崔友平　沈红文　杨雪冬　季正聚　陈家刚
　　　　　赖海榕　郝卫东　张文成　刘明清

中央编译局文库出版工作领导小组办公室

主　　任：薛晓源
成　　员：徐向梅　苗永姝

中央编译出版社文库编辑中心编辑小组

刘明清　薛晓源　谭　洁　董　巍　贾宇琰
冯　章　曲建文　苗永姝　邓　彤　杜永明
盛菊艳　李媛媛　薛迎春　董　妍

国家"十二五"重点图书

国际共产主义运动历史文献

第19卷

主　编　王学东
副主编　戴隆斌（常务）　童建挺

第二国际第五次（巴黎）代表大会文献

本卷主编　童建挺

《国际共产主义运动历史文献》顾问委员会

贾高建　俞可平　顾锦屏　高　放　张中云　胡文建
宋洪训　顾家庆　洪肇龙　沈志华　杨光远

《国际共产主义运动历史文献》编辑委员会

主　　编：王学东
副 主 编：戴隆斌（常务）　童建挺
编　　委：（以姓氏笔画为序）
　　　　　王　瑾　吕瑞林　邢艳琦　许宝友　张文成　张文红
　　　　　陈新明　林德山　胡振良　姚　颖　彭萍萍　薛晓源

参加本卷翻译校工作的有

吕志祥　李俊聪　苏冰娴　童建挺　晏　荣　曹青林

参加本卷编辑出版工作的有

薛迎春　苗永姝　董　巍

丛书编辑统筹

苗永姝　李媛媛　董　妍

总　序

国际共产主义运动，是由以马克思主义为指导的无产阶级政党领导的国际性的无产阶级革命运动，其宗旨是推翻资产阶级统治和一切剥削制度，建立和发展社会主义制度，进而最终实现人的彻底解放，建立共产主义社会。

国际共产主义运动迄今已有一百六十多年的历史。19 世纪 40 年代，马克思、恩格斯在创立科学社会主义理论的同时，努力把它与当时西欧无产阶级的革命实践相结合，于 1847 年 6 月创建了第一个国际性的无产阶级政党——共产主义者同盟，亲自拟定并于 1848 年 2 月公开发表了同盟纲领《共产党宣言》。这标志着国际共产主义运动的兴起。

自从共产主义者同盟建立以来，历经第一国际（国际工人协会）、第二国际、第三国际（共产国际），国际共产主义运动由小到大、由弱到强，从西方推进到东方、从欧洲扩展到全球，终于突破资本主义链条上一个又一个薄弱环节，取得了社会主义由一国到多国的胜利。二战后社会主义阵营的建立、民族解放运动的胜利进军、社会主义国家革命与建设的重大成就，为国际共产主义运动史书写了辉煌的篇章。20 世纪末，由于东欧剧变、苏联解体，国际共产主义运动遭遇了严重挫折。但是，历史并没有因此而终结。由《共产党宣言》奠基的国际共产主义运动仍在曲折中前进。各资本主义国家中的共产党、工人党仍在不断探索无产阶级取得解放的道路；中国等社会主义国家仍继续高举社会主义伟大旗帜，为完善社会主义、最终实现共产主义而不懈奋斗。

国际共产主义运动一百六十多年跌宕起伏的发展历程，积累了卷帙浩繁的文献档案，留下了丰富的历史遗产。深入发掘和充分利用这些文献档案，对于我们准确地了解和把握国际共产主义运动的发展进程及各个时期的特点，科学地研究和总结国际共产主义运动丰富且宝贵的经验教训，具有极其重要的意义。特别是无产阶级国际组织，作为国际共产主义运动的重要载体，其文献档案对于国际共产主义运动史研究更是具有特殊的重要意义。

早在1984年春，中国国际共产主义运动史学会就发起编辑出版《国际共产主义运动史文献》。当时由中共中央编译局、中国社会科学院马列主义毛泽东思想研究所和近代史研究所、中共中央党校和中国人民大学等单位共同组建了编辑委员会。编委会商定：这套文献主要收编共产主义者同盟、第一国际、第二国际、第三国际、共产党和工人党情报局这五个国际组织已发表的全部文献档案，包括历次代表大会、代表会议和其他重要会议的记录、决议和有关文件；收编材料力求齐全；凡外国有选编完整的版本者，根据外国版本翻译；凡文件散见于外国不同出版物者，尽力搜集完整，组织力量统一编译；文件完全按照原件翻译，译文力求准确，不作修改删节，以便读者根据完整、准确的第一手材料了解这些国际组织的历史。在当时代管全国哲学社会科学基金的中国社会科学院科研局的资助下，经过编辑委员会、编译工作者和中国人民大学出版社的共同努力，这套文献于1986年开始陆续出版，截至1997年共出版了21卷。

到上世纪末，文献的编辑出版工作遇到了巨大困难。首先是编委会发生了重大变故，主编林基洲、副主编王颖和校纪英相继谢世；其次是出版经费难以为继。为继续出版这套文集，中国国际共产主义运动史学会多方努力，组成以会长顾锦屏为主编的新编委会，从全国哲学社会科学规划办公室争取到一笔资助，于1999—2001年又出版了两卷。此后，因缺乏经费，编辑出版工作完全陷于停顿。

2010年，在中共中央编译局和中国国际共产主义运动史学会的鼎力支持下，中央编译出版社以这套文献申报国家出版基金项目，获得立项资助。中共中央编译局对此项目高度重视，在国家出版基金资助的基础上，给予了相应的资金支持，组建了新编委会，成立了专门机构负责文献整理和编辑工作，并将这套文献纳入"中央编译局文库"出版规划。

经新编委会研究决定，这套文献定名为《国际共产主义运动历史文献》，在其前身《国际共产主义运动史文献》的基础上重新编辑出版。通过进一步广泛搜集资料和适当改变编辑方式，新《文献》的资料更详尽、收文更齐全。例如，在原《文献》的某些卷次中，对已出版的马克思主义经典著作中译本只列目录，不收正文，而新《文献》则全部依据最新的中译本收录，以方便读者查阅。此外，《国际共产主义运动历史文献》扩大了文献资料的搜集和选材范围，采用开放式结构，规模暂定60卷，约2500万字。

中共中央编译局和中国国际共产主义运动史学会对这套文献的编辑出版工作给予了强有力的支持，中央编译出版社为这套文献的立项和出版做了大量艰苦细致的工作，文献的前两任编委会和编译工作者在十分困难的条件下为这套文献奠定了良好的基础，中国人民大学出版社为这套文献的重新编辑出版提供了帮助，在此一并表示衷心感谢。

《国际共产主义运动历史文献》
编辑委员会
2011年12月20日

编辑说明

第二国际第五次代表大会于1900年9月23—27日在巴黎瓦格朗大厅举行。参加大会的有21个国家的791名代表。

大会列有12项议程，主要讨论了夺取社会权力和同资产阶级政党联盟、殖民政策、军国主义以及组织问题。在讨论同资产阶级政党联盟问题时，大会就米勒兰入阁事件展开了激烈争论，形成了三种意见。法国的茹尔·盖得和意大利的恩里科·费里提出的决议案认为，必须禁止任何社会党人参加资产阶级政府；以法国让·饶勒斯为代表的入阁派认为，社会党人参加资产阶级政府符合当时形势的要求和工人阶级的当前利益；卡尔·考茨基提出的决议案认为，个别社会党人参加资产阶级政府不能被看成是夺取政权的正常开端，而只是迫不得已采取的暂时性的特殊手段。大会以29票对9票通过了考茨基的决议案。这个决议案具有很大的伸缩性，因此被人们称为"橡皮性决议"。大会还一致通过了罗莎·卢森堡提出的反对军国主义的决议案，要求各国工人政党坚决反对军国主义和殖民政策，并以各国无产者的联盟来反对各国资产阶级和帝国主义政府的联盟。关于殖民地问题的决议责成各国社会党协助殖民地建立社会党，吸收它加入宗主国社会党的组织并加强各殖民地社会党之间的联系。大会决定在布鲁塞尔建立常设机构社会党国际局，要求国际局保持各国社会主义组织和工会组织之间的联系，协助执行代表大会的决议等。比利时社会党人王德威尔得当选为国际局主席。

本卷收录的内容包括三个部分：（1）代表大会通告信和列入议事

日程的有关问题的报告；(2)代表大会会议记录；(3)各国党和工人组织向大会提交的报告。代表大会会议记录共收入三份，其中有两份法文版，一份德文版，分别为巴黎新书店和出版公司1901年出版的《1900年9月23—27日在巴黎召开的第五次国际社会党代表大会正式提要报告》(Compte rendu analytique. Cinquième Congrès Soicaliste International tenu à Paris du 23 au 27 septembre 1900, Société Nouvelle de Librairie et D'Edition, Paris, 1901)，巴黎《半月手册》出版社1901年出版的《1900年9月23—27日在巴黎召开的第五次国际社会党代表大会非正式速记报告》(Compte rendu sténographique non official de la version française du cinquième congrès soicaliste international tenu à Paris du 23 au 27 septembre 1900, Cahiers de la Quinzaine, Paris, 1901) 以及柏林《前进报》出版社发行部1900年出版的《巴黎国际社会党代表大会（1900年9月23—27日）》(Internationaler Sozialisten-Kongress zu Paris, 23. bis 27. September 1900, Verlag der Expedition der Buchhandlung Vorwärts, Berlin, 1900)。其他文献根据1980年日内瓦明科夫出版社出版的乔治·豪普特主编的《第二国际史料》第13卷（Géorge Haupt, Histoire de la IIe Internationale, Tome 13, Minkoff Reprint, Genève, 1980)收录的有关英文、法文、德文文献翻译。

本卷主编依据中共中央编译局编译马克思主义经典著作的标准统一了人名、地名、组织机构名、报刊名等专用名，增加了对原书中一些名词和引语的注释。书中文献的脚注，凡未加说明的都是原文本编者所注；中文本译者或编者所加的注，均注明"——译者注"或"——编者注"。

目 录

代表大会通告信和列入议事日程的有关问题的报告……… 1
  1900年国际社会党代表大会 ……………………………… 3
  关于市政社会主义的报告——比利时工人党布鲁塞尔联合会
    提交1900年巴黎国际社会党代表大会 ………………… 7
    参议员、助理地方长官和市长的任命 …………………… 10
    市镇自治 …………………………………………………… 10
    我们的市镇工作——重组旧的行政部门 ………………… 11
    社会主义市镇议员联合会 ………………………………… 13
    公共照明设施 ……………………………………………… 14
    有轨电车和村间铁路 ……………………………………… 14
    火灾保险 …………………………………………………… 15
    政府经管的工程 …………………………………………… 15
    企业的劳动条件 …………………………………………… 16
    学校的相关事务 …………………………………………… 16
    跨市镇的收容所 …………………………………………… 17
    孤儿的安置 ………………………………………………… 17

工人住宅 …………………………………………………… 18
　　供水 ………………………………………………………… 19
　　助理地方长官 ……………………………………………… 20
　　全民公决 …………………………………………………… 21
　　结论和决议 ………………………………………………… 21

巴黎国际社会党代表大会会议记录

　（1900年9月23—27日）……………………………………… 23
　1900年9月23—27日在巴黎召开的第五次国际社会党代表大会
　　正式提要报告 ……………………………………………… 25
　　1900年代表大会之前召开的历次国际代表大会 ………… 25
　　巴黎代表大会的准备工作 ………………………………… 26
　　大会第一天（9月23日，星期日）………………………… 31
　　大会第二天（9月24日，星期一）………………………… 37
　　大会第三天（9月25日，星期二）………………………… 47
　　大会第四天（9月26日，星期三）………………………… 60
　　大会第五天（9月27日，星期四）………………………… 77
　　代表大会决议 ……………………………………………… 95
　　出席大会的代表团 ………………………………………… 108
　1900年9月23—27日在巴黎召开的第五次国际社会党代表大会
　　非正式速记报告 …………………………………………… 111
　　前言 ………………………………………………………… 111
　　伦敦代表大会的决议 ……………………………………… 112
　　大会筹备工作 ……………………………………………… 113
　　召开代表大会的通知 ……………………………………… 117
　　大会第一天 ………………………………………………… 118

代表大会第二天 ·· 131
　　大会第三天 ·· 150
　　大会第四天 ·· 177
　　大会第五天 ·· 211
巴黎国际社会党代表大会（1900年9月23—27日） ········ 261
　　出版说明 ·· 261
　　出席大会的德国代表名单 ······································ 261
　　大会的前期准备 ··· 263
　　开幕会议（9月23日，星期日，上午10：30） ············ 264
　　第二天的会议（9月24日，星期一） ························ 272
　　第三天的会议（9月25日，星期四） ························ 277
　　第四天的会议（9月26日，星期三） ························ 287
　　第五天的会议（9月27日，星期四） ························ 298

各国党和工人组织向大会提交的报告 ························ 319
　　德国的工会运动——向1900年巴黎国际社会党代表大会
　　提交的报告 ·· 321
　　　概况 ··· 321
　　　工会的法律地位 ·· 323
　　　工会中央联合会 ·· 324
　　　中央联合会举行的罢工 ····································· 329
　　　地方协会 ··· 330
　　　希尔施—敦克尔同业公会联合会 ························· 331
　　　基督教工会 ·· 333
　　　结束语 ·· 336

丹麦社会民主党向1900年9月23—28日于巴黎举行的
 工人国际社会党代表大会提交的报告 …………………… 338
  丹麦社会民主党的政治活动 ………………………… 338
  丹麦的工会运动 ……………………………………… 342
西班牙社会主义工人党致1900年巴黎国际代表大会 …………… 352
美利坚合众国社会民主党代表向1900年巴黎国际社会党
 代表大会提交的报告 …………………………………… 360
  社会主义运动 ………………………………………… 363
1896年8月—1900年8月匈牙利社会民主党的活动情况——
 向1900年巴黎国际社会党代表大会提交的报告 ………… 368
1896年国际代表大会以来荷兰工人运动主要事件概述——
 社会民主党执行委员会为1900年9月巴黎国际代表大会
 编写 ………………………………………………………… 385
  附录 …………………………………………………… 393
关于俄国社会民主主义运动的情况——向1900年巴黎国际
 社会党代表大会提交的报告 …………………………… 395
关于瑞典社会民主主义和工会运动的情况——向1900年巴黎
 国际社会党和工人代表大会提交的报告 ……………… 428

代表大会通告信
和列入议事日程的有关问题的报告

1900年国际社会党代表大会①

同志们：

国际社会党代表大会将不能在德国举行，我们的德国社会党同志要求法国社会党人按照伦敦代表大会的指示，于1900年在巴黎组织这次大会。因此，法国社会党人有责任向各国同志们拿出有关组织工作的具体措施。所以，我们邀请你们先参加一个预备会议，该预备会议将确定召开国际代表大会的条件。

我们以全体法国社会主义政党的名义向你们发出这个邀请。构成这个全体的是在全国建立起来的五大组织，即法国独立社会主义者联盟、法国社会主义工人联合会、法国工人党、革命社会主义工人党和革命社会主义党。它们已成立了一个协调委员会，就共同利益问题进行兄弟般的磋商。

这个协调委员会是在社会主义基本原则（生产手段和交换手段的社会化，劳动者的国际联合和国际行动，通过无产阶级组织成为阶级政党夺取政治权力来实现社会主义）的基础上建立起来的。代表大会应是一次社会党人的政治大会；我们向你们建议，以我们协调委员会和各国社会党人所通过的党的基本原则为基础来组织这次代表大会。因此，我们希望防止出现影响上次代表大会那样的冲突。

---

① 这是法国社会党人协调委员会就即将于1900年在巴黎召开的国际社会党代表大会的预备会议向全世界社会党组织和工人组织发出的通知。

我们觉得，我们这样做是在遵循伦敦代表大会的真正精神。的确，伦敦代表大会似乎通过了既有政党又有工会团体参加的混合大会的原则。但是，在号召工会组织参加的同时，伦敦大会也要求他们加入到政治斗争中去。因此，这表明工会组织参加即将召开的代表大会具有政治性。

不过，我们认为，这种政治斗争显然应该沿着社会主义方向进行。要求工会组织接受立法斗争而不要求他们接受生产资料社会化和劳动者的国际协调，这将可能是承认那些早已被包含在天主教徒的圈子里或坚信倒退的民族主义的反动的工人团体；这还将可能使出席代表大会的工人阶级丧失它的阶级性，因为工人阶级只能在以社会所有制反对资产阶级所有制和以工人的国际主义反对资产阶级的世界主义或反动的沙文主义的同时才能作为阶级展示自己。

毫无疑问，正如伦敦代表大会所谨慎决定的那样，要求工会组织持久地或经常地进行政治活动并不适合；但似乎有必要要求他们参加国际社会党代表大会的代表们接受以社会主义基本原则作为其被委托的总的基础。

十分清楚，社会党在确定其至关重要的原则的同时，还要遵循任何依靠自己的决定才能生存下去的有机体所必须遵循的一切法则。但是，对于我们来说，我们不希望通过武断的或宗派主义的解释缩小代表大会的范围，使其大门变得窄小。当我们谈论社会党夺取政权的时候，我们要说，既不能轻视无产阶级的经济组织也不能将其置于次要地位。没有无产者的这个工会基础和职业群体，社会党的政治斗争就可能陷入空谈。而且，无产阶级在其取得胜利的那一天，就不可能牢牢地掌握对已经改变了所有权的产业的管理，而可能仅仅处于一种监督状态。

因此，当被告知各国工会组织，特别是在雷恩举行的一次法国工会代表大会倡议在巴黎召开一个国际工会组织的代表大会时，我们只能对此给予鼓励,并表示我们最热烈的赞同。我们可以肯定,全球的无产阶级在以经济和政治两种形式表现自己的同时,将会给世界一种具有全面的力量的感觉:如果不发生任何让人担心的冲突,工人运动的这两个方面将是互为补充的。

但同时,我们将非常希望工会组织能有代表直接参加社会党人的政治大会——当然是在给予他们的代表社会主义的政治委托书的条件下。这样,进入政治大会的大门也就将会尽可能地被大大打开,而导致混乱的危险也将得以避免。这次巴黎国际社会党代表大会将再一次认可30年来由我们社会党在各国召开的全国代表大会和国际代表大会所确定的原则。

这里我们要补充说一句,在谈论已经组成阶级政党的无产阶级夺取政权来实现社会主义时,我们还没有确定这种夺取政治权力的方式。我们不能,也没有人能使这种夺取权力的斗争沦为唯一的议会斗争。

就是在我们国家里,这也是一些决定或标志着政治和社会运动的革命事件;社会党在世界各地所经受的实际条件是各不相同的,因此人们不能把无产阶级向着夺取政权的进军限制在一个狭小的模式中。

但是,必须明确的是,无产阶级将不会因为当权者的善心而获得解放;无产阶级只要形成力量,就将会开始拥有自己的权利,也就是拥有自己的所有权。然而,要是无产阶级不通过集体的、一致的行动去夺取资产阶级现在所掌握的政权,那么,它将是毫无力量的。

社会党如果不拒绝各种改良和治标的办法,就不能为自己确定控制当今政治、法律和军事工具的最高目标。主张社会主义的无产阶级在夺得政权的同时,将要改变政权的机制,同样也要改变政权的目标。这个新政权就是为了共同生产而结成同盟的劳动者的组织,这些组织将行使这个政权。

这不是由一个领袖人物替代另一个领袖人物的问题,而是推翻资产阶级政权——其社会统治堡垒——以达到改造社会的目的。国家，这个剥削阶级的强制工具，将很快被摧毁，被劳动共同体征服和代替。

在通过消除各种误解来明确我们目标的同时，我们确定社会党的政治斗争要尊重在斗争途径和方法方面各种不同想法的存在。社会党人一直认为，无产阶级真正的精神团结不能只是那些具有聪明才智的人在这个通知所确定的基本原则范围内进行自由合作的结果。

我们以十分宽广的情怀和极为热情的思想来解释社会主义的基本原则，例如我们的协调委员会所通过的原则、国际社会主义所包含的原则等，如果我们没有弄错的话。

我们在此预先肯定，这是十分伟大的战斗团结的思想，它将激励所有社会党和无产阶级的代表们。我们请你们尽早地选派代表出席已向你们建议拟定于5月20日—5月30日在布鲁塞尔召开的预备会议。

独立社会主义者联盟：布朗德尔，巴黎市议会议员；科利，巴黎市议会议员；欧·富尼埃，国民议会议员；厄特马特；让·饶勒斯；让·拉比斯基埃尔，巴黎市议会议员；帕基耶。

法国社会主义工人联合会：布隆多，巴黎市议会议员；保尔·布鲁斯，巴黎市议会议员；谢里；德古尔；拉罗什；皮埃尔·莫雷尔，巴黎市议会议员；帕泰。

法国工人党：加布里埃尔·贝尔特兰德；勒奈·沙文；爱·福尔坦；加布里埃尔·法尔雅；茹尔·盖得；P.佩德龙；普雷沃。

革命社会主义工人党：巴尼奥尔；A.巴拉；布尔德龙；茹安迪；A.勒诺尔芒；赖斯；阿·里沙尔。

革命社会主义党：J.–L.布雷东，国民议会议员；路易·迪布勒伊；埃贝尔；郎德兰，巴黎市议会议员；H.勒帕热；马克桑斯·罗尔德；爱·瓦扬，国民议会议员。

关于市政社会主义的报告

——比利时工人党布鲁塞尔联合会提交
1900年巴黎国际社会党代表大会

有必要在国际社会党代表大会上表明市政社会主义的优越性吗？

无产阶级所追求的目标，就是它的彻底解放。

而达到这个目标的最有效的手段，就是夺取政权。

但是，政权并不是仅仅由国家来行使的，哪怕是在最高度集权的国家里。

大城市和大乡镇起着重大的政治作用。它们是社会权力的一部分。

在这种情况下，夺取市镇政权具有无可置疑的实际意义，这不仅是由于市镇政权本身的作用，而且它还在一定时候构成一种对中央政权有影响的巨大力量。

可以肯定，如果有一天工人阶级想握有政权并使其为社会主义的利益服务，也就是说为大众的公平正义和福利服务，它就应该为此掌握必要的管理知识。然而，这些知识不是一下子就能获得的，尤其是不可能在议会那里得到。唯有每天的管理实践才能够培养人才和公共事务的管理者。

因而，仅从这个观点来看，夺取市镇是件极好的事情，甚至是必不可少的。但问题的另一面是，谁来安排我们做这些事情，谁会让我们觉得他同样非常关注这些事情。现在，我们想谈一谈在市镇范围内要实施的改革。

可以确定下来的改革有以下几个方面：

大众教育及其必然结果：开办学校食堂，定期向最贫困的孩子分发衣服和鞋。

组织好**公共救济**，最好是用社会互济事业取代现行的救济体系，现行救济体系只能减轻穷人的负担而不能预防贫困。

公共工程——有保障的社会公益工程，这些工程针对市镇里那些拿工资的劳动者，包括拿最低工资的劳动者、享受正常工作日的领薪雇员，等等。

实行**市镇赋税改革**和普及实际所得税。

由市镇**建设廉价住房、澡堂、公共洗衣房**等，采取各种有利于最大多数人健康和卫生的措施。

各种保险——市镇的或跨市镇的，如火灾保险、疾病保险、失业保险等。

特别是：

创办和扩大公共服务：有轨电车、煤气、水、电等。

从这种简单和不完全的列举中，人们可以判断夺取市镇从社会主义观点来看所具有的重要性。

持续的社会实验在这里有着明显的位置。

此外，人们知道，各个方面的示范起着怎样的重要作用。

谁不知道英国和整个欧洲的合作运动大部分是由于著名的**罗奇代尔公平先驱者合作社**[①]所作出的示范而开展的？

[①] 1844 年在英国的罗奇代尔镇由 28 个失业纺织工人自发成立，当时每人出资 1 英镑作为一股，共 28 英镑，后来逐渐发展壮大，社员增加到近 3 万人，股金增加到 40 万英镑。它所建立的罗奇代尔原则后来成为指导国际合作社发展的基本原则。——编者注

同样，在比利时，之所以合作运动从1885年便开始十分惊人地发展壮大，不是归功于尤其是根特的**前进消费合作社**①的榜样作用吗？

那么，对于那些通过民间组织或通过创办市镇公用事业、为了公共利益总目标而行动的城市或乡镇来说，它们所作出的榜样也将同样是影响巨大和可观的。

城市化正在各国，尤其是在英国特别快速地发展着。这种市镇政策的社会主义性质是不容置疑的，尽管它一直不被认识或承认。

社会主义的对手——资本家的保护者——却清楚地看到了这一点。因此他们开始担忧，甚至主张采取措施停止或阻挠公用事业的城市化。

就在最近，英国上议院议员埃夫伯里在《现代评论》里发出惊恐的喊声，1900年8月15日的《经济学家》再现了这位贵族议员的哀叹。

他说，如果像人们所建议的那样，把自来水公司再买回来，这将是一笔1亿英镑的交易，但这笔钱得要去借；回购煤气公司将需要0.5亿英镑，有轨电车0.3亿英镑，贫民住房0.5亿英镑，然后还有其他公用事业设施，例如照明设备、电话，等等。

埃夫伯里议员忧伤地写道："如果这些企业归市镇政府管理、由城市来垄断，那么，私人企业将会变成什么样？"

我们回答说，它将变成它所能有的样子。私人企业只能由其股东的利益来支配。市政府垄断是以总体利益和雇员们的利益为基本目的的。

资本家，即垄断企业的股东们，不满意政府管理部门向借给其资金的股东们仅付2%—3%的利息。他们认为股东的红利应该提高两倍或三倍。而对于大众、对于纳税人来说，则有不同的看法，认为这是相应

---

① 1891年由爱德华·安塞尔创办，一直存在到1970年。——编者注

地减少寄生性。

我们觉得似乎不需要再强调市有化的好处了，因为其好处是显而易见的。

我们仅仅简单地陈述了 1895 年——首次市镇议会选举的那一年——以来，在新选举制度下人们在比利时所做的事情。

这种被称为多元选票制的选举制度发给穷人一张选票，发给富裕阶层的人两张、三张或者四张选票。

因此我们要告诉他们，在我们国家里，市镇法律是什么样的，有哪些社会主义市镇议员组织以及五年来他们在极其困难的条件下完成了哪些事业。

参议员、助理地方长官和市长的任命

参议员由市镇全体公民直接选举，这些公民须年满 30 岁、在当地居住 3 年以上（在他们离开的市镇里则失去他们的选举权）。任何公民至少有一张选票，但也会根据其能力和财产条件发给两张、三张或四张选票。

助理地方长官过去是由国王指派，而现在则由议会在其会议上选举产生。他们只有执行权。

市长由国王指定，并兼任警察局长。他是中央政权的代理人，同时也是市镇的首席行政官员。

市镇自治

"任何市镇关心的事情"都是议会权限范围内之事，但议会最重要的决定都要呈报上级（省议会的常驻议员和国王）批准或同意。当上级机关认为某一个决定违反法律或共同利益时,可以强制中止该决定的执行。

在这种情况下,人们知道,几乎一切都按法律原则和行政惯例办理,但行政惯例会依上级机关之意而更改,上级机关只对公众舆论负责。

因此,为了使大部分改革得以实现,应该设立一些新的税种或者修改现有的税种,借入资金,购买一些不动产。就这些问题所作的决定一般应该由省议会常驻议员批准,而有些决定则应由国王批准。市镇的自主权可能从此被大大地缩小,这种情况目前正在发生。

社会党人想在其政府的各个部门都进行一些改革,但要达到这个目的,需要有一些财源。贫民阶层已经饱受当前各种捐税之苦,因而必须要使他们获得能够保证生存的收入。可是当市民们建议实行一种恰当的实际所得税时,政府拒绝了这个建议。当人们建议对那些工厂主们按其企业的规模成比例地征税时,政府只同意在减少最大工厂主们的负担和对其他更多的人征税的条件下才批准这种税。结果是,只要一提出需要大量财力,所有的方案便被搁置一边了。

我们的市镇工作——重组旧的行政部门

然而,与其他国家所做的市镇工作相比较,我们已经做了大量的市镇工作。在社会党人尚未进入市镇议会之前就已成为市镇工作的目标的事情——在我们国家里作为基本的城市功能的教育、社会救济、公共交通等,在其他国家里可能就被称为市政社会主义。而当这些服务工作能够在大体上得到较好的管理时,人们明白,我们的朋友们表面上似乎没有进行什么改革,但他们在任职的头几年里并非无所事事,他们不仅作出了努力,而且还使用预算中的所有财力来改善那些安排得不太完善的服务。

我们向我们的议员发放了调查问卷，得到的回答是相同的，无论这些回答来自哪里：

"教育可悲地被忽视了：校舍不足而且不卫生，教学人员太少而且工资低；除了普通教育，既没有成人课程也没有家政学校，职业学校或工业学校也很少；学校在某些方面做得还很不够，例如学生伙食、服装、运动、往返学校等方面。"

"社会救济也要进行彻底重组。"

"同样也明显不足的公共交通大多时候只是在当它可能对这个或那个重要人物有用时才会使市政官员们挂虑。"

因而，为了能进行更长远的工作，这就是我们议员们在考虑做其他事情之前所要做的工作。

从 1895 开始，他们就在几乎所有的地方着手工作，我们收到的所有报告都让我们得到了同样的证实。名为《社会未来》的市镇简报分别于 1899 年 2 月、3 月和 5 月和 1899 年 9 月发表了关于马西内勒镇和库尔塞勒镇教育事业情况的文章。

让我们再举另一个城市——拉卢维耶——的例子：

教育方面，在改善普通初等教育的同时，我们的朋友开设了不少成人课程，例如木版画和石版画课、电气课、法语课和外语课，还开办了一所家政学校；今年又开设了树木栽培课；他们还为工作人员编制了薪金一览表。他们每年向公立学校的贫困学生发放大约 4000 法郎的衣服。

我们能够举出更多这样的例子，这些例子表明了 1895 以来，我们的议员们主要在忙些什么工作：他们在精心地规划那些已经陈旧的公用事业工程。在不少市镇里，财政状况是很糟糕的，有必要重新建立财政的平衡，为此他们耗尽了基本财力。

然而，这些优秀的管理者清醒地认识到，在看到那些市镇议会所实现的更受支持、更为积极的的事业之前，还应该指出另一个重要的、说明为什么某些议会没有能完成更多改革的主要原因。

我们在教育方面失败的组织工作所产生的第一个后果是，只能给工人阶级的子女提供一种糟糕的教育。1890年普查时，文盲比例占总人口的28％。如今这种状况的受害者是那些由于同胞的信任使其就任议员职位的人。在议会里，具有良好的意愿和聪明才智是不够的，因此还必须熟悉如何运用各个十分复杂、不断变化的政府机构。这件事对于新当选的议员来说，如果政府工作人员对他们表示同情并以自己的经验给予帮助，则是相对容易的。但是，一般地说，这些工作人员都是以前各政党的亲信，他们永远不会向我们的朋友传授经验，只会看着他们犯错误。

社会主义市镇议员联合会

在这种情况下，工人党总委员会认为，在党内必须有一个机构能使自己的议员在那里了解各种有关他们行使职权所需的资料。于是，总委员会积极推动建立一个社会主义市镇议员全国联合会，由其负责召开年度代表大会，特别是由其来成立一个委员会，该委员会设有一个带薪的常设秘书处，即负责回答议员们提出的各种问题的资料室。这个秘书处于1897年开始投入工作。

议员们提出的问题的数量和性质很快就证明了秘书处的明显作用。大部分问题属于法律和行政方面。

我们对最近一年议员们提出的问题做了统计：1899年8月15日—1900年8月1日，秘书处共收到了400多个问题。在这些问题中，有一些是很容易解答的，但更多的需要进行半天有时甚至几天的研究之后才能答复。

1898年12月，由于党费从1法郎增加到了3法郎，委员会能够开始发行《市镇简报》。它是比利时工人党的刊物《社会未来》的一部分，每月出版16页用以介绍市镇政府的有关理论、实践、司法案例、参考书目等。

负责提供情况数据的秘书处同时还要对数据进行研究，然后把市镇政府关心的所有问题建立卷宗。

建立问题卷宗显然不能只是慢慢地进行，这一工作最近已经取得很大进展，并且在各国的专题文献中有着越来越重大的影响。

这些卷宗的必要性也开始显现出来，因为经历了财政的适应期和平衡期后，我们最活跃的议会开始考虑实现我们规划中的重大改革：照明（煤气和电）服务、有轨电车、火灾保险、公共工程管理、教学事业、创办跨市镇的收容所、工人住宅等的市镇化。有些改革现在已经完成或者已经进行了讨论。

公共照明设施

实现照明服务市镇化的市镇很少。布鲁塞尔（自由市）长期以来几乎仅有煤气服务，近三年才增添了电。煤气和电力公司与市镇政府有着长期合同，大部分合同在20世纪头十年到期；现在几乎到处都在准备搞服务市镇化。

有轨电车和村间铁路

有轨电车只有大城市才有，而在那里，我们的朋友不占多数。在布鲁塞尔、安特卫普和列日，各电车公司踊跃地向服务于资本家阶级的多数派（自由派和教权主义者的联盟）要求延长他们的经营特许权。一个值得指出的事实是,在安特卫普,一些市镇议员本身就是电车公司的管理者。

在有关交通工具的一章中,引人注意的是提到了比利时通郊区的有轨电车铁路(相当于英国的轻轨铁路)系统。通郊区的有轨电车的服务集中在国家通郊区的有轨电车铁路总公司的手里,它分别由诸多支线集团分割的股本应由市镇、省和国家认购,仅三分之一留给私人资本拥有。因此,铁路总体上还是属于关心其存在的各级政府。铁路一旦建成,就要对其经营权进行招标。其中五条线路由为此而合股的市镇经营。1897年,对这些通郊区的有轨电车铁路合法性的质疑声提高了,而一部法律认可了它们的存在。这个涉及从建设到经营、到对特许权的所有权的有益集中、再到经营权的分散等一系列铁路服务的法律体系,是互相对立的集体利益得以调解的一个引人注意的、富有教育意义的例子。(一份就此主题进行详细研究的报告将发表在《社会未来》9月号的《市镇简报》中。另见L.贝尔特兰德发表在1899年7月号的题为"市镇工会"的文章。)

火灾保险

火灾保险是我们在斯哈尔贝克的伙伴贝尔特兰德和在布鲁塞尔的伙伴德尔巴斯特感兴趣的研究对象。另一个出自安德莱赫的前天主教议员M.霍尔巴赫的方案主张为火灾保险成立一个跨市镇的公司。至今已有60个市镇加入了该公司。

政府经管的工程

公共工程的施工由政府管理的做法已在许多市镇实现,这些工程涉及公共交通网、房屋的维修保养等。但是，进一步扩大市镇政府对工程的管理却无法实现，因为省和国家正在通过提供补助款介入所有工程，而这些工程本应该是通过招标来完成的。现在需要研究的问题是，想要知道市镇是否可能像伦敦的政务委员会那样成立一个"工程局"，这个工程局独立存在，与市镇的其他行政部门没有任何关系，并且可以以承包人的名义参加竞标。无论从哪个角度来看，这都将是件极好的事情。首先，市镇工程的全体人员因担心企业家的竞争而可能总想着尽可能节省地完成工程；另一方面，如果工程局能以比企业家更低的价格承包工程，那么财政利益显然会驱使人们把工程交给工程局；再有，公共利益也将会得到保障，能够应对那些串通一气的企业家们为降低价格而可能结成的联盟，就像在伦敦所出现的情况那样。

企业的劳动条件

对于市镇政府实施的工程或者委托给承包人的工程，我们再补充说一句，在几乎所有的社会主义市镇里，工资的最低限额、每天工作的最长时间（几乎到处都是10小时，很少是8小时）和意外伤害保险在招标细则中都有明确的规定。

在列日省，省议会决定对那些没有把这些条款写进招标细则中的市镇将不给予补助款。

学校的相关事务

学校的相关事务（食堂、学生穿着、夏令营、徒步旅行）最初一般都由自由党人或社会党人的私人公司承担，市镇政府给予它们补贴。

到现在，仅有很少的市镇政府恢复了给学校的这项服务。

说到这些事情，我们要揭露上级机关那些作出某些决定的"智力超群"的人：

马尔什勒埃科希讷镇把为学校的贫困孩子发放长外套所需的200法郎列入了1898年的预算。常驻议员批准了该镇的预算项目，但条件是这些衣服不是发给最贫穷的孩子，而是发给成绩最好的孩子！

还有人能表现出比这更为无知和更为愚蠢的吗？这么说吧，让学校增加这些工作不仅是因为一些贫困的孩子身体状况不佳，而且还因为体质的糟糕导致了智力的衰弱，难道就这样在他们身体状况尚未得到改善之前，就要求他们智力出众并且成绩必须位居他们富裕的同学之前吗？这实在是荒唐，人们只能承认这是有悖常理之事。

这使人们想起这些自由党人的声明，执政的自由党从来没有想要实现义务教育，并且拒绝所有不具有一定文化水平的人的选举权。

跨市镇的收容所

在一部特别法律允许的情况下创办跨市镇的收容所，这件事在我们的许多市镇，特别是在贝讷-赫塞（列日地区），在中部地区、沙勒罗瓦地区和博里纳日正在研究。

孤儿的安置

孤儿的安置也很让我们的议员挂虑。他们之前的政府部门，无论是自由党的还是教权主义者的，都推卸了法律赋予他们的这个使命，他们把孤儿放到修道士开办的孤儿院，或者把他们安置在一些家庭里，安置在国内最贫穷、最落后的地方，甚至是实际上最狂热信奉天主教的地方

（见《社会未来》1900年8月号）。

　　这些孤儿中的一些人被政府部门仅以每月8法郎安置。人们懂得，这些孤儿应该得到身体和智力方面的照料！

　　因而，在这里要再一次地说，是财政方面的原因为我们的朋友们所计划的改善措施带来了第一个障碍。这个孤儿问题，即捡来的弃婴问题，是最重大的问题，因为每年放到我们手上的就有几百个这样的孩子，不过，我们能给这些孩子提供令我们满意的教育。

工人住宅

　　市镇政府建设工人住宅在我们国家里遇到了来自一些传统政党的最强烈的抵制，首先是因为社会党人询问此事，这就足以使他们明确地表示反对；然后是因为这些政党在从事廉价住房建设的私人慈善协会里拥有许多他们的房屋，而这些房屋的居住者**应该**成为房屋的**所有者**。

　　直到现在，建设工人住宅问题几乎只在几个大的中心城市（布鲁塞尔、根特、列日、斯哈尔贝克）被提出过，在这些大城市，人口的密度已迫使人们对这个问题进行研究，拆除一些卫生条件太差的居住区已成为当前的现实问题。但是由于我们的朋友在这些大城市中是少数派，他们提出的解决办法除了在斯哈尔贝克之外，都遭到了拒绝。在斯哈尔贝克，根据我们的伙伴、助理地方长官贝尔特兰德的建议，在一个纯社会主义的解决办法遭到失败之后，一个和解性的解决办法于1898年7月22日获得通过。于是，一个工人住宅建设销售租赁股份有限公司成立了，公司拥有认购资金25万法郎，其中市政府出资20万法郎、收容委员会2.5万法郎、济贫所2万法郎、学校食堂合作社1250法郎，另外还有一位社会党市议员、一位天主教徒和一位自由党人各出资1250法郎。从公司本身的构成来看，这是一个公益性质的公司。

我们应该再补充一句，在比利时，工人住房问题常常被看做是属于公立救济机构的工作范围，此外，许多救济机构拥有一些房屋并在那里安置了一些贫困家庭。显然，建设工人住宅这项工作就像我们所理解的那样并不具有施舍的性质。除此之外，济贫所是能够帮助解决问题的机构之一。因此，我们在马尔什勒埃科希讷镇的朋友们打算马上向他们的济贫所——大量土地和国家资金（大约60公顷土地和5万法郎）的拥有者——提交一份工人住宅建设方案。

由于有关这方面的法律是各不相同的，因此也有必要说，在比利时，社会救济所是一个管理机构，其成员（全部而不是像法国那样只有一半）是由市镇议会在市镇政府的监督下任命的，这种监督包括市长和助理地方长官共同的直接监督与负责批准预算和账目的市镇议会的间接监督。市长是当然的社会救济所主任。对我们来说，更有实际意义的是，我们要像法国朋友那样请求市长能够授权，以便尽可能地在每次开会时都有一个市镇机关的代表出席。

供　水

在大型公用工程中，除了公共交通网和照明工程，供水问题也让许多市镇机关十分费心。这个问题促使布鲁塞尔市出台了一个值得关注的解决办法，即成立一个跨市区和郊区的公司，该公司涉及水管所通达的全市9个区镇。公司采取合作的方式。水取自那慕尔上游墨兹河的一条支流博克河的源头。水的流量很大，各区镇限定每人每天用水量为150升（包括私人和公共用水），水费为每立方米5生丁。公司的成立使得所有参与其中的区镇水价降低了。关于这个问题，斯哈尔贝克市值得一提。助理地方长官贝尔特兰德首先建议要让自来水的建设投资变成强制性的，而水的使用变成免费的。服务费由土地使用所得的普通税来抵偿。这个办法只被部分地接受了。他所建议的普通税被减少了一半，水的预订方式被保留，但价格从原来的每 6 万升 27 法郎改为了 8 法郎。

助理地方长官

谈到斯哈尔贝克，我们要说一下策略问题。对于这个问题，我们可能不同意国际社会党各国组织的观点：我们应该或者说我们能够接受在我们不占多数的市镇议会里有一个助理地方长官的职位。一般情况下，我们是会赞同这个观点的，但条件是在议员中必须有一个既有能力又有时间接受类似职务的我们的一个同志。的确，这是一把双刃剑。

以前的执政党不需要有能力的人来履行这些行政职责；他们满足于神圣的例行公事和在工作人员呈交给他们的文件上签字。常驻议员在那里就是为了帮助他们。相反，我们的人**应该**进行改革，**应该**打击传统习惯，与那些善于按程序办事和耍行政手腕的机关进行争论或者至少是进行讨论；他们应该抵制自己的管理机构。所以，如果他们没有必要的时间和能力，他们将不可避免地犯错误，况且别人也会让他们犯错误，而这些错误将由全党来承担责任。相反地，一个能干而又积极的同志手中的助理地方长官职位对我们来说是一个强有力的武器。我们能因此了解所有的方案；对于每个方案，我们都能显示出社会主义的解决办法的优越性；这对于所有人员，包括管理机构人员、学校领导人员和工程项目经营人员来说是一个继续教育工作，而且这个因素是非常重要的。这将会教育那些对政府工作保持高度关注的公众，也将教育经常与公共事务领导机构打交道的我们的朋友。

为了使我们能够坚持自己看问题的方法，我们在这五年进行了很好的尝试。

全民公决

"全民公决"出现在已经列入我们纲领中的改革措施里。

在我们国家，"全民公决"几乎是不被采用的。然而，几个社会主义市镇，特别是蒂比兹市却求助于"全民公决"来向人民询问是否同意也给私立学校的孩子们一些学习补贴，回答是肯定的；在瑞梅，关于公共照明是否应该由市政当局来经管，回答也是肯定的。

这就是社会党议员们所实现的或建议的主要改革（见1899出版的《社会未来》，第306页及后面各页关于布鲁塞尔的文章；关于根特，同上，第349页等）。

另外，还有许多重要方案正在研究之中，因为我们的朋友试图在所有的地方实现工人党纲领中所列入的各项改革，如果可能的话。

结论和决议

综上所述，比利时工人党布鲁塞尔联合会认为：

1. 市镇领域的改革应该为了人民群众的最大利益继续全面展开；
2. 改革是一种很好的宣传手段，也是对全国各市镇的巨大激励。

比利时工人党布鲁塞尔联合会希望看到巴黎国际社会党代表大会能够决定召开一次社会党市镇议员国际代表大会。

这个代表大会将达到这样两个目的：

1. 让人们了解在市镇领域实行的所有改革以及这些改革在精神和财政上所带来的好处；

2. 在每个国家设立一个国家局，同时成立一个国际局，由它们负责收集一切与市镇活动有关的资料和文件，以便通过资料和文件的交换来为研究对市镇具有重要意义的问题提供方便。

报告人
路易·贝尔特兰德
埃米尔·万克

巴黎国际社会党代表大会会议记录

（1900年9月23—27日）

1900年9月23—27日在巴黎召开的第五次国际社会党代表大会正式提要报告[①]

1900年代表大会之前召开的历次国际代表大会

国际工人协会日内瓦代表大会，1866年召开。
国际工人协会洛桑代表大会，1867年召开。
国际工人协会布鲁塞尔代表大会，1868年召开。
国际工人协会巴塞尔代表大会，1869年召开。
国际工人协会海牙代表大会，1872年召开。
根特国际代表大会，1877年9月召开。
库尔国际代表大会，1881年召开。
巴黎国际工人代表会议，1883年10月召开。
巴黎国际工人代表会议，1886年8月23—29日召开。
伦敦国际工会代表大会，1888年召开。
巴黎国际社会主义工人代表大会，1889年7月由法国社会主义工人联合会组织召开。
巴黎国际代表大会，1889年7月14—21日召开。

---

① 巴黎新书店和出版公司（乔治·贝莱书店）1901年出版。——编者注

布鲁塞尔国际社会主义工人代表大会，1891年8月召开。

苏黎世国际工人代表大会，1893年8月召开。

伦敦国际社会主义工人代表大会，1896年7月召开。

巴黎代表大会的准备工作

伦敦代表大会（1896年）通过了李卜克内西提出的以下建议：

"大会主席团负责起草下一次代表大会的邀请书，下次大会仅邀请：

1. 一切以社会主义所有制和社会主义生产代替资本主义所有制和资本主义生产为目标，并把立法斗争和议会斗争视为实现上述目标的一种必要手段的团体的代表；

2. 一切虽未参加政治斗争但声明承认立法斗争和议会斗争的必要性的纯工会性质的组织。

因此，无政府主义者被排除在外。

代表委托书的审查由各国分别进行，除非是向出席代表大会各国所选出的专门委员会提出申诉。代表少于5名的国家，其委托书与存有疑问的委托书一样，应提交委托书审查委员会审查。

大会决定下次代表大会将于1899年在德国召开，如大会届时不可能在德国举行，则改于1900年在巴黎召开。"

伦敦代表大会成立了一个常务国际委员会，该委员会设有一名专职书记，委员会所在地定在伦敦，但大会忘记了对关于向该委员会的运转提供必要资金的问题进行投票表决。

正如1900年5月法国社会主义组织协调委员会向东西两个半球的工人组织和社会党组织发出的如下通告所报告的那样，伦敦代表大会向巴黎代表大会的权力移交已经完成。

"公民们，同志们：

1899年把五个全国性组织联系在一起，组成一个代表整个法国社会党的社会主义组织协调委员会已经向你们发出了一个通告，该通告说明了本委员会提议召开一次1900年国际社会党代表大会的预备会议的理由。

已于1899年5月27日和28日在布鲁塞尔召开的预备会议作出了一些决定（我们将其公布于后）。这些决定已被参加协调委员会的上述五个组织接受。从此，协调委员会已把它的权力移交给1899年12月召开的社会党组织代表大会上产生的总委员会。因此，通知将于明年9月23—27日召开下一次国际社会党代表大会的任务就将由总委员会来承担。

这次代表大会，即各大洲无产阶级在决定再次召开其定期举行的重大会议以来便已确定日期的第五次代表大会，是继巴黎代表大会（1889年）、布鲁塞尔代表大会（1891年）、苏黎世代表大会（1893年）和伦敦代表大会（1896年）之后举行的。在过去的每一次大会上，组织起来的劳动者的力量在阶级斗争的舞台上都表现得更团结、更协调和更令人生畏。

伦敦代表大会在其闭幕之前就已经把它的权力在某些明确规定的条件下移交给了一个负责召开下一次代表大会的常务机构。新一届代表大会应该于1899年在德国举行，或者于1900年在法国举行——如果出现了重大困难阻碍了我们的德国同志执行对他们的委托的话。

1898年底，德国朋友告知我们要由我们替代他们着手进行大会的组织工作。法国社会党协调委员会当时刚刚建立，它承担了这个任务，并且立即开始关心如何让未来的这次代表大会避免出现从前历次国际大会上所出现的那些困难。因此，首先从法国社会主义组织和工人组织的特殊情况中得到启发，协调委员会在完全忠实于伦敦代表大会决议的深刻内涵的同时，完全一致地支持一个社会主义政治大会的想法，也就是工会组织的加入可能会使它们承认社会主义政治斗争的必要性这样一个大会的想法。

正是本着这种精神，我们起草了发给世界各国同志们的第一个通告。同样本着这种精神，法国社会党人协调委员会的五个成员组织的代表出席了我们召开的布鲁塞尔会议。

但在此出现了一个困难。伦敦代表大会（在布鲁塞尔也召开过这样的大会）的常务机构只想在法国社会党人协调委员会丝毫不差地接受上届代表大会提出的邀请条件的情况下才把权力移交到该委员会手中。布鲁塞尔预备会议讨论了这个争议，并且最终果断地本着使法国各组织以最有利于无产阶级利益的方式来筹备1900年的工人和社会党人大会的精神解决了这个争议。

伦敦代表大会常务机构通过如下方式把权力移交给了法国社会党人协调委员会。它首先提请人们注意伦敦代表大会的决定，然后在布鲁塞尔预备会议上使法国社会党组织在与其他国家的社会党组织相互达成让步之后作出决议：

伦敦代表大会委托它的常务机构于1900年在巴黎召开下一次代表大会，并在邀请代表的条件方面执行伦敦代表大会的决议和布鲁塞尔会议的决议。

伦敦代表大会的决议

1. 一切以社会主义所有制和社会主义生产代替资本主义所有制和资本主义生产为目标，并把立法斗争和议会斗争视为实现上述目标的一种必要手段的组织的代表；

2. 一切虽未参加政治斗争但声明承认立法斗争和议会斗争的必要性的纯工会性质的协会。因此，无政府主义者被排除在外。

在执行这项委托时，我们，本文件的签字人，伦敦代表大会主席团成员，已经把我们的权力和邀请下列组织参加代表大会的任务移交给了法国社会党人协调委员会成员。

布鲁塞尔会议的决议

1. 一切拥护如下社会主义基本原则的协会：生产手段和交换手段的社会化，劳动者的国际联合与国际斗争，由组织成为阶级政党的无产阶级夺取社会权力来实现社会主义；

2. 一切虽不以直接的方式参加政治运动，但置身于阶级斗争舞台上并声明承认政治斗争、立法斗争和议会斗争的必要性的工会组织。

这个让步性的解决办法在布鲁塞尔被除法国之外的 11 个国家的代表一致通过，法国在协调委员会的五个成员组织磋商之后保留了其作出回应的权利。

预备会议同样一致决定，在收到伦敦代表大会常务机构的声明和法国社会党人协调委员会的通知之后，把权力移交给协调委员会，但协调委员会应接受前面一再提到过的为 1900 年在巴黎召开下一次国际代表大会所采取的让步性的解决办法。

协调委员会的五个成员组织一致同意布鲁塞尔会议的决议，并接受按照如上提出的条件召开 1900 年代表大会的委托。继承协调委员会权利和义务的法国社会党人总委员会从此成为国际代表大会的组织委员会，并向你们通报列入大会临时议事日程的一系列问题，以下就是将要涉及的有关问题：

1. 各次代表大会决议的执行。研究和采用劳动者和社会党人国际协调、组织和行动的切实可行的办法。
2. 通过国际劳工立法来限制工作日。讨论在各国规定最低工资额的可能性。
3. 劳工解放的必要条件：（1）组织成为阶级政党的无产阶级的构成和行动；（2）在政治和经济上剥夺资产阶级；（3）生产资料社会化。
4. 世界和平，军国主义，废除常备军。
5. 殖民政策。
6. 组织海运工人。
7. 为争取实现普选权和由人民直接立法而斗争。
8. 市政社会主义。
9. 夺取社会权力以及同资产阶级政党联盟。
10. 五一节。
11. 托拉斯。

此后，革命社会主义工人党向各国提出了如下修正案，11 个国家中的 6 个国家已同意将该修正案列入议事日程：

资本集中的日益加剧，竞争所导致的政治手段无法消除的经济混乱，使劳动者的状况不断恶化，所有这些不正在让即将导致总罢工的劳资之间的直接冲突变得不可避免吗？

公民们，同志们：

我们因此邀请你们前来参加巴黎国际社会党代表大会。

随后发出的一个通知将会让你们了解法国社会党所做的准备工作，本着协商和共同行动的同一思想完全联合起来的法国社会党人准备给其他国家的代表们以最友爱的接待，并在世界面前确保工人阶级和社会党的第五次国际活动举办得辉煌而盛大。"

代表大会按照如下通知举行：

"大会将于1900年9月23日（星期日）上午10点整在瓦格朗大街的瓦格朗大厅开幕。

代表大会的第一次会议将审查其他国家的委托书；下午的会议从2点整开始，审查法国的委托书。

当然，本次国际代表大会的代表委托书的有效性并不预示对于下一次社会主义组织的大会也将有效，因为参加本次大会的条件和参加下一次及其他各次大会的条件是不尽相同的。

书记　路易·迪布勒伊"

法国代表团理论上应由出席即将召开的全国代表大会的全体代表组成。

每个代表可以持有不限数量的委托书，但对原则问题的表决，应**以国家为单位进行**。

出席国际代表大会的国家有：德国、英国、奥地利、比利时、波希米亚、保加利亚、丹麦、西班牙、美利坚合众国、法国、荷兰、匈牙利、爱尔兰、意大利、挪威、波兰、葡萄牙、阿根廷共和国、俄国、瑞典、瑞士。

大会第一天
(9月23日，星期日)

1. 法国支部的会议①
(上午)

正当法国代表们准备选举他们的领导机构时，一件意外的事情发生了。总委员会书记**迪布勒伊**登上讲台，宣布法国支部只是在下午2点才举行会议。**阿列曼**马上反驳道，总委员会的一致决定是上午10点召集全体代表开会并要求大家选出领导机构成员。大多数人选举**饶勒斯**为主席；一部分代表鼓掌赞成；法国工人党和革命社会主义党表示反对。**瓦扬**和**阿列曼**被任命为副主席。**瓦扬**拒绝了。他说："领导成员的任命只应在委托书审查之后进行。"由于他的拒绝，**黑彭海默**被任命为第二副主席，**白里安**为书记。

弗里布尔要求已任命的领导机构成员负责宣布国际代表大会开幕，并且负责主持整个代表大会期间的工作；而**茹尔努**则提出，不管怎样，将在第一天主持会议的领导成员不能再主持第二个会议。

---

① 代表大会在开始实际工作之前举行了四次会议：
  1. 法国支部第一次会议，9月23日，星期日。
  2. 代表大会第一次会议，9月23日，星期日。
  3. 代表大会第二次会议，9月24日，星期一。
  4. 法国支部第二次会议，9月24日，星期一。

坦格尔对在尚未对委托书作审查的情况下进行的选举的有效性提出异议。**白里安**回答说，按照总委员会的决定，在它没有时间对法国的委托书进行审查时，法国的每个组织要以有道德的责任心负责审查自己的委托书。因而他总结说，法国支部应该宣布自己是合法组成的。

阿列曼提请外国代表们要等待法国代表，并建议法国支部宣布自己是合法组成的，它的领导机构负责召开国际代表大会。他的建议获得通过。

法国支部于是前往会议大厅。

2. 国际代表大会第一次会议

上午 11 点半，**饶勒斯**建议各国代表团将其各自的领导成员与法国支部的领导成员结合起来。这样，国际代表大会的主席团在第一次会议上成立了，它由以下人员组成：

德国支部：保尔·辛格尔，主席；大卫，书记。

英国支部：皮特·柯伦，主席；奎尔奇，书记。

奥地利支部：阿德勒，主席；斯卡雷特，书记。

比利时支部：埃米尔·王德威尔得，主席；莱昂·弗尔内蒙，书记。

波希米亚支部：涅梅茨。

保加利亚支部：莱登斯基，马里奥·盖得。

丹麦支部：克努森，主席；伯格比尔，书记。

西班牙支部：帕布洛·伊格列西亚斯。

美国支部：吕西安·萨尼亚尔，主席；克雷洛，书记。

法国支部：让·饶勒斯，主席；让·阿列曼，爱德华·瓦扬（缺席），副主席；阿里斯蒂德·白里安，书记。

荷兰支部：范科尔，主席；特鲁尔斯特拉，书记。

匈牙利支部：泰萨特。

意大利支部：安德烈亚·科斯塔，主席；恩里科·费里，书记。
波兰支部：卢那诺夫斯基，主席；达申斯基，书记。
阿根廷支部：阿希尔·康比埃。
俄国支部：克里切夫斯基，主席；普列汉诺夫，书记。
瑞典支部：梅南德，安德松。
瑞士支部：菲尔霍尔茨，主席；拉潘，书记。
克拉拉·蔡特金担任德语翻译，**斯密斯**担任英语翻译。

饶勒斯发表如下讲话：
"各国公民们、同志们：

我以无比喜悦和激动的心情代表全体社会党——法国组织起来的劳动者——向各国组织起来的社会主义者、各国的无产者表示欢迎。

的确，过去没有任何一次大会比这次各个国家、各个大洲、各个种族的社会主义者和无产阶级代表在资本主义试图到处在人民中间煽动沙文主义兽性和民族主义狂热时举行的集会更有必要、更为关键；也没有任何一次大会比这次在资产阶级为了资本主义入侵者的利益妄图到处挑动种族对立和让人民互相冲杀时举行的集会更有必要、更为关键。

这是无产阶级现在表明其维护世界和平的愿望的一次伟大的、必要的展示。

男女公民们，我们的议事日程，即国际社会党代表大会的议事日程，在包括和平这个重大问题的同时，也包括目前在各国社会主义政党中掀起争论的其他所有问题。我们将在这里讨论这些问题，而且我们会很容易地找到协调的办法；我们是社会主义政党，也就是说，一个不忘彻底消灭资本主义和建立集体所有制这个最终目标，同时为了广大劳动者而没有忽视立即并且坚持不懈地进行自我完善的党。

这是因为我们都有着为世界作出社会主义和平榜样的共同的思想。

啊！公民们，请让我以目前尚未实现内部完全统一——其他国家已经为我们作出了榜样的组织上的统一——的我们法国同志的名义，希望组织上的统一赋予其他国家社会主义政党力量的榜样能够通过友好的宣传指导我们实现完全的统一，即社会党人之间的统一，以便通过社会革命为实现全人类的统一做准备。"（热烈鼓掌和全体一致欢呼）

随后，**辛格尔**（德国）上台发言：

"我受刚刚在美因茨召开的德国社会民主党全国代表大会的委托，来到这里向你们表示欢迎，并向你们各国、各民族的战斗兄弟们致以亲切的敬礼。

德国社会民主党一致坚信为了打破资本主义的枷锁和实现在经济上剥夺资产阶级的所有权而与各国社会党人一致行动、携手并进的必要性。

美因茨大会正好唤起了人们这样的记忆，25年前，在德国社会民主党内部也曾存在与现在法国社会党人中同样的争执和同样的意见分歧。德国社会民主党尽管表面存在分歧，但对于最终目标的意见是一致的，在这种思想的启发下，这些争执终告结束。

正因为如此，德国社会党人能够团结一致；也正因为如此，德国社会民主党能够有一种力量和活力，一种任何欧洲社会主义政党都不能显示出来的力量和活力。

德国社会民主党的整个历史证明，有着各种细微差异的社会主义者越团结，无产阶级的意志就越能得以树立。

我们在美因茨大会上也曾关心一个我们本次国际代表大会将要研究的问题，即军国主义和资本主义为了进一步加大对无产阶级的剥削而到处极其疯狂地推行殖民政策的问题。美因茨大会已经宣告了无产阶级将以世界和平政策和国际团结政策来反对军国主义和资本主义的战争政策。

在结束讲话之际，我坚信，促使德国社会党人团结一致的兄弟间的相同信念也将会给法国社会党人带来团结一致，因此，我请你们面对资

本主义世界，要比任何时候都更加用力地高呼：社会主义国际万岁！"（热烈鼓掌）

皮特·柯伦（英国）带来了英国工联主义者和社会党人对英国政府的帝国主义政策的抗议。

海德门（英国）用法语、德语和英语讲话，赞扬于1900年8月10日去世的李卜克内西。"在听我们外国同志的友爱的致意之前，请允许我向德国代表们对于他们所遭受的损失和作为我们逝去的李卜克内西的化身的国际主义和社会主义的无产阶级所遭受的损失表示同情和慰问。（全体与会者起立，一致鼓掌。）……李卜克内西此时就活在我们的大会中。（鼓掌）法国、英国、比利时、意大利等国的社会党人们，让我们全体向李卜克内西的遗孀、向德国同志们致敬。"（全体一致鼓掌）

大会全体与会者起立，**饶勒斯**以国际代表大会的名义向李卜克内西表示悼念。

安德烈亚·科斯塔（意大利）、**阿德勒**（奥地利）和**王德威尔得**（比利时）表达了各自支部的致敬，并热切地希望法国的社会党人能够很快实现大家所希望的团结一致。**王德威尔得**说："同志们，我们是统一的，而统一就是我们的力量。请允许我希望法国社会党人的统一不久即将实现。"（一再鼓掌）

他接着说："法国的社会党人们，你们要团结起来！（鼓掌）尽管存在一些表面现象，但社会党人的统一就要出现在你们之中。那些不参与派别之间论战的默默无闻的战士们希望统一。（鼓掌）1793年举着大革命旗帜的人们也曾经严重地分裂，但是当炮声响起时，他们团结一致地对抗敌人。1900年的社会主义者们，难道你们做得还不如1793的资产阶级吗？"（热烈鼓掌）

饶勒斯宣读**片山潜**（日本）公民——远东首批社会主义学说的宣传和捍卫者之一——的来信。

特鲁尔斯特拉（荷兰）鼓励法国人实现党的统一。

普列汉诺夫和**克里切夫斯基**分别代表俄国和波兰无产阶级痛斥俄国的专制主义。他们还宣读了下面两封当天收到的贺信：

"被俄国沙皇政府作为社会主义活跃分子流放到西伯利亚某个最偏远地方的波兰、犹太和俄国革命者，以及同情他们的当地居民于1900年5月1日集会，在象征无产阶级国际团结的五一节这一天的友好集会上，一致而又热情地决定向巴黎国际社会主义工人代表大会致以亲切的敬礼，并发自内心地祝愿大会取得圆满成功。民主社会主义万岁！国际社会主义工人代表大会万岁！"

"包括圣彼得堡各街区中各种职业的工人在内的工人组织向国际社会党代表大会致意。"

克努森（丹麦）、**达申斯基**（波兰）、**涅梅茨**（波希米亚）、**菲尔霍尔茨**（瑞士）、**安德松**（瑞典）、**帕布洛·伊格列西亚斯**（西班牙）、**阿希尔·康比埃**（阿根廷共和国）和**吕西安·萨尼亚尔**（美国）在他们的简短发言中简单地陈述了世界各地社会主义的发展状况。

会议即将结束时，**拉法格**（法国）冲向主席台，法国工人党成员立刻簇拥上去。**饶勒斯**受到他们的猛烈攻击。会议于下午3点在《国际歌》声中闭会，闭会之前，拉法格宣读了下面这封抗议书：

"鉴于经总委员会决定并通过报纸公布，确定于下午2点对法国支部的委托书进行审查；鉴于今天上午在未到规定的时间，在没有对委托书进行任何审查的情况下，有人就利用许多代表缺席之机组建了一个没有任何代表法国代表团发言资格的主席团；

法国工人党、革命社会主义党、共产主义同盟①、索恩-卢瓦尔工会联合会、

---

① 即革命共产主义同盟，下同。——编者注

索恩-卢瓦尔独立联盟和上索恩省、杜省和上莱茵省独立联盟向所有参加国际代表大会的社会主义政党提出抗议。

革命社会主义党：书记，朗德兰。

法国工人党：书记，盖得。

共产主义同盟：书记，马尔尚。

索恩-卢瓦尔工会联合会：总书记，沙洛。

索恩-卢瓦尔独立联盟：总书记，茹尔努。

杜省、上索恩省和上莱茵省独立联盟：总书记，佩兰。"

这封抗议书在国际代表大会第一次会议开幕时召开的一次会议上被表决通过。

大会第二天

(9月24日，星期一)

1. 代表大会第二次会议

（上午）

会议大厅里座无虚席。10点30分，前一天刚刚成立的大会主席团的全体成员登上主席台。**饶勒斯请辛格尔**主持会议。

辛格尔请各支部任命其最终的主席团成员，因为昨天成立的大会主席团只是临时性的。各国都应积极推动代表大会正式主席团的组建，因为每个代表团在这个主席团中都有两个代表名额，主席团将每天指定一名新的主席。辛格尔另外还请各支部任命他们在各委员会的代表，在每个委员会中每个国家可有两名代表。希望代表大会的全体成员能以协商的态度参加各委员会的会议。

王德威尔得解释说，各委员会的讨论应该在全体会议之前进行，也就是说，"只有当委员会起草了一个（至少一个）报告之后才召开全体大会来讨论报告并对其进行表决"。他建议各委员会的会议应在上午10—12时和下午2—6时进行。这个建议得到**弗尔内蒙**（比利时）的支持，但遭到要求5点钟结束会议的英国代表的反对，于是决定由代表表决来解决这个问题。王德威尔得的建议被付诸表决，并获得多数票通过。

辛格尔宣读两封给大会发来的贺电，一封来自尼姆人民之家，另一封来自卡尔莫的社会主义积极分子。（鼓掌）他补充说："我建议大会对布鲁塞尔常务委员会起草的议事日程进行全体表决；然后随着12个委员会陆续结束其各自的工作，各委员会的报告将提交全体大会进行讨论。"

弗里布尔说，这样就将会有各委员会的意见而不是大会的意见。他要求委员会的工作在全体大会的工作之后进行，而不是先于大会的工作，各委员会的工作只是起草决议文稿。

辛格尔说："我请大会不要接受弗里布尔的建议。毋庸置疑，这个建议原则上是非常好的，但它却有着要把我们的工作延长大约三个月的实际麻烦。"（鼓掌和笑声）

弗里布尔的提议被否决了。

辛格尔说："我们现在可以回到各自的会议室选举各国参加各委员会的委员和参加大会主席团的成员。但在我们分别行动之前，我希望我们的法国同志能在两点钟之前结束。"（笑声和掌声）

弗尔内蒙说："应法国革命社会主义工人党的要求，在布鲁塞尔委员会确定的议事日程上的11个议题中增加了第12个（总罢工）。为了避免在这项增加的议题的合法性上产生争议，我请大会确定该第12个议题为我们的议事日程的一部分。"这个建议被付诸表决，获得几乎一致的通过。

当会议即将结束时,一件意外的事情突然发生了。下午要举行大会的会议大厅不让用了。**迪布勒伊**和**布蒂耶**(总委员会司库)解释说,出现这样的差错应归咎于大厅的主人。他们这么做是为了反对法国代表团的某一个派别。此话立刻引起一阵强烈的骚动。**辛格尔**平息了这个事件,宣布散会。

2. 法国支部的第二次会议

主席:阿列曼

许多提案被提交到主席台,这些提案的宗旨是要解决代表大会常务主席团和12个委员会中的代表履行职责的方式问题,以使在法国支部出现的两派中的任何一方都不为另一方作出牺牲,或者说都不认为要为另一方作出牺牲。

德洛里说:"我代表我的朋友们向你们建议,把我们的内部争议搁置到以后再说。如果你们愿意的话,我们将可以在我们自己的全国代表大会上阐述各自的观点。本着这种精神,我建议我们统一意见,任命进入大会常务主席团的两名成员及各个委会的两名成员。这里有一个协调办法,即每两个代表中,独立社会主义者联盟方面任命一个,而我们来任命其中的另一个。"

饶勒斯支持德洛里的建议。

盖得代表法国工人党、革命社会主义党和几个联盟提出下面这个动议:

"我们决心自始至终履行国际义务,我们建议法国代表团在国际代表大会期间停止一切争议,既然目前对社会主义政治斗争的构想存在两种思路，那么就不去追究谁是多数谁是少数，分别给予每个派别在大会总的领导机构中一个主席名额和在 12 个委员会的每一个委员会中一个代表名额。"（一致鼓掌）

热罗-里沙尔对这个提议加以补充修正：

"每个派别选出其在大会主席团和各个委员会中的代表；但是，这样形成的名单应该得到整个法国支部的认可。采用这样的办法就不会显得是接受法国社会党人各派之间的对立。"

德洛里表示赞同这个补充建议。**卡梅利纳**要求对建议名单进行举手表决，结果获得一致通过。

瓦扬和**勒努**被一致通过任命为法国支部最终进入大会主席团的成员。经表决，大会暂时休会，以便有时间挑选参加各委员会的代表。

中午，会议继续进行。法国支部全体会议一致批准了以下名单：

第一委员会（各次代表大会决议的执行。研究和采用劳动者和社会党人国际协调、组织和行动的切实可行的办法）：**桑巴特**和**于贝尔·拉加代勒**。

第二委员会（通过国际劳工立法来限制工作日。讨论在各国规定最低工资额的可能性）：**格鲁西埃**和**莫罗**。

第三委员会（劳工解放的必要条件：1. 组织成为阶级政党的无产阶级的构成和行动；2. 在政治和经济上剥夺资产阶级；3. 生产资料社会化）：**拉法格**和**波纳尔**。

第四委员会（世界和平，军国主义，废除常备军）：**瓦扬**和**阿列曼**。

第五委员会（殖民政策）：**罗尔德**和**拉格罗西埃**。

第六委员会（组织海运工人）：**拉维涅**和**布吕内利埃**。

第七委员会（为争取实现普选权和由人民直接立法而斗争）：**勒帕**

热和达勒。

第八委员会（市政社会主义）：**德洛里**和**弗莱西埃**。

第九委员会（夺取社会权力以及同资产阶级政党联盟）：**盖得**和**饶勒斯**。

第十委员会（五一节）：**茹尔努**和**卡德纳**。

第十一委员会（托拉斯）：**阿尔吉里阿德斯**和**维尔姆**。

第十二委员会（总罢工）：**白里安**和**泽瓦埃**。

会议在《国际歌》的歌声中结束。

3. 代表大会第三次会议
（下午）

下午两点半，**辛格尔**宣布开会。他说："主席团一致向大会建议，每次会议的主席由不同国家的两位代表担任。今天会议由瓦扬和辛格尔主持；明天将由安德烈亚·科斯塔（意大利）和海德门（英国）主持。全体大会将在大会议厅举行，另外一个会议室留给各委员会使用。"

瓦扬在一片欢呼声中在主席座位上就座，并发表简短讲话："勒努和我代表推选了我们的法国社会党人，感谢你们允许我们表达社会党人团结的崇高感情，正是这种感情把我们和外国同志按照新的公约为了社会主义的胜利联系在了一起。我们特别高兴在此又见到了许多曾在1889年帮助恢复由于反动派的破坏而导致长期中断的国际代表大会的人们，这两次大会对于密切各个不同国家间的兄弟关系有着非常重要的作用。"

他接着说："现在请允许我对美因茨大会作一个回顾，为了向一位

将永远是我们的典范和榜样的人致敬,他就是威廉·李卜克内西。"(热烈赞同声)

他说:"无论我们的分歧怎样,我们都支持在我们面前树立起来的目标,而且每个国家都希望自己的力量就是国际社会主义大军中的一支部队。团结必须要置于所要完成的事业之前。今天,我们是在特殊的形势下召开会议的:资产阶级从来没有如此低落,形势从来没有这么好地显示出资产阶级在政治、经济上的虚弱和没落的特征;而与此相反,国际社会党从来没有像现在这样强大,这样充满勇气。因此,我们在欢呼国际社会主义的同时,可以肯定社会主义必将在目前正在开展的斗争中取得胜利。"(长时间的鼓掌,人们不断高呼:公社万岁!团结万岁!)

议事日程要求对委托书进行审查。根据伦敦代表大会通过的规定,每个国家负责审查自己的委托书;只有那些有疑问的委托书将由大会主席团进行审查。

德洛里代表部分法国社会党人发言:

"我希望法国同志们觉得我下面的讲话没有任何不光明磊落的意图。

下面是我们审查委托书的结果:革命社会主义党,223 份委托书;法国工人党,765 份;共产主义同盟,12 份;索恩-卢瓦尔独立联盟,22 份;索恩-卢瓦尔工会联合会,30 份;杜省各个联盟,17 份;约讷省各个联盟,14 份。共计 1083 份委托书,委托给 473 位代表。

我们没有对 107 份后备委托书进行讨论。(鼓掌)我们现在可以指定各个组织派 2 名代表来审查直到现在尚未受到审查的委托书;为了进行得更快些,我们批准那些现在已经提交给我们的第一委员会并被接受的委托书。"(鼓掌)

白里安代表法国其他组织回答说:

"我代表革命社会主义工人党、社会主义工人联盟、一些独立联盟、工会和合作社组织声明，我们理解今天上午使完全和无保留的协调得以达成的工作。今天上午的工作是由总委员会决定的，每个组织将审查其全部的委托书。我们已经开始一起毫无任何保留地挑选代表，而让我们惊讶的是，我们的德洛里同志在这个讲台上明确地讲了这个问题；我们的全部委托书都带到了大会，这些委托书是事先经过大会同意的。"（鼓掌）

大会主席团要求法国所有的委托书要一起宣布是否有效。这个要求获得通过。

接着，各国报告各自已经进行的委托书审查工作的情况。

德国——辛格尔：45名代表，其中妇女2人。另外加上社会主义妇女代表2名，议会党团代表2名，工会代表8名。总计57名代表。

意大利——恩里科·费里："在意大利，经过两年先是血腥的、然后是耍虚伪伎俩的反动统治，我们有必要在各地对组织进行重组。（鼓掌）正是这个原因使得我们只能派出10名政治团体的代表，因为在我们国家，经济团体成员不能加入社会主义组织，尽管他们的思想已经是社会主义的。在我们的代表团中有5名国会议员；此外加上1名在瑞士成立的意大利人协会的代表，以及几名在巴黎、伊夫里和诺让的意大利其他社会主义团体的代表。总共有14人为意大利的代表。"

英国——李：工人联合会和社会党各委员会代表共95人。

皮特·柯伦指出，如果女王陛下政府没有解散下议院，英国代表团将可能人数更多。当他说到"我们的许多同志受阻于选举，他们支持那些以战争反对战争的候选人"时，大会对他报以热烈的喝彩。

奥地利——斯卡雷特：10名代表，其中政治团体代表5人，工会2人，不同产业的工人团体3人。议会的解散使奥地利社会党人不能派出一个人数更多的代表团。

比利时——弗尔内蒙：政治、经济组织代表37人，其中5名国民议会议员。

俄国——达涅维奇[①]：尽管巨大的困难挡在俄罗斯工人运动的道路上，俄国人还是派出了23位代表，并发出了29份委托书，其中革命社会民主党9份，犹太人联盟12份，革命党人5份和革命社会主义党人3份。所有这些委托书都被宣布有效。

波兰——达申斯基：我们共有20名代表和23份委托书；本支部确认了17位代表和18份委托书有效；委托3位代表的5份委托书是存有争议的。在这5份委托书中，有2份是由一位同时又代表德国的女代表持有。大多数人认为这些委托书中有一份是无效的，并把另一份退给德国支部，因为这两份委托书没有一份是纯粹代表波兰的；少数人主张把这些有争议的委托书交大会处理。

达申斯基讲话所针对的**罗莎·卢森堡**，就像她1893年在苏黎世和1896年在伦敦所做的那样，表达了波兰社会党人的一个派别对占主导地位的派别的抗议。她指责某些波兰社会党人特别追求重建旧波兰。

她说："你们还记得在1893年苏黎世代表大会和1896年伦敦代表大会上有关委托书合法性的争吵吧，这些争执只能损害社会主义波兰。

这不是委托书不合乎规定或有效性的问题，而是两个有着明显区别的政治派别的问题：一个是把手伸给国际社会党人的波兰社会民主党人，而另一个则是异想天开地梦想让波兰恢复原状的民族主义社会党人。（不少人表示反对）

[①] 即埃马努伊尔·李沃维奇·古列维奇。——编者注

我和我的朋友们荣幸地代表第一个派别，因为我们要抵制这些有害的空想；我们要反对的就是这些或多或少带有民族主义色彩的倾向，因为无产阶级目前还不能够用政治地理改变资本主义和资产阶级现状，而不得不在历史创造的地理基础和政治基础上安排自己的活动，以便将来实现夺取政权，建立社会共和国。"（热烈鼓掌）

罗莎·卢森堡在结束讲话时请求大会批准波兰社会民主党的5份有争议的委托书。

奥地利支部代表**阿德勒**接着发言。他表示不希望审议导致分成两个波兰派别的委托书问题。他说大会主席团将能够果断地解决这个问题，并将肯定以最宽容的调解精神来处理这件事。但是他反对任何对达申斯基和他所崇拜的国际主义理想的诽谤性影射言论。他尤其遗憾的是把达申斯基说成是一个民族主义者，因为特别是在法国大会之前，他还没有受到比这更为损害名誉的诬陷。（持续不断的掌声）

达申斯基随后指出，波兰代表团的大多数人对某些委托书有争议；但他们并没有侮辱波兰社会党的对立派。

海德门站起来表示反对讨论这个委托书的问题。**王德威尔得**提醒说，伦敦代表大会曾经作出决定，这方面的争议将由大会主席团裁定。他建议巴黎代表大会也同样这么做。**罗莎·卢森堡**表示接受由主席团裁决。事件得到解决。

波希米亚——2名代表。

瑞士——10名代表，拥有11份委托书。

丹麦——**克努森**：共19名代表，其中政治团体3人，中央委员会3人，工会和合作社13人，零工2人。

荷兰——**范科尔**：9名代表和9份委托书。

西班牙——**帕布洛·伊格列西亚斯**：4名代表，其中3人代表工人党，1人代表由121个工会组成的劳动者总同盟。

瑞典——梅南德：3名代表和3份委托书。

美国——萨尼亚尔：6名代表，其中1人为全国代表，4人是各州的代表，1人是行业和劳工联盟①的代表。

这位报告人说："我们打算在美国以社会主义为基础彻底地重组工人运动。"

"听说另一个组织想要在这里代表那些被驱逐出社会党的人。我们是有纪律的，纪律在我们党内从基层开始，应该要求所有的人都必须遵守。对于那些反对者，我们要通过全体表决的方式把他们驱逐出去，这种表决方式从大西洋到太平洋普遍适用。因此，没有人能有借口组建一个我们党之外的政党。"英国代表团打断他的讲话并指出，有关委托书的讨论应该单独交大会主席团去进行。

第一次派代表出席国际代表大会的**阿根廷共和国**——1名代表。

保加利亚——目前有70个社会党人的委员会：有3名代表。

爱尔兰——3名代表。如果人们能特别考虑到爱尔兰极其艰难的状况，那么就会承认，社会主义思想在那里的发展还是十分令人注目的。

挪威——1名代表。

葡萄牙——3份委托书委托权给1名代表，即饶勒斯。

辛格尔要求各国明天上午把各自的代表名单交到大会主席团。

弗尔内蒙宣读了罗马尼亚社会主义者、苏格兰社会主义者和西班牙工会会员表示声援和支持的电报。

辛格尔要求刚被任命的各委员会立即到会议室开会，开始他们的工作。代表大会的会议在6点结束，各委员会开始投入工作。会议结束时，按照大会主席团的建议，为日罗马尼的罢工者进行了募捐。

---

① 即社会主义行业和劳工联盟，下同。——编者注

大会第三天

（9月25日，星期二）

1. 代表大会第四次会议

（上午）

主席：安德烈亚·科斯塔和**海德门**

大会主席团刚刚收到西班牙和荷兰社会主义者发来的两封向大会致意的电报。（鼓掌）

弗尔内蒙宣布，大会主席团在听取了美国支部两派的陈述后，决定承认美国所有的委托书。（鼓掌）波兰所有的委托书也同样被接受。（鼓掌）

明天的会议将由**王德威尔得**（比利时）和**阿德勒**（奥地利）主持。

第一委员会的报告人**范科尔**（荷兰）就以下问题作报告：**各次代表大会决议的执行。研究和采用劳动者和社会党人国际协调、组织和行动的切实可行的办法。**

"我们委员会成员几乎一致承认建立一个社会党国际机关的必要性。大家很快就对此表示同意，并且希望首先要保证更好地组织每次代表大会，然后要保证大会决议得以执行，最后要立即成立一个国际常务委员会①。每个参加大会的国家都将有一名代表出现在这个常务委员会里。该委员会将有必要的经费；需要设一个领取报酬的总书记，负责分发报

---

① 即社会党国际局。——编者注

告文件和出版这些报告的概要；此外他还将经常发表一些阐述各种政治、经济问题的宣言。在第一委员会内，已经就一些实际问题的解决办法进行了多次协商和讨论，但我们在理论问题上的意见是一致的。

这并不是旧国际的重建，旧国际是其创建者们的光荣，它尤其是一个美丽的梦，一个对于生活在那里的孱弱孩子来说应该非常伟大的身影。今天，社会党已经不再是孱弱的孩子。这是一个生殖能力强、有着硕大饱满的乳房、需要穿宽大柔软上衣的女人。（鼓掌）国际书记处将是一棵枝条繁茂的橡树，各国战士都将汇聚在这棵大树之下。"（鼓掌）

报告人回到他的座位，大会主席向他指出，他漏掉了作一些财务方面的说明。

范科尔说："我是一个好的社会主义者，糟糕的财政专家。我忘记了主要问题，预算问题。（热烈鼓掌）

我们委员会已经作了全面计算。一年有 1 万法郎可能就足够了。关于这笔钱款，10 个大国可能要分担 8000 法郎，而其余 10 个国家仅分担 2000 法郎就可以了。

作为补充，我要再加上一句，国际常务委员会除了正式委员外还应该增加一些候补委员。

在我们散会之前，每个国家都应任命其在国际书记处中的代表和候补代表，这是为了我们在巴黎这个美丽的城市创建一个从来没有过的、最革命的组织。"（热烈的掌声，欢呼声）

大会主席宣读第一委员第提交的决议全文：

决　议

鉴于：

对于注定成为无产阶级议会的国际代表大会来说，通过一系列决议为无产阶级指出解放斗争的道路是非常重要的；

这些作为国际协调的结果的决议应当成为行动；

巴黎国际社会党代表大会决定采取以下措施：

1. 由负责举办下次国际代表大会的国家的社会主义组织尽快任命一个组织委员会；

2. 成立国际常务委员会，委员会由每个国家派一名代表组成，并且掌握必要的经费。委员会确定下次代表大会的议事日程，并邀请每个参加大会的国家作报告；

3. 委员会选出一名领取报酬的总书记，他负责：

（1）收集必要的资料；

（2）编辑历次代表大会通过的决议汇编，并且附以说明；

（3）在每次代表大会召开之前两个月内，分发关于各国社会主义运动的报告；

（4）编写大会所讨论问题的有关报告的简介；

（5）经常出版关于现实问题和普遍关心的问题以及关于重要改革和重大政治、经济问题研究的小册子和宣言；

（6）采取必要的措施，以利于各国无产阶级的国际运动和国际组织。

讨论开始。**斯密斯**（英国）认为1万法郎是不够的。应该要求各社会主义组织（政治团体、合作社等）向其成员征收每人每年10生丁的分摊费用。**范科尔**说这是过分要求。**安塞尔**要求把问题分开考虑，应首先对原则进行表决，然后再讨论1万法郎这个数目和委员会所在地的问题。

付诸表决后，原则问题获得一致通过。（经久不息的热烈掌声）

关于国际委员会的预算问题，女公民**博纳维亚**（法国）支持10生丁的个人分摊额。**恩里科·费里**回应说，没有必要找每个积极分子个人来解决问题：各国的经费保管机构应该提供这笔公用预算。**武尔姆**（德国）又回到1万法郎数额的问题。这个数额几乎获得一致通过。

关于国际书记处所在地的问题，**海德门**提出把它设在比利时。这个中立国家是完全合适的，因为它最容易进入。在布鲁塞尔人民之家可以找到免费的场所。另外，那里还有一个印刷厂。（热烈鼓掌）大会在一致欢呼声中决定国际委员会设在布鲁塞尔。

王德威尔得代表比利时工人党向大会表示感谢。

他说："很久以来，'国际'就已在我们心中。现在，它正在进入取得实际成果的阶段。

以前存在的同情关系现在已经变成了组织上的联系。（鼓掌）对于给予我们的巨大荣誉，我感到高兴和自豪，我肯定，下届代表大会时我们将会带来可观的、与我们伟大崇高的事业相称的成就。范科尔刚才说了，你们刚刚作出的成立国际书记处的决定具有重大的革命意义。我希望你们所有的人都能从心底里喊出'国际万岁'，以此来强调这个决定的革命意义。"

"国际万岁！"的巨大呼喊声回答了王德威尔得的要求。掌声在欢呼声中持久雷动。当译员结束翻译时，英国代表团长时间地向比利时工人党热烈欢呼，大会有节奏地鼓掌，向比利时工人党致意。

弗尔内蒙建议，为了赋予国际委员会以更大的道义上的威信，参加该委员会代表的任命不要马上最终确定，而是留待各国无产阶级批准。这个建议获得一致通过。

范科尔代表第一委员会提交了第二个决议案：

决　议

社会党国际委员会应当要求各国议会中的社会党党团成立一个专门

的国际议会委员会，以便在国际重大政治经济问题上采取共同行动。

这个委员会将隶属于社会党国际委员会。

接着，范科尔以如下讲话来支持这个决议："我们现在有了一个新的、应尽的责任，那就是实现各国议员的协调一致。在德意志帝国国会，当为了安排国家的防御向国会议员们请求几百万经费但遭到社会党议员的拒绝时，社会党议员们被称为是没有祖国的人。有人对他们说：'在法国就可能会给这笔钱。法国完全不会拒绝自己的政府。'由此可见，必须在所有的国家中建立起各国议员的协调一致，以便使社会党议员的行为无论在何时何地都是相同的，并且还要回答说：'不给一分钱！不要一兵一卒！'从另一角度来说，国际议会委员会也要容许无产阶级代表在讨论与工人相关的法律时用其业已加强的力量来表达他们的一致要求。有了这个委员会，并且由于这个委员会，压制无产阶级的要求将不再成为可能；全世界都将能听到无产阶级的呼声。"

成立国际议会委员会的提案未经讨论就获得通过。

王德威尔得赞成**恩里科·费里、科斯塔、辛格尔**和**海德门**的意见，接着他又提出一个新的决议，该决议已由社会主义大学生代表大会通过：

决 议

布鲁塞尔国际书记处负责建立国际社会主义档案馆，收藏有关各国工人运动的书籍、文件和报告。

这个决议被一致通过。

会议于12点20分结束。

2. 代表大会第五次会议

（下午）

主席：安德烈亚·科斯塔和海德门

下午2点15分，会议开始。

第三、第四、第五和第十委员会分别举行会议；第三委员会的会议于3点开始。

泰萨特（匈牙利）："我们在这里仅有一名代表，这不是因为我们缺乏团结，而是由于匈牙利是一个最贫穷、最受压迫的国家。在我们印发的报告中，你们将看到，有几百个积极分子或者被枪毙或者被监禁，我们党还不得不交付大笔罚金。我们来到这里是为了诉说我们的苦衷，让人们了解我们的真实情况：任何地方的贫穷都没有我们国家的贫穷更为严重，任何地方的社会主义运动都没有我们国家的社会主义运动在其发展中所遇到的困难更多。

我们同意今天上午表决通过的成立国际委员会的决议，但是我们将不能分担费用。为了和强大的反动派作斗争，我们求助于非常了解我们特殊情况的邻居奥地利人：但愿他们能帮助我们同其他国家的无产者手拉手地一起进行斗争！"（热烈鼓掌）

科斯塔宣布美国代表团任命了两名进入大会主席团的代表，他们是社会主义工人党的**萨尼亚尔**和社会民主党的**雅科布·龙布罗**。

弗尔内蒙宣读澳大利亚社会党人（悉尼俱乐部）发给**热罗-里沙尔**并由他转交大会的一封信：

"新南威尔士殖民地中的悉尼国际主义俱乐部向正在巴黎召开的国际代表大会表示祝愿。我们希望这次大会将有利于各国无产阶级的团结和利益。

我们的人数非常少，以致在本次大会上没能有代表出席，但我们希望在下次大会上有代表参加，哪怕是整个澳大利亚只有一个代表。

我们无法描绘在我们国家里资本家为了经营农业和开采矿山所采用的剥削手段，但是，作为产业主压迫的特点，我们应该提一下银行和抵押公司对除资本家联合会以外所有的产业，特别是畜牧业实施控制的情况。殖民地上绝大部分牧场以及牛和羊目前都被银行和抵押公司占有，他们只付给农牧民极少的工资。

所有的权力都属于英国资本家；经理和股东们均定居在英国。欺负工人和为压制罢工而关闭工厂的事情在各个企业中频繁发生，而这里也并非没有政府官员的暴力行为，因为他们就像在其他地方一样是产业主阶级的亲信。

相应地，失业问题在我们的社会里也和在其他国家的社会里一样是尖锐的，并迫使政府开办了一些福利工厂，在这些工厂里暂时雇用了3000—4000名各类工人。

英国工联主义者虽然在殖民地有着为数不少的议员代表［的确，目前在下议院的125位议员中他们占22个席位，并因此使两个资产阶级政党（自由贸易主义派和贸易保护主义派）之间保持权力平衡］，但他们却既不信奉社会主义学说，也不尽心为建立一个民主的社会而努力，而是在谋求找到无产阶级遭受欺负的经济原因。他们满足于寻找解决资本主义制度极不公正行为的简单的治标办法。不过，就像在英国的其他地区那样，这里的英国工联主义者们也都稍微具有一些社会主义思想。

我们确认我们赞同卡尔·马克思的原则，拥护国际社会主义，我们向代表大会致以兄弟般的敬礼。"（鼓掌）

一位刚刚被批准代表资格的意大利雷焦的新代表进入会场。

弗尔内蒙提议大会与会者前往拉雪兹神甫公墓在公社社员墙前献上

一个红色不凋花花圈以纪念巴黎公社烈士。他说："因为我们不应该放弃作为我们最终目标的革命理想。"

该提议以一致欢呼的方式通过。前往公墓的日期将在下一次会议上确定。

会议休会。下午3点半开始继续进行。

第二委员会报告人**武尔姆**就**通过国际劳工立法来限制工作日**问题作报告。他说："委员会现提交以下决议：

决 议

根据前几次国际代表大会的决议，本次大会认为限制工作日应当依然是全体劳动者不断努力的目标，并且宣布应该通过法律规定各国各行业劳动者每天工作最长时间暂定为八小时。

因此，大会鼓励各工人组织通过循序渐进的方式并把工会斗争与政治斗争结合起来，力争实现这一改革。

这并不是说无产阶级在议会中的代表只应就八小时工作日进行立法，他们还应该继续追寻和采取任何缩短工时的方式。另外，实现八小时工作日既不是孤立的政治斗争的任务，也不是孤立的经济斗争的任务，人们应该同时通过政治斗争和工会斗争来达到这一目的。"

女公民**齐茨**（德国）说："我代表德国女公民们发言，我们表示拥护从法律上限制工作日的原则。有人谈到自由工作，这是不存在的。限制工作日是每一个社会进步的基础，当工作日被真正确定为八小时的那一天，各种自由也将会随着这个自由的取得而得以实现。因此，必须男女绝对平等，甚至为了这个平等，还应该给予妇女比男人更多的保护，因为面对不择手段地利用妇女的软弱比剥削男人的劳动更加厉害的资本家,妇女的处境比男人更糟糕。

但是必须记住,是女人给了人生命;她孕育了人类,还将孕育未来的世世代代。如果无产阶级应该履行把劳动者从资本家的无耻桎梏中解放出来的历史使命,那么它就应该通过给妇女以保护来使自己具有健全的头脑和高尚的品格。"(热烈鼓掌)

尚皮(法国)强调了为实现八小时工作日进行工会斗争的必要性。

大会决定,发言者每人讲话将不得超过10分钟。

第二委员会的决议获得一致通过。

关于问题的第二部分——**讨论在各国规定最低工资额的可能性**,第二委员会提交以下决议:

决 议

大会宣布,只有在工会强有力地组织起来的地方,才有可能规定最低工资额;不可能用普遍和单一的方式来确定各国的最低工资额,在最广泛的意义上说,它无论如何应当与必需的生活资料相符合。

大会鼓励劳动者力争实现这一改革,找出既适合于各地的经济和工业状况,又适合于各地的政治状况的最切实可行的实现这一改革的办法。

为了实现这种改革,大会首先建议对社会权力机关和行政部门施加压力,它们能通过直接支付公共工程的工资或者命令工程承包商遵照办理的办法,制定最低工资额。

报告人**戈伊德**(德国)说:"我们已经着手讨论了最低工资额的问题,我们的讨论是相当热烈的,讨论的结果是,出现了两种用以实现这个最低工资额的主张。

英国人希望由法律来规定最低工资额,而德国人则对此表示反对,因为这可能不符合社会主义精神，也可能会有一些无法克服的困难。

但我们还是赞成要考虑到，首先，重要的是在各个国家里目前存在着强有力的工会；（掌声）再有，我们已经明确了最低工资额的含义，认识到最低工资额应当在最广泛的意义上与必需的生活资料相符合。至于为实现这个最低工资额所要采取的手段，每个国家都将根据各自的情况来决定其最适合的办法。但是，在所有国家里，国家、乡镇和城市都必须要把最低工资额明确写进招标细则中。"（鼓掌）

莫尔肯布尔（德国，汉堡市议会议员）说："我之所以站起来反对规定最低工资额，并不是因为我不希望工人有高一些的工资，而是因为我们不可能通过一项法律实现对最低工资额的规定。请你们回忆一下，一个世纪前在巴黎，人们曾经希望规定食品最低价格，但是这个企图失败了，就像在今天它也可能会失败一样，因为我们不能左右生活必需品的价格。但是，我们能够希望的是工会运动的发展，它能使我们达到同样的结果。

范科尔同志曾在委员会指出，在俄国被视为极高的工资在法国却是微不足道的。他同样也承认发展工会运动的必要性，工会将能迫使在其有效开展活动的地区规定最低工资额。

此外，我们社会党人说必须要保证生活资料，不仅要保证正在工作着的人们的生活资料，而且还要保证那些不能工作的人们的生活资料。应该要求国家确保所有人的最低生存需要。

我们因此得出这样的结论，即我们不能在国际上解决这个问题，但我们可以在某些情况下通过工会斗争迫使一些国家或个人保证工作条件。（鼓掌）

之所以德国代表在委员会里没有对所提交的决议投票，是因为没有向他们提供决议的准确的翻译文本。现在他们已经了解了决议原文，于是同意这个决议。"

决议被付诸表决，并获得一致通过。

科斯塔宣布俄国支部刚刚批准生效的一份授权给公民鲁巴诺维奇的委托书，然后他宣读匈牙利社会民主党的电报和索恩-卢瓦尔省格尼翁与克勒佐工人联合会的电报：

"行动委员会呼吁巴黎国际社会党代表大会关注14个月以来正在为摆脱资本主义桎梏进行斗争的格尼翁和克勒佐的同志们。为了获得独立自主，他们需要全世界社会主义者的支持和帮助。行动委员会希望参加代表大会的全体成员能够提供一点捐助以帮助实现他们的请求；行动委员会请求在每次开会的时候进行募捐，并向全体同志致以社会主义的敬礼。

签字：沙泽尔"

此后，将有公民站在大会会场门旁收集与会者的捐款。

第十委员会报告人**伯梅尔伯格**（德国）谈关于**五一节**的问题："本委员会没有要求强制实行五一节停工休息；因为，为了五一节活动的成功，有两个条件首先是必不可少的，其一是有强大的工会组织；其二是有有利的经济形势。我们应该通过积极的宣传，让所有的工人懂得这次示威活动的作用。（鼓掌）委员会全体一致同意如下决议：

决　议

关于五一游行示威，巴黎国际代表大会赞同历次国际代表大会的决议；大会认为五一示威游行是要求实现八小时工作日的有效示范；大会还认为这一天停止工作是最有效的示威形式。"

强制停工休息的拥护者**茹尔努**（法国）要求，宣传工作至少对于五一节那一天是非常积极有效的。委员会的建议被一致通过。

第三委员会报告人、国会议员**埃伦博根**（奥地利）报告第三个问题——**劳工解放的必要条件：1. 组织成为阶级政党的无产阶级的构成和行动；2. 在政治和经济上剥夺资产阶级；3. 生产资料社会化。**

"本委员会经讨论认为，必须让无产阶级意识到它的阶级责任。这是一件缓慢的、需要耐性的工作，它要达到的结果是停止无产阶级内部的争吵，结束社会党人间的分裂。（鼓掌）本委员会对两个决议文件进行了表决，第一个文件一致通过，第二个文件以多数票通过。"

第一个决议

无产阶级是以资本对劳动的政治和经济剥夺为基础的资本主义生产体系的必然产物。无产阶级的觉醒和解放，如果不与那些资本主义利益的维护者发生冲突，是不可能实现的。而资本主义就其自身的结构来说，也不可避免地要导致生产资料的社会化。

因此，无产阶级应当作为阶级起来与资本家阶级进行斗争。

以组织无产阶级成为阶级斗争大军作为自己的任务的社会党，应当首先通过系统、周密和必要的工作，启发无产阶级认识自己的利益和力量，并且为了这一目的而利用无产阶级在所处的政治和社会形势下掌握的、能够促使无产阶级提高对正义的认识的一切手段。

大会指出，这些手段包括争取普选权的政治行动，组织工人阶级的政治团体、工会、合作社、互助储金会、艺术小组和教育小组等。

大会鼓励社会党积极分子尽可能地宣传①这些有助于加强工人阶级的力量、使他们可能剥夺资产阶级的政治和经济统治权并使生产资料社会化的斗争手段和教育手段。

---

① 关于这个词，见后面第六次会议，第61页。

第二个决议

各国社会党人应当争取使他们国内的外国人跟本国人民同样地享有联合的权利，并利用他们所拥有的一切手段来实现这一目的。

哈里曼（美国）说，工会问题对于美国社会主义者来说是至关重要的。正是在这一点上他的党（社会民主党）与萨尼亚尔和丹尼尔·德莱昂领导的党（社会主义工人党）产生了意见分歧。这两个人指出美国工会的某些领导人为资本家服务，所以不愿意参加工会运动。恰恰相反，社会民主党认为应该支持工会运动，如果它发生变质，那么就应对它进行清理，使社会主义学说在那里占上风；另外还不要忘记，工会组织是社会主义运动的基础。

接着，发生了一件事情，打断了这个争论。

让·贝尔特兰德（法国，法国工人党）对竟然在社会党代表大会上谈论研究小组和民众大学方面的事情感到吃惊。他说，在匆忙的讨论中，一些代表可能会感到措手不及并被引导到就他们所拒绝的观点进行表决。他因此要求所有的决议草案都要在表决之前印发给代表。

弗尔内蒙说："那么，希望组织委员会把大会的资金交回给大会。"

德洛里要求第二天继续讨论。（抗议声）

已经6点钟，没有开灯，会议大厅里一片昏暗。

大会主席安德烈亚·科斯塔对法国社会党人总委员会没有出席表示遗憾。（鼓掌）他将向法国总委员会转达贝尔特兰德公民的建议。

当**德洛里**谈到要把这些建议在报纸上公布时，**科斯塔**回答说："社会党代表大会应该有能力自己做这件事。"（鼓掌）

王德威尔得说："反对让·贝尔特兰德提出的解决方案的唯一理由

是钱的问题。我们的一位众所周知的有奉献精神的法国同志向我表示，他愿意听从大会的安排从现在起到明天来完成这项印制工作。

当看到在其他国家里所有组织工作的细节都被各国党预先想到时，我们在法国正面对着一个让外国党担心妨碍采取同样措施的总委员会。对此，我认为应该表达整个大会主席团的意见。"（不断的掌声）

德洛里代表北方的合作社表示愿意向主席团提供印制大会决议所需要的钱。（许多人呼喊："不！不！"）

埃贝尔（法国，革命社会主义党）说："我没有受法国社会党人总委员会的委托，但我属于该委员会，我正是以这种身份对王德威尔得同志说，对属于法国所有组织的总委员会的同志们来说，他的批评过于严厉了。（一片反对声，有人喊："不过分！不过分！"）总委员会已竭尽全力在其力所能及的范围内来组织国际代表大会。"（许多人高喊："没有！没有！"）

安德烈亚·科斯塔请埃贝尔从主席台上下去，并声明，主席团将会与一位愿意印制报告的法国同志合作。

会议于6点45分结束。

大会第四天

（9月26日，星期三）

1. 代表大会第六次会议

（上午）

主席：埃米尔·王德威尔得和阿德勒

王德威尔得宣布，主席团早晨在代表大会的会议召开之前已经举行过会议，决定给予每个国家的代表团两张表决票；如果某个国家的代表团不幸分裂成两派，那么每个派别将有一张表决票。

"法国社会党人总委员会已经采取了一些措施，以便改正直到现在仍很不完善的大会工作安排。实际准备工作不足的原因在于，总委员会除了筹备国际代表大会，同时还要筹备法国的全国代表大会。如果法国总委员会与国际代表大会之间出现了误会，那么这个误会现在已经消除了。"（鼓掌）

大会主席团将于9月28日上午8点半前往拉雪兹神甫公墓向公社社员墙献花圈。主席团打算让大会的所有与会者随同前往。

弗尔内蒙请求大会代表给予比利时玻璃制品工人兄弟般的帮助。接着他宣读一封来自旅居日内瓦的亚美尼亚社会党人的电报和一封来自圣康坦的社会主义团体和工会的电报。

王德威尔得说："大会议事日程要求结束关于第三个问题的讨论；这句话针对第三委员会的报告人**埃伦博根**。"

埃伦博根回答："我代表第三委员会提交的决议引起了一些批评，这些批评是由于一个误会和翻译的不准确造成的。例如，'大会鼓励社会党积极分子尽可能地**宣传**……'这句话，应译为'大会鼓励社会党积极分子尽可能地把……斗争手段和教育手段**结合**起来'。这样的措辞就使得人们能够考虑到各种倾向，而且使决议被一致接受；拉法格本人也由反对转而赞成这个决议。因此，现在不需要别的只需进行表决了。"

拉法格（法国，法国工人党）：的确，希望得到一致同意的委员会排除了所有可能使其产生意见分歧的问题。委员会把在德国由伯恩施坦提出的学说问题搁置一边。"关于合作，一位代表曾向委员会说，这是剥夺资本家阶级的一种方法。然而，比利时（在那里合作已经实行很久并且取得了相当多的成绩）的一位代表说，比利时工人党从来没有把合作看成是能够解放工人的方法。合作只是一种招收新成员的方法，是我们财政的一种来源。"

拉法格暗指某些方案，按照这些方案，有人想用 60 万法郎在科勒佐创办一个合作工场，使施奈德家族的巨额投资受挫。

饶勒斯表示反对。大会主席请拉法格不要给讨论增加引起争议的问题。

拉法格要求大会通过第三委员会已经一致表决通过的决议。

克里切夫斯基不同意拉法格的保留条件。大家已经谈了合作社的"**危险**"，当然，第三委员会避开了这个词。那么就只有拉法格个人反对合作，而委员会完全没有赞同他的反对意见。（法国独立社会主义者联盟方面鼓掌）

大会主席宣布讨论结束，第三委员会的决议付诸表决。决议获得一致通过。

大会开始讨论第九个问题：**夺取社会权力以及同资产阶级政党联盟**。

多数派和少数派在第九委员会中有各自的报告人：**王德威尔得**是多数派报告人，**恩里科·费里**（意大利）是少数派报告人。

阿德勒接替王德威尔得担任会议主席。他宣布："少数派要求开一次委员会的补充会议。但为了不中断正在进行的会议，我们现在就宣读报告，在会议结束以后，再召开委员会的补充会议。"

王德威尔得："我想向大会尽可能客观地扼要介绍一下委员会的讨论。

关于问题的前半部分（**同资产阶级政党联盟**）的讨论是非常简短的。委员会的所有成员，不管是属于哪一民族和哪一种社会主义倾向，在这方面都是抱着同样的态度看问题的。这一点的证明是，我们法国工人党的同志们在伊夫里代表大会上所通过的文本，就是第九委员会一致

建议的我们的最后文本。它的全文如下①:

决 议

大会宣布,阶级斗争禁止同资本家阶级的任何派别建立任何形式的联盟。

虽然大会也承认,在特殊的情况下,有时建立这种联合是必要的(当然不能把纲领和策略混为一谈),但是,党应竭力使这种联合减少到最低限度,直至完全取消,而只是在缔结协定的有关团体所属地方组织或全国组织承认有必要时,才容许建立这种联合。

实际上,同资产阶级政党的联盟已被证明是不能够持久的,因为这种行动方式会违背阶级斗争的原则。最多只能偶然缔结这种联盟。

费里对委员会说:'假设在某一地方,路途很不安全,有三个政治

---

① 王德威尔得宣读的这份经委员会通过的决议只包括法国工人党伊夫里代表大会决议的最后两部分,下面是它的全文:

夺取社会权力

法国工人党第十八次代表大会宣布,必须把夺取社会权力理解为对资本家阶级实行政治上的剥夺,不管这种剥夺是以和平的方式还是以暴力的方式进行的。

因此,在资本主义制度下,要夺取社会权力,只有占据议席,而这要依靠党本身的力量,也就是要依靠组成阶级政党的工人的力量,并且必须禁止任何社会党人参加资产阶级政府。社会党人对资产阶级政府应当始终保持不屈不挠的反对立场。

大会同时宣布,由于同样的理由,阶级斗争禁止同敌对阶级的任何派别建立任何形式的联盟。

虽然大会也承认,在特殊的情况下,有时进行联合也是必要的(当然不能把纲领和策略混为一谈),但是,党应竭力使这种联合减少到最低限度,直到完全取消,而只是在缔结协定的有关团体所属地方组织或全国组织承认有必要时,才容许建立这种联合。

和哲学信仰明显对立的人相遇，并且同时受到袭击。这时，他们就会为了抵抗共同的敌人而把他们的分歧丢在脑后.'

对于社会党人来说也同样如此。在自由受到威胁的情况下，例如在意大利，联合是合法的。另外，当事情涉及维护个人的权利时，像法国不久以前那样，联合同样是合法的。（部分与会者长时间鼓掌）最后当事情涉及掌握普选权时，像在比利时那样，它也是合法的。（鼓掌）

总之，我们认为，联合是一件坏事，因为它会削弱无产阶级的阶级意识。但是有时这种坏事也是必不可免的，在这种时候应该善于两害相权取其轻。这是要极其谨慎使用的斗争方法。一句话，只有在特殊的和暂时的情况下，联合才是可以容许的。

关于问题的后半部分（**参加资产阶级政府**），我认为这是涉及局部利益的、次要的问题，委员会在这个问题上发生了分歧。出现了两个决议：一个是考茨基提出的得到 24 票赞成的决议；另一个是恩里科·费里和茹尔·盖得提出的仅得到 4 票赞成的决议。费里和盖得的决议主张明确地、绝对地禁止参加资产阶级政府。

至于考茨基的决议，我可以称它为社会民主党内一个最受崇敬的人的卓越的理论建议。（鼓掌）决议是这样写的：

考茨基决议草案

在现代民主国家里，无产阶级夺取政权不可能是某种突袭的结果，而只可能是为了在经济上或在政治上把无产阶级组织起来而从事长期的艰巨的工作的结果，是工人阶级在体质上和精神上得到复兴以及逐步夺取市政机构和立法会议的结果。

但是，在政府实行集权制的国家里，政权是不可能一部分一部分地夺取的。

个别社会党人参加资产阶级政府,不能认为是夺取政权的正常开端,只能认为是迫不得已采取的暂时性的特殊手段。

如果在某种情况下,政治形势要求作这种冒险的尝试,那么,这是一个策略问题,而不是原则问题;国际代表大会不应对此发表意见。但是,在任何情况下,只有当社会党的多数赞成参加资产阶级政府,而参加政府的社会党人又继续成为本党的全权代表时,社会党人参加资产阶级政府这一行为才有可能给战斗的无产阶级带来良好的结果。

反之,如果参加政府的社会党人不服从自己的党,或只是部分地代表自己的党,那么他参加资产阶级内阁这一行为就有在战斗的无产阶级队伍里造成混乱和分崩离析的危险。这就是说,不是巩固党,而是削弱党,不是促进无产阶级夺取社会权力,而是阻止无产阶级夺取社会权力。

总之,大会确认,即使在非常的情况下,只要党组织一旦认为这个内阁在资本和劳动的斗争中明显地暴露出自己的偏私,社会党人就应该退出内阁。

这就是以24票对4票通过的决议全文。

我不想冒昧地代表委员会全体成员发表意见,我想向你们谈谈我的个人意见。关于同资产阶级政党的联盟和联合,我可以非常简单地概括为:在这样做时必须极其谨慎,因为它会削弱无产阶级的阶级意识,但是,我们也不要忘记,联合有时是必不可免的坏事。

我现在谈谈使一个民族特别感到关切的决议。我要说,我们通过的这个决议既不应被看做是对法国社会党人的行为的指责,也不应被看做是对它的默许。投票赞成参加资产阶级内阁的人多数是出于宽容和谅解,为了说明这一点,我应该对你们说,如果允许我们就我们的法国同志所关心的具体事件发表意见,那么我们当中的绝大多数人就会说,不管社会党人部长具有多大的精神和道德方面的价值，我们认为害处远远大于好处。我们要说，米勒兰和他的朋友们以个人名义擅自接受这样的任命是错误的。（法国工人党方面鼓掌）他们坚持违背法国社会主义的一个重要派别的意志，就犯了更大的错误。（大厅一侧发出掌声和胜利的欢呼）我请法国工人党党员不要对我这样鼓掌，因为一会儿他们中间就会有人起来批评我们，并说，通过的决议太空泛和太一般化了。

此外，国际代表大会不是进行谴责和宣布革出教门的教令的法庭。相反，我们的作用就是要宽容和谅解。

我们应该在原则问题上表示明确的态度，但是涉及策略问题，我们应该给予各民族完全的自由。（独立社会主义者联盟方面鼓掌）

我们同法国工人党的区别就在于：我们认为，入阁问题是一个策略问题而不是原则问题。（独立社会主义者联盟方面鼓掌，法国工人党抗议）你们看，我要求你们不要那样给我鼓掌是有道理的，你们已经后悔了。

你们了解我们某些法国朋友的观点，那就是：社会党人可以接受选举的职位，而不能承担任命的职位。根据这种观点，一个社会党人可以成为里尔的市长，但是他应该拒绝进入政府。

我们不能把这两种情况完全等同起来，但是，在一个民主的代议制国家里，部长同由政党选出的市长是一样的，都是他们所体现的党的代表。（鼓掌）为了使这一论点名副其实，部长不应是没有得到委托书的个人，而应是党组织的代表，这个党组织对他实行监督和管辖。（鼓掌）

范科尔对委员会说，在我们这样的国家里，或者在德国，谁要是不经过自己的党的同意而加入资产阶级内阁，那就是太'愚蠢'了，他立刻就会被开除。

一句话，这样的参加内阁只是一种权宜之计，而且参加时必须有这样的条件，即不会成为分裂的原因，而应成为团结的保证。社会党人不应容忍令人厌恶的混杂，不应承担不能接受的连带责任，不应使人有可能造成混乱，来搞乱无产阶级的意识和瓦解无产阶级的队伍。如果不是这样，那么党就有权对他说：'你脱离了我们的队伍，请你回来吧！'

我的结论是：我们既把联合问题看成是基本的问题，同样，我们也必须说，参加内阁问题，正如饶勒斯昨天所宣布的那样，只是在无产阶级的社会进化过程中所出现的一个偶然事件和一个插曲而已。（鼓掌）

我们认为，不管担任部长的社会党人有什么样的价值，他的部长职位在资本和劳动之间的天平上是永远不会有很大分量的。（鼓掌）

总之，法国社会党人之间停止纠纷，将会使全世界无产阶级感到慰藉。社会主义者的战斗同议会走廊上的斗争和争夺部长职位的斗争是两回事。在为了我们的最终目的和完全的正义的艰苦战斗中，我们的任务更伟大。在这艰难的道路上，将有一些人由于疲劳过度或被敌人的枪弹打中而倒下。

我们将继续进行把工人组织起来的缓慢的和坚持不懈的事业，我们要培养在体质上、智力上、道德上强有力的一代来反对旧世界。我们要通过紧密的团结而建立一个紧密的联合体，当野蛮人走上战场的时候，他们用自己锤炼的链条把彼此拴在一起。我们要同他们一样，用无限的爱、共同的信仰和共同的行动把我们联合在一起！（欢呼）

当无产阶级在体质上、道德上和智力上为自己的伟大任务作好准备的时候，它就成熟到可以统治世界。它将在资本家阶级面前站立起来并说：从这个屋子滚出去。它是属于我们的！我们理应住进去。"（长时间的欢呼）

会议于 12 点 30 分结束。

2. 代表大会第七次会议

（下午）

主席：王德威尔得和阿德勒

翻译王德威尔得在上次会议结束时的发言。

第九委员会少数派报告人**恩里科·费里**："我是正式的少数派报告人。昨天晚上我回到住处时深信自己将作为少数派发言人；而今天早晨，如同被判处死刑的人一样，我怀疑起自己是什么人来了，并且确信，我是多数派的报告人，王德威尔得的发言证实了我的这一想法。

第九委员会所审议的问题有两个方面：社会党人参加政府；社会党同资产阶级党派的联盟。

会议首先讨论了第一个问题：以22票对4票通过了考茨基的提案，这个提案在原则上坚决支持并且在实践上也完全允许参加政府。至于联盟，委员会全体一致把它否决了。而我是支持在前几次代表大会上已经被击败并在今天将再一次被击败的观点的。（抗议）

首先，让我们证明，不管表决会是什么样的，都将没有胜利者和失败者。

很明显，这些策略观点的差别不是个人的欲望或能力的表现，而是社会主义情绪在整个世界的结果。我们正在度过国际社会党发展过程中的一个决定性阶段。法国能够为它增添光彩，但是每个国家都有同样的情绪：在法国有米勒兰事件；在意大利有'自治策略'；在德国有倍倍尔关于参加邦议会选举的决议。

对外国代表来说，为了制定一个本丢—彼拉多式①的决议而不远千里来到这里是没有意义的。

当人们说全世界无产阶级对米勒兰事件不感兴趣时，如果这仅仅是就米勒兰而言，那是正确的；如果指的是整个事件，那是错误的。我们无权谴责它，但我们有权对它作出判断。我们是国际社会主义的大树，广大社会党人、工农业无产者是树根。我们有义务作出决定，但不应忘记，树浆是从根中产生出来的，也就是说来源于无产阶级群众。无产阶级要求一个准则，一个指南针。

让我们排除争论中的个人因素。意大利的屠拉梯和我处于像法国的饶勒斯和盖得一样的情况，所不同的是，在意大利，我们已跨过了社会主义的个人主义阶段。（鼓掌）

20年来，法国工人党一直力求贯彻准确的、纯洁的、坚强的马克思主义思想。（鼓掌，骚动）我认为，最近一个时期，法国工人党的最有权威的代表人物有点死抱着一些概念化的公式不放，而这些公式只不过是马克思的门徒的教条主义解释。

另一方面，在法国，与第一个社会主义潮流并行，还有另外一个社会主义潮流，它致力于逐步把无产阶级组织起来。这个法国社会主义政党深深地卷入了德雷福斯事件②。我们注意观察了这个党在这次危机中

---

① 此语出自福音书路加福音第二十三章。本丢和彼拉多是罗马的一个犹太总督的名和姓。据福音记载，耶稣被解到本丢那里受审，本丢知道耶稣是加利利人，属希律所管，就把他送交希律，希律拒绝审讯，又把他送回给彼拉多。人们沿用典故时省去希律，而说"从本丢推给彼拉多"。这句话的意思是是推来推去，不解决问题。——编者注

② 19世纪末发生在法国的一起政治事件。事件起因于法国犹太裔军官阿尔弗雷德·德雷福斯被误判为叛国，法国社会因此爆发严重的冲突和争议，分裂为德雷福斯派和反德雷福斯派两个阵营。民族主义右翼分子企图借此推翻共和政府。——编者注

的态度,我们以这个'同时代的后来人'的观点,也是外国人的观点来看待它。

如果说法国工人党的历史功绩是不容抹杀的,那么我所说的另一个社会主义潮流则进行了拥护现代法国、反对军国主义和教权主义的光荣斗争,这种军国主义和教权主义不仅是属于资产阶级的,相反,它是一切时代都有的,它有钱,也就是说拥有很多报刊,拥有影响中间地带的公众舆论的力量。饶勒斯投入了论战。现在进行了一次国际性征询。欧洲的大多数社会党人赞同、钦佩和赞扬饶勒斯在德雷福斯事件中的态度。(鼓掌)……但我正是为了团结才这样说的!双方都有功绩和错误;我们都是可能犯错误的人。

难道说这两个党派之间的和解是不可能的吗?不,是可能的!(鼓掌)在罗马,我曾受我的朋友屠拉梯的攻击。尽管我受到了攻击,可是,我们在第二天仍然和前一天一样是兄弟。现在,人们会说法国社会党人:'请看,他们多么团结!'是的,在代表大会期间,如同博览会期间的内阁和民族主义一样。(鼓掌)但是这种和解不应像洒在海面上的油一样,虽然可以暂时平息一下风暴,但随后却会使风暴来得更加猛烈。(鼓掌)法国同志们,应该结束个人纠纷。(热烈鼓掌)法国社会党应该团结起来,而不应分裂成两个部分。(长时间鼓掌)这就是委员会的精神;不是把法国党分裂成两个部分,而是把两个部分联合起来。

当社会主义由幼儿成长起来变成青年的时候,资产阶级也在改变它的策略。它说:不要镇压,而要对它施行催眠术。应该像母亲们征服丈夫时所做的那样。姑娘在年轻人经过她面前的时候只不过微笑了一下,年轻人却认为姑娘的微笑以及可能成为他岳母的人的微笑是为他而发的,这样,他就变成了驯服的丈夫。(鼓掌和笑声)

去年,在德国这个僵硬的、绝对的马克思主义的发源地,人们争论过这个问题。伯恩施坦说:'运动就是一切,最终目的是微不足道的。'

罗莎·卢森堡说：'最终目的就是一切，运动是微不足道的。'李卜克内西走来说：'最终目的是主要的，但是需要运动来达到目的。'而在美因茨代表大会上，福尔马尔知道，倍倍尔提出了一个提案，规定参加邦议会选举是一种义务。这既不是倍倍尔的过错，也不是饶勒斯的过错，它是正常发展的结果。

有人说现在所争论的问题是同我们无关的，应该把策略同理论区别开来。而我认为不能作这种老的、经院式的划分，因为实践不过是行动中的理论，而理论不过是实践的概括。（鼓掌）我们说不能关上门以后又打开窗户。现在向你们提出的是一些橡皮性的规定①。我在意大利旅行过很多地方，随时可以看到一些同志声明他们是处在特殊条件下，需要放弃原则。考茨基的提案固然宣布了所有的原则，但是它指出代表大会不能研究策略的细节。它错了，不能把策略和原则分开。难道你们要把原则贴在社会党人部长的背后，同时在前面又给予他行动的自由吗？

委员会通过了考茨基的提案，但好像它是毒药似的；委员会接着又通过了盖得的提案，作为解毒剂。而我认为，在市政府里，社会党人可以参加市政领导机关，但要以不建立任何联盟为条件。所以我曾提议绝对禁止社会党人参加政府，除非党取得了多数。有人会说这是幼稚的，因为如果党有了多数，它就会把资产阶级排斥在外。这种看法是错误的，我们不会把任何人排斥在外！（鼓掌）

我们认为，考茨基提案包含着作者本人所没有意识到的很多危险。这是一个斜坡，只知道从哪里开始滑下去，但不知道滑到何处。在意大

---

① "橡皮性决议"的名称就是由此得来的。"橡皮"（橡胶）一词的德文是"Kautschuk"，与考茨基（Kautsky）的拼法和发音相近，并且可借喻"有伸缩性的（条文之类）"，因此费里用它来讽刺考茨基。——编者注

利,有一些社会党人参加了官方组织的翁伯托①的葬仪。当然,我们反对刺杀国王的反人道行为,但我们不能支持参加官方的葬仪。在法国,通过了远征中国的拨款,没有一个社会党议员投票反对。"

桑巴特(法国,议员):"这样说不对!"

费里:"我却认为事实是这样的,但是即使不符合事实,我也坚持我反对这次国际掠夺行为的意见。

我来谈一下第二个决议。我感到盖得的决议并不像我所希望的那样准确。决议说,不要联盟,但要一种把联盟减少到最低限度的联合。但是有一个条件,就是必须得到党组织的同意,党组织可以允许或反对米勒兰入阁。所以我们请求我们的法国朋友实现统一。"(热烈鼓掌)

恩里科·费里的决议草案

国际代表大会确认,在社会党日益壮大从而使资产阶级政府感到不安的国家里,尽管议会的、政府的和立法的策略变化了,但是有关资本家阶级同工农业无产阶级之间的基本划分的这些现代社会的原则并没有改变。

代表大会重申,社会党只有在工人的阶级意识已经明显地和充分地觉醒的时候才能建立和发展。

代表大会声明,为了夺取社会权力和迫使统治阶级实行局部的改良(在无产阶级的发展过程中,并且对于无产阶级的体质和道德方面的提高说来,这种改良是有益的、逐步取得的胜利成果),既不应改变社会党的纲领,也不应改变它的宣传方式和政治、经济斗争的方式。

只有在无产阶级有阶级觉悟的政党组织相当发展和巩固的国家里,

---

① 翁伯托一世(1844—1900),1878—1900年任意大利国王,1900年7月29日在蒙扎被一名无政府主义者刺杀身亡。——编者注

以及在每一个国家的社会党领导的监督下，出于捍卫公众的自由或者现代文明的基本原则的当务之急，才可以同资产阶级党派结成暂时的、特殊的联盟。

至于社会党人参与政权和行政权，只有当它是社会党在政治代表会议和地方自治会议中获得多数的结果的情况下，才是容许的。

费里最后说："只有在两种情况下可以实行这种紧急的联合：在需要保护公众的自由时或者在有发生政变、禁止出版报刊、取消集会自由和工会的危险时。

请你们不要忘记，与会的很多外国兄弟还没有争取到使人们可以自由呼吸的共和国。（鼓掌）在我国也不会提出参加内阁的问题，因为意大利国王决不想组织一个社会主义内阁。（鼓掌）

我的结论就是，我们是主张禁止联盟（极端紧急的情况除外）的多数派的代表。至于参加政府，这是把原则束之高阁，而把实践放在首位，我们将在所有的国家做试验。我想结果会是非常令人失望的，而在下次代表大会上，我们将会重新回到不可动摇的、有关生死存亡的原则上去。不管代表大会的表决和它的实际结果如何，社会党人需要统一，这一需要将会使你们法国社会党人共同前进，并以这种社会主义的自豪感指引你们去夺取未来。（鼓掌）痛苦和流血的意大利社会党正是怀着这种希望高呼，社会主义的民族的和国际的统一万岁！"（热烈鼓掌）

代表大会根据**海德门**的建议决定，每个发言人的讲话时间不得超过10分钟，报告人不得超过20分钟。

饶勒斯："我用10分钟的时间就足以说明我的立场。我将要阐述的观点只代表我，也就是说只属于我在这里所代表的团体。

在同资产阶级党派联盟的问题上纠缠不清是徒劳无益的。不管各自的表述方式多么巧妙，归根结底大家的意见是一致的。首要的事实是，为了保卫自由或争取普选权，所有的社会党都采取缔结联盟的办法。几乎国际上所有的社会党都声明，在德雷福斯事件中，如果法国社会党人把同蓄意捏造的谎言进行斗争的工作让给资产阶级去做，他们就是没有尽到自己的责任。

同样，在德国，社会党人同莱茵河彼岸的知识分子一起在海因策法案①问题上捍卫了思想自由。这是他们的光荣，因为多亏了他们，德国没有成为阿提拉②的祖国，它依旧是歌德的祖国。（鼓掌）

在美因茨举行的社会党代表大会上，德国民主派赞成必须直接参加邦议会的选举。费里刚才提到了意大利社会党人同共和派的联盟。在比利时，工人党同自由资产阶级结成了抵抗同盟。因而，争论对于掩盖国际社会党人缔结联盟的普遍实践是徒劳无益的。

在我这方面，我明确说过，现今在全世界引起明显不安的原因之一，在于社会主义不公开承认自己的策略。

至于把这称为联盟还是联合，这种语言上的微妙之处并不特别使我产生反感。当人们不再能改变事物时，他们就改变用词。（热烈鼓掌）人类的纯朴娱乐太少了，我不忍心使他们失去这种娱乐。

在另一个争论较多的问题即加入资产阶级政府的问题上，我赞成考茨基的决议案，因为它表达了一种均势，一种不很肯定、但现在唯一可

---

① 1900年2月，德国帝国国会借审理一个名叫戈特希尔夫·海因策的皮条客的伤害致死案之机，在二读中通过一个修正帝国刑法典的法案，该法案在规定拉皮条的行为为刑事犯罪的同时，以审查所谓文学、艺术和戏剧表演中的不道德内容之名限制文学和艺术自由。由于社会民主党和资产阶级自由派的反对，法案在最终三读通过时删去了有关文学、艺术和戏剧表演的条款。——编者注

② 阿提拉（406—453），古匈奴帝国皇帝，曾多次率领大军入侵东罗马帝国及西罗马帝国。——编者注

以接受的观点。

王德威尔得说，米勒兰问题是纯粹法国的问题。实际上，它只能在法国出现。但是，请允许我为这个问题不能在别处提出而表示遗憾。是的，这是法国的问题，也就是说，共和国所带来的自由的发展使这个问题在我国已经成熟，而其他国家却还没有出现这一问题。我要请求我们的外国同志，当有人对他们说在法国社会党人应当拒绝资产阶级国家首脑提供的职位时，请他们不要忘记社会党人正在竞选国家首脑。"（一些人鼓掌，另一些人抗议）

有一个人喊道："社会党人弃权或投反对票。"

饶勒斯："我听到抗议声，就像在我们的全国代表大会上一样。"（鼓掌声和笑声）

沙文（法国工人党）："这是挑衅！"

饶勒斯："当外国同志在我的发言的记录中看到，在我说这些话时，有一些社会党人对我喊：'这是挑衅'，他们会感到惊讶的！"

王德威尔得："我请求到会的人尊重使这个讲坛增光的大演说家。（热烈欢呼，会议大部分人起立为主席的发言鼓掌）这些问题很重要，所以不能不让所有的观点都发表出来。我请求代表大会不要打断饶勒斯的发言。"

饶勒斯："我说过为什么一个社会党人参加资产阶级政府这个问题在目前是法国的问题，但是这并不是说，它不能扩展到具有实际的议会制度的一切国家。正如社会民主联盟的代表昨天假设的那样，陷入帝国主义的旧的自由党一旦破产并因而导致产生新的自由党，那么，问题也可能在比利时、瑞士和英国出现。

因此，我说，这个问题不仅出现在法国，在比利时最近几次选举中，如果比利时社会党人和自由党人击败了教权派多数，这个问题本来是可能出现的。但是，那里不会有王德威尔得问题，因为有组织的社党不会让个人去承担责任；问题将以非个人的形式出现。

我赞成考茨基的决议案，因为它允许社会党在一定的情况下有权决定这个问题；因为它确认，这是一个实践问题，而不是理论问题、原则问题。

社会党曾多次犯过把策略问题变为原则问题的错误。有时以阶级斗争为借口出现这样的情况，例如，起先禁止参加邦议会选举，然后不得不容许参加，然后又规定必须参加。人们就这样给自己披上为阶级斗争而战斗的外衣，因为他们提出阶级斗争来无理地干涉辩论。

阶级斗争使我们必须确认，既然要用共产主义所有制代替资本主义所有制，同这种代替有利害关系的阶级就能够为实现它而工作。

阶级斗争使我们必须说，无产阶级不再像罗伯特·欧文曾经要求维也纳会议拯救工人阶级那样等待今天的有势力的人来拯救他们。

阶级斗争使我们必须说，无产阶级已经成长到能够进行自己的事业，正因为如此，不应该束缚他们的手脚。

我赞成考茨基决议案的理由还在于：决议案规定只有有组织的党能够作出加入或退出的决定。这就是我们的政策，我补充一句，这是防止经常作这种参加政府的危险实践的真正保障。

资产阶级已经能够召唤一个社会党人参加政府了；如果他是整个党的代表，那么资产阶级会更加犹豫，因为这将是在政治上剥夺资产阶级的开始。只有当一个巨大的危机使资产阶级承认自己无力拯救自身，或者当无产阶级的抵制造成一种真空，使资产阶级像坠入了深渊一样，这时资产阶级才会屈服。

这就是我赞成考茨基决议案的原因。"（热烈鼓掌）

马赛尔·桑巴特纠正恩里科·费里的一个说法。他是议会的社会主义党团为了抗议对于殖民地，特别是对于中国的远征而一致选出的代表。

他说在第九个问题上，他和他的朋友们将服从国际代表大会的决议。他希望这些决议是明确的。"请作出明确的判决，我们将执行这些判决。"

茹安迪（法国）在法国工人党代表们高喊"李卜克内西万岁"声中开始发言。他郑重表示自己的社会主义感情，并为支持有米勒兰公民参加的内阁的那些社会党人辩护。

他说，应该想象一下米勒兰进入内阁时候的法国是什么样子，那时社会党还没有组织起来，应该说当米勒兰进入内阁的时候，他是真正走上了一个战斗的岗位！（鼓掌）

在当时，人们确实认为这个行动是好的，因为当内阁受到威胁时，他走上街头去保卫它！（一部分人鼓掌，另一部分人强烈抗议，嘘声）每当人类的自由和尊严受到攻击时，例如在德雷福斯事件中整个民族为了一个种族问题都扑向一个人的时候，无产阶级就会立刻站出来。"他表示同意考茨基的提案。

会议于6点结束。

大会第五天

（9月27日，星期四）

1. 代表大会第八次会议

主席：范科尔、菲尔霍尔茨和普列汉诺夫

范科尔建议大会决定下届国际代表大会召开的时间和地点。德国代表建议1905年召开；英国代表建议1902年；最后以21票对19票通过大会召开的时间为 1903 年。荷兰代表建议在阿姆斯特丹召开，奥地利代表建议在维也纳。克里切夫斯基说俄国代表恐怕不能参加在维也纳召开的代表大会，因为奥地利和俄国警察的关系非常密切。后来以大多数通过在阿姆斯特丹召开。

盖得发言。（许多人鼓掌并欢呼："共和国万岁！"）

茹尔·盖得（法国工人党）："我赞同我们伊夫里大会作出的关于联盟的决议，尤其是因为它以阶级斗争的名义禁止无产阶级同资产阶级的任何联盟，如果说它不容许联盟却容许联合的话，那就是想把联合减少到最低限度，直到完全取消，而且规定联合应当得到地区组织和全国组织的赞同。从这方面看，我们是非常满意的。

现在来谈考茨基的决议。我赞同考茨基的意见：不能认为一个社会党人参加内阁就是夺取政权的开始。这样就把工人阶级夺取政权同乞求部长席位这两件应当分开的事情区分开了。（法国工人党方面鼓掌）

考茨基说，为了实现我们的纲领，我们需要掌握全部中央政权，这一点我也同意。的确，如果不是这样，那就只能实现一些软弱无力的改良，而不能以集体主义制度代替资本主义制度。甚至没有任何事情表明，为了达到这一最终目的不需要一直进行到实现阶级的专政，而 1793 年的资产阶级是毫不犹豫地实行了阶级专政的。（法国代表团中的独立社会主义者联盟方面抗议。也有鼓掌声）

考茨基谴责了由于一个社会党人同政府合作而在有组织的无产阶级的队伍中引起的混乱和组织涣散状态。他还补充说，这种合作远远不能使我们接近目标，而只能使我们离开它，并认为它不是使我们党加强，而是使我们党削弱。他这样说也是有道理的。

由于削弱不仅限于一个国家，因此提出这种纠正就更加重要了。费里已发现到处都有这种情况。国际工人党的脊梁骨已经弯曲了。我们的行动在广度上取得了成就，但在深度上却遭受了损失。

对于考茨基的决议我几乎要投票赞成，因为这个决议已经包含着初步的必要的纠正。但是考茨基在理论上谴责了这个'新的事实'以后，接着又承认将来在发生特殊情况时可以允许这样做，这一点我所代表的那些组织就不能赞同他了。但是，阶级斗争即使在特殊的情况下也不会导致阶级的合作，除非这种特殊情况会带来致命的危险。

李卜克内西说，一个加入资产阶级内阁的社会党人可能还认为自己是社会党人，但实际上他已经不是了。因为，既然一个人不可能同时为两个主人服务，那么他就更加不可能同时为两个阶级服务。

总之，一个人不能既代表社会保守的力量，又代表社会革命的力量。这里存在着不可调和的矛盾，什么力量也不能抹杀这种矛盾，什么力量也不能使它消失，即使万一能得到党的授权也不行。党的授权远远不能纠正错误，而只会使它加深。

这样做实际上就会是为资产阶级的政策和罪行承担责任，这就是说，不久就要失败和破产。（法国工人党方面鼓掌）到那时，无产阶级将在枪炮和刺刀的闪光下擦亮眼睛，厌恶地停步不前，抱着反感离开我们。

而这一决定性问题还有另一个方面。请你们想象一下这种情况吧：社会党人部长有责任提出战争拨款的要求并为之辩护，而我们的议员的义务却是这样回答：'不给一分钱，不给一个士兵！'有了意大利的米勒兰、德国的米勒兰、英国的米勒兰，就再也不可能有国际了。（法国工人党方面长时间鼓掌。有许多代表抗议）

如果不把考茨基的提案重新送交委员会，并由委员会按这一精神进行修改，那么我们是不可能投票赞成它的，而且我们认为代表大会也不可能投票通过它。

公民们，不要以例外为借口而回避问题，因为，正如恩里科·费里昨天所说的，例外的情况可能为数很多，以致最后会把规则本身冲垮。"

盖得宣读他以工人党的名义提出的决议草案,他同费里意见一致,要求首先表决这一草案。

盖得和费里的决议草案

在巴黎召开的第五次国际代表大会指出,必须把夺取社会权力理解为对资本家阶级实行政治上的剥夺,不管这种剥夺是以和平的方式还是以暴力的方式进行的。

因此,在资产阶级制度下,要夺取社会权力,只有占据议席,而这要依靠党本身的力量,也就是要依靠组成阶级政党的工人的力量,并且必须禁止任何社会党人参加资产阶级政府。社会党人对资阶级政府应当始终保持不屈不挠的反对立场。

盖得继续发言:"王德威尔得想证明市长的职能和部长的职能是一样的。他错了。市长是自己的党的代表,如果他不服从党,就要垮台。相反,部长是敌人任命的,他越背叛自己的党,就越能长时间地当权。如果你们通过委员会的草案,你们就是给予背叛以奖赏。(法国工人党方面长时间鼓掌,独立社会主义者联盟方面抗议)

另一个后果是将把最坏的'新精神'引进党内。有了成为部长的可能性,想成为部长的愿望就将随之侵入人们的头脑,就将掌握被称为参谋部的那些人。他们将千方百计实现这一愿望,并且说:'这是党所希望的。'过去人们忠于自己的党直到牺牲生命,现在人们将是忠于自己的党直到获得部长职位!(法国工人党方面长时间鼓掌)

我们最后向你们提出的决议,在我们看来是有各种实现的可能的。它只禁止应该禁止的东西,就是王德威尔得所说的那些取决于敌对阶级的任命的职位。由选举产生的一切职位仍旧是合法的,党甚至有义务去争取这些职位。在任何情况下，我们的绝对信念是不能超过由选举产生的职位。这一策略可能是'老一套'，而我们正是靠这老一套尽了自己的责任，把阶级区分开的。（鼓掌）现在有人想要弥合我们撕开的裂缝了。（独立社会主义者联盟方面强烈抗议。喊叫声）

在这项要把我们造成的分裂弥合起来的政策实行以后，我认为，除了愚弄工人和维持社会现状以外就再也谈不到别的了。"

法国工人党向发言人热烈欢呼。

有一个人喊道："但愿盖得不会成为法国社会党的独裁者。"（鼓掌声和抗议声）

安塞尔说，他并不因为自己是首先赞同米勒兰入阁的人之一而感到遗憾。

他之所以赞同，是因为他真心诚意地认为，这样做会使他的阶级找到一种新的行动办法。

为了论证他的意见，他引用了许多话，举出许多事实：社会党的行动应该是连续不断的，不论是在议院和内阁，还是在工会和合作社都一样。如果代表大会敢于对人民说，他们的解放是一项缓慢的、长期的和艰巨的事业，那么它就是做了应当做的事。如果说社会主义出现了危机，那么这不是一种衰退，而是由于发展过快引起的危机。如果说考茨基的建议不够直率，那是因为形势不允许这样的方式。

如果工业发展的状况可能会实现克勒佐和昂赞①的社会化，那么为了完成这个任务，我们会拒绝批准一个社会党人加入内阁吗？（某些代表鼓掌）

不断进行改良会使最终目的接近，而不会排斥革命。（热烈鼓掌）

---

① 克勒佐和昂赞都是法国当时的工业中心。克勒佐位于索恩-卢瓦尔省，昂赞位于北部省。——编者注

瓦扬登上讲台，（呼声："公社万岁！"）他说："在盖得发言之后，我要说的话不多了。

我要直率地肯定社会党应该始终是反对党和革命党。任何协议，任何联盟，任何社会党人参加政府，都要受到谴责。举例说，如果施奈德先生迫于克勒佐工会的强大力量，不得不从工会中挑选一位经理，结果也无非是他从工会雇用一名厂主代理人而已。因为，如果新的经理不为资本家效劳，他就会被撤职。同样，一个社会党人部长也只能完成维护资产阶级的工作。

另一方面，如果有一个社会党人在政府中正式代表我们，那么就意味着整个社会党参与了在沙隆和马提尼克的屠杀①。（鼓掌声和抗议声）

我们要求考茨基解释，为什么他在德国同伯恩施坦胜利地进行了斗争，而现在却投降。（抗议声）

我们的决议应该是明确的，而考茨基的提案却并不是这样。代表大会只有首先表决通过委员会少数派提出的决议草案才能作出正式和明确的决定。关于这一点，你们是不能拒绝我们的。（大厅的一侧鼓掌）

奥尔（德国，国会议员）说："作为德国社会民主党的一位代表，我也是可以在这一问题上发言的。我不怀疑这一点，因为我对于法国人的礼貌和殷勤评价很高，从来不会相信他们会拒绝让我们发言。

对于我们德国同志来说，这次争论中没有提出任何新的看法，所有这些使法国无产阶级激动、发怒和分裂的问题，所有这些我们刚才听到你们长时间争论的问题，几年前我们在德国已经争论过了，只不过也许不这么激动而已。我们关心同资产阶级政党联盟和社会党人进

---

① 1900年2月在马提尼克岛和1900年6月在索恩河畔沙隆发生工人罢工，瓦尔德克-卢梭政府动用军队镇压了这些罢工，一些工人遭到枪杀，许多工人受伤。——编者注

入市政委员会的问题已经 20 年了，是经验促使我们做了法国社会党人（如果他们不愿损害工人阶级的最切身利益的话）现在终于不得不做的事情。

确实，我们那里还没有出现米勒兰事件！我们还没有达到这样的地步。但是，我希望，我们不久就将如此！（鼓掌）对于我们来说，这个问题是纯理论的问题。而目前我们党的领导（他们将来可能碰到类似的问题）距离单人牢房比距离部长职位近得多！（笑声）

当你们争论时，我觉得自己好像处在罗伊特①的小说里的那个可怜的短工的地位，人们在他面前争论这一道菜还是那一道菜更好吃，这个下德意志的贫苦而朴素的工人表示：煮李子和烤肉都是名菜，但我们是永远看不到的！（全场笑声）是的，这就是我们的处境，但是，还可以用另一种形式提出问题。在法国，允许一个社会党人成为部长的形势是什么样的呢？

问题在于要弄清楚，在法国，共和国是否将要崩溃，反动势力是否将要获得胜利，要弄清楚人们是否要把这一伟大的解放运动多少年多少年地推迟下去，而特别是你们，你们法国人，你们是为这一运动流了血的！我只是为了遵循我们党的传统才对你们作如下的声明：从前在类似的时刻，当问题在于击退反动势力对自由的攻击时，当问题在于阻止政治和经济的倒退时，我们一刻也没有犹豫就履行了我们的职责。而如果在我们面前出现同样的问题，我们就会用这样的口气对那些被迫转向我们的政党说：'请放心，正是我们的传统和我们的存在本身要求我们和你们共同为自由、正义和进步而战斗。'或许由于考虑到我们对我们的领导者的感情，我们要加一句：'我们不要部长职位，虽然如此，你们可以信赖我们。'但是，我假设那时会有某一个人来对我们说：'这一

---

① 弗里茨·罗伊特（1810—1874），德国作家。——编者注

切只同资产阶级有关系，同你们一点关系也没有。问题仅仅在于将出现一个保守的共和国还是一个民主的共和国。'而我们将会回答说：'不！不是这样的！'我们的口号将是：'要卢贝①，永远不要、无论如何也不要一个凯撒！'（长时间鼓掌）

下面就是我以我们党的名义在委员会上的发言：尽管在我们德国，一个社会党人不经党的同意就进入内阁是绝对不可能的。但我避免把这种对于我们这样的组织来说理所当然的事情照搬到另一种不同的局势上去。面对米勒兰事件，我对自己说：既然存在意见分歧和混乱，而目前我们法国同志的组织又是一座真正的巴比伦塔②，是的，在这样的形势下，米勒兰应该向谁去征求意见呢？（热烈的赞同声）你们想阻止米勒兰事件发生吗？那就消除你们的怨恨，使党成为一个强大的党、团结的党、伟大的党吧！只有到那个时候，如果历史上重新出现一个像你们现在所处的时刻，你们就会感到法国社会民主党该是多么有力，多么强大，并且具有什么样的决定性影响！很可惜！这一时刻还没有在我们那里出现。而对你们来说，它已经出现了。而我们的全部期望就是在这一时刻，在这一伟大的日子，在它出现的任何地方都不会有渺小的人物！（热烈鼓掌）

我们投票赞成考茨基的决议。这并不是说我同意它的全部提法。但是它的总的倾向我是赞同的。人们指责它是摇摆的、暧昧的，人们说它没有为各种情况都作出规定。但是如果它是这样全面的话，我倒不会投它的票了。我们不愿意在将来可能发生的一切事情上都受到约

---

① 埃米尔·卢贝（1838—1929），当时的法国总统。——编者注
② 巴比伦塔一词源出于《圣经》。在洪水泛滥以后，人们要建立一座通天塔。耶和华神知道以后十分生气，便使人们语言彼此不通并分散在各地。现在巴比伦塔一词一般是指混乱的意思。——编者注

束。我们愿意在严格地忠实于我们的理论和纲领的条件下采取适应特定形势的决定。我们不放弃我们的权利。我们不是口袋里装着最后真理的狂信者、预言家和教会创立者。（热烈鼓掌）我们在寻找真理，正是为了寻求真理，我们应当让道路通行无阻。（鼓掌）所以我们赞同考茨基的决议。

我们希望法国人从这些争论中吸取教训，认识到他们应当在他们彼此之间和在他们本国解决这些问题。你们想一想，如果我们打算在这里讨论参加邦议会选举的问题，那会怎样！国际代表大会的目的是表明最带普遍性的观点，这是它的职能。历次代表大会是组织起来的无产阶级的盛大示威，是这一巨大力量的示威，而未来是属于这一巨大力量的。愿法国人不是分为战胜者和战败者，而是手挽着手，作为为国际无产阶级的事业而战斗的兄弟离开这个大厅！"（除法国工人党代表外全体长时间鼓掌）

会议于1点结束。

2. 代表大会第九次会议

（下午）

安德烈亚·科斯塔声明同意考茨基的提案，说它同上届罗马代表大会上以106票对60票通过的提案非常相似。这个提案是这样说的：代表大会在关于选举策略的问题上，在肯定它对于阶级斗争、生产手段和交换手段的社会化这些基本原则的信念的同时，宣布各组织在策略问题上完全有自主权。

在罗马代表大会的表决之后，公民费里（我同他有意见分歧，但是我像喜欢一个兄弟一样喜欢他）说他要像一个忠诚的战士那样接受这个决议。但是我要坚持说费里不是代表那些 以 119 票对 73 票表示支持自主权的意大利社会党人，而是代表第九委员会的少数派发言的。而那些参加了翁伯托国王葬仪的社会党议员之所以该受谴责，不是因为他们行使了自主权，而是因为这些公民缺乏社会主义教养。

讨论结束，以国家为单位进行表决。首先表决考茨基的决议。表决的方式是投票表示赞同委员会的多数派还是少数派。**王德威尔得**代表委员会表示赞同**范科尔**提出的这种表决方式。

考茨基的提案以 29 票通过，盖得和费里的提案获得 9 票。（鼓掌，法国工人党方面喊叫："到沙隆去！"长时间喧嚷）

票数分布情况如下：

	考茨基提案	费里和盖得的提案
德国	2	0
英国	2	0
奥地利	2	0
比利时	2	0
波希米亚	2	0
保加利亚	0	2
丹麦	2	0
西班牙	2	0
美国	1	1
法国	1	1
荷兰	2	0
匈牙利	0	0
爱尔兰	0	2
意大利	1	1
挪威	0	0
波兰	1	1
葡萄牙	2	0

阿根廷共和国	2	0
俄国	1	1
瑞典	2	0
瑞士	2	0

随后举手表决联盟问题。一致通过盖得的决议。

弗尔内蒙说，比利时工会要求每个国家为下一次代表大会提供一份关于本国政治和经济情况的详细报告。

大会收到：

一封澳大利亚社会民主党先锋队的信，委托海德门代表该组织；

一封图卢兹商业雇员工会的表示支持的电报；

一封加拿大工人党的电报；

一封匈牙利鞣革工人和轻革矾鞣工人协会以及匈牙利社会民主党委员会的电报；

一封里昂技工们的电报。

海德门说他刚刚收到一封委托他代表昆士兰社会主义者的信。

大会在选举斗争之际向英国和奥地利的社会主义政党表示祝愿。

范科尔作为第五委员会的报告人就**殖民政策**问题发言。他为看到这个主题第一次列入国际社会党代表大会的议事日程而感到高兴。他指出了资本主义已陷入绝境的殖民扩张的丑恶行径。他还列举了遭受欧洲国家所犯罪行之苦的各个民族。

"需要提醒比利时人想起那些在刚果被大量屠杀的黑人吗？需要提醒法国人想起在达荷美①和马达加斯加的大屠杀吗？欧洲就像一只把脚

---

① 今贝宁。——译者注

伸向全世界的巨大蜘蛛，当它使所有劣势民族衰弱不堪时，战争将必然爆发。（鼓掌）

在中国，将会使4亿朴实的劳动者领悟到竞争的必要性，而这将会使欧洲的无产阶级没饭吃。这就是资本主义留给我们的东西。"

发言者描绘出一幅骇人听闻的命运的图景，这种命运是开化的白人为各个种族安排的，他们声称要培植这些种族直到成为他们大家庭的成员；比利时、荷兰、法国，每个殖民国家都有一本丑恶的记录，记载着他们的殖民罪行。

"你们没听到发自欧洲以外所有大陆抗议军国主义、帝国主义和资本主义可恶行径和罪行的长时间的痛苦喊声吗！听到这种痛苦的喊声，我们的社会主义觉悟应该也能够给予回应。社会党人不区分种族：所有的人都有一颗心，都有一个大脑。正是在所有人的帮助下，也为了所有人，我们才能成为幸福的人类。"（喝彩声）

发言者代表第五委员会提交了一个谴责和痛斥资产阶级殖民政策的决议。

海德门（英国）说："我们这些人，英国的社会主义者，没有参与这场我们所憎恶的非洲战争，我们要在这里对发生在那里的事情表示我们的羞愧。英国是世界上最大的殖民国家。差不多有3.5亿人在遭受我们政府的压迫。（鼓掌）

在印度持续执行的殖民政策将3.5亿人置于我们的旗下，而我们用武力来统治他们。（鼓掌）这是强权制度和资本主义制度。我可以提供一些数字。印度是世界上最贫穷的国家。一个家庭全年仅有不到50法郎来养活五口人，而英国资本主义却从这些悲惨的人民那里每年获取3000万英镑，约1.5亿法郎。

此时有7500万人在挨饿，因为我们拿走了他们的财富。这就是殖民政策：榨干殖民地的血。（热烈的掌声）

我憎恨这个政策。20年来，我竭尽全力地为粉碎这个政策而奋斗。而比死亡更可怕的，是这些不能从事一个正常人工作的人们的道德堕落。

我们将要和法国人、俄国人一起去中国做同样的事情。因此我希望你们投票表决一个决议，谴责英国政府毁坏了一个可能比我们的文明更好的文明。"（热烈的掌声）

奎尔奇（英国）代表工会发言："最近的战争是在不顾英国工人反对的情况下发动的。全世界的工人阶级并没有与英国工人发生冲突。（鼓掌）在英国，所有政治避难者都得到了最好的接待。英国工人知道，全世界的工人都是他们的兄弟，甚至包括那些并非是社会主义者的工会会员。因此必须创办一份强有力的报纸来教育那些被资本主义报纸蒙蔽的人民。"

皮特·柯伦（英国）说："既然没有很多英国代表在这次大会上谈这个问题，我们应该让欧洲听到我们的反对声。我是已经加入工会但并非都是社会主义者的5万工人的代表，不过这些工人全部对帝国主义战争持反对态度。当他们反对战争的时候，有人对他们说：'可是你们将会有更多的工作。'他们回答：'我们现在还有不少没有工作的朋友，请让他们像我们一样地工作！'（鼓掌）

这种相信能够征服世界的野心勃勃的欲望，你们曾在法国拿破仑时期见到过；现在我们在英国正经历同样的时期。（鼓掌）沙文主义者在英国所有选举大会上都重复着这句名言：'太阳永远不会从大不列颠的领地上落下。'而我要说：'在英国，有些地方永远不会被阳光照耀！'"（热烈的掌声）

瓜德罗普社会党总委员会委员**路易·莫里斯**在大会上说，社会主义思想开始在殖民地发展，其中包括安的列斯群岛。他表示希望社会党有一个殖民地纲领。（鼓掌）

第五委员会的决议以一致欢呼的方式通过。

弗尔内蒙宣读两封大会主席团刚刚收到的电报。在第一封电报里，本次大会的塞尔维亚代表波波维奇公民对不能前来参加大会表示歉意。第二封电报发自波尔多港口的工人，他们目前正在进行罢工，请求国际代表大会成员给予物质和精神上的支持。

他还宣读了下面这份声明：

"出席1900年国际代表大会的俄国革命社会党人同盟全体代表声明，在俄国代表团拒绝给予专门为此合并在一起的革命社会党人和'人民意志'小组一个代表名额之后，革命社会党人同盟的代表没有参加俄国代表团的表决，并请大会对此给予证明。

我们同时声明，目前在俄国的现有组织和在大会上被代表的组织中，将仅有社会民主党人派代表参加国际书记处。

签字：谢·施德罗夫斯基博士　沙·拉波波特　曼德尔斯塔姆"

罗莎·卢森堡是关于第四个问题——**世界和平，军国主义，废除常备军**——的第四委员会的报告人。她宣读了对军国主义和帝国主义的控诉材料。接着又宣读了一份决议，该决议声明有必要在反对军国主义的斗争中加大力量。决议以欢呼的方式通过。（见本卷第98页关于第四个问题的决议的第一部分）

这时，博纳维亚在其他几位女公民的陪同下，把一束鲜花作为法国社会主义妇女的敬意献给克拉拉·蔡特金。她说："我们高兴地看到，在历次社会党代表大会上社会主义妇女的数目都在增加，这对于我们这些妇女和委派我们作为代表的男人们来说都是一件幸事。对于在妇女中进行宣传工作是一个社会主义希望的保证。"（热烈的掌声）

接着，**克拉拉·蔡特金**宣读一份谴责军国主义罪行的决议。（见本卷第99页关于第四个问题的决议的第二部分）

比利时青年自卫军的代表**福尔克特**建议社会党人在军队各个团里进

行宣传。正是由于这种有组织的宣传，比利时的上校军官们不得不向政府声明他们不能为他们士兵的未来状况打包票。为了打击军国主义，必须组建一些青年团队。

克拉拉·蔡特金宣读的决议以欢呼的方式表决通过。

报告人**施特默**（德国）代表第六委员会宣读关于**组织海运工人**问题的报告。（见本卷第100—102页）

奥克托（比利时）解释说，海运工人包括船员、码头工人和卡车司机。他们将为社会主义事业带来巨大的力量。

该报告获得一致通过。

会议决定报告人现在仅限于宣读他们委员会的决议。

第七委员会（报告人为**佩尔讷斯托弗**）关于**为争取实现普选权和由人民直接立法而斗争**问题的决议获得一致通过。（见本卷第102—103页）

第八委员会（第八个问题——**市政社会主义**）的报告人是**万克**（比利时）。该委员会的决议获得一致通过。（见本卷第103—104页）

根据**泰尔瓦涅**（比利时）的建议，有关设立全国和国际机构负责收集有关资料一节被保留下来。国际委员会将负责收集与市镇活动相关的文件。

维博（荷兰）为第十一委员会（第十一个问题：**托拉斯**）的报告人。决议和报告被一致通过。（见本卷第106—107页）

当按照议事日程审议第十二个问题——**总罢工**——时，已经是晚上7点钟了。第十二委员会出现了意见分歧。多数人支持报告人**列金**（德国），其中包括奥地利人和德国人。由法国人和意大利人构成的少数派支持报告人阿里斯蒂德·白里安。

列金代表多数派说，总罢工问题目前不会有争议。为了进行斗争，必须从组成庞大的团队开始，必须要有许多强有力的工会。多数人重新

采用了伦敦大会表决通过的决议,这个决议不排除总罢工的可能性。(见本卷第108页)

白里安为少数人的意见辩护。

他说:"同志们,我愿意和报告人一样承认,在委员会内部我只代表为数很少的人。现在我的同事们同意对我作出一个让步,尽管如此,这完全是荣誉性的。他们委托我主持他们的辩论,不过这些辩论仍然是反对我的看法的,因为对于决议的表决,几乎只有我还保持自己的看法。我甚至没有得到整个法国支部来支持我的提案,泽瓦埃以他所代表的派别的名义作了最大的保留。

确实令人感到遗憾的是,大家没有认为应该使这个在无产阶级所关心的事情中占首要地位的总罢工问题在这次大会的讨论中占有一个更为重要的位置。总罢工问题更值得给予比现在所给它的几分钟时间更多的讨论时间。

我对委员会提案的批评是其不明确性。令人不可接受的是国际代表大会没有负起给出一个更清楚、更确切的建议的责任。你们应该坦率地说出你们究竟是赞成还是反对。(鼓掌)

多数派的报告人对你们说,加入工会的工人大部分不赞成总罢工的想法。但是我深信,关于这个问题,我在道义上代表了已经加入工会的无产阶级。(许多人鼓掌,法国工人党方面表示反对)因为,在所有近些时候在巴黎召开的全国和国际大会上,总罢工几乎都是被一致表决通过的。而你们,打断我的讲话的法国工人党党员们,更是不可原谅,因为你们无视法国工人对1892年你们的大多数代表在一次同业公会大会上投票支持的总罢工的同情。的确,从那时以来,他们在政治上改变了其工会会员的主张。(鼓掌)

此外,我在想,人们怎么能够在没有以同样的否定怀疑整个工会组织的作用的情况下就拒绝任何总罢工的思想呢。你们甚至允许鼓励一个工会准备开始对一个或几个工厂主进行斗争，却不去考虑组织无产阶级对全体工厂主进行全面斗争？这是怎么回事！总罢工是对工会组织最有效的激励……（鼓掌）

但是我不想局限于仅从经济方面关注这样一个较为狭小的斗争舞台，我要大声地并且非常坦率地说，我在总罢工中特别看到了最有效的革命方式。对，我认为总罢工将是一场革命，当然是一场不同于过去那些革命的革命，它给劳动者更多的保障，不让少数几个人在这方面存心利用胜利。（鼓掌）通过总罢工这种手段获得胜利的无产阶级自己将会夺取生产工具，并且将比获取这些工具之前更加容易地掌管它们，因为无产阶级为了使用这些工具将组织起来。（鼓掌）这将不再是一场围绕或多或少令人失望的方式方法的革命，而将是一场实际行动上的革命。

我同意盖得和瓦扬的观点，认为夺取胜利将通过无产阶级专政来进行。难道这个专政还必须依然不针对某个人吗？（再次鼓掌）

今天，鉴于法国组织当前的状况和精神状态，专政在我们国家里可能不像人们所说的那样不针对某个人。（鼓掌）如果说我们的总委员会一年来已经实施了专政行动，这可能不是在敌对阶级队伍中选择其首批牺牲品……（热烈的掌声和反对声）

我的发言到此结束，同时我还要对没有安排更长的时间讨论一个如此重大的问题而表示遗憾。

在结束发言之际，我宣读一下由阿列曼、饶勒斯、黑彭海默、布吕内利埃等人签名的少数派决议。

决　议

大会认为总罢工是作为最适宜资本主义社会强加给我们的斗争条件的革命斗争方式而出现的。

在要求无产阶级不要离开任何斗争阵地，不要忽视利用任何其力所能及的获得解放的手段的同时，大会建议全世界劳动者为了总罢工而组织起来，也许这样的组织应该是他们手中的一种简单的施压工具，一个用于为获得政治或经济方面的不断改善所必不可少的衡量资本主义社会的杠杆，也许随着形势变得有利，它应该为社会革命服务。"（许多人鼓掌并高喊："总罢工万岁！"）

白里安要求按国家进行表决。多数派的提案以 27 票对 7 票通过。少数派得票的构成情况如下：法国 1 票、意大利 1 票、葡萄牙 2 票、俄国 1 票、阿根廷共和国 2 票。

大会的议事日程到此全部完成。

大会主席**范科尔**用德语、英语和法语发表最后致辞。

公民们，第五次社会民主党代表大会结束了。我们一起度过了许多时光，我们进行了长时间的讨论，我们进行了毫不掩饰的争论，因为我们知道必须明确地、公开地表达我们的信念。（鼓掌）经济越是发展，资产阶级就越是厚颜无耻，我们就越是要手拉手地向前进。

三年后，我们将在阿姆斯特丹再相见。在这三年里，你们将在洒满阳光的法兰西平原上传播社会主义思想；而我们其他人，将从法国把'圣经'带回到阴沉、黑暗、多雾的荷兰，我们将比以往任何时候都更加坚定地去进行战斗，直到社会主义胜利为止。

三年后，我们还将变得更加有力，我们将离我们所追寻的目标——社会主义胜利——更近。国际万岁！"（热烈的掌声）

大会在《国际歌》的歌声中结束。

代表大会决议

第一个问题：各次代表大会决议的执行。
研究和采用劳动者和社会党人国际协调、
组织和行动的切实可行的办法。

决 议

一、鉴于：

对于注定成为无产阶级议会的国际代表大会来说，通过一系列决议为无产阶级指出解放斗争的道路是非常重要的；

这些作为国际协调的结果的决议应当成为行动；

巴黎国际社会党代表大会决定采取以下措施：

1. 由负责举办下次国际代表大会的国家的社会主义组织尽快任命一个组织委员会；

2. 成立国际常务委员会，委员会由每个国家派一名代表组成，并且掌握必要的经费。委员会确定下次代表大会的议事日程，并邀请每个参加大会的国家作报告；

3. 委员会选出一名领取报酬的总书记，他负责：

（1）收集必要的资料；

（2）编辑历次代表大会通过的决议汇编，并且附以说明；

（3）在每次代表大会召开之前两个月内，分发关于各国社会主义运动的报告；

（4）编写大会所讨论问题的有关报告的简介；

（5）经常出版关于现实问题和普遍关心的问题以及关于重要改革和重大政治、经济问题研究的小册子和宣言；

（6）采取必要的措施，以利于各国无产阶级的国际运动和国际组织。

巴黎国际社会党代表大会认为：

国际常务委员会和总书记处将设在布鲁塞尔。

二、社会党国际委员会应当要求各国议会中的社会党党团成立一个专门的国际议会委员会，以便在国际重大政治经济问题上采取共同行动。

这个委员会将隶属于社会党国际委员会。

三、布鲁塞尔国际书记处负责建立国际社会主义档案馆，收藏有关各国工人运动的书籍、文件和报告。

第二个问题：通过国际劳工立法来限制工作日。
讨论在各国规定最低工资额的可能性。

决 议

一、根据前几次国际代表大会的决议，本次大会认为限制工作日应当依然是全体劳动者不断努力的目标，并且宣布应该通过法律规定各国各行业劳动者每天工作最长时间暂定为八小时。

因此，大会鼓励各工人组织通过循序渐进的方式并把工会斗争与政治斗争结合起来，力争实现这一改革。

二、大会宣布，只有在工会强有力地组织起来的地方，才有可能规定最低工资额；不可能用普遍和单一的方式来确定各国的最低工资额，在最广泛的意义上说，它无论如何应当与必需的生活资料相符合。

大会鼓励劳动者力争实现这一改革，找出既适合于各地的经济和工业状况，又适合于各地的政治状况的最切实可行的实现这一改革的办法。

为了实现这种改革，大会首先建议对社会权力机关和行政部门施加压力，它们能通过直接支付公共工程的工资或者命令工程承包商遵照办理的办法，制定最低工资额。

第三个问题：劳工解放的必要条件：1. 组织成为阶级政党的无产阶级的构成和行动；2. 在政治和经济上剥夺资产阶级；3. 生产资料社会化。

决　议

一、现代无产阶级是以资本对劳动的政治和经济剥夺为基础的资本主义生产体系的必然产物。

无产阶级的觉醒和解放，如果不与那些资本主义利益的维护者发生冲突，是不可能实现的。而资本主义就其自身的结构来说，也不可避免地要导致生产资料的社会化。

因此，无产阶级应当作为阶级起来与资本家阶级进行斗争。

以组织无产阶级成为阶级斗争大军作为自己的任务的社会党，应当首先通过系统、周密和必要的工作，启发无产阶级认识自己的利益和力量，并且为了这一目的而利用无产阶级在所处的政治和社会形势下掌握的、能够促使无产阶级提高对正义的认识的一切手段。

大会指出，这些手段包括争取普选权的政治行动，组织工人阶级的政治团体、工会、合作社、互助储金会、艺术小组和教育小组等。

大会鼓励社会党积极分子尽可能地把这些有助于加强工人阶级的力量、使他们可能剥夺资产阶级的政治和经济统治权并使生产资料社会化的斗争手段和教育手段结合起来。

二、各国社会党人应当争取使他们国内的外国人跟本国人民同样地享有联合的权利，并利用他们所拥有的一切手段来实现这一目的。

第四个问题：世界和平，军国主义，废除常备军。

决 议

一、大会声明有必要在各国增强反对军国主义的日常斗争的热情、精力和力量，尤其有必要以各国无产者的联盟来反对资产阶级和帝国主义政府的联盟。

大会指出如下措施作为斗争手段：

1. 各国社会党为了与军国主义作斗争，必须继续认真地进行教育青年和组织青年的工作；

2. 各国社会党议员应当投票反对任何军事开支和用于海军、征伐殖民地的一切费用；

3. 在国际重大事件发生时，社会党国际常务委员会将负责在各国发动和安排统一的、共同的反对军国主义的抗议和鼓动活动。

大会反对像海牙会议①那样的所谓和平会议，在当前的社会，这种会议的结果，像最近的德兰士瓦战争所证明的那样，只能导致一些令人

---

① 指无果而终的1899年海牙和平会议，会议讨论关于"寻求最有效的办法来保证真正的持久的世界和平"的问题。——编者注

恼火的失望。

二、1. 巴黎国际社会党代表大会愤怒地谴责俄国沙皇专制政府对波兰和芬兰人民实行的野蛮压迫政策，鼓励遭受专制制度桎梏之苦的各国无产者团结起来，一致同民主和社会主义的公敌进行斗争。

2. 大会谴责英国政府对南非布尔人的残暴行径。

3. 巴黎国际社会党代表大会再次宣布，兄弟般的同情心将使各国人民团结起来，大会愤怒地抗议在亚美尼亚犯下的暴行和屠杀行为，并且向东西两个半球的劳动者指出，资本主义各国政府是这一罪行的同谋者，大会鼓励社会党议会党团利用一切机会声援遭受残酷压迫的亚美尼亚人民，并向亚美尼亚人民表达与他们精诚团结的心愿。

第五个问题：殖民政策。

决　议

国际社会党巴黎代表大会鉴于：

资本主义的发展必然导致殖民扩张，这就是各国政府之间发生冲突的原因所在；

帝国主义作为资本主义发展的结果，在各国煽动沙文主义，迫使各国不断扩大开支，加强军国主义；

资产阶级的殖民政策的唯一目的是扩大资本家阶级的利益和维持资本主义制度，而为了达到这个目的，就要榨干作为生产者的无产阶级的血汗和金钱，并且对被武力征服的殖民地土著民族犯下无数罪行和残暴手段。

兹宣布，组织起来的无产阶级应当利用所有力所能及的手段来反对资产阶级的殖民扩张，并在一切适当场合不遗余力地谴责资本主义为了遂其丧尽天良、厚颜无耻的私欲而在世界各地作出的不正义的残暴行为。

为此目的，大会特别提出以下措施：

1. 各国社会党应当在经济条件允许的一切地方研究殖民地问题；
2. 鼓励以专门的方法在殖民地建立社会党，并吸收它加入宗主国的组织；
3. 建立各殖民地社会党之间的联系。

第六个问题：组织海运工人。

大会通过的第六委员会的报告

委员会全体成员从最广的意义上来考虑海运工人的组织，在报告中不仅包括海员，而且包括运输行业的工人。

由于按其职业性质划分的这两部分劳动者与其他地方的这类劳动者、其他行业或部门的雇佣劳动者有更直接的接触，委员会认为这部分劳动者的组织和通过立法途径来消除他们目前的不满情绪的办法应当受到已经在国际上联合起来的各国社会党的关注。

无需再提这两部分劳动者所操职业的恶劣条件，因为这广为人知。同时，有必要指出的是，各国资产阶级政党显然没有为消除如上提到的弊病采取过什么措施。

因此，委员会认为，鉴于各国都有关于商船的专门法律，只要资本主义制度持续存在，那么，要注意使所有解决这个行业中的职业和劳动问题的法律都尽可能是完善的并得到很好的执行，就是有组织的社会党的完全的、专门的责任。

同时，委员会也认为，海员应当组织起来成立工会和政治团体，承认阶级斗争，并利用他们手中的选票以获得将为他们的自身利益不断斗争的社会党代表。

大会认识到实现海运工人的全面组织所面临的特殊困难，坚决主张一切工会和社会主义政党必须帮助海员组织起来；在至今尚无海员独立的组织的地方，运输工人工会应该尽力促使海员下决心加入它们的组织。

应敦促各国议会满足海员的如下直接要求：

1. 取消海岸职业介绍所，在各个海港成立受工人组织监督的免费的雇工介绍所；

2. 建造海员旅社和公寓，由工人组织和市镇当局共同管理，海员们在那里将不受任何剥削；

3. 成立有工人担任法官的特别法庭，处理在航行期间发生的纠纷；削减海运官员处罚和罚款的权力；

4. 规定工作日的最长时间，超过规定时间的工作必须按专门规定的工资标准付给额外报酬；

星期日和假日应当只限于做必要的工作；

5. 对于因工受伤和丧失劳动能力的船员，应保证给予相应的抚恤金；在发生意外死亡的情况下，抚恤金应全部发给死者生前所赡养的人；

6. 规定参加航行的海员的最低工资额；

7. 制定保证全面和公正的检查的法律，从而专门预防事故的发生；采用一套适用于所有出航海轮的技术规范；海轮上配备的人员，不仅应具有充足的数量和足够的能力，并且还应具备语言知识，以便船员能够懂得司航人员的话；

8. 通过法律保障海员享有良好的待遇，如饮食、住房，尤其是卫生方面所应采取的各种令人向往的预防措施等；

9. 任何海员都不能在法律规定的条件以外签订雇佣合同，无论它们是什么样的特殊合同或协议；

10. 任命足够数量的流动检查员来全面检查即将出港的每艘船只；他们拥有扣留任何不符合条件和以任何形式违反法律的船只的必要权力。

在运输工人方面，我们附加如下要求：

1. 在发生意外事故时给予相应的抚恤金；保险费的任何部分都不由工人缴纳；无论船只停泊在码头或在航行中，雇主应负的责任都不应有任何区别；对于一切事故都应当发给抚恤金；

2. 彻底检查船上所有帆缆索具和工具，以预防事故发生；

3. 咖啡馆、旅馆或海岸职业介绍所不得向工人索取保证金；

4. 在各港口设立招募运输工人的劳工所；

5. 规定工作日的最长时限和工资的最低限额；夜间和星期日工作时，须增加工资。

为了把当前的愿望变成现实，大会建议一切海员工会、渔业工会和码头工人工会都加入国际码头工人联盟；通过这种办法建立经常和密切的联系，并通过一致的行动迫使各社会权力机关接受它们的各项要求。

第七个问题：为争取实现普选权和由人民直接立法而斗争。

决 议

一、对于工人民主而言，选举社会权力的行使者时实行普遍的、直接的、平等的秘密投票是实现政治解放和社会解放的基本办法之一和首要条件。

二、大会要求被剥夺议会代表资格的国民或者说代表资格还建立在毫无价值的原则基础上的国民，为争取普选权而斗争，直到它完全实现。

大会认为，无论为争取实行普选权而进行的斗争，还是人民行使普选权，都是无产阶级参加社会生活的强有力的教育手段。

三、鉴于妇女和男子在社会主义政治领域享有同样的权利，大会宣布男女均享有普选权是必要的。

四、大会宣布，在已经实行普选制的国家里，社会党人的责任是通过实行比例代表制使普选的实施合乎规定。

五、鉴于最高权力属于人民，而由人民直接立法是这个最高权力的一个标志，大会宣布有必要通过保障人民的创议权和全民公决权来保证行使这种最高权力。

六、大会宣布，为完善普选权而斗争是在思想上和精神上准备群众夺取政治权力和经济权力，使他们充满阶级斗争意识，以及训练他们管理未来社会主义国家的最好手段之一。

第八个问题：市政社会主义。

决 议

鉴于不能把"市政社会主义"一词理解为社会主义的特殊形式，而只能理解为社会主义的一般原则在政治活动的某个特定领域内的应用；

鉴于有关的种种改革不可能在集体主义社会没有实现以前全部完成，而只能在一个地区内完成，但社会党人能够而且应当利用这个地区来准备和加快这个社会的到来；

鉴于一旦实现真正的自治，市镇就可以成为非集中制经济生活的绝妙的实验室，同时也可以成为一座利用地方上的社会主义多数来反对中央政权中的资产阶级多数的强大的政治堡垒；

因此，1900年国际代表大会宣布：

一切社会党人在不忽视总的政策的重要性的同时，有责任让人们理解和重视市镇工作，重视市镇改革——这些改革的重要性是由它们所起的"**集体主义社会的萌芽**"这个作用赋予的，并且应当努力做好市镇服务性工作，诸如**城市交通、照明、供水、动力配给、澡堂、洗衣房、公营商店、市营面包店、食品店、教育、诊疗所、医院、供暖、工人住房、服装、警察、市政工程**等等，并使它们成为无论从公众利益来说还是从受到这些服务的公民情况来说都是模范的机构；

力量过于薄弱而不能独自实现这些改革的市镇应当努力建立市镇联盟；

在政治组织不允许市镇走上这条道路的国家里，一切当选的社会党人应当运用他们的全部权力，使市镇机构获得足够的自由和独立，以便实现这些要求。

巴黎国际社会党代表大会决定，有必要召开社会党市议员国际代表大会。

这个代表大会应该达到这样两个目的：

1. 让人们了解在市镇范围内所有已经实现的改革和这些改革在精神上和财政上所带来的好处；

2. 在每个国家设立一个国家局，同时成立一个国际局，由它们负责收集一切与市镇活动有关的资料和文件，以便通过资料和文件的交换来为研究对市镇具有重要意义的问题提供方便。

大会委托国际局召开这个代表大会。

第九个问题：夺取社会权力以及同资产阶级政党联盟。

决 议

一、联盟。

大会宣布，阶级斗争禁止同资本家阶级的任何派别建立任何形式的联盟。

虽然大会也承认，在特殊的情况下，有时建立这种联合是必要的（当然不能把纲领和策略混为一谈），但是，党应竭力使这种联合减少到最低限度，直至完全取消，而只是在缔结协定的有关团体所属地方组织或全国组织承认有必要时，才容许建立这种联合。

二、夺取社会权力。

在现代民主国家里，无产阶级夺取政权不可能是某种突袭的结果，而只可能是为了在经济上或在政治上把无产阶级组织起来而从事长期的艰巨的工作的结果，是工人阶级在体质上和精神上得到复兴以及逐步夺取市政机构和立法会议的结果。

但是，在政府实行集权制的国家里，政权是不可能一部分一部分地夺取的。

个别社会党人参加资产阶级政府，不能认为是夺取政权的正常开端，只能认为是迫不得已采取的暂时性的特殊手段。

如果在某种情况下，政治形势要求作这种冒险的尝试，那么，这是一个策略问题，而不是原则问题；国际代表大会不应对此发表意见。但是，在任何情况下，只有当社会党的多数赞成参加资产阶级政府，而参加政府的社会党人又继续成为本党的全权代表时，社会党人参加资产阶级政府这一行为才有可能给战斗的无产阶级带来良好的结果。反之，如果参加政府的社会党人不服从自己的党，或只是部分地代表自己的党，那么他参加资产阶级内阁这一行为就有在战斗的无产阶级队伍里造成混乱和分崩离析的危险。这就是说，不是巩固党，而是削弱党；不是促进无产阶级夺取社会权力，而是阻止无产阶级夺取社会权力。

总之，大会确认，即使在非常的情况下，只要党组织一旦认为这个内阁在资本和劳动的斗争中明显地暴露出自己的偏私，社会党人就应该退出内阁。

第十个问题：五一节。

决　议

关于五一游行示威，国际代表大会赞同历次国际代表大会的决议；大会认为五一示威游行是要求实现八小时工作日的有效示范；大会还认为这一天停止工作是最有效的示威形式。

第十一个问题：托拉斯。

决　议

私人托拉斯是工业和商业经营者为其个人利益结成的同盟。

这种同盟是在不以生产而以专为工厂主提供利润为目的的生产和分配制度下进行竞争的不可避免的结果。生产资料的扩大使产品生产量大大超过生产资料所有者能够销售出去的数量，从而必然使竞争成为利润的敌人，因此，在当前的制度下必然会消除竞争，以工厂主之间的谅解和合作来取代竞争。所以，托拉斯的出现是不可避免的。从局部看，它们是生产的一种更高的形式，因为它们为了利润使生产和分配更加合理、更加节约；它们避免生产过剩造成的浪费，使生产成本降低，减少运输、广告和销售、推广费用，总之，减少种种中间环节的开支。

但是，从另一方面看，久而久之托拉斯就会趋于随时根据已经结成同盟的资本家的利益到处要求抬高价格和阻止价格因生产的改善而下跌。此外，加强对工人的压迫，同时以联合起来的老板们的强大力量来反对工人联合会和工人进行组织的努力，这即使不是托拉斯的目的，往往也是它的结果。

赢利同盟[①]与托拉斯和卡特尔不同，它完全不具有一个必不可少的组织的特点，但却是唯一抬高生活必需品价格的联盟；它对于人民大众的总体利益尤其是灾难性的，应该予以无情的揭露。

不过，在向工人们揭露托拉斯强迫他们服从于这种压迫的同时，国际社会党代表大会并不建议试图阻止这些同盟的形成，因为这些同盟的形成是这种生产制度的合乎逻辑的结果；采取镇压性的法律措施充其量只能改变其形式，却不能真正地阻止其行动。尽管如此，社会党不应当反对法律强制性地要求托拉斯公布其经营方式和它们的财政盈亏情况。

摆脱当前这些同盟的压迫的唯一实际出路应当是国有化，而在今后的阶段上，则是在国际托拉斯已经达到其最高发展水平的各该部门中实行生产的国际调节。

因此，无产阶级的实际行动应当是在政治上和经济上改善其阶级组织——这两个方面的行动只有通过相互配合才能得到加强，以便迎接和加快由社会剥夺各大生产部门的时代的到来，由于这些大生产部门已经完全由托拉斯组织起来，因而有可能对它们实行剥夺。这样，以利润为目的的私有生产就将逐步改造成为以制造产品为目标的社会生产。

---

① 赢利同盟（Pools）是英国术语，指各企业主均分利润而不共同从事生产的一种联合。——编者注

第十二个问题：资本集中的日益加剧，竞争所导致的政治手段无法消除的经济混乱，使劳动者的状况不断恶化，所有这些不正在让即将导致总罢工的劳资之间的直接冲突变得不可避免吗？

决　议

代表大会在考虑了巴黎和苏黎世两次国际代表大会的决议的同时，特重申重视 1896 年伦敦国际代表大会通过的关于总罢工的决议。

该决议内容如下：

大会认为罢工和抵制是实现工人阶级任务的必要手段，但在目前条件下大会并不认为有举行总罢工的可能。

目前所必需的是工人群众的工会组织，因为所有工业企业或所有国家罢工规模的扩大取决于组织的扩大。

出席大会的代表团

德国	代表 57 名	政治组织（45 名，其中女性 2 名）
		社会主义妇女（2 名）
		议会党团（2 名）
		工会（8 名）
英国	代表 95 名	工会和社会党委员会
奥地利	代表 10 名	政治团体（5 名）
		工会（2 名）
		不同产业工人团体（3 名）

比利时	代表37名	政治和经济组织
波希米亚	代表2名	
保加利亚	代表3名	
丹麦	代表19名	政治团体（3名）
		中央委员会（3名）
		合作社和工会（13名）
西班牙	代表4名	工人党（3名）
		劳动者总联盟（1名）
美国	代表6名	
法国（1）	代表600名	委托书1600份：
		社会主义工人联盟
		革命社会主义工人党
		革命社会主义者联盟
		独立联盟
法国（2）	代表473名	委托书1083份：
		法国工人党（765份）
		革命社会主义党（223份）
		共产主义同盟（12份）
		索恩-卢瓦尔独立联盟（22份）
		工会（30份）
荷兰	代表9名	杜省—上莱茵省独立联盟（17份）
匈牙利	代表1名	约讷省独立联盟（14份）
爱尔兰	代表3名	
意大利	代表15名	政治团体（11名）
		旅居瑞士的意大利人（1名）
		旅居法国的意大利人（3名）

挪威	代表 1 名	
波兰	代表 20 名	委托书 24 份
葡萄牙	代表 1 名	委托书 3 份
阿根廷共和国	代表 1 名	
俄国	代表 24 名	委托书 29 份：
		革命社会民主党（9 份）
		犹太人联盟（12 份）
		革命党人（5 份）
		革命社会党人（3 份）
瑞典	代表 3 名	
瑞士	代表 10 名	委托书 11 份

1900年9月23—27日在巴黎召开的第五次国际社会党代表大会非正式速记报告[①]

前 言

本书为1900年9月在巴黎召开的第五次国际社会党代表大会的原本文稿,也就是一直担任法国社会党速记员的科尔科兄弟二人在我们的安排下整理的代表大会速记记录稿。

我们在此发表两位速记员向我们提供的会议速记记录稿。于贝尔·拉加代勒复核了该文稿,索雷尔先生同意审阅校样并作注释。但他们只打算忠实于速记稿,我们也希望以真正历史学家的态度来出版它。出于同样的原因,我们没有把讲话记录送演讲者读校。

于贝尔·拉加代勒将在校读全文之后为报告撰写前言。这个前言将使第三系列成册出版。

索雷尔先生也对第三系列保留了一些他在工作过程中受启发而产生的意见。

---

① 巴黎《半月手册》出版社1901年出版。——编者注

伦敦代表大会的决议

1896年召开的伦敦代表大会在其最后一次会议上表决通过了如下决议：

大会主席团负责起草下一次代表大会的邀请书，下次大会仅邀请：

1. 一切以社会主义所有制和社会主义生产代替资本主义所有制和资本主义生产为目标，并把立法斗争和议会斗争视为实现上述目标的一种必要手段的团体的代表；

2. 一切虽未参加政治斗争但声明承认立法斗争和议会斗争的必要性的纯工会性质的组织。

因此，无政府主义者被排除在外。

代表委托书的审查由各国分别进行，除非是向出席代表大会各国所选出的专门委员会提出申诉。代表少于5名的国家，其委托书与存有疑问的委托书一样，应提交委托书审查委员会审查。

大会决定下次代表大会将于1899年在德国召开，如大会届时不可能在德国举行，则改于1900年在巴黎召开。①

为了使人们能够很好地理解这个决议，再提出另外两个未付诸表决的决议案也不无益处。其中一个是由英国社会民主联盟提出来的，它这样写道：

下次国际代表大会的委托书将限于社会民主党组织（以及工会），这些组织

---

① 大会的正式提要报告称这个决议是由李卜克内西提出来的（见本卷第26页——编者注），这是一个错误。大会主席团成员欧仁·盖拉尔告诉我们，这个决议是由王德威尔得起草、米勒兰修改而成的（参见欧仁·盖拉尔的《伦敦代表大会》第29页）。

的目标是生产、交通、分配和交换手段或工具的社会化；它们努力通过议会手段和其他政治手段来实现这一目标；它们希望在每个国家建立独立的和脱离于任何资产阶级政党的议会党团和政党；它们最终服从于大多数人的权力。

另一个由李卜克内西、辛格尔和德国、奥地利、丹麦、波兰、荷兰等许多国家的代表署名的决议案这样写道：

下次国际社会党代表大会将于1900年召开。

出席大会的将是坚持在阶级斗争的舞台上、承认工人阶级夺取政权是其自身解放的必要条件的社会党和工人组织的代表。为了实现这个目标，它们把立法斗争和议会斗争视为一个重要手段。那些尚未拥有普选权的人，应当竭尽全力去争取实现普选权。

无政府主义者及其盟友，即使他们自称是反议会制①的共产主义者，也不能参加这次大会，无论他们属于哪个组织。

欧仁·盖拉尔说，德国和英国的决议条文更为严格，最后一段说："无政府主义者**及其盟友**，即使他们自称是反议会制的共产主义者或者任何别的名称……"

大会筹备工作

为了召开1900年的国际代表大会，法国社会党人总委员会于1900年5月向世界各大洲的工人组织和社会党组织发出了如下呼吁：

公民们，同志们：

1899年把五个全国性组织联系在一起组成一个代表整个法国社会党的社会

---

① 这个词针对多梅拉·纽文胡斯和科内利森在荷兰的朋友。

主义组织协调委员会已经向你们发出了一个通告，该通告说明了本委员会提议召开一次1900年国际社会党代表大会的预备会议的理由。

已于1899年5月27日和28日在布鲁塞尔召开的预备会议作出了一些决定（我们将其公布于后）。这些决定已被参加协调委员会的上述五个组织接受。从此，协调委员会已把它的权力移交给1899年12月召开的社会党组织代表大会上产生的总委员会。因此，通知将于明年9月23—27日召开下一次国际社会党代表大会的任务就将由总委员会来承担。

这次代表大会，即各大洲无产阶级在决定再次召开其定期举行的重大会议以来便已确定日期的第五次代表大会，是继巴黎代表大会（1889年）、布鲁塞尔代表大会（1891年）、苏黎世代表大会（1893年）和伦敦代表大会（1896年）之后举行的。在过去的每一次大会上，组织起来的劳动者的力量在阶级斗争的舞台上都表现得更团结、更协调和更令人生畏。

伦敦代表大会在其闭幕之前就已经把它的权力在某些明确规定的条件下移交给了一个负责召开下一次代表大会的常务机构。新一届代表大会应该于1899年在德国举行，或者于1900年在法国举行——如果出现了重大困难阻碍了我们的德国同志执行对他们的委托的话。

1898年底，德国朋友告知我们要由我们替代他们着手进行大会的组织工作。法国社会党协调委员会当时刚刚建立，它承担了这个任务，并且立即开始关心如何让未来的这次代表大会避免出现从前历次国际大会上所出现的那些困难。因此，首先从法国社会主义组织和工人组织的特殊情况中得到启发，协调委员会在完全忠实于伦敦代表大会决议的深刻内涵的同时，完全一致地支持一个社会主义政治大会的想法，也就是工会组织的加入可能会使它们承认社会主义政治斗争的必要性这样一个大会的想法。

正是本着这种精神，我们起草了发给世界各国同志们的第一个通告。同样本着这种精神，法国社会党人协调委员会的五个成员组织的代表出席了我们召开的布鲁塞尔会议。

但在此出现了一个困难。伦敦代表大会（在布鲁塞尔也召开过这样的大会）的常务机构只想在法国社会党人协调委员会丝毫不差地接受上届代表大会提出的邀请条件的情况下才把权力移交到该委员会手中。布鲁塞尔预备会议讨论了这个争议,并且最终果断地本着使法国各组织以最有利于无产阶级利益的方式来筹备1900年的工人和社会党人大会的精神解决了这个争议。

伦敦代表大会常务机构通过如下方式把权力移交给了法国社会党人协调委员会。它首先提请人们注意伦敦代表大会的决定,然后在布鲁塞尔预备会议上使法国社会党组织在与其他国家的社会党组织相互达成让步之后作出决议:

伦敦代表大会委托它的常务机构于1900年在巴黎召开下一次代表大会,并在邀请代表的条件方面执行伦敦代表大会的决议和布鲁塞尔会议的决议。

伦敦代表大会的决议

1. 一切以社会主义所有制和社会主义生产代替资本主义所有制和资本主义生产为目标,并把立法斗争和议会斗争视为实现上述目标的一种必要手段的组织的代表;

2. 一切虽未参加政治斗争但声明承认立法斗争和议会斗争的必要性的纯工会性质的协会。因此,无政府主义者被排除在外。

在执行这项委托时,我们,本文件的签字人,伦敦代表大会主席团成员,已经把我们的权力和邀请下列组织参加代表大会的任务移交给了法国社会党人协调委员会成员:

布鲁塞尔会议的决议

1. 一切拥护如下社会主义基本原则的协会:生产手段和交换手段的社会化,劳动者的国际联合与国际斗争,由组织成为阶级政党的无产阶级夺取社会权力来实现社会主义;

2. 一切虽不以直接的方式参加政治运动,但置身于阶级斗争舞台上并声明承认政治斗争、立法斗争和议会斗争的必要性的工会组织。

这个让步性的解决办法在布鲁塞尔被除法国之外的 11 个国家的代表一致通过，法国在协调委员会的五个成员组织磋商之后保留了其作出回应的权利。

预备会议同样一致决定，在收到伦敦代表大会常务机构的声明和法国社会党人协调委员会的通知之后，把权力移交给协调委员会，但协调委员会应接受前面一再提到过的为 1900 年在巴黎召开下一次国际代表大会所采取的让步性的解决办法。

协调委员会的五个成员组织一致同意布鲁塞尔会议的决议，并接受按照如上提出的条件召开 1900 年代表大会的委托，继承协调委员会权利和义务的法国社会党人总委员会从此成为国际代表大会的组织委员会，并向你们通报列入大会临时议事日程的一系列问题，以下就是将要涉及的有关问题：

1. 各次代表大会决议的执行。研究和采用劳动者和社会党人国际协调、组织和行动的切实可行的办法。
2. 通过国际劳工立法来限制工作日。讨论在各国规定最低工资额的可能性。
3. 劳工解放的必要条件：（1）组织成为阶级政党的无产阶级的构成和行动；（2）在政治和经济上剥夺资产阶级；（3）生产资料社会化。
4. 世界和平，军国主义，废除常备军。
5. 殖民政策。
6. 组织海运工人。
7. 为争取实现普选权和由人民直接立法而斗争。
8. 市政社会主义。
9. 夺取社会权力以及同资产阶级政党联盟。
10. 五一节。
11. 托拉斯。

此后，革命社会主义工人党向各国提出了如下修正案，11 个国家中的 6 个国家已同意将该修正案列入议事日程：

资本集中的日益加剧，竞争所导致的政治手段无法消除的经济混乱，使劳动者的状况不断恶化，所有这些不正在让即将导致总罢工的劳资之间的直接冲突变得不可避免吗？

公民们，同志们：

我们因此邀请你们前来参加巴黎国际社会党代表大会。

随后发出的一个通知将会让你们了解法国社会党所做的准备工作，本着协商和共同行动的同一思想完全联合起来的法国社会党人准备给其他国家的代表们以最友爱的接待，并在世界面前确保工人阶级和社会党的第五次国际活动举办得辉煌而盛大。

请将你们的回信寄给法国社会党人总委员会书记路易·迪布勒伊，巴黎波特凡大街17号。

召开代表大会的通知

代表大会按照如下通知举行：

大会将于1900年9月23日（星期日）上午10点整在瓦格朗大街的瓦格朗大厅开幕。

代表大会的第一次会议将审查其他国家的委托书；下午的会议从2点整开始，审查法国的委托书。

当然，本次国际代表大会的代表委托书的有效性并不预示对于下一次社会主义组织的大会也将有效，因为参加本次大会的条件和参加下一次及其他各次大会的条件是不尽相同的。

书记　路易·迪布勒伊

大会第一天①

1900年9月23日(星期日)的会议
(上午)

法国支部的会议

代表大会开幕前,刚10点15分,法国代表就聚集在一起准备选举他们的领导机构。总委员会书记**迪布勒伊**(革命社会主义党)登上讲台,他宣布说一些同志误认为法国支部应该在今天上午举行会议,而法国支部是应该在下午2点举行会议的。

白里安(革命社会主义者联盟)也登上讲台。

白里安:总委员会已经决定国际代表大会的第一次会议将在9月23日10点召开,法国支部将在上午10点举行会议。按照这个决定,我们都来到了这里。令人难以理解的是,有人建议我们推迟举行会议。(喧

---

① 大会第一天的所有会议都没有速记记录,本文是于贝尔·拉加代勒根据《小共和国报》刊载的报告、德国的报告、正式提要报告和他自己的笔记完成的。

我们记得为了标明法国不同政党名称所使用的缩写是:P. O. F.——法国工人党或盖得派;P. S. R.——革命社会主义党或布朗基派(瓦扬、桑巴特);A. C.——共产主义同盟(德让特、格鲁耶埃);P. O. S. R.——革命社会主义工人党或阿列曼派;F. T. S. F.——法国社会主义工人联合会或布鲁斯派,它常常也把自己称为革命社会主义工人党;F. S. R.——革命社会主义者联盟(即独立社会主义者联盟——编者注),该联盟是为了使独立社会党人有一个中央组织而成立的。共产主义同盟被视为革命社会主义党的附属组织,因此人们总是说五个组织。

哗声从法国工人党和革命社会主义党的座位上响起；另一侧则是掌声）

阿列曼：我是总委员会一致通过的建议的提议人，因此我能记得建议中的规定，不用担心我会弄错。现在就是白里安指出的已经确定的法国支部召开会议的时间。因此，他没有任何误会。所以我要求迪布勒伊现在开始进行组建领导班子。（喧哗声）

迪布勒伊不作回应。

阿列曼：既然如此，我就把法国支部领导班子的构成付诸表决。那些主张成立法国支部的人很希望以举手的方式来表决。[仅会场右侧的人举手。法国工人党和革命社会主义党一侧声音嘈杂。两个主席人选的名字被提出，即饶勒斯（革命社会主义者联盟）和瓦扬（革命社会主义党）。无法描述的喧哗声。从法国工人党和革命社会主义党一侧传出喊声。法国支部的两部分人互相攻击。饶勒斯当选，就座主席位置。右侧欢呼，左侧喧哗。]

饶勒斯要求法国代表们任命两名副主席。大家指定阿列曼和瓦扬。但是瓦扬拒绝就任，因为这次会议的有效性尚存争议，代表的委托书还没有审查。喧哗声重新响起。黑彭海默（法国社会主义工人联合会）被选为副主席，白里安为书记。

弗里布尔（革命社会主义工人党）：我建议我们刚选出的领导成员全天行使职责。（喧哗声）

茹尔努（索恩-卢瓦尔独立联盟）：我建议法国支部作出合乎情理的决定，领导成员在主持一次会议之后将不能再当选。（各种各样的动作。喧哗声）

坦格尔（革命社会主义党）：公民们，在代表的委托书被审查之前，我们不能成立我们的领导班子。我们要先审查委托书，然后再选举领导成员。（法国工人党和革命社会主义党方面鼓掌）

德韦尔奈（法国工人党）：公民们，我不怀疑人们的诚意。但是，在我们的联盟如此强大的北方，我们这些人有一些组织习惯。我很愿意相信所有的委托书都是合乎规定的，这是可能的。不过，在我们作出一项有效的决定之前对委托书进行审查还真是应该的。（法国工人党和革命社会主义党方面赞同）

白里安：公民们，所提出的问题已经在总委员会内部解决了。在这里我要求大家光明磊落，我不相信我们总委员会同志中的任何一位属于法国工人党或革命社会主义党的同志能够在这里对我的讲话有丝毫的否定。如果总委员会筹备一个全国代表大会比筹备一个国际大会还让自己消耗更多的时间，那么，公民们，这个错误该归于谁？在恰巧不可能有合适的时间审查参加国际代表大会代表的委托书的情况下，总委员会决定让各个组织自己进行审查。这是已经完成了的事情。每个组织都保持着自己道义上的高度责任心。我们因此是在一丝不苟地遵守总委员会的意志。总委员会的决定就是我们的准则。我再重复一遍，我肯定任何矛盾都不会发生。我要求法国支部宣布成立。（会场右侧鼓掌，左侧反对）

阿列曼：公民们，不要忘了外国同志们已经很长时间在焦急地等待法国代表组成支部。他们强烈要求我们不要再推迟国际代表大会的开幕。

因此，我建议立即去欢迎外国代表，并且要求法国支部宣布成立。（喧哗声。右侧掌声）

饶勒斯：公民们，我宣布散会，同时表示最深切地希望法国支部不要给各国社会党人造成一个分裂的可悲印象。（会场右侧热烈的掌声。喧哗声）

法国支部前往代表大会会场。

国际代表大会

上午 11 点 1 刻，由**饶勒斯**、**阿列曼**、**黑彭海默**和**白里安**组成的法国支部领导成员在讲台上就座。外国与会者长时间鼓掌。

饶勒斯：我代表法国社会主义者，向为参加第五次国际代表大会而聚集在这里的全世界社会主义者和无产阶级的代表们致敬。紧接着我现在要邀请每个国家派出其在大会主席团中的代表。（鼓掌）

国际代表大会主席团于是在第一次会议上成立了，它由以下人员组成：

德国支部：保尔·辛格尔，主席；大卫，书记。

英国支部：皮特·柯伦，主席；奎尔奇，书记。

奥地利支部：阿德勒，主席；斯卡雷特，书记。

比利时支部：埃米尔·王德威尔得，主席；莱昂·弗尔内蒙，书记。

波希米亚支部：涅梅茨。

保加利亚支部：莱登斯基，马里奥·盖得。

丹麦支部：克努森，主席；伯格比尔，书记。

西班牙支部：帕布洛·伊格列西亚斯。

美国支部：吕西安·萨尼亚尔，主席；克雷洛，书记。

法国支部：让·饶勒斯，主席；让·阿列曼，爱德华·瓦扬（缺席），副主席；阿里斯蒂德·白里安，书记。

荷兰支部：范科尔，主席；特鲁尔斯特拉，书记。

匈牙利支部：泰萨特。

意大利支部：安德烈亚·科斯塔，主席；恩里科·费里，书记。

波兰支部：卢那诺夫斯基，主席；达申斯基，书记。

阿根廷支部：阿希尔·康比埃。

俄国支部：克里切夫斯基，主席；普列汉诺夫，书记。

瑞典支部：梅南德，安德松。

瑞士支部：菲尔霍尔茨，主席；拉潘，书记。

克拉拉·蔡特金担任德语翻译，**斯密斯**为英语翻译。① 比利时下院议员**弗尔内蒙**担任大会书记职务。

　　主席团成员就座。会场刚一恢复安静，第一次会议主席**饶勒斯**就开始发表以下讲话：

　　我以无比喜悦和激动的心情代表全体社会党——法国组织起来的劳动者——向各国组织起来的社会主义者、各国的无产者表示欢迎。

　　的确，过去没有任何一次大会比这次各个国家、各个大洲、各个种族的社会主义者和无产阶级代表在资本主义试图到处在人民中间煽动沙文主义兽性和民族主义狂热时举行的集会更有必要、更为关键；也没有任何一次大会比这次在资产阶级为了资本主义入侵者的利益妄图到处挑动种族对立和让人民互相冲杀时举行的集会更有必要、更为关键。这是无产阶级现在表明其维护世界和平的愿望的一次伟大的、必要的展示。

　　男女公民们，我们的议事日程，即国际社会党代表大会的议事日程，在包括和平这个重大问题的同时，也包括目前在各国社会主义政党中掀起争论的其他所有问题。我们将在这里讨论这些问题，而且我们会很容易地找到协调的办法；我们是社会主义政党，也就是说，一个不忘彻底消灭资本主义和建立集体所有制这个最终目标，同时为了广大劳动者而没有忽视立即并且坚持不懈地进行自我完善的党。这是因为我们都有着为世界作出社会主义和平榜样的共同的思想。

　　啊！公民们，请让我以目前尚未实现内部完全统一——其他国家已经为我们作出了榜样的组织上的统一——的我们法国同志的名义，希望组织上的统一赋予其他国家社会主义政党力量的榜样能够通过友好的宣传指导我们实现完全的统一，即社会党人之间的统一，以便通过社会革

---

①　意大利人、荷兰人和俄国人用法语发言。

命为实现全人类的统一做准备。"（热烈鼓掌和全体一致欢呼）

随后，德国支部主席**辛格尔**发言：

我受刚刚在美因茨召开的德国社会民主党全国代表大会的委托，来到这里向你们表示欢迎，并向你们各国、各民族的战斗兄弟们致以亲切的敬礼。

美因茨大会正好唤起了人们这样的记忆，25年前，在德国社会民主党内部也曾存在与现在法国社会党人中同样的争执和同样的意见分歧。德国社会民主党尽管表面存在分歧，但对于最终目标的意见是一致的，在这种思想的启发下，这些争执终告结束。

正因为如此，德国社会党人能够团结一致；也正因为如此，德国社会民主党能够有一种力量和活力，一种任何欧洲社会主义政党都不能显示出来的力量和活力。

德国社会民主党的整个历史证明，有着各种细微差异的社会主义者越团结，无产阶级的意志就越能得以树立。

我们在美因茨大会上也曾关心一个我们本次国际代表大会将要研究的问题，即军国主义和资本主义为了进一步加大对无产阶级的剥削而到处极其疯狂地推行殖民政策的问题。美因茨大会已经宣告了无产阶级将以世界和平政策和国际团结政策来反对军国主义和资本主义的战争政策。

在结束讲话之际，我坚信，促使德国社会党人团结一致的兄弟间的相同信念也将会给法国社会党人带来团结一致，因此，我请你们面对资本主义世界，要比任何时候都更加用力地高呼：社会主义国际万岁！"（热烈鼓掌）

英国支部主席**皮特·柯伦**[①]：英国支部一致同意饶勒斯和辛格尔关于国际团结和国际和平的讲话。英国代表团坚决反对政府的帝国主义政

---

① 皮特·柯伦为英国独立工党（基尔·哈第派）党员。

策。(鼓掌)英国工联主义者和社会党人一致赞成谴责在南非的武力掠夺政策。(鼓掌)他们也反对资本主义内部的这种抢掠状况。如果你们没有看得见的国王,你会有一些看不见的未加冕的国王,你们,法国社会党人,应该同他们斗争。而为了很好地进行这场战斗,你们所有的力量都应该集中起来、联合起来。(鼓掌)

英国支部的海德门①:在听我们外国同志的友爱的致意之前,请允许我向德国代表们对于他们所遭受的损失和作为我们逝去的李卜克内西的化身的国际主义和社会主义的无产阶级所遭受的损失表示同情和慰问。(全体与会者起立,一致鼓掌赞成这位同志的讲话)……李卜克内西此时就活在我们的大会中。(掌声)法国、英国、比利时、意大利等国的社会党人们,让我们全体向李卜克内西的遗孀、向德国同志们致敬。(长时间群情激昂。全体代表起立悼念李卜克内西)

饶勒斯:海德门所表达的感情是整个国际社会党代表大会共有的。(鼓掌)李卜克内西对法国有一种特别的同情,他曾在莱比锡法庭上讲话支持法国,所以法国社会党人由衷地赞同我们海德门同志的讲话。

大会同样向俄国同志表达对另外一位伟大的革命战士皮埃尔②·拉甫罗夫的深切怀念。(全体起立鼓掌)大会全体代表最后共同表达了马克思的女儿爱琳娜·马克思的去世给我们的同志带来的悲痛。(鼓掌)对社会党国际创始人之一的家庭的打击就是对整个社会主义大家庭的打击。(全体热烈鼓掌)

意大利支部主席安德烈亚·科斯塔:意大利社会党人高兴地前来参加第五次国际代表大会。我们在1898年击败了血腥的反动派,我们为自由作出了贡献。意大利的君主制遭到了我们坚持不懈的阻挠。于是,

---

① 海德门为英国社会民主联盟成员。
② 原文如此,应为"彼得"。——编者注

君主制国家求助于国人,而国人对它的回答是:增加我们的选票,增加我们的代表。(鼓掌)现在,君主制国家试图不择手段地利用蒙扎刺杀事件①来对付我们。但尽管这样,在翁伯托国王去世刚刚几天的时候,两名新的社会党议员当选了。这是因为我们这些意大利社会党人——正像我们最近的代表大会指出的那样——是团结的。在我们国家里,由于党的统一,我们之间会进行讨论,但不会有分裂。(长时间鼓掌)

因此,意大利社会党人出于自己的责任心向你们伸出手,准备和你们共同战斗。(全体鼓掌)

奥地利支部主席阿德勒:我给各国社会党人带来奥地利社会党人兄弟般的致意。我们这些不得不在奥地利组成了一个小国际的人比任何人都更清楚所要克服的困难。我们来到这里,就像1889年我们来到这里向国际无产阶级说过的那样,奥地利所有的无产者,无论讲哪种语言,都将团结在社会主义旗帜下向前进。我们遵守了诺言,我们能够为此感到自豪!在我们这个不幸的国家里,工人阶级是唯一能够同到处可见的的暴虐行径进行斗争的阶级,社会民主党是奥地利所有无产者共同利益的唯一代表。当然,这样的统一,其形成并非没有困难。但是,统一应该在所有有着忠实的社会主义者的地方实现,(热烈鼓掌)应该在所有社会主义组织的代表把无产阶级的基本利益和长期利益置于微小的意见分歧、微小的学说分歧和微小的理论分歧之上的地方实现(长时间鼓掌)……应该在所有决心献出自己的鲜血,敢于为社会主义事业而抛弃自己的任性、虚荣和偏见的社会主义者的地方实现。(热烈鼓掌)我这是经验之谈。我们为这些教训付出了血的代价。我们事业的完满成功就在于无产阶级的统一。我希望,这次将表明各国社会民主党的统一的代

---

① 指无政府主义者加埃塔诺·布雷希在蒙扎刺杀翁伯托国王的事件。——编者注

表大会也将是为了法国社会党人内部的统一而进行的伟大和不可抗拒的运动的起点，内部的统一是社会主义胜利的保证。（长时间欢呼）

比利时支部主席**王德威尔得**：我代表比利时工人党感谢公民们、同志们对我们的欢迎。

自上次国际代表大会以来，在我们的小小的国家里，我们履行了社会党人的全部责任，我们兄弟般地进行了社会党人的联合。（鼓掌）

在基督教诞生初期，看到首批基督教徒的团结，异教徒们说："他们大家是多么友爱啊！"首批基督教徒的这种爱构成了他们教义的力量。当前在比利时，资产阶级说社会党人："他们大家是多么友爱啊！"这是对我们的团结和力量的评价。法国同志们，我们的例子应该对你们有用。（一再鼓掌）

1889年，在同一个城市里召开了两个看来似乎对立的大会。① 然而，统一却在第二年实现了。（鼓掌）同志们，我们是统一的，而这种统一是我们的唯一力量。请允许我希望法国社会主义政党的统一不久即将实现。（一再鼓掌）

法国的社会党人们，你们要统一起来！（鼓掌）尽管存在一些表面现象，但社会党人的统一正要出现在你们中间。那些不参与派别之间论战的默默无闻的战士们希望统一。（鼓掌）1793年举着大革命旗帜的人们也曾经是对手，但是当炮声响起时，他们团结一致对抗敌人。1900年的社会党人们，难道你们做得还不如1793的资产阶级吗？（热烈鼓掌）敌人就在你们周围。敌人在窥视你们。你们要集中所有力量去对付共同的敌人。法国的社会党人们，你们要统一起来。（长时间鼓掌。欢

---

① 这里指对立的一方是1885年由德巴普和沃尔德斯创建的工人党，另一方为尤其与德夫伊索有关的共和社会党。参看茹尔·德斯特雷和埃米尔·王德威尔得的《比利时社会主义》第21页和第91—100页。

呼。高呼："团结万岁！"）

这时，饶勒斯向大会宣读日本《社会主义世界》① 一书的出版者片山潜同志的一封信。我们的这位同志写道："你们要好好地告诉大会，在远东，有一个穷苦的伙伴正在为和你们欧洲社会党人相同的事业努力奋斗。他很想前来参加巴黎的国际代表大会，但贫穷使他无法成行。"

在读完这封每一段都引起人们的热烈的掌声的信之后，饶勒斯补充说：就在远东成为战场的此时此刻，令人快慰地看到，国际主义精神正在那里苏醒。（鼓掌）

荷兰支部书记**特鲁尔斯特拉**：我高兴地代表荷兰社会党人向所有国际无产阶级斗争的战友们致敬。

在伦敦代表大会上，荷兰社会党人中间发生了一次分裂②。但是现在，他们已经根治了个人的毛病，消除了宗派思想的有害影响。（热烈鼓掌）他们是团结的。（鼓掌）法国同志们，你们也应该团结；敌人就在眼前，而你们却在争吵！这是对无产阶级的犯罪！（热烈鼓掌）如果我们不是法国社会党人的客人，我们刚才就会举着红旗到他们开会的房间里，让他们看一看旗子上写的口号："无产者联合起来！"（所有人一再鼓掌）

俄国支部书记**普列汉诺夫**：如果俄国无产者意识到他们的阶级利益，如果他们团结起来，他们就能和世界无产阶级一道携手前进。你们都记得雅科比的一句话：一个最小的工会的成立，对于历史的发展来说

---

① 应为《劳动世界》，见德文版会议记录（本卷第269页）。——编者注
② 在伦敦代表大会7月30日的会议上，多梅拉·纽文胡斯离开大会并声明他不愿意参加毫无意义的讨论。（参看《社会主义运动》1900年9月1日和15日、12月15日弗利根和科内利森关于荷兰社会主义的文章。）

都有着比萨多瓦战役①更为重要的意义。与其他任何国家相比,这对于俄国来说更确实如此。起初是大学生、有文化的人进行反抗沙皇制度的俄国革命运动。现在是工人全力进行反对专制政府的斗争。他们不仅为本阶级在经济上的解放而斗争,而且还要为把全体人民从俄国的皮鞭下解放出来而斗争。(热烈鼓掌)

俄国支部主席克里切夫斯基:我要求大家谴责极端残酷的沙皇统治,并请由我向你们宣读两封当天收到的贺信:

"被俄国沙皇政府作为社会主义活跃分子流放到西伯利亚某个最偏远地方的波兰、犹太和俄国革命者,以及同情他们的当地居民于1900年5月1日集会,在象征无产阶级国际团结的五一节这一天的友好集会上,一致而又热情地决定向巴黎国际社会主义工人代表大会致以亲切的敬礼,并发自内心地祝愿大会取得圆满成功。民主社会主义万岁!国际社会主义工人代表大会万岁!"

"包括圣彼得堡各街区中各种职业的工人在内的工人组织向国际社会党代表大会致意。"

丹麦支部主席克努森:丹麦社会党人在此向你们致以最友爱的敬礼。当1848年的革命使其风暴席卷欧洲时,革命的波涛涌入我们国家的边界线以内,早在这个时期,工人阶级的大部分成员都已经理解了这场革命运动的真正性质。不过,这种理解并不是十分明显地受到普遍接受。在我们国家,这场运动就像在欧洲其他不少国家一样以君主专制制度的垮台和资产阶级自由政体的建立而宣告结束。

是1871年巴黎公社英勇战斗的巨大影响唤醒了丹麦工人的灵魂,使他们在自己的国家里举起了国际主义的红旗。相邻的各个伟大民族的

---

① 在1866年的普奥战争中,普鲁士军队和奥地利军队于7月3日在萨多瓦举行会战,普鲁士军队获胜,以此奠定了普奥战争的胜局。——编者注

文明大众将在丹麦发现一只组织完善的工人大军，这支大军已做好促进完成革命的伟大事业的准备，也就是说，促使资本主义的"摩洛赫"①走向最后的、不可避免的覆灭，建立自由、平等、博爱的新社会。（一再鼓掌）

波兰支部书记**达申斯基**：我带来了波兰这个已经不堪重负的、受到严重伤害的、无产阶级的阶级觉悟终于开始显现出来的国家的致意。我们希望国际和平。我们甚至在资本家一边对人民说着花言巧语一边用刺刀建立防御壁垒的时候仍然希望和平！我们要竭尽全力地实现波兰无产者的团结，但是我们只要在革命社会主义旗帜下的团结。（热烈鼓掌）

波希米亚支部主席**涅梅茨**：最近召开的捷克社会党代表大会赋予我的使命是前来向国际社会党代表大会的全体成员致敬。我以无比愉快的心情完成这个任务。虽然我们只是一个小党，但是我们像你们所有同志一样，是优秀的社会主义者。我们向世界社会民主主义表示我们最美好的祝愿！（鼓掌）

瑞士支部主席**菲尔霍尔茨**：我们在瑞士确实没有一个非常强大的组织。如果我们少受一些迫害而拥有完全的政治自由的话，或许我们会是另一种样子。不管怎样，瑞士工人党还是作出了非常团结的榜样，尽管存在着语言的差异、习俗的差异和作为我们国家组成部分的各个州之间的差异。你们是可以对我们有信心的！我们一致同意将永远和外国社会主义者们一道前进！（鼓掌）

瑞典支部的**梅南德**：我代表我的瑞典同志们赞同大家在这个讲台上对国际社会主义无产阶级发表的讲话和祝愿。我们希望在瑞典通过国内工人和社会党一切力量的紧密联合而取得重要的成果。随着瑞典工业的

---

① 摩洛赫是古代腓尼基人和迦太基人的宗教中的太阳神，祭祀摩洛赫时要用活人作祭品；因此摩洛赫成了残忍、吞噬一切的暴力的化身。——编者注

发展，瑞典社会党也同时在扩大，并且在伟大的国际社会主义运动中占有一席之地！（鼓掌）

西班牙支部主席**伊格列西亚斯**：我向工人国际致敬。我们应该用我们的团结来对抗资产阶级的团结。国际资本主义正试图使无产者与无产者相互对立，把他们投入到罪恶而又可憎的冲突之中。同志们，你们不要忘记西班牙资本家在菲律宾的所作所为，你们也看到了英国资本家在非洲的所作所为。那么就让已经在国际上组织起来的工人阶级来对这些残酷的现实作出回答吧！（热烈鼓掌）

阿根廷共和国的**康比埃**：我只说两句话，我完全赞同前面所有发言人在这个讲台上的讲话。我代表阿根廷的同志们和他们一起高呼："社会党人团结万岁！社会革命万岁！"（鼓掌）

美国支部主席**萨尼亚尔**：美国社会党人在国际社会主义运动中仅起了不大的作用；而现在，他们被要求发挥更为重要的作用。在西欧，即将改变经济条件、加速社会主义到来的资本主义的闪亮的阳光开始出现。美国资本家集结在一起，试图与欧洲资本家进行竞争，让一个国家的无产者去同另一个国家的无产者进行搏斗，这种形势需要国际社会主义组织来提醒工人记住自己的本分是什么，需要国际社会主义组织来避免一些造成大量死亡的斗争，因为这些斗争只使资本家获益。（鼓掌）

社会主义思想已经在我们国家有所发展。在1876年的选举中，我们社会党人只获得了46000张选票；两年后，在1878年的选举中，我们获得了85000张票。这些数字向你们表明，不久以后，将有数十万工人站在国际社会主义旗帜下面。（鼓掌）

萨尼亚尔正在向英国和美国代表说明他的讲话，而这时**拉法格**（法国工人党）冲向讲台并立刻占领讲台。与大会主席的激烈谈判发生了。**拉法格**强烈要求发言。他最终获准发言。主席台上出现一片无法形容的骚动。渐渐地恢复了平静。拉法格可以发言了。

拉法格说：公民们，我这里有一封抗议书要向你们宣读。下面就是抗议书的全文：

鉴于经总委员会决定并通过报纸公布，确定于下午2点对法国支部的委托书进行审查；鉴于今天上午在规定的时间未到，在没有对委托书进行任何审查的情况下，有人就利用许多代表缺席之机组建了一个没有任何代表法国代表团发言资格的主席团；

法国工人党、革命社会主义党、共产主义同盟、索恩-卢瓦尔工会联合会、索恩-卢瓦尔独立联盟以及上索恩省、杜省和上莱茵省独立联盟向所有参加国际代表大会的社会主义政党提出抗议。

革命社会主义党：书记，朗德兰；法国工人党：书记，盖得；共产主义同盟：书记，马尔尚；索恩-卢瓦尔工会联合会：总书记，沙洛；索恩-卢瓦尔独立联盟：总书记，茹尔努；杜省、上索恩省和上莱茵省独立联盟：总书记，佩兰。

会议于下午2点30分结束。代表们在《国际歌》的歌声中离开会议大厅。

代表大会第二天

1900年9月24日（星期一）的会议
（上午）

会议于10点15分开始，**辛格尔**（德国）担任主席。

会议主席：我代表大会主席团宣布，我们都一致认为主持昨天会议的主席团基本上是临时性的，因而现在最重要的是各国要立即组建代表大会的最终主席团。我要特别对出席大会的法国五个组织的所有同志们说，我请他们留在这个大厅里马上指定他们进入大会主席团的代表。我要他们在这个只能持续几分钟的纯粹形式上的全体会议之后留在这个大厅里开会；在此期间，其他国家的代表团也在他们各自的会场里开会选定他们参加各个委员会的代表。

全体会议结束之后，要求各国选出各委员会的两名代表。然后各委员会马上从上午10点至中午12点和下午2点至6点开会。大会全体成员有权带着建议参加各委员会的会议。

我记得上一次代表大会时，全体会议仅在提交了一份报告之后就举行了。

弗尔内蒙（比利时）：鉴于我们有12个问题列入议事日程，并且我们只还有三天的时间，我建议大家出席上午10点至12点和下午2点至6点的会议。

尽管英国代表反对，他们希望会议只持续到下午5点，但弗尔内蒙的建议还是获得了通过。

会议主席：下面是大会主席团收到的两封电报：

第一封电报来自尼姆：

为庆祝尼姆社会主义人民之家的成立而聚集在一起的500多名公民，向参加国际代表大会的社会主义世界代表们表示慰问并致以兄弟般的敬礼。

第二封电报来自卡尔莫：

卡尔莫社会主义战士向国际无产阶级的代表们致以兄弟般的敬礼。祝愿国际社会党人团结统一，祝愿人类获得解放和资本主义社会灭亡，最后祝愿共产主义社会充满公平和正义。（鼓掌）

我建议大会接受全部临时议事日程，然后随着各委员会工作的陆续结束对所有问题进行讨论和表决。

弗里布尔（革命社会主义工人党）：我反对主席团建议的工作方法，因为我不能接受先由一个委员会给我们带来几个人的意见，然后我们再进行讨论，而大会应该在进行全面讨论时指示各委员会应提交什么内容的决议。令人不满意的是，大会对我们说没有时间这么做；而我提出的办法并不需要更长的时间，我的办法是：当一个问题将被讨论时，指定委员会向你们提供一份决议形式的报告，然后大家才能讨论其他所有问题。这样，我们就更好地有了大会的意见，而不仅仅是一个委员会的意见。（鼓掌）

会议主席：我建议不接受弗里布尔的建议，尽管这个建议原则上是非常好的，但是为了实施这个建议，大会需要持续3个月的时间。（笑声）我们现在对主席团的建议进行表决。一致通过。

会议主席：我建议把全体会议推迟到下午2点，以便各国代表团成立各委员会和选派参加正式主席团的代表。2点钟的时候，我们将开始大会的正常工作。我希望到那时法国同志们能统一彼此的意见。（笑声和掌声）

大会书记[①]：在布鲁塞尔召开的会议上，负责制定国际代表大会议事日程的委员会把议事日程确定在了前11项上。法国总委员会在听取了各国的意见后，在这些议题中增添了第12个议题，即总罢工。为了避免任何针对这个决定的不合规定而产生的讨论，我请大会作出决定，把第12项议题列入议事日程。（同意）

会议主席：当然会把这个问题列入议事日程，但是保留对此的讨论。该建议获得通过。

会议主席：这次会议的议事日程已全部完成，我们可以散会了。

弗尔内蒙：我要说一下此前发生的有关会场的事情：好像是根据迪

---

① 即弗尔内蒙。——编者注

布勒伊的命令，代表们要在一个房主拒绝给钥匙的地方开会。（一些座位上发出惊呼，不少人喊："迪布勒伊到台上去。"）

迪布勒伊（革命社会主义党）：至于我，我没有分管大会组织工作的财务方面的事情，是总委员会的司库布蒂耶租的大厅，他将为此向你们作出解释。

布蒂耶（法国工人党）：当我们代表组委会来商谈租用大厅事宜时，房主同意租给我们这个大厅和一个附属的小厅。昨天早晨，我去请答应租给我们大厅的房主关照一下，以便当我们和外国同志开会的时候我们大家都更加放心。可是，我们看到应该在这里开会的法国支部去了旁边的大厅，简单地说，滥用了他们所没有的权利……（很多人强烈抗议。喧哗声）我们认为应该遵守合同，不应该向房主要求约定以外的事情。

全体会议于 11 点结束。

法国支部的会议

阿列曼（革命社会主义工人党）宣布会议开始。

会议主席①：我请德洛里发言。

德洛里（法国工人党）：我们其他国家的朋友们要求我们完成两件事。为了正常参加国际代表大会，我们要确定正式的领导班子和选出参加各委员会的成员。

几位同志和我——我们认为，如果我们需要交流看法的话，这应该是在我们结束我们将和外国同志们一起完成的工作之后进行的，我们向

---

① 即阿列曼。——编者注

我们的法国同志们提出如下建议：既然我们有权在主席团中有两名代表，那么每个派别可以在各个委员会中有一个名额，而两位分别得票最多的同志将是我们在各委员会和主席团中的代表。我提这个建议是因为我们，我的朋友和我，认为我们在将要出现在外国同志面前的时候，应该找到一个使我们能够做到的办法，一个丝毫不带个人想法的偏见的办法，以便不给外国同志看到一个我们还存在小小分裂的情景。（热烈赞同）如果我们继续讨论规定范围以外的事情，我们的外国同志就会对我们说，我们做了有损于他们的事情，因为我们妨碍了他们完成有用的工作。

会议主席：我们将在这些条件下进行表决。你们认为要摆放13顶帽子，其中12个用于各委员会，1个用于主席团，而且每个派别都要写上一个名字吗？……（许多代表犹豫不定）

饶勒斯（革命社会主义党）：我觉得德洛里的建议是可以接受的；而我们不少同志似乎要提出反对意见主要是由于没有很好地理解这个建议。鉴于我们有权指定两人参加每个委员会，德洛里建议我们每人只能投一个名字的票。因此，这会保证产生分歧的两派各方在大会上都有一名代表。（鼓掌）在这样的情况下和为了避免争论的任何延长，就我个人来说，我非常愿意支持德洛里的建议。

盖得：下面是我受委托代表法国工人党、革命社会主义党和一些省的革命社会主义者联盟向你们提出的动议：

> 我们决心自始至终履行国际义务，我们建议法国代表团在国际代表大会期间停止一切争议，既然目前对社会主义政治斗争的构想存在两种思路，那么就不去追究谁是多数谁是少数，分别给予每个派别在大会总的领导机构中一个主席名额和在12个委员会的每一个委员会中一个代表名额。（嘈杂声）

如果你们希望争论重新开始，你们只需拒绝我们为履行对外国社主义者的责任而提出的这个建议。（鼓掌）简而言之，这是德洛里的建议，而且是通过陈述理由作出解释的建议。

热罗－里沙尔（革命社会主义者联盟）：我们也和我们坐在会议大厅另一侧的同志一样满怀接待国际社会民主党人的责任；我们甚至在昨天就单独地证实了这一点。（法国工人党一侧热烈插话）我建议，如果德洛里的建议被接受，两派的各方当面选派其参加主席团和委员会的代表。这样，我们将会避免任何冲突、任何混乱。（许多人表示赞同）

德洛里：对于我来说，我看不出按照热罗－里沙尔所要求的去做会有什么不好。我之所以提出另一种程序，是为了避免出现我们争执之外的任何问题。只要我们不使外国同志浪费时间，我们接受两种工作方式。（鼓掌）一旦大家接受了这个原则，昨天组成的临时领导班子的同志们就可以组织投票，以表明我们对他们没有任何怀疑。

饶勒斯：一个未能经过出席会议的各个组织审查就被提出来的有关表决机制的建议引起某些混乱和犹豫不决，这没有什么可惊讶的。而我，我要再重复一遍，我同意德洛里的建议，因为这个建议能使在这里参加会议的两派各方都能可靠地保障在委员会和主席团中确实有自己的代表。但我又似乎觉得以分类的方式和使大会分裂的方式进行表决是很危险的。（一些人鼓掌）我认为从这个意义上来说，就像热罗－里沙尔所建议的和盖得谈的理由中所建议的那样，把这些问题归因于人们所说的两派各方直接和明确地推选自己的代表是很危险的。我更喜欢德洛里的办法，这个办法使两派各方都有保障，除非他们正式破裂。（鼓掌）正因为如此，我支持德洛里的建议。

热罗－里沙尔：我们接受德洛里的所有提议。但是，在选举方式上，我与饶勒斯的看法不同，而且人们似乎没有理解我的建议。我的建议要求两派各方任命其一位代表担任主席，任命其一些代表进入各委员会。为了消除所有不和的痕迹，我还要求全部名单提交全体大会批准。

会场上有人说：在表决之前，不应该说存在社会党的派别。现在不存在法国社会党的派别。

会议主席：我现在把德洛里未经修改的建议付诸表决。

德洛里：为了结束这件事，我们非常愿意支持热罗-里沙尔的建议。

德洛里的建议获得通过。

卡梅利纳（革命社会主义者联盟）：我们都希望尽快地进行。我支持德洛里的建议，但我认为，为了快速进行，不应以德洛里指出的那种方式表决，而是以举手的方式表决。我们只想让双方指定我们的候选人。

一致通过。

会上一部分人高喊勒努（革命社会主义工人党）的名字；另一部分人高喊瓦扬（革命社会主义党）的名字。这两个付诸表决的名字被一致通过。人们高呼"公社万岁！"为表决喝彩。

会议暂时休会，中午12点继续进行。

德洛里和**让·龙格**（革命社会主义者联盟）按顺序宣读选举产生的作为各委员会委员的代表名字。下面就是该名单：

第一委员会（各次代表大会决议的执行。研究和采用劳动者和社会党人国际协调、组织和行动的切实可行的办法）：**马塞尔·桑巴和于贝尔·拉加代勒**。①

第二委员会（通过国际劳工立法来限制工作日。讨论在各国规定最低工资额的可能性）：**格鲁西埃和莫罗**。

第三委员会（劳工解放的必要条件：1. 组织成为阶级政党的无产阶级的构成和行动；2. 在政治和经济上剥夺资产阶级；3. 生产资料社会化）：**拉法格和波纳尔**。

---

① 在这个名单中，排在首位的是大会左翼（盖得派、布朗基派和同盟组织）代表的名字。

第四委员会（世界和平，军国主义，废除常备军）：**瓦扬和阿列曼**。

第五委员会（殖民政策）：**罗尔德和拉格罗西埃**。

第六委员会（组织海运工人）：**拉维涅和布吕内利埃**。

第七委员会（为争取实现普选权和由人民直接立法而斗争）：**勒帕热和达勒**。

第八委员会（市政社会主义）：**德洛里和弗莱西埃**。

第九委员会（夺取社会权力以及同资产阶级政党联盟）：**盖得和饶勒斯**。

第十委员会（五一节）：**茹尔努和卡德纳**。

第十一委员会（托拉斯）：**阿尔吉里阿德斯和维尔姆**。

第十二委员会（总罢工）：**白里安和泽瓦埃**。

表决结果：以举手形式一致通过。人们为之欢呼喝彩。

会议在12点1刻结束。人们在《国际歌》的歌声中离开会场。

下午的会议

会议在2点40分开始，由**辛格尔**（德国）担任主席。

会议主席：我们十分满意地得知法国同志们同意选派主席和委员会的代表；我们特别高兴地看到瓦扬和勒努被选为主席。（热烈鼓掌）下面是其他国家支部选出的主席团成员名单：

（该名单与第一次会议的名单相同）

大会主席团一致决定，每天将有两位不同国家的会议主席；今天的会议由瓦扬和我主持，明天将由安德烈亚·科斯塔和海德门主持。

我们高兴地宣布，从明天开始，全体会议将在大会议厅里举行，在那里我们将会感到更舒适。

（瓦扬就座主席位置，受到长时间的鼓掌致意，一些人不断地呼喊："公社万岁！"）

瓦扬（革命社会主义党）：轮到我发言了，我代表选举我们——勒努和我——为这次大会法国主席的法国社会党人颂扬把我们与国际上的社会党组织和来自各国的所有朋友们联系在一起的深厚的团结，这些朋友是来和我们一起缔结这个促进进步、达到社会主义胜利的崭新的、更加强有力的团结公约的。公民们，我们高兴地在此又见到了许多曾在1889年前来恢复由于反动派的破坏而导致长期中断的国际代表大会的人们，这两次大会对于密切各不同国家间的兄弟关系有着非常重要的作用。

　　我们是多么高兴地在这里看到许多国际社会主义的老战士们，请允许我就像最近在美因茨代表大会上的德国社会党人那样回忆一下那些已经不在世的人，并请允许我极为悲伤地说，法国社会党人再也看不到国际社会主义队伍中那位为社会主义事业做了那么多工作的我们的资格最老的长者，那位一直是我们所有人的典范和榜样的人：我们的朋友李卜克内西。（热烈赞同）公民们，我们缅怀这位为共同事业进行了那么多斗争的人，他不仅仅是我们敬重的一个人，而且代表了所有为国际社会主义、为无产阶级解放进行奋斗的人，他是为这个伟大的事业付出许多的人的化身。

　　无论我们的分歧怎样，无论能够使我们分开的具体细微差别如何，当我们看到我们面前的伟大目标，即必须要进行的解放事业时，所有的争执都会为达到这个目标而停止，因为我们希望法国团队与国际社会主义大军中的其他团队一起奋斗。（一致鼓掌）

　　今天，我们是在完全特殊的形势下召开会议的：自从有了国际代表大会以来，我们从来没有看到过资产阶级如此低落，形势从来没有这么好地显示出资产阶级在政治上、经济上虚弱及其衰退的特征；而与此相反，国际社会党从来没有像现在这样强大，这样充满勇气。因此，我们在欢呼国际社会主义的同时，可以肯定社会主义必将在目前正在开展的斗争中取得胜利。（一致鼓掌。呼声不断。会场左侧的人高呼："公社万岁！"右侧的人高呼："团结万岁！"）

会议主席：我们将首先审查委托书：审查规则已由伦敦大会确定；审查工作由各国完成；只有那些有疑问的委托书将提交全体会议讨论。

法国委托书审查委员会报告人德洛里发言。

德洛里（法国工人党）：我希望法国同志们在我下面必须作的几点说明中找不到批评的意思。

我们昨天下午举行了会议①，出席会议的各个组织接受了下面的建议：由于在法国代表团目前的状况下难以准确地掌握大家所提交的委托书数目，我们决定将这项工作托付给全国代表大会的审查委员会，并决定带上已提交的委托书，备用的除外；我们把第一委员会所接受的委托书视为是有效的。下面是对昨天出席会议的各组织的委托书审查的结果：

	委托书数量
革命社会主义党	223
法国工人党	765
共产主义同盟	12
索恩-卢瓦尔独立联盟	22
索恩-卢瓦尔工会联合会	12
杜省联盟	17
约讷省	14
总计	1065

所有委托书授权给473位代表。

---

① 指法国左派特别会议。德洛里的讲话与这次特别会议精神一致。

我们甚至同意不讨论107份备用的委托书。

对于昨天没有派代表参加会议的组织，我们根据总委员会的数字做了同样的工作；而我们可能任命一个由每个组织派两名代表组成的委员会来审查备用的委托书；或许，为了进行得更快些（因为面对外国同志的等待，向我们提交大量的委托书并不利于我们处理），我们将同意仅用第一委员会业已接受的委托书来参加国际代表大会，其余所有的委托书都将作为总委员会的后备委托书。如果这种做法被采纳，根据我们已经得到的所有资料，目前法国将有2268份得到接受的委托书。

白里安（革命社会主义者联盟）：我不像德洛里同志那样，我不是以整个法国支部的名义来发言的。我们没有料到我们的德洛里同志作了一个总体报告，在这个报告里，他似乎在发表了一个我们完全同意的和解声明之后向大会作了某些保留。

我们法国支部、革命社会主义工人党、社会主义工人联盟、一些独立联盟、工会和合作社组织的同志们已经理解了今天上午根据法国社会党人总委员会的决定在法国支部达成的完全和无保留的协定，总委员会的决定是，不能再没完没了地进行吹毛求疵的讨论。鉴于召开这次国际代表大会的条件，总委员会认为不可能进行委托书的认可和详细审查工作。准许参加会议的条件对于国际代表大会和全国代表大会来说是不一样的，因而决定在总委员会内每个组织将审查其全部委托书的有效性。今天上午，在法国支部，我们已经开始一起毫无任何保留地挑选我们的代表。而完全让我们惊讶的是，我们的德洛里同志在这个讲台上这样明确地讲了这个问题。我们拥护总委员会的决定，我们说：我们的全部委托书毫无例外地都被带到了大会上，这些委托书是事先经过总委员会决定同意的。（会场右侧热烈鼓掌）

会议主席：经过和我们主席团的同志商议之后，我宣布，大会承认所有法国委托书有效。（鼓掌）

会议主席：在这里参加会议的德国政治组织有 45 名代表，其中包括 2 名妇女；德国妇女社会主义者由另外 2 名女代表代表；社会党的议会党团有 2 名代表；工会有 8 名代表。德国代表团总共有 57 名代表，他们的委托书已经进行了审查，被承认有效。

英国代表李①：我确认，英国各社会党人联合会以及工会有 95 名代表参加国际代表大会。我声明他们的委托书是有效的，并被所有人接受。（鼓掌）

皮特·柯伦②：我参加了英国代表团委托书的审查，我想向大会指出，如果政府没有在最近解散下议院，如果此时我们不是处在大选期间，英国代表团将可能人数更多。那些曾经可能成为这次大会代表的人是一些主张以战争对付战争的候选人。（热烈鼓掌）

奥地利代表**卡尔珀勒斯**：我要指出，对于奥地利来说，情况与英国相同：议会刚刚解散。社会党应该为不久即将开始的竞选运动做准备，并且必须在全国掌握一部分力量。奥地利代表团由 10 名代表组成：政治组织代表 5 人，工会 2 人，不同产业的工人团体 3 人。关于他们的委托书没有争议，全部被接受。（鼓掌）

意大利代表**恩里科·费里**：在意大利，经过两年先是血腥的、然后是耍虚伪伎俩的反动统治，我们有必要在各地对组织进行重组。（鼓掌）正是这个原因，意大利社会党只能派出 10 名政治团体的代表，因为在意大利，经济团体、工会等组织的成员没有加入社会主义政党的自由，尽管他们在思想上和信仰上赞同社会主义政党。（再次鼓掌）在我们的代表团中有属于政治团体的 5 名国会议员和另外 5 名代表；此外还有 1 名在瑞士成立的意大利社会主义者联盟的代表，3 名在巴黎、诺让

---

① 李为英国社会民主联盟（海德门派）成员。
② 皮特·柯伦为英国独立工党（基尔·哈第派）党员。

和伊夫里的意大利其他社会主义团体的代表。已经统一起来的意大利社会党总共有14名代表。

比利时代表弗尔内蒙： 参加大会的比利时工人党共有37名代表，他们代表所有政治、经济、合作社组织以及社会教育团体。在这些代表中有5名国民议会议员。

俄国代表达涅维奇： 你们大家都了解挡在俄国社会主义运动道路上的巨大困难，所以你们会理解俄国不能派出一个人数众多的代表团。不过我们最终还是派出了23位代表，他们持有29份委托书，（鼓掌）其中革命社会民主党9份，犹太工人联盟12份，革命党人5份和革命社会主义党人3份。所有这些委托书都被宣布有效。

波兰代表达申斯基： 你们也知道，在波兰，社会党在组织、发放有效委托书和履行全部手续方面同样遇到了很大困难。

按照伦敦大会的决定，我要告知大家，我们有一些将单独提交讨论的有争议的委托书。我们共有20名代表和24份委托书。① 本支部确认了委托给17位代表的委托书有效；委托给3位代表的5份委托书是存有争议的。这些代表的社会主义感情的忠实和真挚是毋庸置疑的，但是他们的委托书没有按照要求的手续办……

座席上有人说：你们在说谎！（嘈杂声）

达申斯基： 一位持有2份委托书，即同时还持有代表德国的委托书的女公民只让德国支部来审查其委托书。为了避免在大会上浪费时间，我建议把这2份委托书以及另外3份有争议的委托书交给大会审查，由大会来决定。

已被接受的委托书都获得批准。

---

① 正式提要报告中为23份。——编者注

女公民罗莎·卢森堡①：不得不让你们再次遭遇我的同志们对大多数波兰代表的抱怨，我感到十分痛苦，而且这已经不是第一次有人利用波兰代表团内部存在的不和与对立现象有意引起国际社会党代表大会的愤慨了。公民们，你们大家肯定都还记得发生在1893年苏黎世国际代表大会和1896年伦敦代表大会上有关波兰委托书的争吵吧。今天又是如此，多数波兰代表想滥用其垄断的权利，在全世界面前给社会主义波兰抹黑。

这并不是关于委托书有效性的手续问题，也不是其不合乎规定的问题，更不是其存在争议的问题，而说到底，是有关社会主义的纲领、策略和政策的争论的问题。

你们都知道，在波兰的社会主义运动中存在着两个派别。② 一方面，是纯粹国际主义的社会党人，他们接受占领国对波兰的并吞，愿意与各国兄弟们携手前进，不把精力集中到与俄国、德国和奥地利对波兰进行的可憎的瓜分上。我的朋友们和我有幸代表这个派别。另一方面，是或多或少具有民族主义倾向的社会党人，他们首先追求重建旧波兰的乌托邦式的、异想天开的计划。正是为了反对这个有害的乌托邦，反对这种民族主义倾向，我们在坚决有力地进行着斗争。我们坚信，无产阶级现在虽然不能改变资本主义政治地理，也不能重建资产阶级国家，但无产阶级要迫使自己在历史创造的现有政治基础上为了实现夺取社会主

---

① 罗莎·卢森堡用法语发言。
② 在历次国际代表大会上，都是以国家为单位进行表决的，但是容许政治上所不承认的国家的存在；因此波希米亚被作为一个国家。然而，应该怎样解释这样一些单位的存在呢？应该承认那些可能复活的国家的潜在的历史权利吗？或者说应该仅承认那里有不同的语言吗？对于波兰来说，这两种解决办法彼此相差甚远。在1896年的伦敦大会上，阿德勒肯定了第二个解决办法，并说，在奥地利有四种语言，构成了四个有代表权的单位（参看哈莫《社会党与伦敦代表大会》第134页）。

义政权和建立社会共和国而重新组织起来，（鼓掌）只有社会共和国才能拯救全世界的无产阶级。

在所有我们在原则和理论方面的交锋中，总是他们，民族主义社会党人，不得不认输；是他们自己逃开的。他们输了之后不再敢和我们在光天化日之下交锋，于是只好用搞阴谋诡计和恶意中伤作为对付我们的手段。坚持虚伪政策的原则、让目的接受手段并使手段合法化的他们试图在背后打击我们；他们试图诬蔑我们，说我们为警察服务，是政府的日耳曼化政策的代言人；他们还试图让为数众多的人来参加社会党大会以便形成多数，以最简单、最方便的方式撵走他们的政治对手。

此外，公民们，这完全不是有没有可能让委托书有争议的我和我的两个朋友参加大会议事的问题。我，永远忠于国际社会主义原则的我，同时也属于德国代表团。我已经做好了准备，我就留在这里！（鼓掌）不过，这还涉及被剥夺了上西里西亚和华沙代表资格的波兰无产者们，他们愿意参加全世界的兄弟们的商讨，而且他们有权利参加。再有，这也关系到社会主义正义和尊严的原则问题。公民们，请你们相信我，我的眼中已充满泪水，我不得不在这里揭露我的波兰同志的可耻行为。当然！我们来这里开会是为了商议斗争道路和斗争手段；当然！我们在这里开会是为了使人类从资产阶级的道德和教条主义的谎言中摆脱出来，而在我们之间却使用了同样的手段！让那些带着资产阶级的道德，带着虚伪者的不诚实来参加商议人类最纯洁、最崇高的问题的人感到羞愧吧，让他们脸红吧！（热烈鼓掌）我向他们表示极度的鄙视，我要向整个社会主义世界揭露他们，他们不配波兰人和社会主义者的荣誉称号！至于你们，公民们，我请求你们一致批准握在真诚的社会党人手中的所有5份有争议的委托书。（再次鼓掌）这样，你们就将向那些所谓的社会党人指出，我们事业的理想不仅仅是经济平等和政治自由，而且还要加上真诚、正义和友爱的基本原则！（长时间鼓掌）

会议主席：我现在请阿德勒发言，然后请达申斯基同志发言。

阿德勒（奥地利）①：没有必要在代表大会的全体会议上审查使波兰分为两个派别的委托书；这是应该由大会主席团根据先前的决定果断处理的问题，主席团应以最宽容的调解精神来解决这个问题。

我之所以要求发言，是因为关于委托书审查问题，罗莎·卢森堡讲了一些我认为完全是诋毁达申斯基和其他波兰同志名誉的讲话。我代表奥地利代表团声明，我一直在由衷地、全身心地和人们提到的所谓民族主义者在国际主义舞台上一起进行战斗，他们是忠诚的战友。在我们波兰同志之间存在的分歧是一些基本上形而上学性质的分歧。作为理论家，我认为这些分歧确实非常重要；而作为活动家，我们只能认为它们是很次要的。我不是成心打击罗莎·卢森堡，我是尽我的全力保护那些刚刚被赠送了民族主义者称号的波兰同志，这个称号在法国社会党人的大会上是一种可以想象的最有损名誉的指责。（热烈鼓掌）

因此，我要求让大会主席团来处理这个有关规章条例的问题，并且确认尽管我们的波兰兄弟之间存在一些分歧，但都是完全忠实于共同事业的信奉国际主义的社会主义者。（持续鼓掌）

（达申斯基要发言；英国代表海德门反对对委托书问题的这种争论，其他英国代表支持他的意见）

达申斯基：我请大家注意，当我谈这个委托书问题时，我避免了攻击或侮辱波兰社会党的对立派。在这样做的时候，在客观地宣布这些委托书由于一些严肃的原因而没有受到认可的时候，我尽到了我的责任。我不讲什么话来证明我们是优秀的国际主义者而别人诬蔑了我们；我们15年来和各国社会党人一起进行的不断的、和平的工作证明了这一点。我是奥地利社会党的议会党团成员，我荣幸地被几个国家的社会党党员

---

① 这个讲话例外地由王德威尔得翻译。

选为这个派别的主席。

（全体英国代表站起来再次强烈反对这种讨论）

海德门：我们要求所有这类问题的争议都由大会主席团裁定。

王德威尔得（比利时）：伦敦代表大会证实了委托书审查问题使它失去了一些宝贵时间，你们自己也都见证了此事；伦敦代表大会明确决定，未来这些问题将由大会主席团终审解决。因此，我觉得没必要对海德门的建议进行表决。我们应该执行伦敦代表大会的决定。

罗莎·卢森堡告诉大家她接受把委托书问题提交到大会主席团去处理。

会议主席：好吧，问题将由大会主席团解决。

波希米亚代表：波希米亚社会主义者在这里有2名代表，他们代表政治组织和工会组织。委托书已经经过审查，被认为符合规定。之所以波希米亚没有更多的代表，这是因为社会党需要在那里竭尽全力组织斗争，以应对新的选举。

瑞士代表：瑞士社会党和其他一些市镇组织和地方组织有10名代表和11份委托书；所有委托书都合乎规定，没有任何争议。

丹麦代表克努森：丹麦社会党共有19名代表出席这次大会，其中3人代表社会主义政治组织的各个支部，3人代表工会组织，3人代表另外两个组织，1名面包业和鲜肉业合作社的代表，2名零工的代表，其余委托书是由翻砂工人、司机、海员、港口工人等授予的。伦敦代表大会时我们只派去了9名代表，这次我们能派出19名。你们已经看到，尽管最近一些工厂被关闭，我们在国际社会主义方面还是取得了进步。

荷兰代表范科尔：荷兰社会民主党有9名代表和全部有效的9份委托书，我们可以高兴地说，荷兰的委托书没有麻烦事。（鼓掌）

西班牙代表帕布洛·伊格列西亚斯：西班牙代表团由4名代表组

成，其中3人代表社会主义工人党，1人代表由126个工会①组成的劳动者总同盟。

瑞典代表梅南德：瑞典社会主义政党有3名代表：2名社会党代表和1名运输工人联合会代表；3份委托书全部有效。

美国代表萨尼亚尔：美国社会主义工人党有6名代表，其中1人是由全党选举产生的总代表，4人是各州的代表，1人是行业和劳工联盟的代表。为了同正在美洲兴起的资本主义势力作斗争，美国社会主义工人党、行业和劳工联盟刚刚在真正社会主义的基础上彻底地重新组织了经济和工会运动。美国社会党因而派出了6名代表。但是，听说有另外一个被尊称为社会民主党的组织想要在这里代表那些被驱逐出社会主义工人党的人。今天，在美洲，统一的重要性是非常巨大的……（英国人作出了不耐烦的表示）美国社会党是一个有纪律的强有力的政党，而纪律在党内从基层开始，要求所有人必须遵守。（鼓掌）

在接纳某人进入社会党之前，我们要查明他有正派的意图，并且真的是一个社会主义者。日后，如果他对社会党犯有任何违纪行为，最终会被开除出党，开除要通过党的全体表决而不是某些个人行动来执行；要通过全体公决，一种从大西洋到太平洋、从北方大湖地区到墨西哥湾普遍采用的表决方式来执行。（鼓掌）没有一个充满着真挚的社会主义思想的人能够以微不足道的借口去组建一个我们这个大党以外的政党。（英国代表表示强烈的不耐烦）当然，正如我所指出的那样，我们不得不抛弃掉那些持有与社会党对立原则的人……

海德门：这样的讨论与主席团有关。我们不能允许它拖延更长的时间。

会议主席：我宣布这个讨论结束。

---

① 正式提要报告中为121个工会。——编者注

阿根廷共和国代表：年轻的阿根廷党是第一次派代表出席国际代表大会。由于它的财力太菲薄，以致不能多派几个代表。可是，尽管年轻和贫穷，阿根廷社会党还是可以以法国社会党人作为我们同志的榜样，因为由属于世界各国的公民组成的阿根廷工会与社会主义团体紧密团结，携手朝着共同的理想——把个人所有制改变为集体所有制——前进。

法国工人党方面的声音：这还不够！

阿根廷代表：而我们正在通过各种方式，甚至是最革命的方式继续致力于这种改变。

保加利亚代表：保加利亚社会党今年召开了它的第一次社会党全国代表大会。它共有61个委员会。① 在刚刚过去的一年里，我们党组织了281次社会党会议和民众集会。

饶勒斯告诉大家，葡萄牙有3份委托书托付给了他。

爱尔兰代表②：爱尔兰派出了3名代表，这表明在爱尔兰有了很大进步，人们看到了在一个如此不幸、如此落后的国家里，一个像爱尔兰这样缺乏资源的农业国里，能够有了发展，并且成立了一些社会主义协会。

挪威代表：我代表北欧前来向你们表达我们团结一致的思想。在一天前的大选中，我们获得了有所增加的票数，社会主义思想在到处传播。我们希望从在英国发现的务实精神和组织思想中学到一些东西，我们也希望从在法国发现的敏捷、闪亮的思想中学到一些东西！

---

① 在正式提要报告中为70个。——编者注
② 在伦敦代表大会时，爱尔兰还没有形成一个与英格兰区分开来的国家。幽默作家肖伯纳曾代表都柏林的一个团体（他是费边社的创始人之一）；当法国被分成两个支部时，他笑着要求"成立爱尔兰全国支部"。（参看哈莫《社会党与伦敦代表大会》第142页）爱尔兰的分离不是建立在与波希米亚和波兰的分离同样原因的基础上。

会议主席：我们收到了下面这封电报：

罗马尼亚社会主义者遗憾地不能参加国际社会党代表大会，谨向与会同志们致以兄弟般的敬意。无产阶级国际万岁！① （鼓掌）

我们还收到了苏格兰社会民主党委员会和西班牙劳动者总同盟的贺电和表示支持的电报。比利时社会主义青年自卫队总委员会请我向在此出席大会的青年人宣布，国际社会主义青年代表大会将于今天晚上在拉梅大街人民之家召开。（鼓掌）另外，各委员会将召开会议确定其工作方法。

会议结束。在大厅门口，为日罗马尼的罢工者募捐。

大会第三天

1900年9月25日星期二的会议

上午的会议

大会于10点15分开始，安德烈亚·科斯塔（意大利）担任主席、海德门②（英国）担任副主席。

---

① 罗马尼亚曾有代表参加伦敦代表大会；但从那时以来，罗马尼亚党内出现了许多争执。
② 海德门为社会民主联盟成员。

大会书记：我们收到了荷兰和西班牙社会主义者发来的电报，他们向世界无产阶级致意，并高呼：**国际万岁！**

会议主席：大会主席团于今天早上召开了会议，在听了美国支部两种意见的各方代表发言之后，决定承认美国的所有委托书。（鼓掌同意）主席团同样也承认波兰的所有委托书。（热烈鼓掌）明天的会议将由王德威尔得（比利时）和阿德勒（奥地利）主持。

今天议事日程中的第一个问题是各次代表大会决议的执行。列在这些决议中的第一个问题是研究和采用劳动者和社会党人国际协调、组织和行动的切实可行的办法。我请报告人范科尔发言。

范科尔①（荷兰）：在有出席这次代表大会的各国代表参加的我们的委员会里，一致同意关于必须有一个国际常设机关的原则，以便把历次大会所通过的决议付诸实施。由于同资本家的国际联盟的斗争变得越来越激烈，因此组织无产阶级国际是刻不容缓的。如果想要激发目前还远离社会党的最底层群众，如果想要在各国进行大规模的宣传以使无产阶级的意志占主导地位，那么就必须建立这个常设机关。

首要的是，我们要成立一个委员会竭尽全力地争取为大会的召开做好组织工作，使大会能够出色地工作，给来自世界各地所有为社会主义事业奋斗的政党的众多党员们提供更多的方便。为了执行大会的决议，将需要有一个国际常务委员会，这个委员会将是由各国代表组成的、团结愿意通过各种不同道路朝着同一目标前进的所有派别的中心纽带；这个委员会将制定大会的议事日程，要求每个参加大会的国家作议事日程中所涉及的各个问题的报告。

---

① 范科尔以笔名里恩齐用法文和德文撰写文章；在他担任驻印度的荷兰政府公职人员的时期，他不得不使用化名。（参见范科尔于1898年在贾尔和布里埃出版社出版的《社会主义与自由》）

随着委员会的成立,① 有必要设一个带薪的总书记职位。他的任务是为每位代表提供必要的资料,编辑附有说明的历次代表大会的决议汇编,分发与各国社会主义运动有关的报告,撰写已列入议事日程的所有问题的简介等。我们可以肯定,通过这样的方法,我们将不再会无的放矢地发言,而是真正地做有用的事。这个总书记还将发表一些关于国际运动的重要政治问题的宣言,应该为无产阶级国际斗争和国际组织制定各种措施和办法。

关于在理论方面的问题,我们没有不同意见;但是关于挑选代表的方法、国际常务委员会的开会地点和财务问题等,我们进行了多次讨论。关于经费问题,决定由各国交纳,其交纳方式的详情将在后面谈到。

有几个理由足够让你们相信成立这个中央机关是完全急迫的。我们不用担心这个常务委员会会有先前国际总委员会那样的命运,我们现在生活在大不相同的时期。先前国际的总委员会表达了几位思想家的梦,而完全没有体现活生生的现实。他们赋予它十分幼稚的思想和一件过于宽大的外壳,而现在的社会党正在一天天长大,已不再是那个时候躺在非常沉重的衣服下面的孱弱的孩子;她已成为一个健壮的、有着硕大饱满的乳房的女人,需要穿一件加大的弹力胸衣以便容纳国际运动日益增大的形体。(鼓掌)

如果你们愿意接受采用下面这个由第一委员会全体成员一致提出的决议的话,这个委员会的成立就将是我们要努力创建的更加强大的组织的胚芽,这个决议的全文如下:(略)②

---

① 有关建立常务委员会的原则已在伦敦大会上表决通过。(参看哈莫《社会党与伦敦代表大会》第 164 页和 267 页)
② 见本书第 50 页。——编者注

公民们，这就是第一委员会向你们建议的决议。我衷心地希望你们接受这个决议。你们就要产生一个被伟大的未来召唤的强大组织的胚芽；你们将由此栽植一棵小树，它将长大，变成高大粗壮的橡树，各国战士将汇聚在这棵大树下，在那里为征服资本主义世界进行新的战斗而汲取新的动力、新的力量。在这棵大树的上方，你们将看到社会主义国际的红旗，世界无产阶级的旗帜在飘扬，为了这面旗帜，那么多我们的同志进行了战斗、倒了下去！……（热烈鼓掌）

作为一个好的社会主义者、糟糕的财政专家，我差点忘了主要事情。我谈了理论问题，却没有谈具体问题，即钱的问题。对于这个问题，我们已经进行了长时间的讨论。最终，我们认为，为了成立常务委员会，在开始阶段，我们有一笔1万法郎的钱用来设一个带薪书记和支付其他费用——如场地费、通讯费、翻译费等——可能就足够了。我们估计这笔钱能够筹集到。我们列出了一个包括10个国家的名单，这10个国家将承担最大部分，因为它们的成员人数多，它们在财政方面的尽力可能是更重要的。这些国家是：法国、德国、英国、奥地利、比利时、意大利、荷兰、丹麦、瑞士和美国。它们每一个国家可能要拿出800法郎，加起来是8000法郎。另外，我们决定其余那些社会党组织还不够发展的国家各负责提供200法郎，也就是还有2000法郎要补足。

斯密斯[①]（英国）：我认为事实只能表明1万法郎是绝对不够的，因为出版费、旅费和其他费用需要比这个数目大很多的钱。我们需要的不是1万法郎，而是10万甚至50万法郎。好吧，我们很容易就能筹集到这笔款：所有社会党人都自称是国际主义者，那好，只要要求每个愿意加入任何一个社会党组织的人为国际常务委员会首先交纳一份10生丁的党费就够了。因为，法国的社会主义组织已经有几十万参加者，在

---

① 斯密斯为英国社会民主联盟成员。他曾是代表大会的正式翻译。

欧洲有几百万社会主义者，每人每年交纳10生丁，这将是一笔数目可观的金额。

安塞尔（比利时）：我认为没有必要耗费过多的时间来讨论这个问题。为了能做到这一点，我提出以下建议：首先，无需讨论立即对原则问题进行表决。大会是否希望有一个书记处？第二个要表决的问题：大会接受由各国集资1万法郎的建议吗？第三个问题：书记处应该设在哪个国家？

这样我们就将能够更快地进行另一个问题。

瓦格纳（法国）：我支持刚才这位同志向大家建议的把工作分步骤进行以便加快速度的做法。我认为应该首先就原则达成一个快速的解决办法。另外，我觉得大家谈到的1万法郎这个数目太少，而10万或50万法郎这个数目又过多了。我折中地建议5万法郎。为了弄到这笔钱，我建议每个参加国际代表大会的组织（工会、合作社和政治团体）能保证按照如上所说的做法，每个国家依其组织的能力交纳若干数目的钱。

范科尔：斯密斯建议的金额比我建议的要多，而我认为必须考虑各国的组织还有宣传和活动的开支；为了这些开支，这些组织需要求助于其成员。现在几乎没有可能要求已加入经济和政治组织的成员再有额外的分摊。我认为要求得过多将可能什么都得不到。我们已经广泛地讨论了财务问题；我们已经接受了一个合理的数目，这笔钱足以支付总书记的报酬、一些小房间的租金、翻译费和通讯费，以及印刷费（这笔钱将可能也由各组织支付）等。因此我认为可以肯定，1万或1.2万法郎对于国际常务委员会的初期来说将是足够的。

奎尔奇[①]（英国）：我们应该先同意关于成立国际委员会的原则，然后再讨论款项。

---

① 奎尔奇为英国社会民主联盟成员。

会议主席：安塞尔要求首先就原则问题作出决定；我不相信大家对此会有异议。（许多人喊："进行表决！"）我现在对采纳成立国际委员会的原则进行表决。

一致通过。（长时间鼓掌）

会议主席：我收到了由斯密斯署名的以下建议："为了尽早地达到10万法郎，我建议先采纳1万法郎这个数目，同时在各国社会主义工会组织和政治组织中安排一些定期的分担费用。"

海德门：我建议采纳第一委员会提出的数字，这个数字能够允许随时增加支出，如果财源超过预期的话。

女公民博纳维亚（法国社会主义工人联合会）：我的意见是，最终要筹集到斯密斯建议的数目。有人提出反对意见的理由是，我们已经为每年弄到3法郎都感到有很多困难。我知道这种情况，甚至在我们的工会里也是如此，但我认为会员将会非常心甘情愿地每周交10生丁，即使52周乘以2苏，也比3法郎多。因而这是一个组织工作的问题。

大会应该作出决定，在一定的时期里，应该由所有社会主义组织提供一笔款项，由每个工会、合作社、政治组织的书记负责在其小组每次开会的时候向每个成员收集10生丁。大家就在开会地点的门口交钱；不会有人不把手伸进衣袋里至少掏出10生丁。好吧，人们将会为此目的掏钱。看到社会主义者在全世界不能筹到10万法郎，这将是一个耻辱；这种做法可能是令人难以同意的。国际常务委员会的成立将是一个明确表明国际团结的联系纽带，我们大家都欢迎这种团结。我十分热烈地拥护斯密斯的建议。我相信会有实现这个建议的具体办法，我刚才已经向你们指出了这一点。（鼓掌）

一位代表：我觉得建议的1万法郎是不够的，我赞成从今天起规定每人每年的分摊额为10生丁。我认为有一个很简单地收集到这10生丁的钱的办法，这个办法就是：当一个同志加入某个组织时，他应为领取入会证交 10 生丁；这样，他肯定不会反对交 10 生丁的大会分摊费。（喊声："结束讨论吧！"）

经表决，决定结束讨论。

恩里科·费里（意大利）：作为第一委员会主席，我想讲几句。范科尔已经向大家指明了我们经过长时间的讨论向大会建议的数目。我们看到，必须把柏拉图式的飞跃与实际成果区分开来。另一方面，由于我们是在一次国际代表大会上，由于我们有幸看到至少有 10 个国家，它们那里的社会党组织十分牢固并且拥有一个中央经费保管机构，由于还有另外一些国家正在进行组织之中，我们认为保证这个书记处的资金的最好办法是要求每个国家的社会党中央经费管理机构作出它的贡献，各国经费管理机构将担负实施斯密斯建议的使命，即它应要求工会和政治组织交纳每人 10 或 15 生丁的份额，这样，所要求的 1 万法郎就将会变成 50 万法郎。（笑声和掌声）

武尔姆（德国）：德国代表把国际书记处的运转所必需的资金问题放到了首位，他们声明说，他们对整个决议将作出怎样的决定，取决于人们所采取的解决办法。

当然，对于开始阶段，对于头一年来说，第一委员会所要求的 1 万法郎是足够的，但是以后将可以让参加大会的各国随着其能力的逐渐增加而加大其应承担的份额。不过，不能强迫各国保证交纳以某种方式预先估计的份额。特别是不能让工会作出保证，尤其是在工会不能和政党共同行动的德国，更不能让其作出保证。必须对各国要交纳某一数额的原则进行表决，然后再由各国组织自由地要求其成员交纳一份告知他们的、适合本国情况的必要的分担额。

范科尔：这里提出的所有反对意见，特别是与工会有关的反对意见，我们都进行了处理。可以肯定的是，每个国家都将自主地找到最适当的办法弄到一小笔它所承诺的款项；而我们建议的 1 万法郎只是让政治组织缴纳的。

会议主席：我现在请大家表决第一委员会一致确定的数目为1万法郎的建议。

一致通过。

会议主席：我们进行第三个问题：国际委员会将设在哪里？

海德门：我荣幸地建议设在布鲁塞尔人民之家。比利时是个中立国，人们容易进入；人民之家拥有出色的组织，特别是还拥有一个可以避免一些费用的印刷厂，具有极大的优势。我很高兴大家向英勇的比利时同志表示支持。

会议主席：尽管几位发言人表示同意这件事，我还是要求大会以欢呼的方式表决这个建议。

一致欢呼通过。

王德威尔得：我代表比利时社会党代表团，代表比利时工人党感谢各国同志们刚才给予他们的比利时战友的高度尊重和信任。

很久以来，国际就已在我们心中。从1889年的巴黎代表大会以来，我们第一次进入了取得实际成果的阶段。我们将怀着极大的信心离开这个大会，这个信心来自于这样一个事实，即早已存在于我们之间的同情关系现在已变成了组织上的联系；既然新国际的书记处正在组建，我代表全体比利时工人党对将要成立这个组织而表示高兴和骄傲，这个书记处将会给下一次代表大会带来可观的、与你们决议的重要性相称的成就。（长时间鼓掌）刚才有人说了，今天上午所作的决定是一个具有深远意义的决定，我向你们建议，为了强调这个决定的深远意义，大家一起高呼："工人国际万岁！"（长时间一致欢呼）

巴拉（革命社会主义工人党）：我代表我的革命社会主义工人党的朋友们提出以下建议：

鉴于由 1900 年国际代表大会任命的国际常务委员会不仅应该承担未来各次代表大会的组织工作，而且还应该拥有更多的有关在国际上进行革命的社会主义宣传的权力；

兹建议，在无论哪个国家的统治阶级制造国际军国主义冲突的情况下，国际常务委员会的使命是进行积极的反军国主义宣传，以便促成军队的国际大罢工①，避免为了国际资本主义的利益而使无产阶级流血。（鼓掌）

弗尔内蒙（比利时）：从实际的观点来看，我们通过的决议是非常好的。如果我们能和这个新成立的委员会一起从这里走出去，我们就为国际组织帮了大忙。但是我感到有些良心上的不安，我把这个不安向大会提出来。我要问，各位代表们是否有代表本国任命它在国际组织中的代表的具有充分权限的委托书。参加大会的代表团有时是依据当时的情况而组成的，代表们并不是始终代表派出他们的各个国家的确切和明确的想法。我认为或许最好是临时任命这个领导机构，然后由各国有着严密组织的政党来批准它。（鼓掌）

会议主席：对第一委员会的建议提出的修改意见已被该委员会接受。我现在把修改过的建议付诸表决，也就是趋向于每个国家任命两名代表参加国际常务委员会然后须经批准的建议。好，一致通过。

范科尔：我们看到，我们的心在彼此一致地跳动。同志们，应该结束你们的工作了：在成立了一个国际协调委员会之后，我们应该成立一个国际议员委员会，以方便在重大国际经济和政治问题上共同行动。

当我们看到各个文明国家在中国用人道主义的面具掩饰其最贪婪的

---

① 军事罢工（即拒绝服兵役，或者在服役期间拒绝打仗、执勤以及拒绝从事军工生产，等等。——编者注）的思想是拉沃代表革命社会主义工人党在 1896 年的代表大会上提出来的。（参看哈莫《社会党与伦敦代表大会》第 164 页）巴拉的建议没有引起任何讨论。

胃口时，我们确实应该在议会舞台上同此时正如日中天的帝国主义进行斗争。（热烈鼓掌）同时，各国议会应该让人们听到对帝国主义的抗议声。在德意志帝国国会，当有人要求几百万拨款建造新舰队时，社会党议员拒绝了这笔经费。于是有人对他们说："你们是没有祖国的人，你们是在拒绝使德国强大所必需的几百万马克。法国的社会党议员是会投票支持的！……"由此可见，必须在所有的国家中建立起各国议员的协调一致，以便社会党议员的行为时时处处都是相同的，并且还要回答说："不给一分钱！不要一兵一卒！"（全体长时间鼓掌）

关于工时问题，当生产过剩不同程度地增加了史无前例的失业人数时，当必须要求进行能够改善无产阶级条件的大力改革时，就必须同时要求所有议会使人听到关于劳工立法方面的同样的抱怨和同样的要求。

因此第一委员会的任务既有政治性的也有经济性的。借助这个委员会，无产阶级的任何抱怨都将不受抑制，因为人们将会利用各国的公众舆论，无产阶级的声音将会在世界上所有社会主义的宣传得以展开的国家中被听到，被重复。

下面这个决议应该是对你们已经表决通过的第一个决议的补充，这个决议没有大的困难，不用费一点儿力气，而其结果将是更加宝贵的。如下就是我提交的建议：

> 社会党国际委员会应当要求各国议会中的社会党党团成立一个专门的国际议会委员会，以便于在国际重大政治经济问题上采取共同行动。
>
> 这个委员会将隶属于社会党国际委员会。

该建议获得通过。

王德威尔得： 我荣幸地和一些代表团的几位成员一起，向大会推荐我们的朋友万克带头向国际社会主义大学生代表大会提出的建议，我觉得这个建议是对我们刚刚表决通过的一些决议的补充。

我们确实建议委托设在布鲁塞尔的工人书记处建立一个社会党图书馆，即收藏有关各大洲无产阶级运动的书籍、小册子、报告和其他文件的国际档案馆。

我赞成意大利的费里和科斯塔、英国的海德门和德国的辛格尔的意见，我也深信法国同志中的众多朋友。我现在提出下面这个决议：

> 布鲁塞尔国际书记处负责建立国际社会主义档案馆，收藏有关各国工人运动的书籍、文件和报告。

决议获得通过。

会议于12点20分结束。

下午的会议

下午2点1刻，会议在安德烈亚·科斯塔（意大利）的主持和海德门（英国）的协助主持下开始。

会议主席宣布第三、第四、第五和第十委员会分别举行会议；第三委员会的会议将在3点钟开始。

匈牙利代表泰萨特：我们在这里仅有一名代表，这肯定不是因为我们缺乏团结精神，而是因为信仰社会主义的工人和在其他任何国家里的工人一样也是贫穷和受迫害的。我提交了一份打印好的关于匈牙利社会主义运动的报告。你们将会在报告中看到，有几百个积极分子已被枪杀或者遭到监禁，我们党还不得不缴纳大笔罚金；因此我们党的处境非常困难。尽管这样，党还是竭尽全力派出一名代表来到这里和其他国家的社会党兄弟共同工作。同志们，我十分痛苦地向你们指出，任何地方的贫穷都没有我们国家的贫穷更为严重，任何地方的社会主义事业都没有我们国家的社会主义事业在其发展中所遇到的困难更多。

我同意大会在今天上午表决通过的决议，即成立一个国际委员会的决议，不过我们目前不能保证分担费用。我们希望这在将来是可能的，但现在我们还没有这个能力。如同在我们的报告中所指出的那样，匈牙利社会党不仅要和一个最反动的政府进行斗争，而且还要为无产阶级自己内部的争执感到遗憾。政府已经成功地在我们中间找到了一些搞分裂的代理人，这些人甚至使人们在国外进行的运动也失去了威信。

我们希望战胜所有的困难，但我们请求各国社会党人能够支持他们的匈牙利兄弟。我要特别求助于了解我们的不幸状况的奥地利社会党人，但愿他们能帮助我们同全世界的无产者手拉手地前进！（鼓掌）

会议主席： 按照今天上午作出的决定，美国人任命了他们进入常设领导机构的代表，他们是社会主义工人党的萨尼亚尔和社会民主党的雅科布·龙布罗。

大会书记： 我们收到了下面这封发给热罗-里沙尔的信：

新南威尔士殖民地中的悉尼国际主义俱乐部①向正在巴黎召开的国际代表大会表示我们的祝愿。我们希望这次大会将有利于各国无产阶级的团结和利益。

我们的人数非常少，以致在本次大会上没能有代表出席，但我们希望在下次大会上有代表参加，哪怕是整个澳大利亚只有一个代表。

我们无法描绘在我们国家里资本家为了经营农业和开采矿山所采用的剥削手段，但是，作为产业主压迫的特点，我们应该提一下银行和抵押公司对除资本家联合会以外所有的产业，特别是畜牧业实施控制的情况。殖民地上绝大部分牧场以及牛和羊目前都被银行和抵押公司占有，他们只付给农牧民极少的工资。

---

① 这段翻译由于是逐字直译，使得在几个问题上有些难懂。为了能够理解这些过于简略的情况陈述，请阅读P. 勒鲁瓦-博利厄的《盎格鲁-萨克逊人新社会》。

所有的权力都属于英国资本家；经理和股东们均定居在英国。欺负工人和为压制罢工而关闭工厂的事情在各个企业中频繁发生，而这里也并非没有政府官员的暴力行为，因为他们就像在其他地方一样是产业主阶级的亲信。

相应地，失业问题在我们的社会里也和在其他国家的社会里一样是尖锐的，并迫使政府开办了一些福利工厂，在这些工厂里暂时雇用了3000—4000名各类工人。

英国工联主义者虽然在殖民地有着为数不少的议员代表［的确，目前在下议院的125位议员中他们占22个席位，并因此使两个资产阶级政党（自由贸易主义派和贸易保护主义派）之间保持权力平衡］，但他们却既不信奉社会主义学说，也不尽心为建立一个民主的社会而努力，而是在谋求找到无产阶级遭受欺负的经济原因。他们满足于寻找解决资本主义制度极不公正行为的简单的治标办法。

不过，就像在英国的其他地区那样，这里的英国工联主义者们也都稍微具有一些社会主义思想。

我们确认我们赞同卡尔·马克思的原则，拥护国际社会主义，我们向代表大会致以兄弟般的敬礼。（鼓掌）

会议主席：一位意大利的新代表从雷焦来到会场，他的委托书是由意大利支部批准的，意大利支部目前由15名成员组成。

弗尔内蒙（比利时）：大会作出了一个最重要的具体决议：成立一个国际委员会，负责领导社会党的宣传工作，它在重大情况下是社会党的喉舌。这表明国际社会党应当关注世界舆论每天提出的问题。但是在进入这个引导我们取得新成果的实际阵地的同时，我们不应忘记我们的革命理想，也不应忘记对我们来说是神圣的纪念。

正是基于这种想法，我建议大会作出决定：下星期五，大会闭幕之后，我们前往拉雪兹神甫公墓在公社社员墙前献上……（热烈鼓掌）我们献上一个签名认购的红色不凋花花圈以纪念为人类解放和社会主义未来而战斗的巴黎公社的英勇烈士们。（再次长时间鼓掌。一遍又一遍地高呼："公社万岁！"）

会议主席：你们接受我们的朋友弗尔内蒙这个建议的热情，使我不用将其付诸表决了。我认为应以欢呼的形式接受该建议。（很多人喊："对！"长时间欢呼。）关于这个纪念仪式的时间问题，我们以后再作决定。因为英国代表团星期五将要回国，所以这个集会可能在星期四举行；大会将为此作出一个决定。

由于现在我们还没有已经完成的报告，所以我们建议休会几分钟。

建议获得通过。

会议一直暂停到3点半。

会议重新开始之后，**武尔姆**（德国）发言，他宣读第二委员会研究的关于议事日程上的第一个问题的报告：**通过国际劳工立法来限制工作日**。

武尔姆：第二委员会赞同以前历次代表大会所作的决议，但必须声明，如果本次代表大会今天表示赞成八小时法定工作日，那么这并不是说议会中的无产阶级代表只能以八小时为基础进行立法；如果他们不可能实现以八小时为基础的立法，那么他们也可以就一个较长一点儿的工作日进行立法。

另一方面，第二委员会声明，成功实现八小时法定工作日既不是也不可能是孤立的政治斗争任务，不是孤立的经济斗争任务，人们应该通过政治斗争和工会斗争相结合才能成功实现八小时法定工作日。下面是本委员会制定的决议全文：

根据以前历次国际代表大会所作出的决议，本次大会认为限定工作日应该仍然是所有劳动者不断努力的目标；并声明，对于各国劳动者和各不同类别的劳动者来说，日工作的时长应该通过法律暂时定为至多八小时。

鼓励工人组织以渐进的方式行动，同时把工会斗争与政治斗争结合起来，力争实现这个改革。

女公民**齐茨**（德国）：我代表德国女公民们表示拥护通过立法来限制工作日的原则。现在有人谈到自由工作，如果没有无产阶级的经济自由，自由工作是不存在的。德国女社会党人拥护合乎法律规定的劳动规章，因为在她们看来，这是任何理智的基础，是工人阶级每一个进步的基础；因为她们确信，当工作日在全世界被法律规定为八小时的那一天，各种政治自由和经济自由也将会随着这个无产阶级对欧洲资本主义的第一个胜利而得以实现。（鼓掌）

尽管必须实行男女平等的原则，更确切地说，正是因为这个社会平等的原则，还应该要求给予妇女比男人更多、更有效的保护，因为与男人相比较，妇女的处境更差；至于她们的法律地位方面，她们比男人更容易受到资本家的剥削。

当妇女通过工业劳动获得了经济自由时，她仅仅是换了个主人；她虽然不再受丈夫的严格控制，却陷入了资本主义的无耻桎梏之中，资本家更加冷酷无情地剥削温顺谦卑、富有母爱的她。（鼓掌）有效的法律保护使得妇女变得意识到了自我，意识到了她的责任和她的人权。保护的力度越大，妇女的觉悟和履行其责任的力量就越强。

在要求给予妇女保护的同时，人们不仅要为妇女的利益行动起来，而且还要为整个工人阶级的利益行动起来，因为要防止妇女与男人进行不正当的竞争。

还有另一个更为重要的问题。现在应该担忧的是，为了使无产阶级在已经开始的反对资本主义剥削的运动中取得成果，我们需要有下一代人来继续奋斗。为了无产阶级能够担负起解放工人阶级和解放全人类的伟大历史使命，无产阶级必须具有健康的体魄和头脑，必须具有高尚的品格。然而，蜷曲在资本主义经济桎梏下的妇女却不能生育健壮的、准备去进行这种崇高斗争的孩子。（热烈鼓掌）为此，我们不仅要求在工作时间方面的法律保护，而且还要求在参加工会的自由方面的有效保护。在这点上,我们要求法律不是一纸空文。这些要求早已陈述过,并且在一些国内、国际大会上已经表决通过。我们请求将这些要求付诸实施,因为这些要求在确保对劳动妇女的保护的同时,有助于整个无产阶级的决定性胜利!(长时间鼓掌)

尚皮(法国革命社会主义工人党):我高兴地看到,自从1889年巴黎代表大会①主张八小时工作日以来,这个问题已经传遍世界,到处都在讨论,到处受到重视。我想就这个问题说几句。我认为,鉴于应用于工业的机械化的发展和科学的帮助,人们可以达到在8小时里生产出和在10小时里同样多的产品。今天人们可能在进行以前曾经作过的改革:把十二小时工作日改为十小时工作日。这在法国已经相当普遍地实行。那么,鉴于已经有了新的进步和保护个人尊严、学习和通过教育得到提高的必要性,现在,为了使我们能够利用现代民主进步所实现的发展,把十小时工作日减少为八小时工作日是有益的,也是可能的。在澳大利亚、英国、美国、比利时和其他一些国家,已经作出了具有很大影响的榜样。一些企业家,甚至一些资本家承认,拿出一点儿善意改进他们的工具或者动用一些资本减轻劳动力的负担,就可以实现在8小时里生产出和在10小时里同样多的产品。

而且,甚至当生产减少时,人们应该为此感到庆幸,因为工人太多,生产过剩。在减少工作时间的同时,可能因而实现了一个进步,因为它避免了我们当中的许多人失业。

必须在这方面进行急迫的改革。在外省有一些企业,那里的男工和女工每天工作13小时、14小时,甚至15小时。有可能通过工会来改变这种状况,因为有些工会集合了同业公会的几乎所有成员,这些工会自

---

① 这里有一个小错误,八小时工作日的问题是更早一些时候提出来的。(参看加布里埃尔·德维尔的《五一节的历史》,《社会未来》1896年4月号)

已确定工作时间的长短。在奥地利、比利时、荷兰和其他一些地方，有些工会已经决定工人每天只工作9小时，还有一些工人只工作8小时。因而这只是一个协调问题。可惜在法国人们有点儿过于忘记团结精神了。

我们应该进行宣传，就像以前那样。1870年，我们曾为推翻帝国和建立共和国而进行了宣传。应该重新振作法国人的精神和性格，发扬团结意识。

最近一次资产阶级的代表大会①就国际劳工立法宣布，某些产业的工人已经能够自己解放自己，他们每天只工作8小时或9小时。这是一个应该记住的宝贵证明……（后面这些意见是在噪声中讲的，许多代表不再注意听发言者的讲话）

我知道你们和我一样十分了解这些问题，但我们还是非常应当就我们所关心的事情讲几句……因此我说，公民们，必须要求在法律上制定出有关劳动的规定，但这不应该阻碍我们争取通过工会手段来达到目的……

不少人喊：结束讲话！

尚皮：我们坚决要求把工作时间限制在8小时。（一些代表要求限制发言时间。热烈的掌声。）

会议主席：我们主席团已经考虑了这个问题，但我们认为这样做是没有什么用处的，因为发言者能够自己掌握好，都会简要地进行陈述。（笑声和掌声）不过，我们收到了一个提议，要求把发言时间限制在10

---

① 发言者在这里影射1900年7月25—28日在巴黎召开的一次代表大会。（参见《社会博物馆通报》1900年8月号）与会者几乎都是社会天主教徒。曾于1897年在苏黎世参加过一次同样类型的会议（参见《社会博物馆通报》1897年10月15日）的比利时、英国、德国社会党党员在1900年没有参加；几个法国社会党党员参加了那次大会，特别是其中有尚皮，他强烈地反对大会表决通过的决议，该决议要求教皇派一个代表参加在大会之后成立的常务委员会。

分钟之内。我现在把这个提议交付表决。一致通过。

会议主席：没有人再就议事日程中的第一个问题要求发言了，那么我把第二委员会的决议交付表决。

一致通过。

会议主席：我现在请第二委员会报告人戈伊德同志发言，该委员会研究了关于工资最低限额的可能性问题。

戈伊德[①]（比利时）：第二委员会研究了最低工资的问题。议事日程确定的议题是：**研究在各国规定最低工资额的可能性**。

委员会全体成员进行的讨论相当热烈，我应该说，讨论有点儿复杂化。我们看到在实现工资最低额的可能性方面产生了两种完全不同的思想倾向，这一基本事实是这场讨论的突出特点：一方是德国人，另一方是英国人。当我们的英国同志希望看到由法律确定最低工资额时，我们的德国同志坚持这样的看法：一方面，从社会主义的角度看不能承认法律本身能决定工资最低限额；另一方面，从他们的角度出发，还存在他们认为难以逾越的不可能性。[②]

同志们，我们同意在为实现最低工资额所必不可少的条件方面采取一种特殊的办法。我们都赞成这一点，即要考虑到，最重要的是在所有国家里都存在强有力的工会。我们认为，从物质上和实际上都不可能达到永久地规定一个可靠的最低工资额，除非在各个国家里有一些强有力地组织起来的工会或工人协会，而且这些组织能够保持住它们在某一天所取得的成果。

---

① 在正式提要报告里戈伊德被误认为德国人。
② 这种对立的意见值得注意，它尤其与两国人民的经济差别有关。英国在实现了工业统治之后处在经济衰退的下坡路上；德国只关心夺得外部市场。必须补充一句，据马隆说，马克思在1880年曾反对把最低工资额写入法国社会主义纲领。（参见《社会主义评论》1887年1月号第54页）

此外，我们还确定了我们所说的最低工资额的定义。我们几乎都同意说，最低工资额应该根据生活的必要条件，即以最低要求来考虑的生存必要条件①来确定，尽管委员会中的大多数委员与德国代表之间存在着分歧。

至于实现最低工资额的特殊办法，我们补充说，这些办法逻辑上应该是随着国家的不同而不同，也就是要按照不同的国家，甚至是一个国家的不同地区，为实现目标确定什么是自己要走的最可靠和最快速的途径。

最后，我们还要再补充说（你们将在我向你们宣读的、我们建议大会表决的议事日程中再次看到这些），我们将把对当局施加压力，即不仅对国家当局施加压力，同样也对省、州和市镇当局施加压力，看做是实现最低工资额的最切实可行的手段，必须争取各级机关制定最低工资标准，当局或是以此标准直接向受雇于公共工程的工人支付工资，或强制承包商将最低工资额写入承包工程的承包细则中。（鼓掌）因此，我们荣幸地向你们建议对如下决议方案进行表决：

大会宣布，只有在工会强有力地组织起来的地方，才有可能规定最低工资额；不可能用普遍和单一的方式来确定各国的最低工资额，在最广泛的意义上说，它无论如何应当与必需的生活资料相符合。

大会鼓励劳动者力争实现这一改革，找出既适合于各地的经济和工业状况，又适合于各地的政治状况的最切实可行的实现这一改革的办法。

为了实现这种改革，大会首先建议对社会权力机关和行政部门施加压力，它们能通过直接支付公共工程的工资或者命令工程承包商遵照办理的办法，制定最低工资额。

---

① 与其说这是真正的最低工资额，不如说这是英国人的能够维持生活的工资（参看德鲁西耶《英国工人问题》第280—281页）。分歧是很大的，因为好像有时在企业招标细则中规定最低工资时，人们特别想作出一种模糊的仁慈表示。

莫尔肯布尔（德国）：我之所以在委员会里起来反对规定最低工资额，并不是因为我不希望工人有高一些的工资，而是因为我深信国家不能解决这个问题，我们也不能通过国际的途径解决这个问题。请你们回忆一下，一个世纪前在巴黎，人们曾经在这方面有过一次尝试，想为食品价格规定最高限额，以此来消灭贫困，但是没有成功。而现在，我们还是没有处在获得成功的形势中，因为我们甚至没有规定价格的权力。我们还不能同时在各地规定最低工资标准，因为我们不能对生活必需品的价格施加影响。我们唯一能做的事情是使工会组织在各地变得越来越有力，使工会力求争取更好的生活和工作条件以及尽可能高的工资。

我们的英国同志进行了抵制，但终于还是建议规定一个最低工资额。我们回答说，被一些国家，如被俄国或另外某个国家，视为数额极高的工资可能会被其他一些工资已经较高的国家认为是很菲薄的。

由此我得出结论，不能规定统一的最低工资标准。我们只应该成立一些强有力的工会组织，这样我们才能对所有政府部门——国家的、城市的和其他的政府部门——施加压力，那时我们才能要求规定一个最低工资标准。

我还要说，对最低工资额的这种要求并不具有社会主义特性；这可能显得自相矛盾，但我就是这么认为的。有人要求国家保证在所有地方对正在工作着的人们实行最低工资额……而我们，我们说：不应该仅仅对有工作的人保证最低限度的工资，而且还要对因失业、疾病或意外事故而无工作的人，也就是说要毫无区别地对所有人保证最低生活来源。

因此，作为结论，我要说，我们不能在国际上解决这个问题，这个问题充其量可能在国家范围内解决，或者是在地区范围内解决。此外，我们可以在某些情况下通过工会斗争迫使国家或某些个人对工作条件作出强迫规定。

我要指出，德国代表投票反对委员会的决议，是因为没有给我们提供决议的准确译本。现在我们了解了决议的真实全文，我们大家都同意这个决议。因此这个决议被一致同意提交给大会。

会议主席：我现在将决议付诸表决。

一致通过。

会议主席：俄国代表团收到了一份新的委托书，并已批准委托书生效。这份委托书是授权给鲁巴诺维奇同志的。我们还收到了两封电报。第一封是匈牙利社会党人发来的，电报这样写道：

> 匈牙利社会民主党祝愿各国争取在经济和政治上获得解放，并祝大会取得最大的成功。

第二封电报来自索恩-卢瓦尔省格尼翁和克勒佐工人联合会，电文如下：

> 行动委员会呼吁巴黎国际社会党代表大会关注14个月以来正在为摆脱资本主义桎梏进行斗争的格尼翁和克勒佐的同志们。为了获得独立自主，他们需要全世界社会主义者的支持和帮助。行动委员会希望参加代表大会的全体成员能够提供一点捐助以帮助实现他们的请求；行动委员会请求在每次开会的时候进行募捐，并向全体同志致以社会主义的敬礼。
>
> 签字：**沙泽尔**

按照我们的同志所表达的愿望，将有若干人站在大会会场门旁收集与会者的捐款。（鼓掌）

现在我请第十委员会的报告人就五一节问题发言。

伯梅尔伯格（德国）：五一节问题为1889年代表大会以来的各次国际代表大会所关注。本委员会一致认为，必须坚持苏黎世、布鲁塞尔和伦敦国际代表大会所作的决定。我们现在提交以下决议：

关于五一游行示威①，巴黎国际代表大会赞同历次国际代表大会的决议；大会认为五一示威游行是要求实现八小时工作日的有效示范；大会还认为这一天停止工作是最有效的示威形式。

第十委员会一致推荐这个决议，然而委员会内部存在两种不同的看法。有两个国家的代表要求再做得更进一步，要各国工人必须庆祝五一节。但大多数代表认为这是不可能的，因为为了使五一节成为一个停工举行的总示威需要具备两个先决条件，而这两个条件在大多数国家里是缺少的：其一是具有强大的、结构完善的工会组织；其二是示威活动的完善计划。但是，各国必须努力进行一次更有力、更有效和更普遍的示威活动。

为此，我们应该进行积极的宣传，首先让工人相信缩短工作时间是绝对必要的。为了使工人不再加班，应该让他们自己认识到缩短工时的全部价值和全部意义。

茹尔努（索恩-卢瓦尔省工人联合会）：法国支部是提出在关于第十个问题——即五一节问题——上应该要求所有国家都要更加坚定地、必须按照要求组织游行示威活动的两个以国家为单位的支部之一。当然，我们赋予这个示威活动以人民向其政府传递请愿书的性质；当然，这应该是个劳动的节日、劳动者的节日，而在这个意义上，每个民族的公民都可以在自己的国家里提出他们觉得最合法、最紧迫的请求，例如八小时工作日、在尚无普选权的国家里实行普选等。

在这一点上，我们的意见是一致的。但当我们要求我们的同志们保证进行积极的宣传、使五一节的示威活动成为几乎是强制性的时候，他

---

① 关于这和游行示威的由来，请参阅如上提到的加布里埃尔·德维尔的文章。（《社会未来》1896年4月号）在伦敦，还决定这一天用于进行反对军国主义的示威。（参看哈莫《社会党与伦敦代表大会》第167页）

们就拒绝发表意见了，因为在一些国家里，5月1日全面停工是被禁止的，而且还要受到一些处罚。法国支部因此从总体上同意建议，但我们还是以委员会全体成员的名义向在这里参加会议的各国代表们发出响亮的号召：为了五一节——无产阶级的请愿日——的示威活动，请进行最积极的宣传。（鼓掌）

会议主席：我现在把委员会的建议付诸表决。

一致通过。

埃伦博根（奥地利）：第三委员会①对还要处理以前历次国际代表大会已经解决了的问题感到吃惊。过去，对于无政府主义者和老工联主义者时期的某些问题作出决定是必要的，而这些问题今天已不再讨论了。委员会因而一致认为，有关这些问题的理论不会引起争论，在国际代表大会上应该仅限于提出某些基本原则。作为首要的基本原则，我们同意主要任务是通过缓慢的、耐心的和艰苦的工作使无产阶级意识到它的阶级要求。

这个重大结果不可能通过温情主义而取得，我再重复一遍，是通过缓慢的、耐心的工作取得的。在委员会看来，这种工作甚至有另外一个作用：它可能使个人之间的争吵得以停止，表明无产者思想统一的必要性。

当委员会一致同意这个原则时，并不是在形式上同意这个原则。很显然，工作方法应该根据不同的国家而有所不同；我们不能建议适合所有国家的准则；因此我们的决议应该给出完全的自由。委员会认为，所有政治组织和经济组织应该完成这个进一步加强合作社重要作用的任

---

① 所提出的第三个问题是："劳工解放的必要条件：1. 组织成为阶级政党的无产阶级的构成和行动；2. 在政治和经济上剥夺资产阶级；3. 生产资料社会化。"

务。但是，尤其应该的是，无产阶级的各种组织要携手前进。

委员会还提请大会注意重要的一点：不应该期待通过任何一次意外事件实现无产阶级的解放；无产阶级的解放将只会是发展进程的结果；另一方面，资本主义社会正在利用现有的形势阻挠社会主义任务的完成，并把无产阶级引入歧途。而我们，我们应该启发无产阶级，以便引导无产阶级实现其历史作用，即粉碎资本主义社会。

下面是第三委员会的决议：

> 现代无产阶级是以资本对劳动的政治和经济剥夺为基础的资本主义生产体系的必然产物。
>
> 无产阶级的觉醒和解放，如果不与那些资本主义利益的维护者发生冲突，是不可能实现的。而资本主义就其自身的结构来说，也不可避免地要导致生产资料的社会化。因此，无产阶级应当作为阶级起来与资本家阶级进行斗争。
>
> 以组织无产阶级成为阶级斗争大军作为自己的任务的社会党，应当首先通过系统、周密和必要的工作，启发无产阶级认识自己的利益和力量，并且为了这一目的而利用无产阶级在所处的政治和社会形势下掌握的、能够促使无产阶级提高对正义的认识的一切手段。
>
> 大会指出，这些手段包括争取普选权的政治行动，组织工人阶级的政治团体、工会、合作社、互助储金会、艺术小组和教育小组等。大会鼓励社会党积极分子尽可能地宣传这些有助于加强工人阶级的力量、使他们可能剥夺资产阶级的政治和经济统治权并使生产资料社会化的斗争手段和教育手段。

第一个建议获得了委员会的一致通过；我现在要向你们宣读已经得到多数人通过的另一个建议：

> 各国社会党人应当争取使他们国内的外国人跟本国人民同样地享有联合的权利，并利用他们所拥有的一切手段来实现这一目的。

哈里曼（美国）：这个问题与美洲密切相关，正是在这一点上美国社会党人产生了意见分歧。在美洲有一些社会党人①认为，不应该参加美国的工会运动，因为工会运动是工会中某些步入歧途的人耍政治手腕的舞台。另一些社会党人②虽然承认工会已经腐败，其领导人已被收买，不过他们还是认为应该向这些腐败的工会领导人走去，正确地引导他们。他们认为这些工会没有沿着社会主义方向行动或者是在和资本主义沉瀣一气。他们还认为无产阶级也不是全部沿着社会主义方向行动，有时甚至反对工会运动，因为他们不是工会会员。但尽管如此，他们还是认为美国社会主义工人应该置身于工会之中，无论那里是否有腐败。这些工会是自主的，因而有办法对其进行改革；只要这些工会还没有被改革，就不可能指望那里的群众可能奋起。工会应该与社会主义运动相配合。因此我同意上面提出的决议，不过我要明确地提请注意当前的状况。我们同意在美洲和工会一起行动，甚至和所有工会内的堕落者们一起行动。③（鼓掌）

让·贝尔特兰德（法国工人党）：我要求发言提一个动议。就刚才这个问题我有一个建议要向大会提出。看到第三委员会给我们带来如此无足轻重的决议，我感到吃惊。我惊奇的是有人主张开办社会研究小组、民众大学……可是很久以前……（被各种插话打断）

会议主席：你们已经要求发言提出动议了。

让·贝尔特兰德：所以我建议把第三委员会的决议先印发给大家，因为我觉得不能容许大会现在对这些决议进行表决。

有人说：我要求进行表决……（有人喊："对贝尔特兰德的建议进

---

① 这里指社会主义工人党，其中特别包括萨尼亚尔和丹尼尔·德莱昂。
② 这里指发言者所属的社会民主党。
③ 关于各社会主义政党与美国劳工联盟（塞缪尔·龚帕斯在其中起相当大的作用）之间存在的激烈争吵，参看维古鲁《北美工人力量的集中》第318—320页。

行表决！"）

大会书记：有人要求我们把决议印出来。那么我们就要问，法国社会党人总委员会是否愿意把所有文件和大会的资金移交给我们，以便让我们能看看可以做些什么……

有人说：提交这么毫无价值的决议令人气愤。

会议主席：把议案也印出来可能是有道理的，正好今天上午主席团也要求向它提供印刷决议的钱，可是大家身无分文。（感叹声）

有人说：我要求在门口进行募捐……（强烈反对的声音。德洛里试图在噪声中发言，但他的声音被长时间的插话打断）

会议主席：让·贝尔特兰德提出把所有的建议都印出来，以便各位代表能够了解这些建议。大会主席团回答说巴不得这样，但是法国社会党人总委员会没有人出来表示一下，我们不知道用什么办法来满足贝尔特兰德的要求。我们已经向法国总委员会讲了，如果这里有人能代表总委员会回答，我们会非常乐意地把贝尔特兰德的建议转交给他去处理。主席团将非常高兴所有的建议都被印刷出来，不仅仅是贝尔特兰德的建议，还有其他所有建议。

德洛里（法国工人党）：可以求助于报纸……（被打断）

会议主席：德洛里是这么说的：希望不要由我们正式印刷这些建议，而是求助于报纸，由报纸来发表。那么，至于我，我不接受这个建议。如果一个国际社会党代表大会无法发表它的决议，那么我问你们，谁将做这件事？（热烈鼓掌）

王德威尔得（比利时）：对于报告文件的印刷来说，唯一的反对意见是钱的问题。我们的一位众所周知的、具有不懈奉献精神的法国同志向我表示，不管怎样，他愿意听从大会的安排，从现在起到明天完成这项印刷决议的工作。可是当看到在其他所有国家中各国党都已经准备好组织经费时，我们在法国正面对着让外国党担心会妨碍行动的总委员

会。对此，我认为在表示遗憾的同时应该表达整个主席团的意见。（热烈的掌声和各种惊呼声）

有人说：我反对王德威尔得的讲话。（长时间被打断）

会议主席：我要提一个使各方达成一致的建议。

德洛里：身处北方地区，我们想到了这个地区。在这种情况下，我准备代表北方联合会把印刷决议所必需的款项交到主席团的手中。（强烈反对）

会议主席：请埃贝尔发言。

埃贝尔（法国革命社会主义党）：公民们，我没有受法国社会党人总委员会的委托，但我是该委员会的成员。很显然我的权利和我的责任……（喊声："不，不……对，对。"）让我来这里对我们的王德威尔得同志说，他的批评有点儿过于严厉了（同意声和反对声）……他的批评对于属于法国社会党的所有组织、所有派别的总委员会的同志们来说有点儿过于严厉了。公民们，总委员会显然已经尽其最大努力去做了……（笑声和反对声）我们不应该在这里对总委员进行谴责，也不应该对它进行批评，总委员会是整个法国社会党的"发言人"……（长时间的反对声）决议的发表问题并不重要，你们要清楚这一点。（反对声再起）

会议主席：主席团同意刚才提到的那位法国同志的想法，以便给书记留有档案资料。明天上午，我们将讨论有关策略、市政社会主义等问题的决议。如果我们没有准备好在会议一开始就讨论刚才说的决议，那么我们就准备以后再讨论。不过，所有建议都将印刷出来，主席团同意了这一点。这个问题放到明天再谈。

埃贝尔：总委员会今天晚上举行会议，并将讨论这个问题。

会议于6点45分结束。

大会第四天

1900年9月26日星期三的会议

（上午）

会议在**王德威尔得**（比利时）的主持和**阿德勒**（奥地利）的协助主持下于10点钟开始。

会议主席：同志们，今天的议事日程是这样规定的：我们将结束昨天开始的讨论，也就是关于第三委员会报告的讨论；接着我们将立即开始讨论第九委员会关于政治联盟和某一社会党人可能参加资产阶级内阁的报告。（骚动）就各个报告的表决方式问题，大会主席团一致决定提出以下措施：给予每个国家两张表决票；如果不幸出现某个国家的代表团不可克服地分裂成两派，那么就将给每个派别各一张表决票。而对这种分裂的惩罚将是：在表决中，这些国家的意见被视为是中立的。①

我高兴地向大会宣布，法国社会党人总委员会昨天晚上举行了会议，采取了必要的组织措施以保证大会的顺利进行。在这种情况下，组委会与大会主席团之间发生的误会，即被人们过分地夸大了其影响的误会，现在已经彻底消除了；而我要在这里代表大家说，我们从来没有想要指责我们的法国同志缺乏友好情谊，虽然组织工作有些欠缺，但这种欠缺的原因是他们处在几乎同时组织两个重要的代表大会的困难之中。

---

① 这种表决方式是1896年做法的普及：法国当时分为两个派别，盖得派是饶勒斯的盟友，反对布朗基派、阿列曼派和工会代表，这些人构成了代表团的多数派；两个派别被看做势均力敌，法国代表团采取了中立态度，因为它还将要参加1900年的代表大会。

（鼓掌）

最后，昨天已经确定，此前决定的前往巴黎公社社员墙表达我们一致的革命情感的活动的日期是在下星期五8点半；这次约定的活动肯定要集合所有派别、所有国家的积极分子。（热烈鼓掌）

大会书记：比利时社会主义工人联盟书记遵照其他国家代表的意见向他们提供关于纺织工业、皮革工业、玻璃工业等方面的情况，以便建立这方面的国际联系。但他抱歉地告知，他所能提供的资料没有他可能通过交换得来的资料更令人感兴趣、更全面。比利时玻璃制品工人此时正在支持一场为争取自由参加工会的权利而举行的声势浩大的罢工。他们已经耗费了他们的大部分收入，请求全世界无产阶级帮助他们进行这场斗争。

我们收到了下面这封电报：

> 旅居日内瓦的亚美尼亚社会党人向世界各大洲的工人阶级代表大会亲切致意；此次大会在摧毁资本主义制度和废除私有制的同时，将能在世界上建立平等、自由和博爱。

我们还收到了另一封来自圣康坦社会主义团体和工会的电报，向大会的全体与会者致以兄弟般的敬礼。（鼓掌）

会议主席：我现在请第三委员会报告人发言。

埃伦博根（奥地利）：我认为法国代表对提交的决议提出反对意见是由一个误会引起的，而这个误会是因为决议的德文本翻译较差造成的。在这个决议中，并非像已经印刷出来的决议文本所指出的那样，必须通过这样或那样的手段进行宣传，而是应该把各种不同的手段结合起来，如"争取普选权的政治行动，组织工人阶级的政治团体、工会、合作社、互助储金会、艺术小组和教育小组等"。我们鼓励社会党积极分子尽量可能地宣传这些斗争手段和教育手段，这些手段能够增加工人阶级的力量。我要指出，决议已被委员会一致通过，其中包括法国公民，是拉法格强调了应该作出一个对手段问题没有意见分歧的决议。

我认为现在不应该讨论不同的政治教育手段问题，因为第九问题的讨论将会给各国代表充分的机会来表明他们对有效手段的看法。因此我们劝告法国人也投第三委员会全体建议的决议一票。

拉法格（法国工人党）：你们不应该相信在报社里印刷出来的关于第三委员会昨天作出的决议的内容，因为这仅仅是最终决定以委员会的名义向你们提交的文稿。

但是在开始详细谈论此事之前，我要对你们说，使得委员会充满活力的精神我们是一致赞同的。我们完全同意承认，国际代表大会不是讨论一些原则的大会，像第一国际所做的那样。今天，在全欧洲和全世界已经有了一些组织严密的政党，这些政党在这里开会是为了共同把在他们各自的国家里已经决定了的原则和一致确认的若干看法变成国际的普遍看法。因此，我们认为应该避开所有可能导致我们分裂的问题，避开那些在各国尚未解决的问题，而只把那些已被各国解决了的问题带到这里，以使其在大会上一致表决通过。关于第三委员会向你们提出的这个问题，是一致通过的，因为所有问题都已经过研究；经过长时间的讨论之后，我们排除了尚未解决的许多问题。现在我必须得回到委员会内部发生的事情上：有人想回顾在德国出现的关于社会党和伯恩施坦的一个学说问题的分歧。我们把这个问题搁置到一边，没有进行讨论。

关于合作，有一位委员说，这是剥夺资本家的一种手段。而一位比利时代表回答他说：很久以来就在搞合作并且取得了那么多成绩的我们，不接受这个理论；这不是一个剥夺资本家阶级的手段，而只是一种招收新成员的社会主义的手段，是为了有为事业服务的资金的办法。

当合作问题出现的时候，我们说：有两种形式的合作社，即消费合作社和生产合作社。消费合作社是我们将应采用的合作社——如果我们必须要表态的话。对于生产合作社,应该让各国自由选择,因为生产合作社会出现一些巨大的危险。① 我在委员会里提到了在科勒佐发生的事情,在那里,人们认为在施奈德公司价值几百万法郎的庞大车间对面,可以建立一个合作车间。为此,人们拟定了一个宏伟计划,考虑用60多万法郎的投资挫败科勒佐的数亿法郎的投资……(饶勒斯和其他一些人表示反对)饶勒斯反对这个计划,他是反对意见的带头人之一……(再次出现反对声和嘈杂声)

我们反对生产合作社;而我不得不说,为什么"合作社"一词出现在我们的提议中。这可能会引起大会会场一侧的一些人发怒,但我声明,我不想给讨论带来任何刺激……(嘈杂声和叫喊声)

我现在向你们报告一下在委员会里发生的事情,以便使我们的朋友不必害怕对已经提出的决议进行表决,尽管对"合作"一词他们视为欺骗,视为设在工人中的陷阱而拒绝它。

海德门(英国):我把轮到我发言的机会让给了拉法格,但不是为了让他说这些。我们反对在这儿进行这种毫无建设性的讲话。

会议主席:要使大会主席让大家尊重发言者的精神尊严,我们只能靠你们的善意和你们的宽容;我要求你们同意不打断发言者的讲话。另一方面,我恳请拉法格承认他刚才发表的有关团结的讲话,不要介入对那些只能使他不高兴的问题的讨论。(鼓掌)

拉法格:我只是要说,不应该给出现在提案中的"合作社"一词

---

① 参看伯恩施坦从马克思有关合作的看法中得出的观点[《理论上的社会主义和实践中的社会民主主义》法文译本(即《社会主义的前提和社会民主党的任务》的法文译本。——编者注)第163—167页]根据伯恩施坦援引的事实,似乎马克思十分重视生产合作社,把它作为"资本主义企业的最直接的对立"(参见殷叙彝编《伯恩施坦文选》,人民出版社2008年版第239页。——编者注)

一个它所没有的重要性,因为我们说过合作社仅仅是社会党手中的一个工具,不是无产阶级的解放手段;我们甚至还说过,工人合作社为了取得成功,不得不遵守资本主义社会的原则而不执行未来的社会主义社会的原则。我请求你们一致通过委员会的决议。

会议主席:大会好像是要一致通过决议;我希望发言者只简短地陈述意见。(不少人喊:"结束讨论!")

表决后,宣布讨论结束。

我要请克里切夫斯基发言,他是在讨论结束之前报名发言的。

克里切夫斯基:拉法格说,委员会应该把生产合作社作为一个危险而避开它。委员会没有停留在这个建议上。况且,并不是说一个词就能让我们认为生产合作社是一个危险。(鼓掌)我们有一些使无产阶级和社会党增强力量的生动而有力的生产合作社的例子。

第二个反对意见是文件起草的问题。我向委员会强调,我们不能限于简单地确认资本主义运动的客观倾向,而且我们也要明确指出生产资料社会化是有觉悟的社会主义政党的最终目标。所以我建议把最终目标以一种或另一种形式在这个决议中表达出来。我建议在这句"鼓励社会党积极分子宣传这些有助于加强工人阶级的力量的斗争手段和教育手段"后面加上下面这句话:"使工人阶级有能力实现它的最终目标",其余的话就是委员会的文件里所说的。

弗里布尔(法国革命社会主义工人党):公民们,把一些完全不真实的事情加入到辩论中作为支持的理由是不能允许的。拉法格在此关于科勒佐的讲话是不准确的,绝对地不准确:我们多么希望在施奈德公司对面建立一个新的工厂制造大炮。因而更应禁止拉法格断言这样的事,在负责建立这个工厂的行动委员会里,曾有一些法国工人党的代表;因此,如果有像拉法格所说的那种欺骗,法国工人党就应该承担其应有的责任。(各种插话)

会议主席：我要把所提交的建议进行表决，该建议加进了克里切夫斯基的修改意见，这些修改不会引起任何讨论。

埃伦博根：对于委员会的一位成员要把一个修改意见加到已经讨论过并已被接受的决议中的做法，我表示反对，这么做是不能允许的。

修改被拒绝。

会议主席：我们现在就决议全文进行表决。差3票一致通过。

阿德勒[①]：第九委员会[②]的多数人指定王德威尔得代表多数派作报告；恩里科·费里代表少数派作报告。委员会的一些成员要求增加一次会议。委员会主席认为没有必要中止今天上午的全体会议，多数派和少数派的报告一作完，上午的全体会议就结束，委员会将在讨论报告之前举行会议。

王德威尔得：首先，我想向大会尽可能客观地扼要介绍一下有关委员会的讨论和所作决议的情况。

从一开始，人们，特别是茹尔·盖得、恩里科·费里、卡尔·考茨基等人就提交了一些草案和决议。考茨基负责提交一份作为讨论基础的决议草案。委员会决定马上解决两个不同的问题：首先是结盟和联合的问题；然后是社会党人参加资产阶级政府的问题。

关于第一个问题，即结盟问题，讨论是非常简短的，这应该如此，因为这个讨论只是已经在以前历次国际代表大会上进行过的讨论的继续和认可。关于这一点，我愿意强调一下（因为这是一个根本问题），委员会的所有成员，不管是属于哪一派别和哪一民族，都是意见一致的；最后被接受的决议逐字逐句地抄录了几天前在伊夫里召开的代表大会上被法国工人党通过的决议。（鼓掌）鉴于决议的印刷文本可惜还没有发

---

① 从此时起，由阿德勒主持会议。
② 第九个问题拟定为"夺取社会权力以及同资产阶级政党联盟"。

到大会的各位代表手里,我请大会全体人员注意听我宣读决议:

> 大会宣布,阶级斗争禁止同资本家阶级的任何派别建立任何形式的联盟。
> 虽然大会也承认,在特殊的情况下,有时建立这种联合是必要的(当然不能把纲领和策略混为一谈),但是,党应竭力使这种联合减少到最低限度,直至完全取消,而只是在缔结协定的有关团体所属地方组织或全国组织承认有必要时,才容许建立这种联合。

战友们,这就是决议的要点:不可以把与资产阶级政党的合作和结盟变成持久的、经常性的方式,因为这是违背我们党的根本原则的;党的根本原则是,我们应该置身于阶级斗争的舞台。人们至多可以说这是在某些例外情况下或紧急需要的情况下有一定目的的、暂时的、偶然的联盟。而我们的费里同志十分生动地指出了决议的一个类似的意义,他说:假设在某一个地方,路途很不安全,有三个国籍、种族、哲学信仰和宗教信仰都不相同的行人在一条道路的拐弯处遭到一些强盗或杀手的攻击,那么,他们会把划分他们的一切丢在脑后,一起奋起对付袭击,进行自卫。同样,工人党只应在事关正当防卫的情况下才求助于与其他政党联系:例如像在意大利那样为了捍卫自由,像以前在法国那样为了捍卫个人权利……(会场右侧热烈鼓掌)像在比利时……(同样是坐在右侧的许多人再次鼓掌)或在奥地利那样为争取普选权等。简而言之,只是在有必要的、例外的和暂时的情况下才可以与资本家阶级的一些派别往来。

这就是我反复讲的、已被一致接受的第一个决议。

关于第二个问题——我认为这是涉及局部利益的、次要的问题,即个别社会党人在某些情况下能否参加资产阶级政府的问题。此前那种一致通过的现象没有发生,而是出现了两个相对立的决议草案:一个是卡尔·考茨基的决议,另一个是费里和茹尔·盖得的决议。由恩里科·费里和茹尔·盖得提出的决议的结论是明确地、绝对地禁止任何参加资产阶级政府的行为。至于我眼前的考茨基决议的全文——可惜我无法让你们了解我未能记住的、现在还没有印出来的少数派的决议，我要求你们以最大的注意力听一下我冒昧地称之为社会民主党内一个最受崇敬的人的卓越的理论建议。（众多人鼓掌）决议这样写道：

在现代民主国家里，无产阶级夺取政权不可能是某种突袭的结果，而只可能是为了在经济上或在政治上把无产阶级组织起来而从事长期的艰巨的工作的结果，是工人阶级在体质上和精神上得到复兴以及逐步夺取市政机构和立法会议的结果。

但是，在政府实行集权制的国家里，政权是不可能一部分一部分地夺取的。

个别社会党人参加资产阶级政府，不能认为是夺取政权的正常开端，只能认为是迫不得已采取的暂时性的特殊手段。

如果在某种情况下，政治形势要求作这种冒险的尝试，那么，这是一个策略问题，而不是原则问题；国际代表大会不应对此发表意见。

（许多人热烈鼓掌。会场左侧的人强烈反对。）

我不明白，当报告人仅仅是不带个人感情地宣读一个决议时，你们表现出这样的冲动，这真的不合常理！

决议继续说：

但是，在任何情况下，只有当社会党的多数赞成参加资产阶级政府，而参加政府的社会党人又继续成为本党的全权代表时，社会党人参加资产阶级政府这一行为才有可能给战斗的无产阶级带来良好的结果。

反之，如果参加政府的社会党人不服从自己的党，或只是部分地代表自己的党，那么他参加资产阶级内阁这一行为就有在战斗的无产阶级队伍里造成混乱和分崩离析的危险。

（会场左侧的人鼓掌，而右侧仅有几个人鼓掌。）

这就是说，不是巩固党，而是削弱党，不是促进无产阶级夺取社会权力，而是阻止无产阶级夺取社会权力。

（左侧的人再次鼓掌）

最后，公民们，为了使这个到目前为止还是客观的、并非针对某个人的陈述更完整些，我要补充说，普列汉诺夫同意饶勒斯的意见，对以下修正进行表决：

总之，大会确认，即使在非常的情况下，只要党组织一旦认为这个内阁在资本和劳动的斗争中明显地暴露出自己的偏私，社会党人就应该退出内阁。

经过修正的考茨基决议草案被以24票对4票的多数表决通过。

现在，公民们，我没有想要反映一个在看法上有着许多细微差别的委员会的一致意见的自负和轻率，我想向你们表达一下我个人的想法，我深信这是委员会里多数派的绝大多数人对提交给大会的两个决议的看法。

关于联盟和联合，我可以极其简要地谈一谈，因为我们的意见是一致的；我认为我们的看法是这样的：无论在怎样的情况下，如果所有联合都具有例外性和暂时性，那么这些联合就是一件坏事，因为它们可能会在某种程度上削弱无产阶级的阶级意识。（左侧人鼓掌）因此，这是一个必须极为谨慎地使用的办法。不过，在下面的这些情况下可以要求这种联合：像在意大利那样为了捍卫自由；像在奥地利或比利时那样为了争取普选权；像最近在法国那样为了维护文明的共同利益；而两害相权必须取其轻。联盟可能是一件坏事，它一直都是一件坏事，但它有时又是必不可免的坏事。

我现在谈谈使一个民族特别感到关切的决议。我首先要说，同志们，我们通过的这个决议既不应被看做是对我们的某些法国同志在法国采取的策略的指责，也不应被看做是对它的默许。为了表达我的全部看法，为了指出委员会的多数派多么地想表现出宽容和妥协，我要补充说一句，我们当中的许多人，也可能是我们当中的绝大多数人，如果我们要在一次全国代表大会上对"在一个国家里，如法国，社会党人参加资产阶级政府是否是有益的"问题发表意见的话，我们将说：不管社会党人部长具有多大的精神和道德方面的价值——当然我们完全尊重这种价值，不论人们对他参加政府所能够利用的强有力的论据是什么，我们都将认为同一情况的害处远远大于好处。而如果我们要表态，我们将说，米勒兰和他的朋友们犯了一个错误……（会场左侧热情鼓掌）

不过，我请求你们不要对我这样鼓掌，因为过一会儿你们当中就可能会有人感到遗憾。（笑声）你们可能会对我说，你们支持了一个太空泛和太一般化的决议。我们为什么作出这样的决议？因为我们深信，国际代表大会不是用来宣布判决和给犯人打烙印的法庭，也不是宣布革出教门的教令的法庭。（会场右侧热烈鼓掌）

相反，我们应起的作用是和解和宽容。我们应该在原则问题上坚定不移地表明意见，但是涉及策略问题，我们应该给予各民族完全的行动自由。

使我们中的大部分人不同于法国工人党和有着与其相同思想的朋友们的是，我们认为在我们看来属于次要的和第二位的（会场左侧反对）入阁问题是一个策略问题而不是原则问题。（右侧热烈的掌声；左侧打断讲话）

你们看，（向会场左侧的人说）你们现在已经对你们刚才的鼓掌感到后悔了！（左侧嘈杂声；右侧笑声）

我既不激动，也没有无益的愤怒，我只有与国际社会民主党大多数朋友们的看法相同的个人看法,即认为这个部长问题在除了法国之外只是一个学院派和柏拉图学派所关心的问题,我想向法国工人党朋友们指出我们的意见分歧之所在。他们的理论是这样的:当涉及无产阶级能够通过自己的力量获得选举产生的职位时,参加地方政权是一件合法的事情,甚至是一种责任。相反,当涉及中央政权任命的指定职位时,弃权就是一种责任。换句话说,对于里尔市市长的职位,社会党人有责任把它置于市议会的首位去参选;而相反,涉及在巴黎的部长职位时,社会党人的使命和责任则是对自己关闭政府大门。(会场右侧鼓掌,左侧叫喊)

不过,不能把这两种完全不同的情况进行比较;但我们认为,两种情况没有根本上和实质上的区别,因为在一个民主的代议制国家里,政府的部长是他们所体现的党的代表,同样,领导市政府的市长也是党的代表。(会场右侧鼓掌)不过,为了使这一论点名副其实,为了使这个论点的实际应用不出现最严重的缺陷,部长不应是没有得到委托书的议员,而应是受党组织委托的人,是党组织的代表,这个党组织对他实行监督和管辖。(许多人热烈鼓掌)

昨天,我们的战友奥尔①说过一句话,我想向大会再重复一遍,因为这句话让我们大家记在了心上。他说:在我们这样的国家里,或者在德国,谁要是不经过自己的党的同意而加入内阁,那就是太愚蠢了,他立刻就会被开除。(会场左侧鼓掌)

因此,对于社会党人参加资产阶级政府,我们只能承认这是我们的决议已经指出了它的全部危险的一个权宜之计,只能承认只有在他的党的绝大多数人授权的明确条件下,在证明他入阁并不是一个祸根而是一个缓和的保证这样一个并非不明确的条件下才能容许。而我们还要说,

---

① 在正式提要报告中为范科尔。——编者注

授予这类部长的委托书是随时都可以撤销的。他今天经党的允许进入了内阁,但是,他应该容忍那种会使其名誉受到影响的混杂吗?应该承担那些不能接受的连带责任吗?应该使其拥护者陷入议会的那种搞乱无产阶级意识的混乱局面吗?那时,这位部长的位子就将不应再在政府中,党应该有权对他说:你脱离了我们的队伍,请你回来吧!(许多人长时间地鼓掌)

正是在这样的情况下,与我们中间那些可能要采纳在法国已经被我们的法国同志开始使用的策略的人相比较,大部分人赞成以谅解的精神对考茨基的议案进行表决。

现在,为了结束发言,亲爱的同志们,让我对你们说,我们越是把联合问题看做是根本性的问题——因为这个问题涉及所有在此参加会议的国家,也因为它是在与我们党的生活有关的各种情况下提出来的,我们就越是不得不认为,这个现在使我们的法国同志感到关切的棘手的现实问题,实际上就像昨天饶勒斯本人所说的那样,只是法国社会主义运动发展中和无产阶级社会主义运动发展中的一个偶然事件和一个插曲而已……(会场右侧鼓掌)因为无论我们之间可能存在的看法上的微妙差距甚至分歧怎样,是不会有一个有觉悟的社会党人能够仅在很短时间内就相信,他的部长职位在工人阶级和资本家阶级之间的天平上将会是举足轻重的,尽管社会党部长能够实现的一些现实改革会带来好处。因此,我要告诉大家,我们的看法是,类似的问题从法国社会党代表大会的议事日程上消失的那一天,全世界无产阶级将会感到慰藉!(很多人鼓掌)

阶级斗争与有关入阁途径或获取部长职位的论战完全不是一回事。阶级斗争是时时刻刻以各种和平的或革命的方式,为了我们大家所追寻的、通过全体团结终将有一天会实现的最终目标而进行的斗争!

法国同志们,在这场为了正义而进行的艰苦斗争中,在这条对于我们那么多人来说曾经是一个苦难的十字架的艰难道路上，将有一些人由于疲劳过度或被敌人的枪弹打中而倒下。但是，终有一天能完全夺取政权的无产阶级胜利者，应该由体质上和道德上强有力的、具有阶级利益意识并在智力活动方面受过完整教育的人组成，这些人通过一个把他们彼此联系起来的经济组织联合在一起，就像古时野蛮人在作战时用自己系在腰上的链条把彼此拴在一起那样。当无产阶级在体质上、道德上、政治上、经济上完全充满自信时，它就成熟到可以最终征服世界，它将能在资本家阶级面前站立起来并说：

现在，这个屋子是我的，该是你们从这个屋子滚出去！①

（一致持续地鼓掌，欢呼）

会议于12点半结束。

下午的会议

会议于下午2点开始，由**王德威尔得**（比利时）主持，**阿德勒**（奥地利）协助主持。

会议主席：请费里同志发言。

恩里科·费里（意大利）：我现在为正式的少数派报告人，但在开始之前我应该先做一个交代，这就是，虽然昨天晚上在第九委员会进行了表决之后，我深信自己将作为少数派发言人而回到了住处；而今天早

---

① 在正式提要报告中，这句话被下面一句所替换："从这个屋子滚出去。它是属于我们的！我们理应住进去。"在莫里哀的《伪君子》第四幕第七场中，答尔丢夫说："该是以主人自居的你们从这个屋子滚出去；屋子是属于我的，我要让人们知道此事。"

上，当我醒来的时候，作为被判了死刑的人——我们将被消灭在考茨基的提案下，（笑声）我问自己，我真正是个什么人。我以为我反而是多数派的代表。（笑声再起；一些人鼓掌）我的朋友王德威尔得的讲话使我更加增强了我们抛弃考茨基提案的信心，因为第九委员会的问题其实有两点：社会党人参加政府的问题和社会党与资产阶级的一些派别联盟的问题。

然而，从事情发展的角度看，下面就是发生在我们委员会里的事实：昨天，人们从讨论通过担任政府部长或担任市镇委员会中的市长而参加政府的问题开始，然后对这个问题进行了表决。结果以22票对4票接受了考茨基关于参加政府的提案，该提案在原则上完全支持参加政府，并且在策略上也完全允许参加政府。（法国工人党和革命社会主义党再次鼓掌）此后，考茨基撤回了他提案中涉及联盟和联合部分的内容；而先前以多数票通过了参加政府提案的委员会又一致投票几乎完全禁止联盟。

至于我，我在第九委员会里支持了我在意大利一直支持的决议，也就是我向我们的罗马全国代表大会所建议的决议，关于这个决议，我已经被击败，并且今天在这次代表大会上还将可能再一次被击败。（笑声）

会场左侧有人说：我们等着看！（嘈杂声）

费里：不管怎样，无论我是否被击败，无论多数派一开始就事先声明在这里我们都是社会主义者，都是兄弟……（许多人热烈鼓掌）也无论经过表决是否出现多数票和少数票，我认为至少都将没有胜利者和失败者！（大部分人再次鼓掌）

既然第二个决议已经获得一致通过，那么我就真正地是"一致"的报告人。（笑声）

但是，已经取得的这种**平衡**不是个人雄心、诡计或者能力的产物，而是不仅仅在法国，而且在世界所有国家里社会主义情绪的征兆和表现。

我们社会党人正在度过伟大的国际社会党发展和演变过程中的一个决定性阶段。每个国家在其内部也都有着在危机中表现出来的同样的情绪……在法国，这就是人们所称的米勒兰事件；在意大利有自治策略；在德国有倍倍尔关于参加邦议会选举的决议。好吧，我认为为了制定一个本丢—彼拉多式的决议而不远千里来到巴黎参加社会党的国际会议将是没有什么实际意义的……（会场左侧鼓掌）

当人们说国际社会党对米勒兰事件不感兴趣时，有人说这确实如此，而有人则说这不确切。当人们把米勒兰事件作为个别人的个别事件来谈论时，这是对的；而当人们把米勒兰事件看做只是具有一种征兆和影响的普通事件时，这就是错误的。

我们社会党人，我们没有权利指责这个或那个法国社会党人，但我们有权利评判和确定社会主义政党的行为。因为，在我们看来，我们就是国际大树的枝和叶，而且这棵大树的深深的根是由工厂和农村无产阶级劳动大众构成的。（热烈鼓掌）我们这些社会主义大树的枝和叶，最终在这个国际大会上聚集在一起。我们有权利、有责任作出决定，但在我们的决定中我们不应忘记，给予树枝活力和生命的树浆是从根中产生出来的；我们不应忘记无产阶级当前的和未来的利益、感情和需要！（再次鼓掌）因此，在这种情况下，国际代表大会怎么可以面对要求有一个指引其阶级觉悟的准则和指南针的无产阶级作出一个本丢—彼拉多式的决议呢？

让我们排除个人因素，我们看到同样的情况到处存在。在意大利，这种事情没有像在法国那么轰动；不过，屠拉梯和我，我们就像法国的饶勒斯和茹尔·盖得那样是存在这种分歧的，而当时我们在意大利已经跨过了我所说的社会主义的个人主义阶段。（许多人热烈鼓掌）

国际社会党的大会将永远不会忘记法国工人党在法国这个大革命的伟大国家里所完成的艰难而又富有成果的工作。20年来，法国工人党一直贯彻了卡尔·马克思准确的、纯洁的思想……（一些人表示反对）但是，最近一个时期，工人党的最有权威的代表人物有点死抱着某个概念化的公式不放，而这个公式不是马克思主义理论，它只不过是马克思的门徒的教条主义解释。

另外，目前在法国还有另一个和法国工人党完全一样的社会主义派别，这个派别想要借助无产阶级的政治组织和选举组织去搞无产阶级的经济组织。由于地理原因，它可以有权……（一些喧哗声）我可能搞错了，但我是真诚的。没有人能垄断真理，但为了做某件有益的事情，大家应该在这里公开地说出自己的思想！（许多人热烈鼓掌）

而这个社会主义派别在法国是由于一个特殊的机会——所有听我讲话的人都明白我要说的是德雷福斯事件——才得以保持下来。法国社会党这部分人的态度，我们以外国人的观点，也以这个"同时代的后来人"的观点来看待它。我们没有讥刺、没有嫉妒、没有个人猜忌地考虑了已经发生的社会党人的这些行动的意义。

因此，我们一方面看到了法国工人党在同那种马隆主义思想作斗争，看到了工人党往往在明确表达阶级觉悟和在革命思想的混沌中指引无产阶级的同时也完成了一件有益的工作。另一方面，我们也看到了独立社会党人在德雷福斯事件中所起的作用，他们从案件中观察到现代共和政体的法国反对军国主义和教权主义斗争的征兆和表现，这些征兆和表现在资产阶级的资本主义社会之前就已经存在，并且是目前与资产阶级的资本主义国家相融合的某种力量，而且还有了独立的发展，在资本主义之前的各个时期中就已经有了根基。军国主义、教权主义和资本主义用大量的金钱结成同盟——这里没有社会主义，尽管昨天上午社会党就1万法郎的问题作了决议。（笑声）拥有很多钱，就会拥有很多报纸，因此就会对舆论有很大的影响。为了扭转或者至少打消这种影响，饶勒斯投入了激烈的论战。《小共和国报》对此作了一个国际性征询①……

会场上有人说：有些人现在想推卸全部责任。

费里：……在这个国际性征询中，国际社会党大多数最有威望的人赞同、钦佩和赞扬饶勒斯在德雷福斯事件中的态度。（热烈鼓掌。会场右侧的人向饶勒斯长时间欢呼。左侧一些人反对）

但是，同志们，我正是为了团结才这样说的，我说，在生活中的任何问题上和任何行动中，不是道理都在一方，错误都在另一方；在两个政党中，双方都有功绩和错误，因为，作为社会党人，我们都会犯错误，我们是人。（一些人赞成）

我要替社会党的这个派别——为了社会党的统一、为了国际大会的愿望、为了理想和出于道德上的必要——说，作为法国社会党的一部分，这个派别的功绩不能被低估，因为这部分人只是最终捍卫当代文明的基本条件，反对试图扼杀现在或曾经在各国首屈一指的法国军国主义和教权主义的中世纪幽灵的产物！（喝彩和鼓掌）

在这种情况下，难道达成和解是不可能的吗？难道和解不是很自然的吗？难道和解不是必然的吗？很显然，是的，就像在其他国家一样，这一定会在法国实现。15天前，我在罗马，在我们的全国代表大会上，提交了一份和在这里提交的决议案相同的决议案。我被我的朋友屠拉梯所代表的那一派战胜了，可是，我们在第二天仍然和前一天一样是兄弟和朋友。

现在，看看左右两侧，人们可以这么说，不是吗：请看，他们多么团结！……对，在国际代表大会期间！（笑声）他们如同博览会期间的教权主义者和民族主义者！那么，我们社会党人，我们要对你们说：忘

---

① 这个征询发表在《小共和国报》的第一系列第5、第6、第8和第11册。

掉个人问题，记住全世界广大劳动者的无产阶级根基；这种和平和和解的态度不应像洒在海面上的油一样，虽然可以暂时平息一下风暴，但随后却会使风暴——在全国代表大会上——来得更加猛烈。法国同志们，我再重复一遍，你们应该忘掉个人问题，在法国无产阶级的广大群众和集体中洗涤身体，使自己重生。（再次鼓掌）

这就是为什么第九委员会想要把所罗门的判决①颠倒过来，希望法国社会党聚拢起来、团结起来，而不是分裂成两部分。

我对法国的热爱是那么的深厚，因此我能进一步地了解法国的社会主义运动，就像了解意大利的社会主义运动一样。② 而如同我所指出的那样，国际社会党所处的精神状态正以不同的形式在各国展现出来。的确，在法国和其他地方，社会党已经进入了它的发展期，鉴于此，资产阶级改变了其防御策略的表面形式。

当社会党还只是个新生儿时，资产阶级就用嘲笑和诽谤来抵御他。而当社会党从一个新生儿变成一个相当健壮的孩子时，资产阶级则改变其防护策略：它开始虐待他；继而又有了扼杀这个有前途的孩子生命的反革命愿望和空想；它希望用迫害、戒严、扫射以及军事法庭或普通法庭的审判来达到目的，军事法庭和普通法庭只是同样的资产阶级刑事法庭的不同形式，而刑事法庭不过是一个粉碎人格的机器……

当这个孩子活生生地经受了一系列的迫害终于成为一个英勇强壮的

---

① 典出于《希伯来圣经》，两名妇女为争夺一名婴儿都宣称自己是孩子的母亲。古以色列王国国王所罗门审理此案，他先判决把婴儿用剑劈成两半，一人一半。一名妇女说，她宁愿放弃这个孩子，不愿看到他被杀死。所罗门宣布那个表现出怜悯之心的女人是真正的母亲，并把婴儿判归她。——编者注

② 关于这种在意大利人中广泛散布的自己是法国事件的公正评判员的思想，请读《小共和国报》第一系列第5册中A.拉布里奥拉的信（第72页）。

小伙子时，资产阶级则又一次改变策略，说：得啦，那就用更多的嘲笑、更多的诽谤、更多的迫害来对付他。要让他变得精神恍惚！要像资产阶级社会里有女儿要出嫁的母亲那样去做。当要征服丈夫时，姑娘们要装做非常优雅地在散步，并且面带微笑地向过路的年轻人频送秋波；这个异常激动同时又充满幻想的年轻人却认为姑娘的微笑以及可能成为他岳母的人的微笑表达了真诚的爱；这样，这个掉进陷阱的勇敢、大胆的青年就将成为一个驯服的命中注定的丈夫。（笑声和掌声）

茹尔·盖得（法国工人党）：或者成为一个米勒兰式的部长！

恩里科·费里：盖得同志，我是在泛泛地谈。

会议主席：我请同志们不要特别强调指出发言者的某些话，我觉得这个发言是足够有力的。

茹尔·盖得：我收回我说的话。

恩里科·费里：好吧，下面就是总的精神状况：在法国，一个社会党的部长被召入了政府；在德国这个僵硬的、绝对的、不折不扣的马克思主义的摇篮、李卜克内西的故乡，去年人们就伯恩施坦……进行过争论。我认为人们错误地把这称为了伯恩施坦事件，因为，我再重复一遍，这是国际社会党的成长危机……去年，伯恩施坦说：运动就是一切，最终目的是微不足道的。而另一位德国同志罗莎·卢森堡则说：最终目的就是一切，运动是微不足道的。最后，李卜克内西说：最终目的是主要的，但是需要运动来达到目的。（会场右侧鼓掌）

关于邦议会选举，我们的福尔马尔同志知道一些相关事情：有人曾不想参加邦议会选举；两三年前，参加邦议会选举是被禁止的；而15天前，在美因茨，李卜克内西的战友倍倍尔提出了一个决议案，并且得到多数人的同意。这个决议案不仅允许参加邦议会选举，而且还规定参加邦议会选举是一种义务。（会场右侧再次鼓掌）那么，这既不是饶勒斯的错，如果他体现了为达到最终目的的运动潮流的话；也不是意大利的屠拉梯或德国的倍倍尔的错。对于已经成长为青年的社会党，对于这个人们已经对其改变策略、采取被我称之为政治吞噬策略的社会党来说，这是当代欧洲政治经济发展的形势。

我们知道生理学上所发生的事情：当一个异物进入人体时，就有使人体受到感染的危险和导致发烧的危险。于是就有吞噬细胞将这个小异物并入其中，阻止它与其他血液和人体的其他部位接触，紧紧地包裹它并使它萎缩，这样就使得人体免于可能的感染……那么，当资产阶级看到这个社会主义的异物在成长并威胁到其肌体组织时，当另一方面资产阶级——20年来毫无防范地让军国主义和教权主义势力扩大的宽容大度的资产阶级——在德雷福斯事件中看到它有让1870年赢得的共和国毁灭的危险时，这个宽容大度的资产阶级就感到有支持社会党、支持这个有活力的青年的必要，这个青年给文明带来对中世纪的胜利！（鼓掌）

资产阶级于是用没有从前那么严厉的目光来看社会党。它看到了一个采用细胞吞噬作用避免社会主义传染危险的新办法：它抓住了这个外部力量的象征，将其置入资产阶级的肌体，而它把这个外部力量包裹起来，阻止其完成有机再生的功能；这个外部力量一天一天地萎缩；不可能再去做让民意能够希望一个社会党人参加一个国家（如法国）的资产阶级政府这样的事情。

有些人回答说：这事与我们无关，这是一个策略问题，而不是一个原则问题。原则没有受到损害。我们将对考茨基决议案中的社会主义原则给予最完全的肯定，对，这些社会主义原则包括：阶级斗争、全面夺取政权、无产阶级反对资产阶级等。但必须把策略同原则区别开来。国际代表大会可以作出一个原则性的决议，但不能去管策略的细节……

而我正相反，我认为不能把原则同策略区分开来……（会场左侧鼓掌）这是一种老的、经院式的、使理论与实践脱离的区分。但是，对于我们实证主义者和经验主义者来说，我们认为，理论不过是实践的概

括，而实践不过是行动中的理论！（再次鼓掌）

当你们即将允许一个社会党人部长进入资产阶级政府时，难道你们把党的总原则贴在社会党人部长的背后，同时在前面让他保留实施一种相反的策略的权利吗？……（笑声）我认为应该同时体现可以变动的策略和要执行的原则。正因为如此，我们认为不应该在关上门以后又打开窗户……

考茨基决议案说，必须非常谨慎地行事，制定慎重的策略，在极其特殊的情况下运用之……对，这样很好，但这正是一些橡皮性的规定，因为当原则的标语牌脱离现实世界和日常实际时，谁将判断在什么情况下必须谨慎地要求这样或那样的策略？……

我在意大利旅行过很多地方进行宣传，在社会党尚处起步阶段的所有村子和所有小城市中，宣传工作有时更为困难。在那里，有一些战友总说有一个非常特别的机会，而利用这个机会，需要有一个和资产阶级政党联盟和联合的策略；他们说，因为人们正处在一种特殊条件下……总之，这就等于说，谨慎地把原则束之高阁，谨慎地把策略付诸实践……（笑声）这就是我们不能同意的考茨基决议案中的东西。

第九委员会作出了一个由两部分组成的决议并提交给你们。第二个决议就像王德威尔得十分明确地指出的那样，从逻辑上说应该是第一个决议，尽管从实际表决来说还是第二个；后者是伊夫里代表大会表决通过的决议，即关于支持或禁止社会党与资产阶级的任何派别建立任何形式的联盟的决议。在第九委员会一致通过这个决议的同时，还以多数票同意了考茨基的决议，该决议说，在某种情况下，当政治形势要求这种联盟时，将可以进行这种"冒险的"尝试……这里有个形容词，但形容词不妨碍名词……大家一致同意，这的确是冒险的，但这是为了使社会党人的勇气和信仰得到保护！（会场左侧笑声和鼓掌）考茨基的决议案说，这是一个策略问题，而不是原则问题，那么我认为，对于我们来说，策略和原则只是一种权利和同一勋章的背面，人们不可能有一种带有社会主义原则的资产阶级策略。（左侧长时间鼓掌）委员会的少数派因此接受考茨基决议案的规定，但不承认它的橡皮性的例外，这些例外永远都不是使策略与原则相矛盾的障碍。

处在国际社会中所体现的这种精神状态下的委员会多数人投票通过了考茨基的决议案。但是，这犹如是表决通过了对社会主义肌体使用的一副毒药，于是他们又马上表决通过了一副解毒剂，即禁止联盟的盖得决议案。然而，如果没有与资产阶级的某个派别结成联盟，那么一个社会党人部长参加资产阶级政府是可能的吗？显然不能。当在市议会里社会党占多数时，社会党人才可能成为一个市的市长；一个社会党人偶尔也可能会在没有任何联盟的情况下成为一个市的市长。而对于成为部长，这种情况可能发生吗？……

我认为，一旦承认社会党人部长进入内阁或社会党人市长进入社会党人不占多数的市政府的可能性时，无论这个可能性是暂时的还是例外的，人们都会用来反驳禁止与资产阶级派别联盟的原则。

为此，我向罗马全国代表大会提交了一个提案，完全禁止参与全国政府或市政府，除非社会党人占多数……正如我们的朋友王德威尔得所说的那样，将是无产阶级夺取那间屋子，并且对资产阶级说：你们从这里滚出去！

我认为这话违背了非常了解我们社会主义政党精神的我们的朋友的思想：当无产阶级征服了人类社会时，它将不会赶走资产阶级，不会赶走任何人；社会党将继续代表广大劳动者进行阶级斗争，但这是为了拯救全人类！（热烈鼓掌）

王德威尔得：我没有说驱逐出社会，而是驱逐出政府。

恩里科·费里：我们认为考茨基提案本身就包含有作者没有意识到的执行策略时对社会党人的更为严重的危险，因为，当人们站在斜坡上时，只知道从哪里开始滑下去，但不知道滑到何处。我已经谈过参加邦议会选举的现象，这是一个同样的斜坡。在意大利，自主的结果是，有几个社会党人前去参加了翁伯托国王的官方葬仪。（惊叹声）至于我们，我们谴责刺杀国王，因为这是反人道的行为。但我们在社会党议会党团中说，我们不能参加拥护君主的政党为其被刺杀的国王举行的正式的、东正教派的葬仪。在法国，我们还有另外一个这种策略的冒险的例子，这就是在对中国远征的时候，法国议会中没有一个社会党人对拨款表示反对……（一些人鼓掌，另外一些人反对）

桑巴特（法国革命社会主义党）：这样说不对。

恩里科·费里：如果我弄错了，请你们纠正；而如果这是事实，我坚持我反对这次国际掠夺行为的意见。

我来谈一下第二个决议。我感到盖得的决议并不像我所希望的那样准确，其原则与我的决议是一样的，而伊夫里决议的提法是相当有弹性的，因为该决议没说：不要联盟，不要联合，但可以有一些例外的联盟，不过，要求这些联盟减少到最低限度……

茹尔·盖得：直到彻底消除。

恩里科·费里：这里有一道堤坝，真的，这就是必须得到党组织的事先批准和同意，必须有党的领导；而我恰恰认为，发生在我们法国朋友那里的不幸，就是他们没有一个可以允许或不允许米勒兰入阁的党组织。为此，我们恳请法国朋友们实现社会党的统一。（会场右侧鼓掌）

我的关于联盟的决议内容如下：

国际代表大会确认，在社会党日益壮大从而使资产阶级政府感到不安的国家里，尽管议会的、政府的和立法的策略变化了，但是有关资本家阶级同工农业无产阶级之间的基本划分的这些现代社会的原则并没有改变；

代表大会重申，社会党只有在工人的阶级意识已经明显地和充分地觉醒的时候才能建立和发展；

代表大会声明，为了夺取社会权力和迫使统治阶级实行局部的攻良（在无产阶级的发展过程中，并且对于无产阶级的体质和道德方面的提高说来，这种改良是有益的、逐步取得的胜利成果），既不应改变社会党的纲领，也不应改变它的宣传方式和政治、经济斗争的方式。

只有在无产阶级有阶级觉悟的政党组织相当发展和巩固的国家里，以及在每一个国家的社会党领导的监督下，出于捍卫公众的自由或者现代文明的基本原则的当务之急，才可以同资产阶级党派结成暂时的、特殊的联盟。

至于社会党人参与政权和行政权，只有当它是社会党在政治代表会议和地方自治会议中获得多数的结果的情况下，才是容许的。

只有在两种情况下可以实行这种联合：一种是法国出现的那种情况，另一种是意大利出现的那种情况，也就是当有人为了取消符合宪法的出版、集会、结社自由和工会，策划政变，必须最终保护公众的自由时。于是，社会党倡议与激进主义者和共和主义者搞联合……因为，法国公民们，你们不要忘了，与会的很多同志在他们的国家里还没有建立共和国，共和国是让我们社会党人的肺得以呼吸的自由空气。（会场右侧热烈鼓掌）

因此在意大利，考茨基决议案是没必要执行的，原则和策略同样如此。而只要君主政体存在，我的社会主义战士的良心就完全泰然自若，因为意大利国王将永远不会考虑求助于一个社会党人部长来保护文明、对抗反动势力。①

我现在结束我的讲话。我请求原谅我向大会和大会主席团用这么长

---

① 《社会评论》杂志在1900年10月1日发表的一篇以屠拉梯和库利绍夫姓名的开头字母署名的文章中却报道说，某些意大利保守派报纸仔细研究了这种可能在罗马代表大会之后发生的情况。

的时间来发表看法。我们，作为少数派的代表，因此同意多数派的禁止联盟和为了进行极端紧急的抵抗而例外地和暂时地允许联合。而相反，关于考茨基的提案，我们仍然保留我们少数派的看法；考茨基的提案在本次大会上肯定会拥有多数，因为它表达了一种精神状态，这种精神状态甚至连一个社会主义觉悟可以说是坚如钢铁的人都必然具备，我们大家热爱和敬佩的考茨基本人也必然具备。

在下一次国际代表大会时，我们将对在各国进行的实验——也就是运用把原则束之高阁而把实践放在首位这一策略的实验——所产生的得失进行比较。我相信我们将和自然产生的多数一起来参加下次国际代表大会，这些多数人将回到社会主义学说的生活源泉，他们不应改变一些简单的原理，而应坚持为了无产阶级和全人类而斗争的原则立场。

但是，无论这次盛大会议的表决结果如何，我都希望为了国际社会主义，实际结果将是法国社会党两派由于他们所深信的统一的需要，为了以快乐的自豪感——社会党人精神的特性——一起去赢得未来而统一意见、融洽相处。

正是怀着这种精神，身处君主政体、教权主义和资本主义的专制桎梏下的痛苦和流血的意大利无产阶级高呼：社会主义的民族的和国际的统一万岁！（大部分人持续鼓掌，热情欢呼。）

海德门（英国）：我们听到了精彩的讲话，但这也让我们为这些讲话和翻译花了很长时间。我们认为，我们在这里不是参加公众集会，也就是说，不是来听华丽辞藻的，而是代表无产阶级来解决一些已经确定的问题的。可是，如果我们让每个问题都这样地展开的话，我们就将无法完成。因此我建议，发言者将只有10分钟的时间，报告人20分钟。

这个建议被表决通过。

饶勒斯（革命社会主义者联盟）：同志们，我用几分钟的时间就足以说明我对提交给你们的各种提案的立场了。我将要阐述的观点只对我，也就是说只对我在大会上所直接代表的团体产生约束。

在同资产阶级党派结成选举联盟的问题上纠缠不清是徒劳无益的，因为实际上，不管双方的表述方式多么巧妙，归根结底大家的意见是一致的。而有一件高于所有声明的事情，那就是在当前，为了保卫自由或争取普选权，甚或为了争取工人的几项迫切改革，世界上所有的社会党都采取缔结联盟的做法；几乎国际上所有的社会党都声明，在德雷福斯事件中，如果法国社会党人借口不能把自己的行动与资产阶级的行动相混淆，而把同蓄意捏造的谎言进行斗争的独一无二的荣誉明确地让给了资产阶级派别，那他们就可能听从了一些有害的建议。（鼓掌）

同样，在德国，社会党人没有拒绝同德国的学者和知识分子一起在海因策法案问题上捍卫艺术、科学、思想自由。这是德国无产阶级的光荣。多亏了他们，德国人的祖国才没有成为阿提拉的祖国，而依旧是歌德的故乡！（会场右侧热烈鼓掌）关于邦议会选举，经过多番犹豫和重重矛盾之后，德国社会民主党最终赞成必须直接参加选举。费里向我们回顾了意大利社会党人与共和派和激进派结成的选举联盟。在比利时，为了反对即将实行多元选举权①而并非普选权的法案，曾经有过无产阶级与比利时自由资产阶级结成的抵抗同盟。

因此，当我们还在为部分地掩盖无产阶级的普遍实践寻找一些巧妙的表述时，我们在徒劳的讨论中已经精疲力尽了。（会场右侧再次鼓掌）而在我看来，我认为造成目前在全世界出现明显的思想混乱的原因之一，在于社会党没有高度地认可——既然它只有最无私、最崇高的动机——它所通过的策略，而似乎在为其行动所困惑。我们请你们大声地

---

① 指按照等级、财产等标准把选民划分为若干类别，各类别的选民在选举中的投票权不同，有的能投1票，有的2票、3票，如普鲁士的三级选举制。——编者注

说出你们正在做的事情。现在，就让人们把这称之为联盟或者联合吧，这种语言上的微妙之处并不特别使我产生反感……当人们不再能改变事物时，他们就改变用词。（笑声和掌声）的确，人类的纯朴娱乐太少了，我不忍心使他们失去这种娱乐！

在另一个争论较多的问题即加入资产阶级政府的问题上，我赞成考茨基的提案，因为它取得了或者说显示出一种观点的平衡，一种或许还有点儿不太稳定、但现在唯一可以接受的平衡。

我要向王德威尔得同志直率地提出一个反对意见。他说米勒兰问题纯属地方性问题，纯属法国的事情。这个问题的确只是甚至只能是在法国提出来，从这个意义上讲，他说得有道理。可是，各国同志们，无论你们以哪种方式解决这个问题，它没有在社会党人所在的所有国家里提出来，这还是让我感到遗憾。（会场右侧鼓掌）

共和政体给人民带来了更多的自由和民主，使这个问题在其他国家尚未成熟之前就已经在我们国家变得成熟了，从这个意义上来说，是的，这是个地方性问题；对，这是法国的问题。我请外国同志们在对法国的事情发表意见时，例如，当有人对你们说，在法国，社会党人不应该接受不是由无产阶级直接给予的，而是由资产阶级国家元首提供的部长职位时，你们不要忘记，在我们国家，资产阶级国家元首是选举产生的，因此，议会中的社会党人参加了对国家元首的任命……（会场左侧大声地强烈反对）

拉法格（法国工人党）：你们不要说话！[①]（骚动在持续）

饶勒斯：我听到一片嘘声，好像我们在全国代表大会上一样……（左侧再次强烈反对；右侧笑声）

左侧有人说：这是挑衅！

[①] 我们记不清这句话是针对饶勒斯还是针对拉法格身旁的人说的。

饶勒斯：外国同志们，等一会儿有人将为你们翻译我的讲话。你们将会在大会的正式会议记录中看到这些讲话，你们将会感到吃惊，当我指出法国议会的议员们参与共和政体的国家元首的选举这个被一致确认的事实时，有一些法国社会党人对我喊道：这是挑衅！（会场左侧再次激烈地打断讲话。大部分外国代表站起来转向会场左侧，强烈抗议这种态度）

会议主席：我要求在这里代表各国社会党参加大会的全体大会成员尊重使这个讲坛增光的大演说家。（左侧喧哗。众多人鼓掌欢呼）大家无一例外都关心这两种得到充分阐述（这是辩论所需要的）的对立的看法。因此，我恳请代表大会不要打断如今已经报名发言的饶勒斯的发言。

饶勒斯：我相信我已经在努力避免引起任何争斗的情绪，我在尽可能简单地阐述我的观点的主要理由。

我说过为什么部长问题目前是法国的问题，但这并不是说，它真的不能扩展到其他国家。这个问题将会在政治上强大的社会党和实际的议会制度同时存在的一切国家里产生。这个问题将可能像在法国那样同样在瑞士和比利时被提出来；正如社会民主联盟的一位同志昨天在委员会里预言的那样，陷入帝国主义的旧的自由党的垮台将迫使一个更加民主的新自由党开始行动，为了同帝国主义作斗争，英国无产者将被要求把自己的反抗力量加入到这个自由党，把它这样交给一个被判定没有这支力量就无能为力的政府，在这种时候，这个问题甚至也可能在英国被提出来。我甚至认为，这个问题本来在比利时最近的选举中就可能被提出来，如果比利时自由党人和社会党人战胜了支持者已经明显减少的教权派多数。①

---

① 《社会主义者报》（法国工人党机关报）在1901年7月7—14日号中指责安塞尔在比利时众议院称社会党人将可以进入君主政体的内阁。《社会主义者报》就此提醒人们注意考茨基的提案，但是人们将看到，对于大会的许多代表来说，就像盖得所认为的那样，这个议案不是筑起一道堤坝，而是打开了一扇大门。

啊！在意大利不会有费里问题，在比利时不会有王德威尔得问题，因为有组织的意大利社会党和有组织的比利时社会党不会允许个人提出类似的决定，并为此承担责任；而问题将以非个人的形式在比利时提出来，就像已在法国提出来的那样。（鼓掌）

那么，我并没有想在这里——这里不是合适的地方——彻底解决问题；我仅仅是说，我之所以赞成考茨基的提案，是因为它在宣布这不是个原则问题而是策略问题的同时，允许社会党在一定的政治和社会形势下有权决定这个问题，并且每次都考虑无产阶级的实际利益。

这就是我认为的该提案的含义，这就是为什么我赞同这个提案。很长时间以来，社会党多次犯过把一些实际上只是策略问题的问题视为原则问题、根本问题和主要问题的错误。那么，究竟出现了什么情况？起先以阶级斗争的名义禁止参加邦议会选举，然后不得不容许参加，然后又规定必须参加；这样就给人以背叛阶级斗争的表象，这只是因为人们让阶级斗争去干预其无法做到的事情。

阶级斗争使我们必须确认，既然要用共产主义所有制代替资本主义所有制，同这种代替有利害关系的阶级就能够为实现它而真诚地努力奋斗。阶级斗争使我们必须说，无产阶级将不再像在空想社会主义时期那样等待今天的有势力的人来拯救自己，就像罗伯特·欧文在艾克斯拉沙佩勒①举行的君王会聚一堂的大会②上请求拯救工人阶级时那样。阶级斗争还使我们必须说，无产阶级已经成长到能够进行自己的事业。但正因为如此，它不应该在未来的斗争中被那些普遍的策略公式束缚住自己的双手。

---

① 即德国亚琛。——编者注
② 于1818年召开的有关"保护工人健康"立法的大会。（参看梅坦《英国社会党》第42—43页）

现在，还有另外一个原因使我赞同考茨基的提案，就是提案规定在任何情况下社会党人加入内阁都将不是个人意志的行为，有组织的党将独自发出加入和退出内阁的决定，并将在两者之间作最终决断。

我补充一句，的确，对于社会党人参加资产阶级政府的危险实践来说，反对个人野心的真正保障就在这里。

资产阶级在危急时刻已经能够召唤一个社会党人——单个的社会党人——参加政府了；如果他是整个社会党的代表，那么资产阶级会更加犹豫……（会场右侧热烈的掌声。左侧嘈杂声）只有当发生严重的民族危机或自由危机，而且自由资产阶级本身承认在没有组织起来的无产者的帮助的情况下自己无力单独挽救这个危机时，或者当放弃内阁权力将可能产生一个如此巨大的空白，而国家的政治生活将可能消失在这个像深渊一样的空白中的时候，资产阶级才会不得已而为之。

这就是我赞成考茨基提案的原因。（许多人不停鼓掌。欢呼声）

桑巴特：我要求就恩里科·费里的断言进行发言，因为我不想让大家去猜想在一个像为远征中国拨款这样的重大场合里，法国社会党的议员是多么地低估了自己对于不干预的责任。

我有责任向外国同志们强调指出，我们一直把在法国议会的讲台上为表明我们的国际主义主张而进行各种必要的示威作为我们最起码的、严格的义务。特别是，当当局为了远征中国请求拨款时，我被议会中的社会主义党团一致选为代表，并代表他们在议会讲台上表示我们反对任何殖民远征，特别是对中国的出征。①

---

① 然而萨罗特同志却称赞我们的议员没有总是表现出这种不妥协态度："根据内阁总理的不讨论用于上尼罗河远征使命（马尔尚使命）——远征应能扩大法国影响、为国家的具有重大利益的事业服务——的 500 万法郎拨款问题的要求，议会中的社会主义党团没有表现出其迟疑不决，**拨款未经讨论就被表决通过了。**"（参看《对立的社会党、内阁中的社会党和阶级斗争》第 69 页）

当讨论为海军舰队拨款时，情况是相同的。我要更加说一下这件事，有人在这里相当频繁地强调指出了我们的争执和我们的分裂，因此我们要在各国同志们面前就这一点明确表示，在反对沙文主义的斗争中和在表明我们的国际主义原则方面我们从来没有过分裂。（多数人热烈鼓掌）

我们一直并且全都尽到了我们的责任。外国公民们，你们可以坚信，每当我们被号召反对国际资本主义的任何一个行为，反对政府每天以更加可耻的方式犯下的强盗行径时，我们都会重新开始投入反对行动。为了使人们不对我们说我们不保卫自己的国家，而外国社会党人都在保卫他们自己的国家，我们要求你们已决定建立和组织的国际委员会和隶属于这个委员会的国际议会委员会规定让各国所有社会党议员为了他们国家的利益继续说出我们德国同志的口号：对于战争狂，不给一分钱，不给一兵一卒！（热烈鼓掌）

这就是我要说的几句话的要点。

对于正在讨论中的问题的实质，即将代表法国工人党和革命社会主义党发言的茹尔·盖得将展开我们所要强调的问题的观点，以便你们对这个问题进行表决。我仅对你们说一件事情，这件事更有助于让那些对我们严重争执的沉痛景象感到痛心的外国人了解情况。不过，我们可以对他们说，在法国，有一点上我们是没有分歧的，这就是无论意见上的冲突怎样，但每当国际社会党作出决定时，我们都将服从；无论国际社会党代表大会的决定如何，无论你们涉及哪一点，你们都只会在法国找到遵从你们决定的社会党人。（许多人鼓掌）

可是，如果这是我们的义务，如果我们将保证履行这个义务，那么，这种服从同样也要求你们，公民们，接受另外一个义务：是的，我们已经准备服从你们，遵守你们的判决；但是，请你们起码要作出一些明确的判决，而不是晦涩难懂的神谕！（会场左侧鼓掌）请对我们讲得清楚些，不要使得我们还要对你们想说的意思进行讨论……怎么，难道让我们带着一个不知道是否必须对决议的全文或决议的动机加以注释的充满疑问的决议离开这个大会吗？……有人将会对我们说：瞧，这就是讲了这件或那件事情的考茨基提案。于是人们将回答说：对，不过王德威尔得已经明确地讲了另外某件事情……

我们想要的是明确的断言，而你们对此负有不可回避的责任。（会场左侧鼓掌）同志们，你们何时来对我们说：这是一些国际社会党不应干预的策略问题。我认为你们违背了事情的现实性，因为你们不是不知道发生在一个国家里的事情也会在其他国家里有反响，你们很清楚，在德国国会的讲台上，准确地说，在为海军舰队拨款的时候，我们的德国朋友以前所未有的消极态度进行了斗争，我们都很欣赏这种斗争方式，并且都想模仿它。有人曾对他们说：在法国，一个社会党人部长提出了拨款，法国社会党议员们没有拒绝！……

而我们的社会党议员们，我们反对了；至于法国的社会党人部长，德国社会党人倍倍尔和李卜克内西回答说：法国社会党人部长没有得到社会党的支持……什么时候人们能够对你们说，这位部长不仅得到了法国社会党的支持，而且他还得到了你们的授权，得到了国际社会党代表大会的批准！……

你们不要说这是一些策略问题，而且你们已经不再那么干了；你们要承担此事的责任，这才是公平的，因为在一个国家里发生的事情不可能对其他国家里的社会斗争条件不产生影响。公民们，我再重复一次，我们将服从你们，但请你们要大声地、明白地、清楚地讲话！（会场左侧持续鼓掌）

茹安迪（革命社会主义工人党）登上讲台。法国工人党高呼：李卜克内西万岁！

会议主席：自大会开始以来，来自各个组织的法国代表们对于那些发表这样或那样的主张的发言者们作出了给予极大宽容的榜样。我不怀疑发言者们彼此辩护的理由只会使双方宽容的讲话得到更大的重视。现在请茹安迪发言。（鼓掌）

茹安迪：我仅请求法国同志们允许我行使使得我来到这里的代表资格。每个人都有责任自由地表达其主张，我也在别的时候表达过看法，但我一定还要在聚集在这里的国际无产阶级面前明确表明我的绝对的国际主义感情。（鼓掌。一句激烈的插话没能传到茹安迪的耳朵里）公民们，我听不清你们说的话，这里没人能听得清；况且我不认为今天人们能再次开始从前那种可以说明理由打断讲话的辩论。①

同志们，我们要解释的，是使我们遵循导致米勒兰入阁的那种策略的原因。这就是我们要说的我们根据什么在所有外国同志的面前意见一致。

必须抓住以各种不同形式出现的问题，必须知道为什么法国无产阶级一下子就起来支持引起现在热烈讨论的部长问题。而这个问题值得进行认真研究，公民们；必须回忆一下组阁时法国和巴黎所处的精神状况。奥尔曾经说过：在我们国家，一个社会党人没有整个社会党的道义和物质上的支持是不可能进入内阁的。可是，人们能够把这种情况和米勒兰进入内阁时的情况相比较吗？社会党真正是一个有组织的党吗？社会党是一个或者说能够是一个可以向它咨询的党吗？这是一个即将奔赴战斗岗位的人的个人看法。必须要这样去考虑问题。（会场右侧鼓掌）

你们对革命者说：这个部长可耻，这个部长丑恶（对于最大多数人

---

① 茹安迪曾是德雷福斯分子中最积极的一个。在1899年的全国代表大会上因呼喊"打倒李卜克内西"而被驱逐。（《速记报告》第178—179页）参看《小共和国报》第一系列第1册（第93—94页）中由茹安迪在其被驱逐后主持的圣芒代潘趣酒会。人们看到在反对茹安迪的人中有马赛市议员奎利西，后来人们指责他是民族主义的代理人。

来说，你们说的是对的）；你们还说：你们即将看到工厂空无一人，看到人民涌上街头要求赶走这个部长……而相反，人民感到加入内阁的行动是如此革命，以致走上街头去保卫这个部长、保卫共和国。（会场右侧鼓掌。左侧持续喧嚣）

我结束我的发言，我不想使大会的情绪变得激烈。一个革命者的风度对于明确表达我们赞同考茨基决议案的理由来说是必要的。我确信无产阶级和我们在一起，如果你们抛弃了这种品行，你们将不会再有之。

啊！当然，当人们把这变成纯学说问题时，困难是很大的，因为人们要把不相同的情况作比较，要把不是处于同样精神状态的国家的情况进行比较，最终迫使国际无产阶级停留在绝对的、严格的公式中，而尽管如此，这些公式还是站不住脚的，是那么地充满矛盾。（反对声和掌声）而证明就是，你们成为了一些橡皮绳，这些富有弹性的绳子既可以允许你们进行联盟，也可以不许你们联盟；既可以允许你们持这种态度，也可以不许你们持这种态度。

好吧，我们要对你们说，每当人的情感受到攻击时，每当人的情感像在德雷福斯事件中那样受到攻击时，任何一个民族都会为了一个种族问题而扑向一个人，无产阶级应该站起来！（热烈的掌声和强烈反对声）

海德门：英国支部建议结束讨论。

会场上有人说：先让已报名的发言者发言。

会议主席：茹尔·盖得是第一个报名发言的人，但他在会议结束前五分钟刚刚离开。我想我们不应该非得让盖得同志在这种情况下发言，我们大家都会同意让他在明天上午发言。（同意）

会议于 6 点钟结束。

大会第五天

1900年9月27日星期四的会议
（上午）

会议在10点钟开始，由**范科尔**（荷兰）主持，**菲尔霍尔茨**（瑞士）和**普列汉诺夫**（俄国）协助主持。

会议主席：大会主席团已经决定，本次大会的全部工作应该在今天晚上7点半结束，这是最后的时间期限。

我应该通告一下德国代表团发表的一个声明。德国同志们一致声明，如果他们仍然不能清楚、完整地听到为他们作的大会发言翻译，他们就有可能违背意识地投票，投上一张可能不是十分有见解的票。如果大会发言的翻译不是在绝对安静的条件下进行，他们将因此拒绝参加表决。英国人也发表了同样的声明。（同意）

提交给今天上午会议的第一个问题是下次代表大会召开的日期问题。德国人建议1905年召开；英国人建议1902年召开。然后是关于下次大会是否在阿姆斯特丹或维也纳举行。

我在此代表德国工会联合会主席指出，一份关于德国社会运动的报告已经完成，他将把这份报告发给对此有需要的各组织的书记们。

鉴于我们今天要结束所有讨论具有一定难度，所以我将严格掌握发言者的讲话时间不得超过10分钟，报告人不得超过20分钟，因为这是已经决定了的。

斯密斯（英国）：刚刚举行过会议的英国代表团一致决定，代表团已听到了足够多的关于第九个问题的发言，他们已经形成了意见，并将

不再参加讨论,因此要求我不必再为他们代表团翻译与这个问题有关的发言。(会场左侧一些人表示反对)

有人说:这是不对的!

奎尔奇①(英国):作为对英国建议的修正案,我建议下一次代表大会在三年后举行。有人提出反对意见说,组织这些国际大会是很困难的,因为我们不是很经常地组织这些大会。随着经验的增加,人们将会把大会组织得更好。我认为三年的确是相当长的。

王德威尔得(比利时):为了支持我们英国同志的建议,我都没有机会和我的比利时朋友们一起讨论问题。

1889年已经约定,每两年举行一次大会;② 从那时以来直到伦敦代表大会,我们一直是这样做的。但是在伦敦代表大会上,有人要求确定一个更值得考虑的周期,即三年。我们反对了,不过当时多数人表示支持这个较长的间隔。这次,不再是三年,而是五年。如果继续这样渐进下去,那么代表大会的召开将会是每十年,甚至每二十年……(笑声)至于我,我认为一些大会,如在苏黎世、伦敦和巴黎召开的大会,结果是密切了各国积极分子之间的联系;对于此时看到正在把各国兄弟的聚会推迟到五年才举行一次的社会民主党来说,这将可能是一个真正的失败。(鼓掌)

辛格尔(德国):我坚持德国代表团提出的建议,下面就是我的理由:我不认为世界无产阶级团结的根基仅仅是在国际代表大会;存在于整个无产阶级的阶级团结和阶级觉悟之中的那些根基更为粗壮有力。另一方面,由于这次大会所通过的决议,即成立国际书记处和建立一个国

---

① 奎尔奇为英国社会民主联盟成员。
② 此后召开了1889年7月的巴黎代表大会,1891年8月的布鲁塞尔代表大会,1893年8月的苏黎世代表大会和1896年7月的伦敦代表大会。

际议会委员会，国际代表大会的工作情况有了很大的变化。这两个无产阶级国际组织即将承担许多工作，这些工作到现在为止一直是国际无产阶级定期举行会议的目标。由于这种情况，大会的工作将会减少，不再需要像以前那样经常召开国际代表大会。

再有，我认为不能赞同国际代表大会制定那些干涉各国社会主义运动的细枝末节的任务，因为国际社会党代表大会只能确立世界无产阶级前进的重要路线；而对于划定这些路线来说，似乎不需要非常频繁地举行会议。我提请大家注意，直到目前，大部分国际代表大会仅仅是更新了以前大会所通过的决议；而这种重复的本身就降低了这些决议的价值。最好是加大存在于两次大会之间的时间间隔，同时作出一些对于无产阶级任务来说将会有成效的长久的决议。

我强烈反对那种认为德国代表团不怀有足够的国际团结感情的想法，德国党的整个历史证明了它所公开表达的国际主义感情以及这种国际主义感情所产生的影响。在支持德国的建议的同时，代表大会将不会忽视世界无产阶级休戚与共的关系，而相反，在严肃的任务的基础上建立这种关系的同时，无产阶级将只会更加牢固地紧密团结在一起。

安德烈·科斯塔（意大利）：我支持英国的建议，更何况已经成立了国际委员会，我们确信，在两年里，就像王德威尔得所说的那样，人们会把所有的时间都用于组织大会的工作。

直到现在，人们还会抱怨国际代表大会没有给出无产阶级所期待的成果；而这是为什么？因为缺少一个能够组织这些大会的常设机构，因为所有决议不是事先充分准备好的，还因为没有时间及时讨论这些问题。不幸的是，这些情况在本次大会上又发生了。

我们的朋友辛格尔说，德国社会民主党一直都表现出了国际主义，这是当然；但这并不是说它不能做得更好些……（笑声）他还说，国际代表大会不应该干预国内问题……我希望是这样；而我还相信，例如，其他国家的公民在这次大会上将可能对法国朋友产生一种好的影响。我们不想参与到各国问题的细节之中，我们是来向各国朋友贡献我们的智慧和经验的。（鼓掌）从无产阶级的国际团结和国际联系上来说，我们认为英国的建议应该被接受。

会场上许多人说：投票表决！

会议主席：我建议结束讨论。像已经决定的那样，每个国家有两张票。在此有三个相对立的建议：一个是英国代表团的两年举行一次大会的建议，一个是德国的五年举行一次大会的建议，另一个是奥地利和荷兰的三年举行一次大会的建议。

经表决，关于两年开一次大会的建议以 19 票对 21 票被否决。三年开一次大会的建议以 32 票对 8 票获得通过。

波拉克（荷兰）：关于下次大会的地点问题，我代表荷兰支部声明，如果大会决定让我们荣幸地于 1903 年在阿姆斯特丹相聚，我们将非常高兴。我们将在布鲁塞尔中央领导机关的帮助下竭尽全力地组织好这次大会，我们还将尽最大可能地、兄弟般地以最好的方式迎接你们大家。（鼓掌）

佩尔讷斯托弗（奥地利）：我们十分真诚地要求国际代表大会下一次在维也纳召开；维也纳是一个美丽而又令人愉快的城市。奥地利兄弟们将尽最大可能使在那里逗留的日子变得舒适和愉快。的确，奥地利是一个警察国家，但奥地利社会党人坚信他们将能使大会摆脱人为设置的警察烦扰。

也请你们确信，我们将尽我们最大的力量完美地筹备国际代表大会，以使大会的工作能够令人满意地进行。我们将为你们选择我们的城市、给我们的城市带来荣誉感到非常高兴，也将为你们前来对这个遥远地方的无产阶级如此地表示支持并与其建立友谊感到非常高兴。（鼓

掌）

克里切夫斯基（俄国）：我要明确地指出，如果大会在维也纳举行，俄国将不能派任何代表参加，因为俄国警察和奥地利警察有着非常密切的关系。所以我请求，大会如果不想阻止俄国社会党人出席下一次大会的话，就应该投票表决在阿姆斯特丹举行下次会议。

阿德勒（奥地利）：的确，在奥地利警察是很令人讨厌的，但也不是像克里切夫斯基所想象的那样。人们渐渐开始讲道理，甚至奥地利的整个警察界也是如此。我相信奥地利人可以作出保证，承诺前来参加国际大会的俄国代表将不会遭受烦扰、驱逐和危险。

此外，从警察方面的困难来看，奥地利没有警察的特权；不过，在同样拥有一个有社会党人部长参加的政府的共和国中，却给允许普列汉诺夫和倍倍尔参加这次大会制造了一些严重的困难。我应该承认，与法国相比，奥地利更是一个依靠警察维护政权的国家。①

许多人大声喊道：进行表决！

会议主席：我把荷兰的建议付诸表决。通过。（鼓掌）

波拉克：我代表荷兰代表团谢谢你们，衷心感谢你们刚才的投票。荷兰是一个小国，那里的社会党还非常年轻，它将更加努力地为你们所给予的委托和信任增光。（热烈鼓掌）

会议主席：我们马上回到议事日程，进行第九个问题的讨论。现在该茹尔·盖得发言。

（会场左侧以鼓掌和欢呼向登上讲台的茹尔·盖得致意，一些人高呼："公社万岁！"右侧有人喊："共和国万岁！"）

---

① 速记员没有记下发生在这时的一个小事件：阿德勒用德语讲话，他的讲话由蔡特金翻译，而阿德勒懂法语，他发现译员夸大了法国和奥地利之间的比较，夸大了米勒兰事件的相关意见的影响。他表示强烈抗议。

茹尔·盖得（法国工人党）：我只有几句关于联盟的决议的话要说，我更赞成决议以阶级斗争的名义禁止与资本家阶级的某一派别结成任何联盟；如果决议容许在不混淆纲领或策略的情况下可以进行联合的话，要立即把联合减少到最低限度，直到完全取消；此外，在减少这些联合的同时，要将其呈报给相关团体所属的地区组织和全国组织进行审批。从这方面看，我们以及和我们站在一起的革命社会主义党、法国工人党、共产主义联盟和革命社会主义者联盟完全满意。

现在来谈考茨基的决议。我首先声明，当决议提醒说一个孤立的社会党人进入资产阶级政府不能被看做是有组织的无产阶级夺得政权的开始时，我们赞同考茨基的观点，赞同第九委员会大多数人的意见。我们认为这个声明是极为重要的，因为从国际的观点来看，它把应该区分的东西区分开了：无产阶级要夺取敌对的、起作用的中央政权；而一个社会党人所接受的是人们施舍的部长席位。夺取政权不能和乞求部长席位混为一谈……（会场左侧热烈鼓掌）

我们还要支持考茨基和委员会的大多数人，这是因为他提醒——因为这一切都属于国际革命社会党人的过去，这一切都不是新鲜事物，而是30多年来有觉悟的无产阶级对正在崩溃的旧世界进行斗争的相同原则——无产阶级为其自身解放所必须要做的不是一部分一部分地夺取政府的权力，而是夺取全部的中央权力，因为在这种夺取全部权力之外，只有一些不能深刻改变斗争中的各个阶级条件的软弱无力的改良；还因为劳工的解放如同社会的解放一样从属于剥夺的问题，从属于把资本主义所有制转化为集体主义所有制、共产主义所有制或社会所有制的问题。为此，夺取全部政权是必不可少的。而我的看法更要超过于此：没有任何人能说全部的合法权力对于一个如此庞大的事业来说是足够的，没有任何人能说不应该把斗争一直进行到实行阶级专政……（会场左侧热烈的掌声。右侧打断讲话）1793年伟大的资产阶级是毫不犹豫地实行了阶级专政的。

我们还要支持考茨基,因为在他的决议中揭露了战斗的无产阶级队伍中由于社会党人与敌对阶级的政府合作所造成的组织涣散和混乱,也因为他指出,我们还远没有接近目标,而这种合作使我们更加远离了目标;我们越是看到一些社会党人掌权的表象,我们就越是没有掌权的现实性;这种合作对于基层斗争的人们来说不是产生力量的因素,而是削弱力量的一个原因。

我认为,这些声明、这些提醒和这样的澄清,不仅仅对于全国性的力量削弱现象,而且也对世界各地某个时候(没有人能对此提出异议,费里证实了这一点,他也站在考茨基一边)发生的力量削弱现象是极其重要的,运动在其扩展的同时也在深度和意识方面在一定程度上失去了所赢得的东西。这就是为什么当考茨基的这个决议在我们的决议被排除之后在第九委员会进行表决时,至少是优先表决时,我差一点儿投了考茨基决议案的票,因为这个决议已经为无产阶级的国际策略作出了初步的必要的纠正。(会场左侧鼓掌)

但是,当我在此代表其讲话的组织不再、也不可能再支持考茨基和多数人的决议的时候,当我所呼吁的东西在理论上和实践上受到指责之后,为了不伤害任何人,新近发生的事情、昨天和今天发生的事情,或者更远的时候发生的一些事情,人们容许它们在某些确实有些不同的条件下再次出现,从这个被视为意外事件的新情况来说……

那么,不!阶级斗争不会导致阶级的合作;或者说,这种意外事件对于工人阶级和社会党来说可能是致命的,是上了一时调和的当。

李卜克内西曾经说过,一个进入资产阶级内阁的社会党人因为此事而被停止其社会党党员的资格;而他可能还自以为是个社会党人,李卜克内西补充说;他不再是社会党党员了,既然他不能为两个主人效力,他就更不可能为利益对立的两个阶级——一方是无产阶级,另一方是资产阶级——服务，总之，他不能同时作为社会保守的代表和社会转变或社会革命的代表。这里有一个即使社会党准许其党员进入内阁也不能使之消失的不可调和性和矛盾。

同样的矛盾、同样的不可调和性将继续存在。不过还会有某个我不能说是更加严重而应说是最为严重的事情出现，即一个资产阶级政府的责任问题，这个资产阶级政府不管有无社会党人参加都被谴责为只为本阶级做事，而且鉴于现代公司的结构、范围和经济基础等情况，它不大能够管理那些并不愿意被管理的现代公司。那么，这个资产阶级政府将对所有阶级行为、所有阶级罪行负有责任，而不再仅由错误地坐到内阁板凳上的某个社会党人个人承担；也将会有由社会党自己承担的责任，即社会党自己宣布的党的失败和垮台。信任社会党、跟社会党走的无产阶级再一次地被像雷电一样的枪弹火光惊得睁开双眼，看到工人的肌肤一样地被割伤，无产阶级一样地被血染红，看到社会党的合作，看到资产阶级排他的阶级政府，无产阶级感到惊恐、感到厌恶。而有谁会说，明天，他还将相信我们！……

这就是我们认为的在全国绝对排除任何社会党人参加资产阶级政府的原因。但是也有另一方面，就是国际方面；既然我们在这里是国际兄弟，那么就让我带来这个绝对决定性的论据。

你们想象一下这个社会党人入阁的情况，这个进入资产阶级内阁并且不仅对内阁之内的资产阶级政治负有责任而且对内阁之外的资本主义政治也负有责任的社会党人不得不提出战争拨款、海军拨款和殖民地拨款的要求并为之辩护；而在这种政府混杂的现象尚未产生的国家里，当德意志帝国的资产阶级、意大利王国的资产阶级和英国的君主立宪政府要求同样的拨款时，社会党人的回答是：你们将不会有一公斤的炸药，不会有一颗炮弹，不会有一个士兵！……

你们在这里正在建立的社会党人的国际在那里正遭到破坏：随着普

鲁士的米勒兰、意大利的米勒兰、法国的米勒兰、英国的米勒兰的出现,工人国际就再也不可能存在!……(法国工人党和革命社会主义党热烈的掌声、叫好声)

所以,如果考茨基提案没有被退回委员会删除那些我们认为是明显的矛盾和一种出现在当今无产阶级受阻的道路上的被视为新危险的语句,我将不能代表我为之发言的组织回答说考茨基提案是可以受到遵守的,尽管我们具有国内、国际的团结精神。而我不得不维护少数人的建议,该建议包括:划一条不可逾越的界线,为的是像费里从前说过的那样,不要让各种例外由于为数众多而最后把规则本身冲垮。下面就是这个建议:

在巴黎召开的第五次国际代表大会指出,必须把夺取社会权力理解为对资本家阶级实行政治上的剥夺,不管这种剥夺是以和平的方式还是以暴力的方式进行的。

因此,在资产阶级制度下,要夺取社会权力,只有占据议席,而这要依靠党本身的力量,也就是要依靠组成阶级政党的工人的力量,并且必须禁止任何社会党人参加资产阶级政府。社会党人对资产阶级政府应当始终保持不屈不挠的反对立场。

这就是向无产阶级打开的领域,这就是无产阶级用其自身力量以敌对阶级的方式可以达到的地方;这也是无产阶级不能进入的另外的领域,因为掌握那里的钥匙的敌对阶级可能要把它领到那里,当然只是在自己的利益范围之内把它领进去,也因为这种做法将会转而把矛头指向工人阶级。

反对划出这个界线的王德威尔得说:这个界线是人划定的,它在所有情况下都有点儿随意性。你们对由社会主义工人选举而任命并派往市政府的市长和相反由党指定进入资产阶级政府的部长作了怎样的区分？然而，区别是巨大的！这就是，当社会党委派它的一个成员到一个大市镇的政府或者一个小市镇的政府时，这个被选出的市长是它的自己人；如果他不尽其社会党人的义务，对他的委任将被中止；由于缺少对个人的充分的处罚措施，从选举的角度来说，他将被送上断头台。而至于这个在资产阶级中央政府中的社会党代表，他越是没尽到社会党人的责任，他越是背叛自己的党，就越是能更长久地留在敌对阶级的政府里。这是你们将要给予背叛的奖励。（鼓掌）

此外，就是在指出在例外情况下经党的同意成为部长的可能性的同时，你们将会马上在党内造成一种新的精神状态，一个崭新的精神状态，也就是一种糟糕的新精神。由于人们可以在特殊情况下意外地成为部长，当部长的思想就将随之侵入先锋战士们的头脑，即被称为参谋部的那些人的头脑。他们有可能成为部长，他们希望成为部长，他们说：是党把这个新策略强加给我们的。（鼓掌）过去人们忠于自己的党直到牺牲生命，而现在人们将是忠于自己的党直到获得部长职位；必须有让现代社会党人希望在部长职位上重新接受锻炼的英雄气概！

我就说到这里，我相信我已经超过了时限……

会场左侧有人说：你讲吧！

我只有一句话要补充，我们觉得我们的决议阐述了各种实现的可能性，甚至从正处于与我们不同的政治选举中的国家的角度来看也是如此。因此，一位瑞士同志昨天问我，是否由于我们的提案人们就可能有权在瑞士成为议员、成为部长，而在瑞士，部长职位通常是由选举产生的……但是，当然，我们回答说，所有选举产生的职位对于社会党人来说都是有权获得的，甚至他们有责任获得这些职位，因为这是剥夺资产阶级政府的开始。当你们直接委派一位代表担任部长时，你们就开始了真正的事业，这个事业必须通过革命才能结束。相反，在你们接受你们应该得到的东西的那一天，你们将看到你们的阶级，并为其设立一些职位，但是面对这些职位，它有权拒绝。

无论怎样，对于我们来说，我们完全坚信的是：在一个资产阶级社会里，以合法手段夺取政权的做法，至多只能夺取由选举产生的职位。所以，不管怎样我都将请求大会同意接受我们一心希望人们能够信任的提案被首先付诸表决，以便让我们知道是哪些人和我们一起仍然留在我们20多年来战斗的第一线上……

啊！我完全知道有人说这是老办法、老一套；我们过去做了许多有益的工作：区分了阶级，为无产阶级指明了其肩负的解放自己的使命，因为通过无产阶级的自身解放可以导致整个人类的解放。这些在以前是有用的，但现在人们可能要重新缝合我们已经拆开的东西，把我们已经区分开的东西再混合在一起……（嘈杂声，许多人表示反对）

除了阶级斗争之外，除了这块战场之外，剩下的地方只有欺骗，只有维持社会现状！（会场左侧持续鼓掌和欢呼）

安塞尔[①]（比利时）：我是发电报祝贺米勒兰接受法国内阁职位的人之一。当我做这件事时，我没有因为法国碰到的特殊问题而顾虑重重。一些人说：共和国正处在危险之中。另一些人说：这不确切……而在我看来，这是个次要问题。我之所以发贺电，是因为我由衷地相信我

---

① 1899年7月14日，安塞尔给米勒兰写信说："我亲爱的米勒兰，请让我为你有勇气在众所周知的情况下接受内阁中的战斗岗位向你表示祝贺。"（参看《小共和国报》第一系列第5册第1页）

关于安塞尔在比利时各组织中所起的重大作用，参看1897年12月20日和1899年1月刊载的"前进"消费合作社和根特工人联合会情况的《社会博物馆通报》。

这位发言者用法语讲话，但请原谅他用我们的语言讲话存在的困难。

的阶级、我的事业能够在法国工人阶级获得的新的斗争方式中获得新的好处和利益。我认为我当时十分清楚地提出了涉及我的问题。现在，让我们看一看考茨基决议草案。

有人在大会上说这个决议含糊其词。确实如此，我希望它更清楚一些。但经过思考之后，我应该承认这个决议只能是如此，首先因为决议所阐述的情况本身就是不明确的，另外因为有关策略的问题没有固定的标准。

盖得战友在考茨基决议中发现了一些令人赞赏的东西，我也在决议中发现了这些东西。我特别感到高兴的是国际社会党敢对全世界说，工人阶级的胜利将是一个缓慢的、长期的和艰巨的事业。（会场右侧鼓掌）

在我看来，决议有特点的一面不是盖得从中所看到的一切，而只是这样一句话，即工人阶级敢于自己承认必须长期地、每一天每一分钟地坚持为取得最终的胜利而努力奋斗。（会场右侧再次鼓掌）从这个观点来说，今天的大会正在与过去决裂。人们可以认为，我们像是教会，教会说：相信上帝吧，其余的一切都将会在天上送给你；人们可以认为，我们像是资产阶级，资产阶级说：相信自由吧，其余的一切也都将会给你。而我们说：相信革命吧，其余的一切随后都将会给你……

好吧，从今天起，国际社会党说：为了伟大的最终日子做准备吧，但每天每分钟都要投入行动，不要让任何宣传手段闲置不用。（会场右侧热烈的掌声）

为什么我不谈这个新策略而谈勇敢①和坦诚？这是因为从数量上和

---

① 伯恩施坦在他书中一节的开头引用了席勒的这句话："而她是什么样子，她就敢表现出什么样子"（见《社会党与伦敦代表大会》第238页）；在最后一章里，他起来反对那些想把事实与"传统的口号协调起来"的革命者们的假装正经。（这里所说的是伯恩施坦的书即《社会主义的前提和社会民主党的任务》，参见殷叙彝编《伯恩施坦文选》，人民出版社2008年版第285页、315页。——编者注）

从来到我们这一边的群众来说，我们是相当有力的，这是因为我们遭受的成长危机——而不是刚才盖得所说的衰退——给了我们对于信任我们的无产阶级的新责任。

我肯定，对于我们的一些自认为准备为事业而献身的朋友来说，读到考茨基的这句话将会非常失望。那么，已经做好献身和牺牲准备的我，就将应该甘心于成为一个社会主义合作社或一个社会主义互助会的成员吗？……是的，我的朋友们！如果说街垒战斗是英勇的，那么为了在无产阶级的心中坚持信仰和信心而每天进行的斗争也是崇高的！（众多人热烈鼓掌）

德勒萨勒（法国工人党）：这就是法国工人党每天所做的！①

安塞尔：我们的一些朋友将会说：我遭受了人们所能遭受的一切痛苦，所有这些都是因为我们的一个朋友成了部长以及另外几个朋友希望成为部长……也因为这些野心家在堕落，并且使和他们在一起的人们也在堕落！……

好吧，我们不考虑这些，相反，倒要想到你们的作为是徒劳无益的；荣誉属于那些过去的革命者们，其中包括正在我们中间充满活力的代表契普里安尼！（鼓掌）不过，亲爱的过去和未来的契普里安尼们，你们不要害怕，枪声还将响起……因此，你们要相信，当工人阶级在全世界坚固地组织起来的时候，当资本主义感到逐渐衰弱的时候，不要否认社会主义的队伍在扩大，不要强迫我们去打仗！……我们的工会和合作社越多，我们的选民就越多，最后的殊死战斗就越临近，因为剥削者的世界将感到末日的来临！……（鼓掌）

---

① 自从里昂代表大会（1901年）之后，德勒萨勒离开了法国工人党。在1899年的代表大会上，他使党通过了一个妥协性的政策。（见《速记报告》第262—266页和第282页）

但是现在，我们将与少数人分开。考茨基说：一个社会党人可以在一定情况下作为他所属的党的全权代表去当部长；而盖得说：永远都不能去当部长。这就是两个明确决定的论断。

我首先要问盖得：资产阶级社会建立在两种力量上：政治力量（它是政府的主宰）和经济力量（它是商业和工业的主宰），而后一种力量可能比前者更巨大。如果有一天科勒佐的大工业、昂赞的矿山、比利时科克里尔的企业、美洲的石油工厂或者英国的任何一个大工业感到非常无能为力，以致难以经营自己的企业，便去求助于工会的某一个有才智的人，即属于同一产业的社会党人时，你敢对这个人说：你们不要进入这种内阁；在你们进入内阁时，你们背叛了工人阶级的事业吗？即使是在罢工中，一些不公正的事情也是企业经理犯下的，而谁还敢说这个内阁行为的全部责任都应归咎于工人阶级代表？……

盖得刚才说：现在整个社会主义世界里都存在一些衰退现象……我以大会的名义反对"衰退"一词，这个词是不准确的！（鼓掌）社会主义运动在发展壮大。如果说在法国出现了衰退现象，那么我向你们保证，在比利时没有这种现象，在那里我们正在运用各种斗争手段，甚至包括你们中间一些人所不愿意使用的手段……（一些人打断讲话）

会议主席： 我请发言者结束发言。

许多人高喊：继续讲！

安塞尔： 在理论方面，我和盖得一样是严谨的，我是他的学生。但是应该考虑使理论深入无产阶级头脑中的具体方式。不是写一本漂亮的小册子就够了，为了使这本书有用，还应该让工人能够读它，而为了使工人能够读它，工人需要有钱和时间，同时还须有学习理论的智能。不过，我们正好是在一个像盖得这样的有才干的社会党人面前，他认为能够告诉我们：运动扩展了，但是运动在深入发展的同时失去了它在广度上所赢得的东西……那么，其原因是什么？这是因为苦难太深重了，劳动时间太长了。于是，那些在为缩短劳动时间，为增加工资，为提高工人阶级福利而努力奋斗的人们就是在做有益的事、值得称赞的事！（很多人长时间鼓掌）

会议主席：我建议下午3点结束这个问题的讨论。这里还有另外一个建议，这个建议不是来自大会主席团，而是来自大部分与会者，这就是1点钟休会，2点钟继续开会。（比利时和荷兰代表建议1点钟结束讨论。英国人也提出同样的建议）

会场上许多人说：投票表决！

我现在把倾向于1点钟结束对这个问题的讨论的建议付诸表决，同时把向科斯塔作解释的可能性让给一个还没有发言的外国代表。

表决通过。

瓦扬（革命社会主义党）：在我们杰出的朋友盖得发言之后，我要说的话不多了，他的所有讲话都直接表达了我们的思想。我们仅想表明，在目前正在进行的工人阶级与资本家阶级之间的斗争中，我们认为社会党表现出了与众不同之处，社会党依然是一个反对党和革命党，它从资本家阶级那里只能通过斗争得到所能得到的东西，这些都是必然的和必要的。所以我们绝对地拒绝一切妥协、协议、联盟、推荐社会党人进入中央政权和内阁。

安塞尔刚才讲了，我们不仅要进行政治斗争，而且也要进行经济斗争。而如果科勒佐的老板要从工会中挑选一名社会党人做他工厂的经理，你们将会怎么看？……我们将回答说，老板之所以这样做，是为了维护他的利益，他要把这个工会会员变成雇主的代理人，而一旦有一天他发现这个人不是为他的利益服务而是违背他的利益时，他就会辞退他。

那么，一个社会党人进入内阁也是同样如此。他应该和他的同事们为资产阶级政府效劳，否则，他就将可能从内阁中消失。你们所看到的这件事情就是这样发生的，因此我们声明，一个社会党人部长可能成为对在沙隆和马提尼克岛屠杀工人负有责任的人，这对于无产阶级是一个不幸。好吧，如果像人们所提出的那样，这个社会党人部长是他的党所委派的代表，那么整个社会党就将可能成为屠杀行为的支持者和帮凶。

这不是我们希望的，因为安塞尔谈到的这场伟大的战役应该结束这场重大斗争，这场战役将是革命的辉煌胜利。那么，既然我们要进行这场伟大的战役，倘若我们身后没有无产阶级，你们相信我们能够赢得这场战斗吗？我们必须拥有无产阶级。如果我们对它泼了冷水，如果我们向它表明社会党不再代表它的利益，不再代表工人阶级对资本家阶级进行斗争，我们就将失去它。如果无产阶级看到我们与资产阶级合作，并通过我们的代表捍卫资本主义，那么它将会怎样去想？所以我们说，哪怕是一个无产阶级代表，无论在什么情况下，参加资产阶级的中央政权都是一件不可能的事。

我们设想，我们都很敬佩的具有思想深度的考茨基能够就这个主题撰写一篇文章，并且在这篇文章中给出一个解决方法；可是我们又在想，在德国对伯恩施坦的策略进行了大获全胜的斗争的他，今天怎么来此可以说是对伯恩施坦的主张妥协了呢①……（许多人表示强烈反对）我不认为这是考茨基思想范畴的东西，而是一件起决定性作用的、其建议表决的结果所导致的事情。

我们在最近召开的法国全国代表大会上就这个问题作出了一个明确而又坚定的决议；但是经过对一些特殊情况的研究，我们决定可以安排对这个问题的讨论，并容许为了知道哪些属于特殊情况而吹毛求疵。

---

① 这时，伯恩施坦笑着对邻座的一个人说，瓦扬搞错了，大多数德国代表是倾向于他这一边的。人们将会注意到，德国执委会的看法是奥尔给出的，奥尔采用了与饶勒斯和安塞尔相同的原则，并把对考茨基建议的保留意见视为次要的。观察到德国代表中所发生的事情的人，很容易地看出奥尔的讲话完全表达了这些人的总体思想。

是的，国际代表大会就应该坦率地发言。法国人将服从大会的决定，但是，正如桑巴特所要求的那样，这些决定必须是明确的。由对考茨基建议的表决引起的争议将会继续，尽管在考茨基看来他的决议是明确的，是有利于我们的论点的。

因此，我们要求你们要清楚地说出你们想说的话，并且首先就少数人的建议进行表决。我们要求你们对正在听你们讲话的无产阶级发表明确的意见。（会场左侧鼓掌）（在法国工人党和革命社会主义党座席上发出反对声，因为没有对瓦扬的讲话进行英语和德语翻译）

会议主席：我们与瓦扬意见一致，应德国人和英国人的要求，为了赢得时间，不翻译这个讲话是恰当的。

奥尔（德国）：我实在是太相信法国人的礼貌和殷勤了，因此没能想到会有一个仅法国人自己讨论而外国代表不发言的单独的时刻。我感谢法国同志们最终还是把发言机会让给外国人的极其热情的做法。

大家讨论了很多，但尽管我对各方所认为的美好、正义的东西表示赞赏，我还是认为大家并没有带来任何新的论点。所有这些使法国无产阶级心烦意乱和产生分歧的问题，几年前我们在德国已经同样认真地、同样详细地争论过了，只不过也许不这么激动而已。在德国人中，的确，有人在考虑是否可以在他们那里有一些与资产阶级政党的某些派别的联盟，无产阶级是否可以冒险在资产阶级议会制的光滑地板上行走，社会党是否可以参加市镇选举和向市政府派出代表。而这些问题都已通过事情本身的力量解决了。我坚信，对于法国人来说也一样，他们也将会被引导到像德国人所做的那样去行动，因为他们将不会放弃参加不损害工人阶级利益的各种社会生活的活动。

大家讨论了独特的米勒兰事件。但这个事件不会使德国人感到担忧，因为不用担心这样的事件现在会在我们那里发生！我们还没有达到这样的地步！但我还是希望不久的将来同样的必要性也落在我们身上！

大家会感到吃惊的是，这个问题在德国目前只具有学院式讨论和学究式讨论的性质，而这是因为在我们国家里，情况是这样的：那些可能应该决定他们是否可以进入资产阶级内阁的人，眼下他们距离牢房比距离部长职位近得多！……（笑声）

在整个讨论期间，我觉得自己好像处在罗伊特的小说里的那个可怜的短工的地位，人们在他面前争论这一道菜还是那一道菜更好吃。而这个下德意志可怜的普通农民在自言自语道：煮李子和烤肉都是名菜，但我们是永远看不到的！（长时间笑声）这就是我们现在的处境。

然而，问题还从另一个侧面向我们提出来。在法国，使一个社会党人能够成为部长的形势是什么样的呢？问题在于要弄清楚，在法国，谁将战胜共和国或者反动派；要弄清楚人们是否要使你们这些法国人为之抛洒了那么多热血的这一伟大的人类解放运动倒退许多年。我只是为了遵循我们党的传统才对你们说：在这样一些时刻，即必须击退将要侵犯自由的那些危险的反动势力时，必须阻止任何经济或政治倒退时，我们一刻也没有犹豫就履行了我们的职责。而如果有一天同样的问题向我们提出时，我们将对向我们走来的政党说：放心吧，放心，我们的传统和我们的存在本身要求我们和你们共同为自由、权利和进步而战斗。也许，在想到我们所热爱的自己的领导人时，我们要加一句：我们不要部长职位，而你们可以信赖我们。

但是，另一方面，如果在德国出现德雷福斯事件，我认为可以肯定人们不会说：这是与我们无关的资产阶级的争吵！（鼓掌）而如果有人考虑是否要拥护或反对卢贝，经过片刻思考之后，他将会回答说：我们拥护卢贝！

正如我在委员会里所说的那里，在我们德国人那里，从另一种角度看，米勒兰问题不可能出现，这是因为他不可能事先不与他所属的党达成一致而进入资产阶级内阁；但米勒兰事件对于法国来说是不一样的，面对法国的混乱现象，面对我们所见证的发生在法国的这种巴比伦塔，人们真的要想一想，米勒兰应该向谁去请教他应该采取哪种态度呢！（笑声和掌声）

　　为此，你们停止争吵，成为一个强有力的、统一的党将大有裨益。那样，你们就将能以有利于无产阶级利益的方式解决所有问题。米勒兰事件可能会再次发生，法国社会党应该拥有足以能够担负将要落在它肩上的历史任务的一代。

　　关于考茨基的决议，我并不是每句话都赞成，但是它的总的倾向我是赞同的，比如决议不束缚我们的双手去迎接未来，声明社会党有足够的能力和足够的自我意识在艰难的形势下找到它所要走的道路。我认为我们社会党人不应该是一些狂热的崇拜者和教条主义者，因为我们不拥有全部真理，但我们向往真理；正因为如此，我们应该在未来的形势下有我们的行动自由。

　　我希望法国同志们将来能够逐个派别地解决他们的问题，也希望他们考虑一下不应只让国际代表大会拿出解决全部问题的办法。这样，未来的国际代表大会就将真正是组织起来的有觉悟的无产阶级的一个示威舞台。

　　我还希望无论大会的决定怎样，法国兄弟们都不要把自己看做是胜利者或失败者，而应该把自己看做是他们之中统一的战斗者，他们应该和各国兄弟们携手前进。（众多人热烈鼓掌）

会议主席：这个问题的讨论到此结束，但今天下午我还要请安德烈亚·科斯塔发言，他将发表一个声明。

会议于下午 1 点钟结束。

下午的会议

会议于2点半开始，由**范科尔**（荷兰）主持、**菲尔霍尔茨**（瑞士）和**普列汉诺夫**（俄国）协助主持。

会议主席：我们请还没有把代表名字报给国际常务委员会的各国支部赶快报给我们。

正如我已宣布的那样，我现在请安德烈亚·科斯塔发言，他要发表一个声明。

安德烈亚·科斯塔（意大利）：我们的朋友费里，我们与他有意见分歧，但是我们就像他喜欢我们那样喜欢他，因为正如人们对你们说的那样，他可以在意大利参加讨论，我们并没有发生分裂（鼓掌）……正直的费里说，在我们最近召开的罗马代表大会之后，他将忠实地接受我们即将实行的自主的尝试。

同样，我向你们声明，我也向他声明，如果自主策略在下次意大利大会上证明损害了我们，我将对费里说：你们是对的，就像在相反的情况下那样，他将对我们说：我错了。

费里认为他可以表达意大利代表团的看法。我既没有滥用发言的习惯也没有滥用大会忍耐力的习惯，而今天上午我向大会主席团坚持要求给我留一个发言的机会。我实际上是要指出，当我们的朋友费里向巴黎代表大会提交他曾向罗马大会提交过的差不多同样的决议时，这个决议已经以106票对69票①被罗马代表大会否决了。你们应该十分明白，我们不能让各国社会党人认为我们的朋友费里代表意大利的代表或者多数人的意见……

---

① 在正式提要报告中为106票对60票。——编者注

恩里科·费里（意大利）：我是国际委员会的报告人而不是意大利的报告人。

安德烈亚·科斯塔：这是我所作的一个声明，我们不要在国际大会上争吵！（笑声和掌声）罗马代表大会的大部分代表从选举的角度通过了自主的策略；他们说意大利的政治、工业、智识和精神的发展条件是不尽相同的，因而有必要在意大利的不同地区实行——我们认为也有必要在不同的国家实行——不同的策略。因此，我们将把要知道在选举策略中人们是否应该接受某些联盟或某些联合的问题交给国际上所有社会党朋友们的理性、智慧、公正和道德——对，应该这么说——去处理。下面是我们所通过的决议：

代表大会在关于选举策略的问题上，在肯定阶级斗争、生产手段和交换手段这些党的基本原则的同时，宣布各组织在策略问题上完全有自主权……

（嘈杂声。很多人反对）

会议主席：讨论到此结束。科斯塔要求允许他发表一个声明并讲话！（同意）

安德烈亚·科斯塔：我在此代表意大利代表团的多数人！而且，我的讲话没有10分钟！（嘈杂的插话声）

马克桑斯·罗尔德（共产主义联盟）：喂，注意大会纪律和大会决定！（嘈杂声。许多人说："讲吧！"另一些人高喊："不！不要讲话；结束讨论！"）

安德烈亚·科斯塔：国际代表大会不是断头台！（骚动）

（会议主席与科斯塔急速地交换意见，随后，会议主席让他发言。）

会议主席：同志们，鉴于科斯塔的坚决要求和他的特殊情况，我请你们再听几分钟他的发言。

安德烈亚·科斯塔：罗马大会确认了地区组织的自主权，因此我们在这里肯定各国组织在策略方面的自主权。所以我们接受考茨基的决议，这个决议最接近我们在罗马大会上所作的决议。

但是，由于我们的朋友费里认为昨天应该指出有些社会党人参加了意大利国王翁伯托的葬仪，我要毫不模棱两可地回答，这些社会党人已经受到了谴责，这件事不仅不属于自主策略，而且是与罗马代表大会所承认的各地区的自主权相矛盾的。① 不仅如此，受到大会指责的这种态度在罗马代表大会没有采纳自主选举策略之前就已经被注意到了。（再次出现嘈杂声。会场上一部分人，特别是英国代表团和法国工人党成员强烈反对安德烈亚·科斯塔的讲话时间太长）

会议主席同意这个反对意见，并请科斯塔停止发表意见。

会议主席：大会主席团已经尽力争取解决我们应该战胜的困难。它正面对着两个相互对立的决议。在所有的代表大会上，一般规定是优先考虑委员会大多数人的建议。建议对少数人的决议草案进行表决的瓦扬同意了这种做法。但是他说，盖得的决议可能对考茨基的决议是一个修正。我认为应该宣读两个决议，以便让大家看到一个决议不是另一个决议的修正，看到两个决议是相对立的，就像山羊与甘蓝。努力进行协调的大会主席团找到并接受了这个折中的解决办法以代替对盖得决议和考茨基决议都进行表决，我们将只投票表示赞同多数派的决议或少数派的决议。

赞成委员会多数派建议的人将投"多数派建议"的票；赞成少数

---

① 这里发言者要说的是，议员处于地区党团的控制之下；参加了国王葬仪、不想把自己置于地方党团控制之下的马里尼斯议员受到了谴责；作为雷焦艾米利亚市长的博尔恰尼仅仅参加了为犹太教堂和天主教堂的服务而被召回向他的党团作解释。发言者向大会声明同意大会的决定。（见《政治、文学和社会科学通俗杂志》1900年9月15日第329—330页）

派建议的人将投"少数派建议",即盖得建议的票。

王德威尔得(比利时):我代表委员会支持会议主席建议的表决方式。我们有权根据规定要求首先表决委员会的决议;但是本着和解的精神,我们不这么做。

我认为在表决方式上不会产生误解:我们首先要面对一号决议,这个决议是由委员会一致提出的,毫无疑问它将会受到大会的一致通过;这是有关联盟问题的决议。我建议保留对这个问题的表决,直到使我们有分歧的问题,即社会党人参加资产阶级政府的问题表决通过之后。我们现在面对两个决议:委员会多数派的决议和少数派的决议。会议主席即将按国家着手进行表决,不是像通常那样投票赞成或反对,大家将按照自己的意愿进行表决,说出"多数派"或"少数派"即可。

会议主席:我们将以这样的方式进行表决。

考茨基决议案,即人们所说的多数派的决议案,以 29 票对 9 票被通过。

以下是表决票数的分布情况:

	考茨基的提案	盖得和费里的提案
德国	2	0
英国	2	0
奥地利	2	0
波希米亚	2	0
保加利亚	0	2
丹麦	2	0
西班牙	2	0
法国	1	1
瑞典	2	0

爱尔兰	0	2
比利时	2	0
挪威	0	0
荷兰	2	0
波兰	1	1
美国	1	1
阿根廷共和国	2	0
俄国	1	1
葡萄牙	2	0
瑞士	2	0
意大利	1	1

（表决结果受到大部分人热烈鼓掌欢迎；也受到法国工人党的强烈反对，并响起一些喊声："到沙隆去！"）

会议主席： 我们现在就有关联盟问题的决议进行举手表决。

委员会的提案在欢呼声中被一致通过。

弗尔内蒙（大会书记）：比利时工人党工会委员会的代表要求每个国家为下一次国际代表大会分别提供一份关于本国工会情况以及关于成员、会费和收益的累进或递减的对比数字的报告。

我们收到了一封来自澳大利亚社会民主党先锋队的委托书，委托海德门同志代表该组织出席这次大会。

我们还收到了一封图卢兹商业雇员工会的表示支持的电报，一封加拿大工人党全国执行委员会表示支持的电报，（鼓掌）一封匈牙利鞣革工人和轻革矾鞣工人协会的电报，一封匈牙利社会民主党中央委员会的电报和一封里昂技工工会的电报。

万克建议大会在选举斗争之际向目前正处在斗争之中的英国和奥地利的同志们表示最热烈的祝愿。

王德威尔得：我同意万克同志的这个建议。（热烈赞成）

通过。

会议主席：我们现在进行下一个问题，我将以第五委员会报告人的身份就殖民政策问题发言。

范科尔：同志们，大家第一次在无产阶级的"议会"里讨论殖民政策这个对于世界历史和人类历史来说极其重要的问题，我感到十分高兴。这不是我要作的一个演讲，我只想以无产阶级的名义对资本主义的殖民政策吹响军号，发出警告。

委员会现在向你们提出几个具体措施：我们强烈地建议，在各国全国代表大会上讨论殖民地问题，这个问题将会引起所有关心无产阶级的人们的注意。这是其一。

作为第二个措施，我们要求把身处殖民资本主义建立的殖民地的无产阶级组织起来；把从赤道到北极全世界各个地方的无产者组织起来，使他们成为社会主义者，更加猛烈地进行阶级斗争。这就是我们要求你们接受的具体措施。我现在从理论的角度来谈一下：

资本主义的发展和机器的广泛使用正在导致殖民扩张；为了资本主义和商业的发展，就需要开拓新的市场；这是不可避免的，是必然的，否则，世界就将可能陷入绝境而去进行一场新的革命。美国的参议院宣布：我们正在生产两倍于我们能够卖掉的产品，因此我们应该有一些新的市场，去征服一些新的地区，以便能推销出我们的产品；除了帝国主义或者社会主义，我们没有别的出路……而为了避免社会主义，避免可怕的革命，美国选择了帝国主义，而不可避免的结果是奉行军国主义。一想到要扩张，要独占一些地方，那么就需要有像德国所理解的那样一支强大的舰队、一些新的军队，并且每年要支出几百万以上的军费。那些想参加瓜分从遥远的地方掠夺来的东西的欧洲各国就是这么做的……

欧洲就是一只巨大的蜘蛛，为了征服和战胜新的部落，将其强大的杀人触手伸向各地。由于这种征服思想，一些流血的国际冲突发生了。

而这如此充满丑恶的殖民政策让谁获益？谁使我们付出了几百万人生命的代价？是资本家！当前的殖民政策只是让那些独家经销的大商人获得利润。至于你们，拥有了刚果部分地区和一些金矿特许权的你们法国人，所有这一切现在都由几个贪婪的银行家和几个资本家所独占。资本家得到的只有利益，而无产阶级只有痛苦。无产阶级为这些远方的掠夺付出了鲜血，然后又在那里为沉重的赋税而付出汗水和劳动。但是需要担心的是，会由这个政策产生出一个更加严重、更加灾难性的后果。

就在此时，有人正在用炮火摧毁中国的城墙，向4亿中国人发起进攻，这些中国人大多是生产者，他们几乎没有什么需求，不了解社会主义，满足于微薄的工资；他们将成群地涌向欧洲市场，来进行不利于欧洲工人的竞争。这将是这场对黄种人进行的野蛮战争给无产阶级带来的后果。这就是将留给无产阶级的东西，如果社会党不及时干预、不对当前的资本主义殖民政策投否决票的话。

至于被征服的远方民众，我们的另一种族、另一肤色的同志们的命运因而会是怎样，他们将被置于我们的统治之下吗？

我去过那些地方，我看到了他们的悲惨命运。需要我提醒你们想起在那些殖民地里犯下的无数罪行吗？需要我提醒比利时人想起刚果黑人的命运、堆积的尸体和那些控诉比利时殖民政策的不幸受害者吗？需要我提醒英国人想起他们所造成并且仍然在世界各地造成的受害者吗？要我来使法国人想起发生在马达加斯加和其他地方的残酷暴行吗？让德国人想起那些不愿意忍受官员凌辱的妇女惨遭杀害的罪行吗？而我们这些荷兰人，我们能够忘记28年的战争、灭绝和屠杀妇女、儿童和老人，忘记我们那时在一个幸福的民族那里烧毁村庄、播种仇恨和苦难吗?①可以说,每个欧洲国家都有一本殖民主义罪行和残酷行径的丑恶记录!

因此,在听到从非洲沙漠、从澳大利亚平原、从资本主义可憎之手所触及的各个地方发出的痛苦呼叫时,我们应该提高反对的声音!

无产阶级应该发出人道声援的声音,无产阶级没有肤色、宗教或民族的区分,它知道所有的人无论他们的肤色怎样都和我们一样有一颗心,知道爱和憎!委员会因此建议你们要让人们听到反对殖民扩张、反对帝国主义和军国主义的声音!下面是第五委员会的决议:

> 1900年在巴黎举行的国际社会党代表大会认为:资本主义的发展必然导致殖民扩张,这就是各国政府之间发生冲突的原因所在;帝国主义作为资本主义发展的结果,在各国煽动沙文主义,迫使各国不断扩大开支,加强军国主义;资产阶级的殖民政策的唯一目的是扩大资本家阶级的利益和维持资本主义制度,而为了达到这个目的,就要榨干作为生产者的无产阶级的血汗和金钱,并且对被武力征服的殖民地土著民族犯下无数罪行和残暴手段。
>
> 兹宣布,组织起来的无产阶级应当利用所有力所能及的手段来反对资产阶级的殖民扩张,并在一切适当场合不遗余力地谴责资本主义为了遂其丧尽天良、厚颜无耻的私欲而在世界各地作出的不正义的残暴行为。
>
> 为此目的,大会特别提出以下措施:
> 1. 各国社会党应当在经济条件允许的一切地方研究殖民地问题;
> 2. 鼓励以专门的方法在殖民地建立社会党,并吸收它加入宗主国的组织;
> 3. 建立各殖民地社会党之间的联系。

---

① 在1901年1月21日的一次会议上,范科尔就荷兰政策作了详细的介绍(见《社会主义运动》3月1日和15日)。这里提到的28年战争是指亚齐(当时印度尼西亚的一个省——编者注)战争;一个拥有50万人口的小民族还没有被征服。

海德门①（英国）：我们要在这里大声地说，作为英国社会党人，我们不支持我们国家在非洲进行的战争，我们憎恨战争，我们对发生在南非的事情向荷兰同志们表示我们的同情和我们的羞愧。（热烈鼓掌）

我们是世界上最大的殖民国家；差不多有3.5亿人在遭受我们政府的压迫。我声明，作为英国社会党人，我唾弃这种令人憎恶的政策，在此我就这种政策说几句话：

处在我们统治之下的3亿或3.5亿人是靠剑的力量实现的，这是武力的胜利。关于这方面的某些数字，没有华丽的词藻那么有趣，但是对于了解情况是有用的。在印度这个当时可能称得上富裕的国家里，人民现在是世界上最悲惨的：一个五口之家全年的收入不到50法郎。人们可以想象，这是多么可怕的贫穷！可是，即使这样，我们还从这些悲惨的人民那里每年攫取3000万英镑，约7.5亿法郎②，而这笔钱是一去不复返的。此时，在这个国家里，有6000万人③在挨饿，因为我们这些英国人从他们那里拿走了他们的食物、他们的福利、他们的财富！这就是殖民政策：有了新市场，榨干了殖民地的血！（鼓掌）

我憎恨这个政策。20年来，我竭尽全力地为粉碎这个政策而奋斗；不幸地是，我们在英国只是一小群人。由于如此悲惨、如此穷困，几百万人已经被饿死；此外，比死亡更可怕的事情——堕落——正在这个种族中产生，一个正常人需要3个、4个或者5个人为其干活，好好地供养他。我们就是这样在60年里摧毁了当地人的繁荣；我们还将和德国人、法国人和俄国人一起去中国做同样的事情：将在那里实行同样的统治政策、同样的榨干政策。

---

① 海德门用法语讲话。他是英国社会民主联盟成员。
② 正式提要报告中为"约1.5亿法郎"。——编者注
③ 正式提要报告中为"7500万人"。——编者注

关于印度，我请求你们表决一个谴责英国政府的决议，谴责英国政府毁灭了一个可能比我们的文明更好的文明。我还要像范科尔那样请求你们表决一个主张不允许欧洲国家破坏殖民地人民的财富和繁荣的决议。（鼓掌）

奎尔奇①（英国）：是荷兰最早使别国殖民化的，英国紧随其后。作为英国代表，我要说，英国工人与荷兰工人之间并没有争论，相反，这场发生在南部非洲的战争是与英国工人阶级的绝大多数人的主张和意愿相对立的。我请大会支持我们反对这场战争。

有人说，在外国，人们不喜欢英国。好吧，我坚信欧洲大陆的工人阶级没有和英国工人阶级发生争论，（鼓掌）欧洲工人阶级应记得，在欧洲大陆动乱和革命时期，欧洲的政治避难者来到了英国，因为他们在那里找到了最好的庇护所。因此，作为英国社会党人，我们不担心与欧洲大陆的社会党人会面；我们知道我们是兄弟，尽管英国资本主义的报纸有着那样的论调。

作为英国人，我对在南非犯下的可憎罪行感到十分羞耻。我要声明，没有一个工人组织作出了支持这场战争的决议。相反，不仅社会主义者，而且大量仅是工会会员的英国工人都一致谴责非洲南部的战争。

而且，为了阻止殖民战争，我们需要更加具体地去做的事情就是在英国创办一份强有力的报纸。因为英国的舆论已经被一个属于德兰士瓦金矿矿主们的报纸愚弄、欺骗和蒙蔽。你们这些希望正义的同志们，你们将会承认，报纸是教育人民的一个宝贵工具，必须创办一份不受资本主义束缚的报纸。（鼓掌）

皮特·柯伦②（英国）：既然没有很多英国代表在这次大会上发言，

---

① 奎尔奇为英国社会民主联盟成员。
② 皮特·柯伦为英国独立工党党员。

我认为这对我们来说是一个在整个欧洲和文明世界面前显示我们的机会。

在巴黎这里，作为一个由于其政策而在文明世界面前充满耻辱的民族的成员，我感到极为丢脸。我是工厂中已经加入工会的5万工人的代表。我有与海德门和奎尔奇同志同样的社会主义主张，但这5万工人并非都是社会主义者，然而他们全都反对在南非的战争，就像前面所说的那样。（鼓掌）

我们的对手帝国主义者对我们说：可是你们将能挣到更满意的工资，因为开辟了新市场会有更多的工作……而有着无衣可穿要去上学的孩子、看着一些老人因为缺少照料而死去的我们，我们回答说：好吧，如果你们想让工人阶级去工作，那么就让工人阶级在我们自己的国家里工作！（热烈鼓掌）

殖民扩张，这意味着为了使在金矿拥有股份的资本家们分到最大数额的红利，工人要死在战场上，或者是被征收可怕的赋税而不堪忍受重负。你们在法国已经有了这种扩张的可鄙经历；你们曾经有一个皇帝拿破仑，他自以为即将征服世界……他远没有实现其狂想而不得不退却。那么，我们在英国正经历同样的时期：我们前往遥远的地方，我们应该退回来。（再次鼓掌）

如果你们在英国亲临选举集会，你们将会听到几乎所有沙文主义演讲者都在重复这句著名的陈词滥调：太阳永远不会从大不列颠的领地上落下。那么，我要说：在大不列颠的旗帜下，有许多地方永远不会被阳光照耀！（大部分人热烈的掌声）

路易·莫里斯（法国工人党①）：在谈殖民问题之前，我要对英国

---

① 路易·莫里斯在正式提要报告中的身份为瓜德罗普社会党总委员会委员。——编者注

同志们说，社会主义思想正在安的列斯群岛发展；情况的确是那样的，因此，如果从集体主义的观点看，对于发生在德兰士瓦的悲惨现象和劫掠行径，安的列斯无产阶级还没有一致的看法，不过，他们在法国所属的岛屿上和英国所属的岛屿上所发生的事情则有着一致的谴责。

至于各国殖民地无产者之间可能存在的关系，在这方面可以说他们之间的关系正在日趋发展。

关于已经说过的反对态度，我要稍微地更加肯定一下：对于我们来说——我在这里代表瓜德罗普岛的无产者讲话，这不涉及对殖民政策的谴责，尽管谴责是那么有力；这种殖民政策旨在把生产过剩比较集中的地方变成殖民地，把本土生产过剩的分流地点变成殖民地。现在有另外一个问题，即国际上社会党有责任研究的、应当立即研究的是建立殖民地无产阶级的有条不紊的阶级组织，并首先根据国际的意见制定一个殖民地纲领和一个可能由每个国家确定的最低要求的纲领。在这点上，有一些要求我们不能回避，因为殖民地问题越来越紧迫地需要解决，它将不仅从经济的角度提出来，而且也将会从殖民地无产阶级的阶级行动的角度提出来。

会议主席：因为委员会的决议没有受到抨击，所以我不需要为其辩护，我只是作一个有益的确认：在这次世界各地无产阶级参加的世界大会上，人们怀着愤怒的情绪，以令人恐惧的吼声——可以这么说——在资产阶级的脸上为其殖民政策打上了可耻的烙印，而从此任何人都不再能将其抹掉！我建议你们以欢呼的方式对决议进行表决。

第五委员会的决议在欢呼声中被一致通过。

大会书记：我们刚刚收到两封新的电报，其中一封是本次代表大会的塞尔维亚代表波波维奇发来的，他对于因为出现不以其意志为转移的情况而滞留瑞士不能参加大会表示歉意；另一封是法国吉伦特省联合会的书记发来的，他提请大会注意波尔多的港口工人刚刚开始了罢工，他请求所有的社会主义战士给予他们兄弟般的和物质上的支持。（鼓掌）

大会书记还宣读了如下声明：

> 出席1900年国际代表大会的俄国革命社会党人同盟全体代表声明，在俄国代表团拒绝给予专门为此合并在一起的革命社会党人和'人民意志'小组一个代表名额之后，革命社会党人同盟的代表没有参加俄国代表团的表决，并请大会对此给予证明。
>
> 我们同时声明，目前在俄国的现有组织和在大会上被代表的组织中，将仅有社会民主党人派代表参加国际书记处。
>
> 签字：谢·施德罗夫斯基博士　沙尔·拉波波特　曼德尔斯塔姆

罗莎·卢森堡（德国）：第四委员会和第五委员会的成员一致同意将两个委员会合并，因为军国主义和帝国主义殖民政策是同一个资产阶级社会的反动潮流。

社会主义活动家一贯赞成与军国主义作斗争的基本原则。军国主义首先是工人阶级的大敌，它力图压垮我们，使我们挨饿，败坏我们的道德。老的国际发出了反对资本主义和军国主义势力的呼声；每一次国际社会党代表大会和各国社会党代表大会都抗议并谴责军国主义这一资产阶级和资本家阶级的最有力的工具。从这一意义上说，公民们，我们的代表大会通过一个同以前的历次代表大会的决议相类似的反对军国主义的决议，并没有做什么新的事情。

但是，我所要宣读的以及我们准备投票表决的决议内容，并不是重复这一观点；相反，我很高兴地看到，在两个委员会中，我们大家一致希望走得更远一些，提出某种新的东西，首先是某种实际的东西。这就是在讨论我们的决议时大家一致同意接受的纲领。

某种新的东西？难道军国主义不是资产阶级社会的最老的祸害之

一，最老的罪行之一？会产生什么新东西呢？这就是：这种军国主义政策已经普遍化，并且在帝国主义世界政策的形式下变本加厉。这不再仅仅是在两个或三个邻国之间为可能发生的战争做准备的大规模武装；这是一种军国主义，它经常地促使世界列强进行新的殖民掠夺，它把美利坚合众国变成一个纯粹的军国主义国家，英国也同样；迄今为止，德国几乎是唯一致力于不断扩充自己的军队和舰队的国家，现在这种政策成了整个世界的口号。这种政策以中日战争为发端；接着是美西战争、德兰士瓦战争以及欧洲国家联合反对中国的战争①。公民们，如此迅速地接连发生具有重大历史意义的事件，这是从未有过的；资本主义的发展进程还从来不曾这样疯狂！

确实，资产阶级社会进入了一个新的发展阶段；资本主义世界在自己的发展中获得了新的推动力；但是它将耗尽自己的最后的力量，从而加快自己的不可避免的崩溃时刻的到来。

这种殖民政策开始对资本主义世界的全部对内对外政策起决定性作用，因此在社会主义的政策中必须准备好应付的办法。现在该是社会党通过自己的代表对世界政策公开表明态度的时候了；这正是我们想要通过这个决议所指出的。

我现在谈一谈这个决议的实际方面：决议建议开展经常的反对军国主义的国际行动。公民们，迄今为止，社会主义者的国际团结主要表现在一些原则宣言和社会主义的代表们在各次代表大会上进行定期的磋商；至于自己的行动，它迄今主要只限于经济领域，只限于工会领域。国际团结迄今只具有这样的性质，这不是没有原因的。无产阶级的经济状况在所有国家几乎都是同样的，而政治状况则差别很大。但是，这种世界政策也将改变所有国家的政治状况。

---

① 指1900年8月的八国联军侵华战争。——编者注

自从这个新时代开始以来,无论在法兰西共和国或俄国专制制度下,无论在古老的英国或年轻的德意志帝国,我们到处看到同样的军国主义统治、同样的殖民政策、同样的反动,所有国家都处于经常的战争状态。正是这种同样的反动,在所有国家为社会主义者的行动和宣传造成了新的基础和一致性。正是这种不断的战争状态导致无产者不断地团结起来维护和平!(鼓掌)

然而,不仅为了给予我们的日常斗争以新的推动力,而且从我们的最终目的来看,各国无产者在政治方面更紧密地团结起来在目前是迫切需要的。公民们在社会主义运动开始的时候,一般认为,一次大规模的经济危机将成为资本主义末日的开头、资本主义大崩溃的开端。现在这种设想在许多方面失去了可能;① 恰恰相反,愈来愈可能的是,一次大规模的世界政治危机将敲响资本主义的丧钟。

因此,公民们,既然资本主义的马尔伯勒②不断地处于战争状态(也许他再也无法脱离战争状态),既然世界政策引起各种冲突和突然的、难以预料的事变,那么,我们就必须为我们迟早必然要担负起的重大任务作好准备……

当然,我十分清楚,大崩溃并不是在今天或明天就会到来;也许,我们的被奴役状态比我们所设想的还要长久,还要痛苦。③ 但是这个时刻必将到来,我们的代表大会敲起警钟,号召全体无产者联合起来,结

---

① 在此,这种观点的改变对于绝大部分人来说是由于伯恩施坦的著作。(参看《社会党与伦敦代表大会》第115—144页)卢森堡是伯恩施坦最强烈的反对者之一。
② 约翰·丘吉尔·马尔伯勒公爵(1650—1722),英国统帅和政治活动家,在西班牙王位继任战争中任英军总司令。——编者注
③ 这是伯恩施坦影响的又一个标志。1891年,恩格斯认为德国社会民主党将在19世纪末之前取得胜利。(见《社会主义者报》1891年9月12日号)

成联盟，进行政治行动！

全世界无产者，联合行动的时刻到来了；让我们手挽着手，共同前进，组成一支队伍，为反对共同敌人的斗争做好准备！（长时间的鼓掌。欢呼声）

（这时，博纳维亚在另外两位女公民的陪伴下登上主席台，向克拉拉·蔡特金献上一束用红饰带绑扎的鲜花，饰带上的题词是："向克拉拉·蔡特金致敬！法国妇女社会主义者！"全场爆发热烈的掌声）

博纳维亚（法国社会主义工人联合会）：向克拉拉·蔡特金献上表示钦佩和感谢的鲜花，我们并不是为了报答她所付出的辛苦。当一个人在捍卫他的事业时，他并不期待人们对他个人的感激。（鼓掌）

此外，我们也要感谢我们的英语翻译斯密斯。

然而，之所以我们认为可以并且应该为蔡特金作这种表示，是因为我们是以社会主义妇女大团结的名义这么做的。我们这些早期的老社会党人，我们真正高兴地看到，每年在我们的社会党代表大会上，妇女代表的数量在不断地增加，这对于她们和委派她们作为代表的男人们来说都是一件幸事。

这束花因而是所有社会主义妇女之间的一个联系纽带，也是所有男社会党人之间的一个联系纽带；这不仅是表示感谢，也是在妇女中进行社会主义宣传的希望的象征。（热烈鼓掌）

克拉拉·蔡特金（德国）：我认为这束花不仅仅是送给我个人的，而且是送给所有女性的。这是社会主义妇女斗争和毅力的象征。我们深信，解放全人类将是无产阶级的任务；我们要和正在各地开始斗争的全世界无产阶级一起为此奋斗。

国际无产阶级可以肯定，德国社会主义妇女将一直忠于她们的信念和承诺！（再次热烈鼓掌。接着大会有节奏地向斯密斯同志热情鼓掌）

会议主席：我再次请罗莎·卢森堡发言宣读第四委员会的决定。

罗莎·卢森堡：下面就是这个决议的全文：

大会声明有必要在各国增强反对军国主义的日常斗争的热情、精力和力量，尤其有必要以各国无产者的联盟来反对资产阶级和帝国主义政府的联盟。

大会指出如下措施作为斗争手段：

1. 各国社会党为了与军国主义作斗争，必须继续认真地进行教育青年和组织青年的工作；

2. 各国社会党议员应当投票反对任何军事开支和用于海军和征伐殖民地的一切费用；

3. 在国际重大事件发生时，社会党国际常务委员会将负责在各国发动和安排统一的、共同的反对军国主义的抗议和鼓动活动。

大会反对像海牙会议那样的所谓和平会议，在当前的社会，这种会议的结果，像最近的德兰士瓦战争所证明的那样，只能导致一些令人恼火的失望。①

福尔克特（比利时）：这将是国际社会党代表大会第一次作出反对军国主义的一些具体决议。第一个决议是组织一些青年在没有青年组织的地方进行反对军国主义的宣传。在比利时，我们挑选那些年满16岁的年轻人，使他们成为有觉悟的社会主义者，去同军国主义作斗争。每年，这些前往兵营的年轻人都会收到一些反军国主义的报纸，一些应征入伍的新兵举行由红旗引导的示威游行；他们对其周围的人、对其同胞们进行广泛的社会主义宣传，以便用我们的思想争取尽可能多的年轻

---

① 伦敦代表大会的决议更为激进：**同时取消常备军**，**全面武装人民**；成立一个由人民任命的仲裁法庭，以便和平解决国际争端；关于和平与战争问题，如果政府不接受仲裁决定，则进行全民公决。（见哈莫《社会党与伦敦代表大会》第269页）第四委员会已经建议组织民族武装，即建立民兵队伍；但应阿列曼（革命社会主义工人党）的要求，表决通过了武装人民。在1901年7月16日的《小共和国报》中，契普里安尼指责意大利社会党议员为战争预算投了票。

人；从兵营回来后，他们回到工会、回到政治团体，把他们的忠诚带到那里……人们有时担心在某些国家里青年社会主义者的政治团体不和工人团体一致行动。我可以肯定，比利时青年自卫军一直在和工人党协调一致地前进。

最后，我再说一句：如果你们想要反对军国主义，那么你们就应该组建一些青年团体，为社会主义去尽力！

会议主席： 我们将立即进行表决。委员会的决议刚才已经向你们宣读了。

我现在向你们宣读增添的第二部分：

1. 巴黎国际社会党代表大会愤怒地谴责俄国沙皇专制政府对波兰和芬兰人民实行的野蛮压迫政策，鼓励遭受专制制度桎梏之苦的各国无产者团结起来，一致同民主和社会主义的公敌进行斗争。

2. 大会谴责英国政府对南非布尔人的残暴行径。

3. 巴黎国际社会党代表大会再次宣布，兄弟般的同情心将使各国人民团结起来，大会愤怒地抗议在亚美尼亚犯下的暴行和屠杀行为，并且向东西两个半球的劳动者指出，资本主义各国政府是这一罪行的同谋者，大会鼓励社会党议会党团利用一切机会声援遭受残酷压迫的亚美尼亚人民，并向亚美尼亚人民表达与他们精诚团结的心愿。

决议以欢呼的方式获得通过。

会议主席： 关于第六个问题，请第六委员会的报告人施特默发言。

施特默（德国）：本委员会全体成员十分重视广义上的海运业人员的组织，在他们的报告中，他们不仅把海员包括在内，而且也把所有运输行业的工人包括在里面。由于按其职业性质划分的这两部分劳动者与其他地方的这类劳动者和其他行业或部门的雇佣劳动者有更直接的接触，委员会认为，这部分劳动者的组织和通过立法途径来消除他们目前的不满情绪的办法应当受到已经在国际上联合起来的各国社会党的关注。

无需再提这两部分劳动者所操职业的恶劣条件，因为这广为人知。同时，有必要指出的是，各国资产阶级政党显然没有为消除如上提到的弊病采取过什么措施。

因此，委员会认为，鉴于各国都有关于商船的专门法律，只要资本主义制度持续存在，那么，要注意使所有解决这个行业中的职业和劳动问题的法律都尽可能是完善的并得到很好的执行，就是有组织的社会党的完全的、专门的责任。

同时，委员会也认为，海员应当组织起来成立工会和政治团体，承认阶级斗争，并利用他们手中的选票以获得将为他们的自身利益不断斗争的社会党代表。

大会认识到实现海运工人的全面组织所面临的特殊困难，坚决主张一切工会和社会主义政党必须帮助海员组织起来；在至今尚无海员独立的组织的地方，运输工人工会应该尽力促使海员下决心加入它们的组织。

奥克托（比利时）：我本想就决议的起草问题提几点意见，不过，为了尊重已经作出的决定，我将不讨论这个问题。

关于海运业劳动者应该指哪些人，绝大部分人确认应该指船员、码头工人和卡车司机，也就是所有在码头上工作的人。因此我们发言要求所有工人党、所有组织都要去着手组织船员、码头工人和卡车司机等人。这不仅是从工会所处的角度出发，也是从工人党的利益出发的，因为当码头工人和海员和我们站在一起时，我们将拥有巨大的力量。的确，我们可以把运输业比做支持整个社会、支持整个生产的第三支柱。因此，当码头工人站在我们一边时，当我们同样也拥有海员时，当一场战争不可避免时，我们将能部署他们更加卓有成效地同资本主义进行战斗。

我要求所有演讲者和所有宣传者要专门研究一下海员和码头工人所提出的要求的条款,并去各个码头进行宣传,以便能够在全世界的所有港口建立工会组织。然后,作为最重要的成果,应该把所有这些组织集中到一个地区联合会中,以使工人党掌握一批守纪律的团队。至于海员和码头工人的要求及各项条款本身,已经发给大家了,我认为不需要再明确指出了。(鼓掌)

第六委员会的决议

应敦促各国议会满足海员的如下直接要求:

1. 取消海岸职业介绍所,在各个海港成立受工人组织监督的免费的雇工介绍所;

2. 建造海员旅社和公寓,由工人组织和市镇当局共同管理,海员们在那里将不受任何剥削;

3. 成立有工人担任法官的特别法庭,处理在航行期间发生的纠纷;

削减海运官员处罚和罚款的权力;

4. 规定工作日的最长时间,超过规定时间的工作必须按专门规定的工资率付给额外报酬;

星期日和假日应当只限于做必要的工作;

5. 对于因工受伤和丧失劳动能力的船员,应保证给予相应的抚恤金;在发生意外死亡的情况下,抚恤金应全部发给死者生前所赡养的人;

6. 规定参加航行的海员的最低工资额;

7. 制定保证全面和公正的检查的法律,从而专门预防事故的发生;采用一套适用于所有出航海轮的技术规范;海轮上配备的人员,不仅应具有充足的数量和足够的能力,并且还应具备语言知识,以便船员能够懂得司航人员的话;

8. 通过法律保障海员享有良好的待遇,如饮食、住房,尤其是卫生方面所应采取的各种令人向往的预防措施等;

9. 任何海员都不能在法律规定的条件以外签订雇佣合同，无论它们是什么样的特殊合同或协议；

10. 任命足够数量的流动检查员来全面检查即将出港的每艘船只；他们拥有扣留任何不符合条件和以任何形式违反法律的船只的必要权力。

在运输工人方面，我们附加如下要求：

1. 在发生意外事故时给予相应的抚恤金；保险费的任何部分都不由工人缴纳；无论船只停泊在码头或在航行中，雇主应负的责任都不应有任何区别；对于一切事故都应当发给抚恤金；

2. 彻底检查船上所有帆缆索具和工具，以预防事故发生；

3. 咖啡馆、旅馆或海岸职业介绍所不能向工人索取保证金；

4. 在各港口设立招募运输工人的劳工所；

5. 规定工作日的最长时限和工资的最低限额；夜间和星期日工作时，须增加工资。

为了把当前的愿望变成现实，大会建议一切海员工会、渔业工会和码头工人工会都加入国际码头工人联盟；通过这种办法建立经常和密切的联系，并通过一致的行动迫使各社会权力机关接受它们的各项要求。

会议主席：我现在把第六委员会的决议付诸表决。

一致通过。

关于第七个问题"为争取实现普选权而斗争"，报告人经商议一致同意只宣读委员会的决议。我请佩尔讷斯托弗发言。

佩尔讷斯托弗（奥地利）：下面就是这个决议：

一、对于工人民主而言，选举社会权力的行使者时实行普遍的、直接的、平等的秘密投票是实现政治解放和社会解放的基本办法之一和首要条件。

二、大会要求被剥夺议会代表资格的国民或者说代表资格还建立在毫无价值的原则基础上的国民，为争取组织普选权而斗争，直到它完全实现。

大会认为，无论为争取实行普选权而进行的斗争，还是人民行使普选权，都是无产阶级参加社会生活的强有力的教育手段。

三、鉴于妇女和男子在社会主义政治领域享有同样的权利，大会宣布男女均享有普选权是必要的。

四、大会宣布，在已经实行普选制的国家里，社会党人的责任是通过实行比例代表制使普选的实施合乎规定。

五、鉴于最高权力属于人民，而由人民直接立法是这个最高权力的一个标志，大会宣布有必要通过保障人民的创议权和全民公决权来保证行使这种最高权力。

六、大会宣布，为完善普选权而斗争是在思想上和精神上准备群众夺取政治权力和经济权力，使他们充满阶级斗争意识，以及训练他们管理未来社会主义国家的最好手段之一。

委员会一致建议你们通过所有这些决议。[①]

会议主席：如果有一件我们同意的事情，这就是为了实现普选权而进行的殊死斗争。我现在将决议付诸表决。

通过。

我现在请关于市政社会主义问题的报告人万克发言。我请他作出榜样，用很少的话讲出许多的事情。（笑声）

万克（比利时）：我向你们作两三个解释，以使你们能够抓住我们在委员会里所讨论的问题的意义。我们首先确定了市政社会主义一词在学说上的含义。你们知道，确实有一些战友宣布市政社会主义不存在，而我们想要知道是否我们与他们存在意见分歧。然而相反，我们看到了

---

① 在一本已译成法文的书名为《议会制度与社会民主党》的书中，考茨基指出，实行全民公决制度在某些国家并非没有危险。在伦敦代表大会上表决通过了人民应该对宣战表明立场；然而贝尔福特·巴克斯指出了这种程序的一个可能的危险。（见哈莫《社会党与伦敦代表大会》第165页）

我们之间存在着最大的一致。其实，市政社会主义（在我们的决议中所宣称的）"不能理解为社会主义的特殊形式，而只能理解为社会主义的一般原则在政治活动的某个特定领域内的应用"。然后我们要考虑，关于应用，是否应期待市政社会主义全面实现集体主义社会。对此，在我们的决议中我们用下面的话作为回答：

鉴于有关的种种改革不可能在集体主义社会没有实现以前全部完成，而只能在一个地区内完成，但社会党人能够而且应当利用这个地区来准备和加快这个社会的到来。

说了这个"不"之后，我们认为应该确定"是"的东西和它在当前社会中的作用是什么。我们看到了市镇工作表现在两个方面，即经济方面和政治方面。决议下面继续说：

鉴于一旦实现真正的自治，市镇就可以成为非集中制经济生活的绝妙的实验室，同时也可以成为一座利用地方上的社会主义多数来反对中央政权中的资产阶级多数的强大的政治堡垒；

因此，1900年国际代表大会宣布：

一切社会党人在不忽视总的政策的重要性的同时，有责任让人们理解和重视市镇工作，重视市镇改革——这些改革的重要性是由它们所起的"集体主义社会的萌芽"这个作用赋予的，并且应当努力做好市镇服务性工作，诸如城市交通、照明、供水、动力配给、澡堂、洗衣房、公营商店、市营面包店、食品店、教育、诊疗所、医院、供暖、工人住房、服装、警察、市政工程，等等，并使它们成为无论从公众利益来说还是从受到这些服务的公民情况来说都是模范的机构；

力量过于薄弱而不能独自实现这些改革的市镇应当努力建立市镇联盟；

在政治组织不允许市镇走上这条道路的国家里，一切当选的社会党人应当运用他们的全部权力，使市镇机构获得足够的自由和独立，以便实现这些要求。

巴黎国际社会党代表大会决定，有必要召开社会党市议员国际代表大会。

这个代表大会应该达到这样两个目的：

1. 让人们了解在市镇范围内所有已经实现的改革和这些改革在精神上和财政上所带来的好处；

2. 在每个国家设立一个国家局，同时成立一个国际局，由它们负责收集一切与市镇活动有关的资料和文件，以便通过资料和文件的交换来为研究对市镇具有重要意义的问题提供方便。

大会委托国际局召开这个代表大会。（鼓掌）

泰尔瓦涅（比利时）：我想作一个简单的纠正。我相信和我同是委员会成员的同志们将会同意作一个我所要求的删除。在建议你们讨论的问题中说："这个代表大会应该达到这样两个目的……2. 在每个国家设立一个国家局，同时成立一个国际局，由它们负责收集一切……有关的资料和文件"等，我一点儿都没看到这个国际局的用处，何况你们早已决定设立一个书记处和一个负责处理各种与我们有关问题的国际局。因此我要求委员会的同志们——他们肯定不比我更注意这个多余的机构，能够愿意实现这个要求，删除委员会所讨论的问题中的这一部分。

万克：作为报告人，我要指出，我们同意泰尔瓦涅的意见。我们的想法是把这个将要设立的书记处归入现在已有的常设书记处中。

经这样的修改后，决议获得一致通过。

会议主席：现在请第十一委员会报告人就**托拉斯**问题发言。

维博（荷兰）：下面是第十一委员会提交的报告全文：

私人托拉斯是工业和商业经营者为其个人利益结成的同盟。

这种同盟是在不以生产而以专为工厂主提供利润为目的的生产和分配制度下进行竞争的不可避免的结果。生产资料的扩大使产品生产量大大超过生产资料所有者能够销售出去的数量，从而必然使竞争成为利润的敌人，因此，在当前的制度下必然会消除竞争，以工厂主之间的谅解和合作来取代竞争。所以，托拉斯的出现是不可避免的。从局部看，它们是生产的一种更高的形式，因为它们为了利润使生产和分配更加合理、更加节约；它们避免生产过剩造成的浪费，使生产成本降低，减少运输、广告和销售、推广费用，总之，减少种种中间环节的开支。

但是，从另一方面看，久而久之托拉斯就会趋于随时根据已经结成同盟的资本家的利益到处要求抬高价格和阻止价格因生产的改善而下跌。此外，加强对工人的压迫，同时以联合起来的老板们的强大力量来反对工人联合会和工人进行组织的努力，这即使不是托拉斯的目的，往往也是它的结果。

赢利同盟与托拉斯和卡特尔不同，它完全不具有一个必不可少的组织的特点，但却是唯一抬高生活必需品价格的联盟；它对于人民大众的总体利益尤其是灾难性的，应该予以无情的揭露。

不过，在向工人们揭露托拉斯强迫他们服从于这种压迫的同时，国际社会党代表大会并不建议试图阻止这些同盟的形成，因为这些同盟的形成是这种生产制度的合乎逻辑的结果；采取镇压性的法律措施充其量只能改变其形式，却不能真正地阻止其行动。尽管如此，社会党不应当反对法律强制性地要求托拉斯公布其经营方式和它们的财政盈亏情况。

摆脱当前这些同盟的压迫的唯一实际出路应当是国有化，而在今后的阶段上，则是在国际托拉斯已经达到其最高发展水平的各该部门中实行生产的国际调节。

因此，无产阶级的实际行动应当是在政治上和经济上改善其阶级组织——这两个方面的行动只有通过相互配合才能得到加强，以便迎接和加快由社会剥夺各大生产部门的时代的到来，由于这些大生产部门已经完全由托拉斯组织起来，因而有可能对它们实行剥夺。

这样，以利润为目的的私有生产就将逐步改造成为以制造产品为目标的社会生产。

有一位委员会成员在会议结束之后交给我一份比利时支部的修正案，向大会提出一个有关结论的建议。我把这个修正案转给了大会主席团。可惜，这份材料不在手上，因此我现在不能宣读它。我能说的唯一事情是，原则上这位代表的意见与委员会大多数人的意见之间没有什么不同。他只是把我们在陈述中所指出的东西放到一个更简短的结论中。

经表决，决议被一致通过。

会议主席：我们现在还有议事日程上的最后一项议题，一个非常重要的问题，即总罢工问题，而我们剩下的时间已经不是很多了。

第十二委员会多数派的报告人列金将有10分钟的发言时间，然后我们还要让委员会成员白里安讲10分钟，他要反对多数人的决议。

列金（德国）：关于总罢工问题的讨论不是很长，一个十分简单的原因是，委员会的大部分成员是工会代表，他们已经有成熟的意见，仅需各自交换一下看法。

奥地利代表和德国代表建议重新采用伦敦国际代表大会已经表决通过的有关总罢工的决议。说真的，这个决议主张的方式确实不完善，但委员会的大多数人当时还是赞成这个决议，因为这个决议很好地表达了我们当中大多数人今天考虑这个问题仍然需要的方式。我们没有改变目标，因此我们没有理由改变决议。

这个决议遭到了包括法国代表、意大利代表和几个不代表工会的代表在内的少数人的反对；大会将有机会倾听这些少数人的意见。对于大多数人来说，总罢工问题现在不会有争议，其道理很简单，当人们要去战斗时，必须首先从组成能够前去战斗的团队开始。与无产阶级不可能长久地支配强有力地组织起来的为数众多的工会一样，无产阶级将不希望为了资产阶级的利益而宣布总罢工，因为这种总罢工可能只有一个结果，这就是把无产阶级交给资产阶级，而资产阶级将可能把无产阶级处死或者让他们挨饿。

另一方面，伦敦代表大会的决议使我感到满意，委员会的大多数人也感到满意，因为这个决议没有排除进行总罢工的想法，仅仅是强调了总罢工必要的和无法回避的条件，即必须有工会组织。总之，希望进行总罢工的你们——法国人和意大利人,你们要从组织战斗团队开始,其他国家的人民将和你们站在一起。

下面是委员会多数人通过的决议:

巴黎国际社会党代表大会在考虑了巴黎和苏黎世两次国际代表大会的决议的同时,特重申重视1896年伦敦国际代表大会通过的关于总罢工的决议。

该决议内容如下:

"大会认为罢工和抵制是实现工人阶级任务的必要手段,但在目前条件下大会并不认为有举行总罢工的可能。①

目前所必需的是工人群众的工会组织,因为所有工业企业或所有国家罢工规模的扩大取决于组织的扩大。"

白里安(革命社会主义者联盟):同志们,我和第十二委员会的报告人一样,承认我在这个讲台上只代表为数很少的人。委员会就总罢工问题同意对我作出的唯一让步完全是一个荣誉性的让步②,它委托我来主持委员会的会议。关于问题的实质,可以说唯独我还在坚持自己的看法。为了不出现思想混乱,我应该非常坦诚地说,甚至整个法国支部在总罢工问题上也不是意见一致的,我的泽瓦埃同志在委员会内就作了很大的保留。

公民们,我们这些总罢工的支持者们深感遗憾的是,大家没有把目前可能还要持续进行的、尽管有异议的讨论列为无产阶级所关心的一件

---

① 在《在伦敦举行的工人代表大会会议记录》(第35页)和《国际社会主义工人和工会代表大会会议记录》(第48页)中的这个决议的英文稿没有提到有关总罢工目前不可能的文字。

② 白里安在法国的确被当做了总罢工思想的鼓动者。据盖得说,可能费尔南·佩卢捷"才是真正的鼓动者,甚至是总罢工称谓的创造者"。(见《小铜板报》1901年5月27日)

最重要的事情……（会场右侧鼓掌）总罢工没有受到更为广泛的讨论的荣幸。我代表少数派对委员会多数派的提案提出的批评是其不明确性和含糊性。令人不可接受的是，对于有着这样的重要性的一个问题，国际代表大会没有以代表的喉舌的名义负起给出一个清楚、确切的建议的责任。（会场右侧鼓掌）多数派的提案不拒绝总罢工的思想，而这表达了多数派的看法，因此可以说他们支持和维护总罢工的原则，就像绳索支持自缢者的方式那样……我们想知道，无产阶级的代表们是否赞成或反对组织总罢工！（再次鼓掌）

我们的同志刚才说：我们不会打消无产阶级关心总罢工的念头，但总罢工意味着要预先有工会组织；而当进行了工会的组织工作时，才有可能考虑总罢工的可能性。

好吧，公民们，请允许我对你们说，在委员会内部，没有决定性委托书的我，在道义上有权认为我代表整个这个国家的已经加入工会的无产阶级……（许多人热烈鼓掌；法国工人党方面反对）因为，在其所有的代表大会上，无论是全国性的还是国际的代表大会上，组织总罢工几乎都是被一致表决通过的。（会场右侧热烈鼓掌）而你们，法国工人党的同志们，更是没有理由无视1892年——公民们，我不认为在我这样表达时，我的讲话中会有某些尖刻的东西——法国工人同业公会全国代表大会上你们大多数代表投票支持总罢工这件事。从那时以来，他们在政治上①已经有了改变策略的机会，但作为工会会员，他们就这个问题

---

① 1892年，在马赛，相隔几天相继召开了两次代表大会。在第一次代表大会（第五次工会和工人同业公会联合会代表大会）上，总罢工被表决通过；在第二次代表大会（法国工人党第十次代表大会）上，总罢工被排除在议事日程之外。（见德塞亚克《法国工人代表大会》第233—235页）1894年，在南特召开的第六次全国工会代表大会再次表决通过了总罢工，但这次盖得派的代表反对这个提案，成为少数派而退场。（见上书第264—268页）

明确地提出了自己的看法。（会场右侧热烈鼓掌）

同志们，你们怎么能拒绝总罢工的原则而同时却不拒绝整个工会组织！为什么你们接受以工会组织为基础的局部罢工而最终你们却拒绝总罢工！怎么，你们容许某一个工会通过组织局部罢工开始对一个或几个工厂主进行斗争，而当全体工人阶级形成整体要求时你们却不允许其求助于总罢工同结盟的企业主阶级作斗争！（许多人再次鼓掌）公民们，在我看来，总罢工就是对工会组织的奖励，因为局部罢工是对单个工会组织的奖励。

但是我不想局限在经济方面的罢工这个狭小的斗争舞台；而我们，大家把我们说成是温和主义者，我认为我们即将成为这次大会的革命者。我们在这里大声地说：我们把总罢工视为最合适的革命方式……

会场上有人说：是手段之一！

白里安： 我们坦率地说：依我们看，总罢工将可能是一场革命，而且是一场能够给予劳动者比过去更多的保障的革命，一场由有条不紊地组织起来的人们为管理未来社会而进行的革命，一场不让少数几个人想从胜利中牟取利益的革命，（鼓掌）一场允许为此而组织起来的无产阶级自己夺取生产工具并掌管它们的革命。这不再是口头上的革命，而是事实上的革命；不再是方式方法上的革命，而是实际行动上的革命。

同志们，我们同意你们的观点，即认为在一定的时候必将会有一场战斗——盖得同志所说的最后决战，然后，将会有工人阶级的并非针对个人的专政；我们也相信这个观点，只要这种专政是客观的！（再次热烈鼓掌）今天，同志们，在各个组织集中在一起、实行集中领导的情况下，专政将可能不像人们所说的那样不针对某个人。（会场左侧反对；右侧热情鼓掌）我们进行了一年的尝试，这使我们断言，比如说，如果法国社会党人总委员会被赋予了专政行动的权力，它可能不是在资产阶

级队伍中选择其首批牺牲品。(会场左侧剧烈骚动和纷纷插话；右侧热烈鼓掌)

会议主席：我反对这种可能带有个人性质的攻击。(骚动)

白里安：我以宣读我们的决议来结束发言，在这个决议中你们将看到，我们不放弃任何斗争手段；我们接受所有手段。(嘈杂声)

会议主席：我请发言者结束发言，给他的时间已经过去了。

白里安：我对大会主席团的决定表示尊重。我只是遗憾讨论得不太充分。我代表少数派向大会提交的决议是由下面这些人签署的：代表革命社会主义工人党的让·阿列曼，代表革命社会主义者联盟的饶勒斯，代表法国社会主义工人联合会的黑彭海默、布吕内利埃，以及34个独立联盟和众多的工会和合作社。

我们要求，大会要对参加政府的问题的决定负责任，应当向各国征求对这个提案的意见。下面就是这个提案的内容：

> 大会认为总罢工是作为最适宜资本主义社会强加给我们的斗争条件的革命斗争方式而出现的。
>
> 在要求无产阶级不要离开任何斗争阵地，不要忽视利用任何其力所能及的获得解放的手段的同时，大会建议全世界劳动者为了总罢工而组织起来，也许这样的组织应该是他们手中的一种简单的施压工具，一个用于为获得政治或经济方面的不断改善所必不可少的衡量资本主义社会的杠杆，也许随着形势变得有利，它应该为社会革命服务。

经表决，多数派的提案以27票对5票获得通过。少数派得票的构成情况如下：法国1票、意大利1票、阿根廷共和国2票、俄国1票。

饶勒斯声明说，在这个问题上，没有委托书的葡萄牙①不能投票。

---

① 正式提要报告错误地把葡萄牙的票数计入了白里安提案。

会议主席：我们的议事日程至此全部完成。第五次国际社会民主党代表大会即将结束了。我们一起度过了许多时光，在我们中间发生了可能让人担心会导致分裂的激烈争论，但这些争论只表明了我们信念的力量和热情。我们进行了毫不掩饰的斗争，因为我们习惯于光明正大的斗争；我们尽力地表达自己的思想，因为当人们有了强大的崇高的信念时就必须这样做。

至于那些把我们分隔开来的小小的意见分歧，让我们忘掉它们吧；何况，它们将会消失，因为经济越是发展，这些分歧的平息就越会自行到来，我们就越是坚强有力，向着胜利前进！

三年后，我们将高兴地在我们的城市阿姆斯特丹欢迎你们。从现在到那个时候的这段时间里，我们每一个人都将在各自的国家里继续自己的宣传工作；你们，法国同志们，将是在美丽的法国进行这项工作；而我们其他人，我们将越过平原、越过干旱的土地，把在某一时刻将拯救人类的"圣经"带回到阴暗、多雾的荷兰。因此，三年后，我们将更加强有力地、更加亲密团结地相聚在一起，比任何时候都更加坚决地同资产阶级社会的敌对势力进行有力的斗争。

尽管我们有着一些已被忘记——我对此坚信——的小分歧，但是当离开这个会场，这个由这次大会所成立的国际局的诞生地时，只响起了一个呼声：国际万岁！（欢呼声。不断高呼："国际万岁！"）

法国代表博索莱伊登上主席台唱《国际歌》。所有与会者齐声合唱迭句部分。

大会闭幕。

巴黎国际社会党代表大会[①]

(1900年9月23—27日)

出版说明

  这里我们向党内同志们提供一份巴黎代表大会讲话和决议的汇编，是根据《前进报》的报道编纂的，并且根据法国党的机关报所作的报道作了补充。我们相信，随这份汇编的出版，广大党员尽快地得到一份价格便宜的、有关讨论和决议的汇编文献的需要将得到满足；与此相关，我们希望这些讨论和决议将在德国工人阶级中广为散发，并为他们了解。

出版者

出席大会的德国代表名单

德国出席大会的代表如下：
党的领导机关和议会党团的代表：**奥尔**和**辛格尔**。

[①] 德国柏林《前进报》出版社发行部1900年出版。——编者注

党组织或选区的代表：**安特里克**（科特布斯，施普伦贝格）；**布劳恩**和**胡戈·哈阿兹**（柯尼斯堡，东、西普鲁士）；**布赖**（汉诺威和不伦瑞克）；**大卫**和**乌尔里希**（黑森）；**迪特里希**（不来梅）；**杜伦斯**（圣因格贝特和普法尔茨）；**埃尔姆**和**列金**（石勒苏益格—荷尔斯泰因）；**埃尔德曼**（科隆地区）；**弗里茨、科茨克**和**泰特罗夫**（柏林）；**理查·费舍**（兰茨贝格，索尔丁）；**阿道夫·格克**（巴登）；**格拉德瑙尔**（萨克森第4、5和6选区）；**格伦茨**（萨克森第11、12、13、14和19选区）；**格奥尔格·哈阿兹**（波森和上西里西亚）；**米尔豪森·豪格**（阿尔萨斯—洛林）；**豪普特**（马格德堡）；**希尔德布兰特**（符腾堡）；**胡格**（奥尔登堡和汉诺威第2选区）；**屈恩**（西里西亚）；**库默**（布鲁塞尔德国工人协会）；**库奈尔特**（哈雷）；**罗莎·卢森堡**（波森和上西里西亚）；**麦斯特**（下莱茵，宣传区）；**梅切克**（萨克森，阿尔腾堡）；**莫尔肯布尔**（汉堡）；来自波鸿的**弥勒**（西威斯特伐伦）；**普雷斯曼**（符腾堡第14选区）；**施瓦尔茨**（吕贝克）；**泽吉茨**（巴伐利亚和德国五金工人联合会）；**斯洛姆克**（东威斯特伐伦）；来自哈雷的**斯温蒂**（哈尔伯施塔特）；**特拉普**（巴黎德国读书会）；**福尔马尔**（巴伐利亚）；**温采尔**（路德维希港）；**武尔姆**（罗伊斯，老系和新系）；**齐洛夫斯基**（美因河畔法兰克福）。

工会组织的代表：**伯梅尔伯格**（汉堡，泥水匠）；**列金**（屠宰工）；**弥勒**和**施特默**（汉堡，海员）；**雷泰尔**和**佩措尔德**（柏林，五金工人）；**吕斯克**（汉堡，木材工人）；**施利克**（斯图加特，五金工人）；**施蒂默**（汉堡，裁缝）；**瓦斯纳**（斯图加特，手套制作工）。

妇女组织的代表：**埃玛·伊雷尔**（图林根），**克拉拉·蔡特金**和**齐茨夫人**（德国妇女运动）。

大会的前期准备

巴黎国际社会党代表大会于1900年9月23日（星期日）在瓦格朗大街的"瓦格朗大厅"召开。伦敦代表大会在其最后一次会议上，根据德国代表团的提议作出决定：下届国际代表大会应于1899年在德国召开；但"苦役监禁法时期"使德国党的领导不可能承担伦敦代表大会的这个光荣的委托，因此于1898年底根据伦敦代表大会的决议向法国同志提出于1900年在巴黎召开代表大会。为了防止像以前历届代表大会（1889年巴黎代表大会、1891年布鲁塞尔代表大会、1893年苏黎士代表大会、1896年伦敦代表大会）那样，就允许无政府主义者与会的问题进行毫无成效的长时间讨论，甚至出现未受邀请的无政府主义者前来骚扰的现象，伦敦代表大会已经规定了出席下届代表大会的许可条件，并委托委员会召开会议。这个委员会于1899年复活节在布鲁塞尔举行会议，根据伦敦决议确定了邀请条件，并确定了大会临时议程。因此，巴黎组织委员会邀请：

1. 所有追求以社会主义所有制和社会主义生产取代资本主义所有制和资本主义生产为目标，并把立法斗争和议会斗争视为实现上述目标的一种必要手段的组织的代表。

2. 一切虽未参加政治斗争但承认立法斗争和议会斗争的必要性的工会组织。因此，无政府主义者被排除在外。①

这样，代表大会终于在没有外界干扰的情况下召开了，只是稍稍推迟了一点，因为法国的各个组织在讨论主持代表大会开幕的主席团的组成时不能取得一致的意见。它们以法国人动感情的方式进行争论的问题

---

① 由于文本为德文，与前面法文本的措辞稍有不同。——编者注

是，在法国代表团参加委员会的人选选出之前，是否应该审查代表资格。拉法格和瓦扬拒绝在审查委托书之前与饶勒斯一起进入主席团。最后，在12点半，法国的代表在"国际歌"的歌声中进入大厅。饶勒斯和阿里斯蒂德·白里安（代表革命社会主义联盟）、排字工人阿列曼（代表社会主义工人党）和黑彭海默（某锤击钢琴厂的工长，前布鲁斯派镇议会社会党议员）在主席团就坐；盖得和瓦扬的支持者在主席团中没有代表，在上述选举进行之后，他们成了少数，立即离开了大厅。不过，出席代表大会的所有法国组织在星期一一致通过了他们在主席团中的代表。

开幕会议

（9月23日，星期日，上午10：30）

饶勒斯宣布大会开幕，并请外国代表团每一个国家选派一名主席和一名书记，以加强委员会的工作。德国选派辛格尔和大卫，奥地利选派阿德勒和党的书记斯卡雷特，波兰选派达申斯基和利马诺夫斯基[1]，捷克选派涅梅茨，英国选派煤气工人柯伦和《正义报》编辑奎尔奇（社会民主联盟），俄国选派普列汉诺夫、维拉·查苏利奇和克里切夫斯基，荷兰选派特鲁尔斯特拉和范科尔，比利时选派王德威尔得和弗尔内蒙，丹麦选派克努森和耶珀森[2]，瑞典选派梅南德和安德松，意大利选派科斯塔和费里，瑞士选派索洛图恩州检查官菲尔霍尔茨和洛桑州州议会议员拉潘，西班牙选派国际的先驱老战士伊格列西亚斯和安东·加西亚·盖约多，美国选派萨尼亚尔和克雷特洛夫，阿根廷选派阿希尔·康比埃

---

① 两份法文报告中均为"卢那诺夫斯基"。——编者注
② 两份法文报告中均为"伯格比尔"。——编者注

参加。担任翻译的有克拉拉·蔡特金（法语译为德语和德语译为法语），维也纳的卡尔珀勒斯（英语译为德语）和斯密斯-赫丁利（英法两种语言互译）。

饶勒斯主持会议，并作了如下发言：我怀着深厚的友情和激动的心情以法国全体社会民主党和组织起来的法国工人阶级的名义向各国社会民主党和无产阶级战士表示欢迎。当前看来，现在重要的是使工人具有统一的社会主义观点和进行统一的行动，因为正是在今天，资本主义为了它的利益而求助于最坏的沙文主义和残暴的本性（热烈的掌声），而且为了保障统治阶级的利益，它在各国重新唤起旧的种族偏见，企图煽动一个民族反对另一个民族。因此大会议程上最重要的问题是建立国际和平组织和国际兄弟团结的组织。我们在所有的基本问题上意见是一致的；如果在个别问题上还有分歧，就需要把意见分歧放在一边，寻求达成一致的原则。这种达成一致的原则在于，一方面我们竭尽全力争取在现行社会制度内实现工人地位的不断改善，争取不断获得自由；但另一方面同样不能忽视精神方面：最终目的是把人类从资本主义中解放出来！所有这些改善和自由权利只能是达到最终目的的一些步骤。我们大家都怀抱着这种同样的思想。如果我们法国人在组织和行动方面没有这种统一，那么其他国家的榜样以及国际社会民主党的力量、团结和统一应该有望起这样一种作用，使我们在认识和行动方面达到同样的统一，这样我们就会像其他国家一样以同样的力量和同样的明确性向着社会革命的最终目标前进。（欢呼鼓掌）

各国的代表接着发言。德国代表第一个发言，受到全场的鼓掌欢迎。

辛格尔：我以德国代表团的名义向各国工人致以衷心的、兄弟般的问候；我在美因茨受委托告诉有阶级觉悟的、战斗的无产阶级的代表，德国社会民主党一如既往地坚决宣布国际团结并践行国际团结。

他们愿意和各国工人肩并肩地斗争，直到粉碎政治不平等和经济压迫的双重枷锁。在美因茨，我们在党的代表大会上庆祝了德国社会民主党重获统一25周年。我们德国人怀着殷切的愿望，希望法国的兄弟们也能实现这种统一。（暴风雨般的掌声）如果允许我以德国社会民主党作为一个例证的话，那么我想对你们说，我们在统一之后才获得了巨大的力量。我们力量的源泉在于统一；不要去担心在细节方面的意见分歧，所有社会主义者都必须明白这样一种必要性，即把意见分歧放在一边，而努力向既定的目标前进。（掌声）如果我们没有放弃细小的意见分歧，如果在纲领的基础之上团结起来的我们之中的任何一个人没有按照我们的崇高目标而把自己的小小的愿望放在一边，我们就不会取得我们曾经取得的成就。牢记这个伟大的目标，克服各种意见分歧，所有社会党人都应该在策略和行动中牢记这种统一的必要性。（受到法国同志的普遍赞扬）

在我们的议事日程上还有一个问题，这个问题德国人在我们党的代表大会上已经讨论过了。同在那里一样，我们在这里的回答也是：我们以符合全世界无产阶级共同利益的国际和平的世界政策反对军国主义的、沙文主义的和资本主义的世界政策；我们以国际团结的政策反对统治阶级的掠夺和占领政策；我们以被剥削者的共同利益反对统治阶级的共同利益。为了特别强调无产阶级的国际团结，我受德国社会民主党的委托高呼：国际社会民主党万岁！

代表大会共同欢呼这个口号。

皮特·柯伦：我们英国代表赞同饶勒斯和辛格尔所讲的一切。英国代表团由各种组织——工会和政治组织——组成，但我们大家都赞成国际和平和国际团结，我们决定，尽一切努力去实现工人的统一。我们强烈抗议关于英国社会党人支持英国政府政策的报道；不，我再说一遍，我们大家在谴责英国帝国主义和沙文主义方面以及在谴责资本主义窃贼和强盗在南非的行径方面是一致的。（大家鼓掌）如果在君主政体的英国我们没有一个看得见的皇帝，那么我们有一群看不见的皇帝。像各国工人一样，我们也有一个共同的敌人：资本主义。为了消灭这个敌人，代表大会能够并将——我们希望如此——在这件富有成效的工作中迈出一大步。

海德门（社会民主联盟的代表）：请允许我在我们大家表达更多的问候之前，向我们的德国同志因李卜克内西的不幸逝世而遭受到的重大损失表示同情和哀悼。（在提到李卜克内西的名字时全体代表起立，听海德门自己用德、英、法三种大会语言讲话）李卜克内西不仅是我的朋友，而且是所有社会党人的朋友，我们将不会忘记这位已去世的战士，他没有死，因为他现在就活在我们这次代表大会之中，因为他的思想活在我们的心中。比利时、法国、意大利和英国的社会党人，全世界的社会党人，我们大家向李卜克内西夫人和我们的德国同志们表示慰问。

饶勒斯：我们大家对这一损失感到悲痛，我们一致赞赏李卜克内西对国际无产阶级事业所作的贡献。我们法国人由于他的逝世而失去了一位特别的朋友。我自豪地称他为我们的朋友。李卜克内西对我们法国有一种特殊的同情，1870—1871年间，他以少有的勇气表示了这种同情，在那个民族情绪发狂的年代里，他被控犯叛国罪，而他却大声发出工人国际团结的声音，在资产阶级审判官面前，他说出了"革命战士"这一引以为骄傲的词汇。饶勒斯又回忆了另一位伟大的革命先驱战士拉甫罗夫，由于他的逝世，国际社会民主党遭受了重大的损失。他还回忆了杜西·马克思①，由于她作出如此多的贡献，国际社会民主党应该向她表示感谢。

全体代表站着聆听对我们的去世者的颂扬，并且热烈地表示出他们

---

① 即爱琳娜·马克思。——编者注

的赞同声。

科斯塔：我们意大利人怀着平静的心情出席国际代表大会。尽管发生了1898年流血的反动事件，我们仍充满了责任感。由于我们的反抗，独裁统治当局向农村发出呼吁，而农村的回答是更多地投票给我们的代表，我们的选票增加了一倍。（喝彩声）反动派企图利用令人难以置信的、从人道主义立场出发每一个社会主义者不仅要控诉而且要谴责的蒙扎刺杀事件来反对我们。但这是徒劳的。最近举行的党代表大会表明，我们是团结的。我们清楚地认识到，我们之间的争论对党的每一步健康发展来说是一种生存条件，而不是分裂！（热烈的掌声）

阿德勒博士（维也纳）：我们在奥地利自己有一个小的国际，我们对于必须要克服的困难知道得最清楚。我们来到这里，正如1889年来到这里第一次向国际无产阶级所说的那样，奥地利的工人在社会主义问题上的意见是一致的，并且团结一致向前进。我们遵守了诺言，为此我们感到自豪。在这个工人阶级是反对本国的暴行的唯一积极分子的不幸的国家里，社会民主党是奥地利所有工人的共同利益的唯一代表。这种统一是来之不易的。但只要在有真正的社会党人的地方，就必须达到这种统一。（暴风雨般的掌声）只要在社会主义者认识到无产阶级根本的和持久的利益高于细微的意见分歧、教条、理论的地方（掌声再起），只要在有决心流血牺牲并且为了社会主义事业而克服他们的固执、虚荣和偏见的社会民主党人的地方，在所有这些地方，都必须达到这种统一。（暴风雨般的掌声）我这是经验之谈。这是我们付出过血的代价的教训。我们的工作之所以有最好的成绩就在于这种工人统一。我希望，这次代表大会——它已经从表面上表现出各国社会民主党充满着团结的气氛——将成为法国社会民主党走向内部团结这一伟大的、不可抗拒的运动的起点。社会主义的胜利压倒一切。（暴风雨般的、经久不息的掌声）

王德威尔得以比利时社会主义者的名义作了类似的长篇发言。他回忆了基督教的初期。那时基督教徒在异教徒面前展现出团结一致的景象，以致异教徒惊呼道："看，他们大家是多么友爱啊。"这种团结给他们的教义带来了力量。正像那些异教徒一样，在比利时资产阶级谈到我们社会主义者时也这样说："看，他们大家是多么友爱啊！"我们的这个例子可以向你们法国人提供学习的榜样。1889年我们在巴黎同时召开过两个互相对立的代表大会。但是不久以后实现了统一。我们就是以同样的公正态度来对待各种派别的。我们向你们呼吁：法国的社会党人们，你们要统一起来！（暴风雨般的掌声）过去当边界上的大炮隆隆响起的时候，集会上的人们就团结一致。1789年的资产阶级所能做到的事情，难道你们就不能做到吗？今天社会主义的形势与那时是多么相似啊！难道你们想用不幸的兄弟之争来瓦解你们的力量吗？法国的社会党人们，你们要统一起来！（暴风雨般的掌声）

伦敦的**基尔·哈第**寄来一封信，他在信中说，日本《劳动世界》的出版者片山潜同志对不能参加代表大会感到很遗憾，因为组织还很穷；但是代表大会至少会知道，在很远的地方，社会主义已经扎了根。

普列汉诺夫以俄国工人的名义向代表大会表示祝贺；只要向工人们解释清楚，并把他们组织起来，他们就会同全世界无产阶级携手前进；他回忆了雅科比在创办唯一的工人协会时说过的那句著名的话，这句话对俄国有特别的意义。以前反对沙皇制度的革命运动的中坚分子是大学生和知识分子，而今天全力以赴进行反对专制主义斗争的工人决定，不仅要争取工人阶级的经济解放，而且要争取使各族人民冲破俄国的暴政实现政治解放。（喝彩声）

克里切夫斯基严厉地谴责了沙皇暴政的残酷迫害，他向大会通报了两封他受托转交代表大会的信。第一封信说："波兰、犹太和俄国的革命者由于从事社会主义活动被俄国沙皇政府流放到遥远的西伯利亚的偏僻的地方,当地同情他们的居民于 1900 年 5 月 1 日举行了秘密集会。在'五一'国际无产阶级团结的日子里,他们表示要在消灭人剥削人的斗争中按照无产阶级的精神团结起来。因此他们在一致的欢呼声中决定,向巴黎国际社会主义工人代表大会致以亲切的问候,并衷心地预祝他们在工作中取得最好的成果。社会民主主义万岁!国际社会主义工人代表大会万岁!"①

第二封信传达了彼得堡工人组织的问候,这个组织拥有首都工人总数的 1/4。

特鲁尔斯特拉(荷兰):在伦敦代表大会上荷兰代表团还是分裂的。今天我们已经从个人影响的病态中以及有害的宗派思想的束缚下解放出来了。今天使我们特别高兴的是,我们荷兰人能在这里向我们的英国工人兄弟伸出兄弟的手。他们的心是纯洁的,并且他们对在德兰士瓦发生的对我们的种族兄弟的屠杀没有任何责任。他们还要求联合起来:要在教育岗位上进行充满活力的、具有阶级觉悟的实践。危机正在发生,随之而来的是数十万移民的涌入。我们应该关心的是,他们在每一个国家都会发现一个统一的社会民主党。(喝彩声)

克努森(丹麦):对于像我们这样一个小国,人们将几乎不可能期待我们在最终实现社会主义这一方面走在前列。但如果资本主义在大国中大势已去,我们肯定能做到使我们国家的工人阶级成熟到有能力参加社会的重建。在这方面我们确信,我国的工人将不会落后。我们在过去已经表明我们能感受到解放运动的强有力的浪潮。1848 年二月革命的风暴席卷欧洲的时候,它也刮进了我国边界。而当 1871 年巴黎公社进行英勇斗争的时候,大炮的怒吼声才给丹麦工人带来了法国精神;同时终于提供了一个机会,使国际主义的红旗也在我们的国土上开始了胜利

---

① 由于文本为德文,与前面法文本的措辞稍有不同。——编者注

的征程。尽管我们的资本主义敌人仇视我们、迫害我们，社会主义已经如此茁壮地扎下了根，以致它再也不能被铲除。下一次在大国中掀起的文化浪涛将在丹麦席卷一支由工人组织起来的队伍，这支队伍将站起来去完成伟大的革命使命：最终推倒资产阶级的金牛，并且建立以自由、平等、博爱为基础的社会主义社会制度。

达申斯基（波兰）：现在有觉悟的无产阶级终于从被肢解的波兰站起来了，在资本家用刺刀筑起的围墙来装点他们拥护世界和平的空话时，波兰无产阶级站出来拥护世界和平。如果我们波兰工人致力于团结，那么只能在革命的社会主义旗帜下进行。（暴风雨般的掌声）

菲尔霍尔茨（瑞士）：我们没有特别强有力的组织。如果我们也受到迫害，而没有在形式上享有政治自由的话，那情形也许会是另一种样子。但我们瑞士的社会党人还是出现了完全统一的景象，尽管我国各州的语言、民族来源和习惯是不同的。

梅南德（斯德哥尔摩）：随着工业的发展，瑞典社会民主党也越来越强有力地加入到战斗的国际的行列中来了。

涅梅茨（布拉格）以捷克社会民主党的名义，并受布德韦斯代表大会的委托向大会表示祝贺。尽管我们还弱小，但我们认为，我们和你们一样都是优秀的社会民主党人。我们对世界上统一的社会民主党怀着良好的愿望。

伊格列西亚斯（西班牙）指出，在需要剥削无产阶级、需要使他们互相残杀时，国际资产阶级就会联合起来。任何地方的剥削都是犯罪。在赞同代表大会的情况下，他指出了非洲、亚洲等地的殖民主义经济。

在他发言之后，**萨尼亚尔**（美国）和**康比埃**（阿根廷）接着转达了他们的组织向代表大会的祝贺。

2点钟的时候大部分外国代表认为会议结束了，正在离开大厅。这时拉法格出现在主席台上,他在会议开始时和他的法国社会主义工人党的朋友们以及布朗基派离开了会场,现在要求介绍情况。饶勒斯让他讲话。

拉法格:"瓦扬和我不想在主席团与饶勒斯共事,因为……"这句话之后立即爆发了喧闹声,淹没了他讲的话。饶勒斯想恢复平静而没有成功,这时饶勒斯宣布大会休会,并声明退出主席团。拉法格的声明如下:

"鉴于对法国支部代表委托书的审查经总委员会决定并通过报纸公布于下午2点开始;另鉴于今天上午在规定的时间未到、没有对委托书进行任何审查和一大批代表没有在场的情况下选举了没有资格以法国代表团的名义发言的主席团。法国工人党、革命社会主义党、共产主义同盟、索恩-卢瓦尔工会联合会……向所有参加国际代表大会的社会主义政党提出抗议。"①(接着是签名)

第二天的会议
(9月24日,星期一)

上午的会议

根据组织委员会的建议,为了预先讨论大会议程的各项议题并起草提交代表大会的决议,为大会议程的每一项议题成立一个相应的委员会,每个国家选派两名成员进入委员会。

代表大会临时议程如下:②

---

① 由于文本为德文,与前面法文本的措辞稍有不同。——编者注
② 由于文本为德文,与前面法文本的措辞稍有不同。——编者注

1. 各次代表大会决议的执行。研究和采用劳动者和社会党人国际协调、组织和行动的切实可行的办法。

2. 关于限制劳动时间的国际立法。讨论在各国规定最低工资的可能性。

3. 劳工解放的必要条件：(1) 作为阶级政党的无产阶级的组织和行动；(2) 在政治和经济上剥夺资产阶级；(3) 生产资料社会化。

4. 各国人民之间的和平，军国主义，废除常备军。

5. 殖民政策。

6. 组织海运工人。

7. 为争取实现普选权和人民直接立法而斗争。

8. 市政社会主义。

9. 夺取国家权力以及同资产阶级政党联盟。

10. 五一节。

11. 总罢工。

12. (法国革命社会主义工人党的提议，得到与会11个国家中6个国家的支持)：资本集中的日益加剧，竞争所导致的政治手段无法消除的经济混乱，使劳动者的状况不断恶化，所有这些不正在让即将导致总罢工的劳资之间的直接冲突变得不可避免吗？

德国方面各委员会的成员如下：**埃尔德曼**（科隆）和**埃尔姆**（汉堡）参加第一委员会；**莫尔肯布尔**和**武尔姆**参加第二委员会；**泽吉茨**和**哈阿兹**（柯尼斯堡）参加第三委员会；**辛格尔**和**罗莎·卢森堡**参加第四、第五委员会；**施蒂默**和**弥勒**（汉堡《海员》杂志编辑）参加第六委员会；**格拉德瑙尔**和**希尔德布兰特**（斯图加特）参加第七委员会；**乌尔里希**（奥芬巴赫）和**胡格**（班特）参加第八委员会；**奥尔**和**蔡特金**参加第九委员会；**伯梅尔伯格**（汉堡）和**科茨克**（柏林）参加第十委员会；**大卫**和**吕斯克**参加第十一委员会；**列金**和**泰特罗夫**参加第十二委员会。

由于因拉法格昨天发言而引起的事件，以及法国代表团仍在争论是否在代表委托书审查之前委派法国参加委员会的成员这样一个中心问题，昨天选举出来的主席团召开了一次预备会议。11点半，受到鼓掌欢迎的**辛格尔**宣布会议开始。他说：我受委托以主席团的名义声明，昨天和今天主持会议的主席团仅把自己当做临时委任的主席团。主席团的最终产生应该在各国审查完其代表委托书之后。因为直到现在法国人还不可能进行审查，主席团邀请两派代表，在这次会议结束之后进行组建，并派出参加大会最终主席团的成员。代表大会对此表示同意。

辛格尔接着通告了任命各委员会的事宜，不言而喻，代表们可以自由参加委员会的会议。工作时间被定为上午10—12点，下午2—6点，英国代表提出的会议到下午5点为止的建议被否决。

大会临时议程被完全接受。

弗里布尔的提案——应首先在全体会议上进行讨论，因为委员会的意见不应被看成是代表大会的意见——在大会的掌声中被否决，因为辛格尔指出，我们只开三天而不是三个月的会。

下午的会议

3点半后**辛格尔**宣布会议开始：我愉快地向代表大会宣布，法国代表取得了谅解，一致推选瓦扬和勒努担任主席。每天两名主席在主席台就座：今天是瓦扬和辛格尔。

宣布法国同志取得谅解的消息受到与会代表热烈的掌声欢迎。当瓦扬用热情的语言宣布法国同志要与各国工人团结一致，并回忆起很多自1889年巴黎代表大会以来去逝的同志，特别是回忆起为实现国际团结的原则比任何人起的作用都大的李卜克内西时，爆发了雷鸣般的掌声，人们欢呼"公社万岁！团结万岁！"

　　大会议程的唯一议题是审查代表委托书：只要首先作出决定的国家不提出异议，代表大会就通过报告；只有在发生争论的情况下才由代表大会作出决定。里尔市市长**德洛里**（盖得派工人党）报告说，473名代表拥有的2268张法国代表委托书被宣布有效。**德国**有43名党的代表，2名国会党团代表，3名女工运动代表和9名工会代表。**英国**派遣95名代表，正如柯伦所说的那样，如果英国工人不是由于下院解散后突然卷入竞选斗争，而需要投入他们的力量进行宣传鼓动工作的话，他们代表的人数会多得多。出于同样的理由，斯卡雷特①说，**奥地利**代表团由10名成员组成，其中5名是党的代表，2名工会委员会代表，3名工会代表。**意大利**，其社会民主党受反动政府两年的血腥镇压之后刚刚重新组织斗争，派遣了14名代表，其中有10名政治组织的代表，1名旅居瑞士的意大利工人，还有旅居巴黎、伊夫里和诺让的各1名工人，共14名，其中有5名议员；遗憾的是工会还处于受迫害的地位，以至于不能选派代表。**比利时**工人运动的各个组成部分——党、工会和合作社——共派出37名代表，其中有6名议员和好几个女同志。**俄国**克服了许多困难，派了23名代表出席，带了29份委托书：革命社会民主党9名，犹太工人联盟12名，革命组织5名，俄国革命社会主义者联盟3名。达申斯基说，**波兰**由于它所遭受的政治压迫，在选派代表时不可能始终注意那些法治国家的人们所要求遵守的形式。尽管如此我们不得不对24份委托书中的5份以及20名代表中的1名提出疑问。罗莎·卢森堡（她把对她的代表委托书的质疑归因于政治矛盾）、达申斯基和维也纳的阿德勒（阿德勒为达申斯基辩护，后者被指责是一名波兰民族主义

---

　　① 法文版的两个报告中为"卡尔珀勒斯"。——编者注

者）之间经过长时间的争论，决定把有争议的委托书是否有效的问题提交主席团裁决。

奥地利的捷克地区派出 2 名代表，因为他们把一切力量都投入到当前的选举斗争中去了；**瑞士**派出 10 名代表，带有 11 份委托书；**丹麦**派出 19 名代表，其中 3 名是党的领导机构的代表，3 名是工会领导机构的代表，其他为社会民主联盟和中央工会的代表；**荷兰**派出 9 名代表；**西班牙**派出 4 名代表，其中 3 名为社会主义工人党的代表，第 4 名为拥有 127① 个工会的工会总联合会的代表；**瑞典**派出 3 名代表，其中 2 名为党的代表，1 名为铁路工人代表；**美国**派出 5 名代表，1 名是美国社会民主党的代表，4 名是各州代表（其中 1 名为行业和劳工联盟代表）。关于各种组织出具的代表委托书的有效性的争议问题提交给主席团决定。**阿根廷共和国**第一次派出 1 名代表参加国际工人代表大会；**保加利亚**目前拥有 70 个社会主义组织，派了 3 名代表；**葡萄牙**给饶勒斯 3 份代表委托书；**挪威**有 1 名代表；**爱尔兰**有 3 名代表，其中 1 名来自首都，2 名来自外省。报告人称赞这是这个农业国的社会主义革命发展的可喜的象征。他兴奋地说，像捷克和波兰一样，爱尔兰也派出了自己的代表。

代表大会宣布所有没有争议的代表委托书都有效；有争议的代表委托书由各国组成的主席团共同作出裁决。

罗马尼亚社会主义者发来的一封对他们不能参加代表大会表示遗憾的电报受到宣读。

在宣读了一系列表示支持的信件和电报之后，会议于 5 点结束。

各委员会举行工作会议。

---

① 法文版的两个报告中分别为"121"、"126"。——编者注

第三天的会议

(9月25日,星期四)

上午的会议

10点整海德门宣布会议开始;意大利代表科斯塔协助主持会议。昨天有争议的波兰和美国的代表委托书被主席团一致宣布为有效。

代表大会开始对大会各项议程的讨论。

范科尔就大会议程的第一个问题(**各次代表大会决议的执行。研究和采用劳动者和社会党人国际协调、组织和行动的切实可行的办法**)的决议发言。

范科尔作了如下解释:委员会中的各国代表对下列问题在原则上是一致的,即必须行动起来,建立一个机构,这个机构使各国政治组织和工会组织之间保持国际联系,更加紧密地团结起来,并有助于把在代表大会上作出的决议付诸实施。到现在为止国际代表大会已经作出过许多很好的决议,但事实却一直是这样的,即在大多数情况下,还没有采取决议作出后紧接着要付诸和贯彻的行动。资产阶级世界观和无产阶级世界观之间的斗争越激烈,就越要在各国现今社会的基础上进行改革,那就需要有觉悟的国际无产阶级建立一个能够重视和了解各国取得的经验,从而赋予阶级斗争新的动力的机构。因此,委员会在原则上同意下列建议:

"1. 成立国际常务中央委员会,委员会由与会国各派一名代表组成,其书记处的驻在地为下次国际代表大会召开的国家;

2. 筹集资金;

3. 设立领取报酬的国际书记处。

该书记处的任务是：(1) 编制历届国际代表大会上所通过的一切决议的汇编。(2) 征集有关各国政治和工会组织的状况及其发展的报告。(3) 把这些零散的报告概括成付诸出版的总报告。它的任务还有：(4) 为国际代表大会做准备工作，传达确定的临时大会议程。此外，(5) 发表宣言，阐明对关系到无产阶级利益的紧急而重大的问题的立场。"①

为了完成所有这些任务，当然资金是必要的；根据委员会的意见，开始时有1万瑞士法朗就够了，这笔款应由各国根据其运动和组织的规模和力量缴纳。委员会希望，这些财政基础将得以建立。国际曾经只是那些勇敢的、胸怀宏图的人的梦想，他们的思想远远走在时间的前面，他们在群众中已经播下了种子。今天的国际已经成长壮大，它已经强大到足以把国际无产阶级的力量团结起来，并且具有足够的灵活性，以尊重各国的权利和利益。如果代表大会将这个决议付诸实施，它就藉此采取了一项最终开始国际行动的措施。社会主义的阳光将胜利地照遍全世界。无产阶级有责任把自己的力量集中起来推翻资产阶级世界，并且强大到足够建设社会主义的新世界。(热烈的掌声)

代表大会开始讨论决议案。

斯密斯-赫丁利（英国）：1万法朗的预算数目绝对不够；这个数目甚至连必要的出版印刷品的费用都不够；至少需要10万法朗，也许还有办法筹集50万法朗。我们只需下定决心，为此作出我们认为必要的牺牲。每一个政治组织和工会组织的成员，以及每一个社会主义选民每年只需献出10芬尼，财政问题就解决了。

范科尔（比利时）：当然10万法朗比1万法朗好，但我们不能给负

---

① 由于文本为德文，与前面法文本的措辞稍有不同。——编者注

担已经很重的工会再增加负担了。最好是从小数目开始而后再增加。

安塞尔：主要的问题是争取时间筹集资金；我们现在可以付诸表决：我们要不要设立书记处？肯定或否定？我们要为此提供1万法朗吗？肯定或否定？筹集资金的方式问题以及确定国际局书记处的任务问题可以以后讨论。

很多发言人对筹集大笔资金的问题提出各种建议。

建立一个设有一名领取报酬的书记的国际常务委员会的问题被**一致通过**。

关于筹集资金的问题，**海德门**建议：8个大国应各捐助1000法朗，其余的由小国负担。

埃尔姆：我们德国人在委员会里一开始就把经费问题置于重要地位，并且使它的落实取决于我们是否同意。为长久计，1万法朗是不够的，但这个问题目前不是主要的；如果日后需要增加，将来的代表大会会作出相应的决议。但是，如果人们一开始就规定让各个组织的**成员**承担一笔固定的款项，这个问题立即会造成困难；我们必须坚持这一点，即各大国必须根据其政治组织的情况承担这笔需要预先缴纳的款项；但我们不同意让**工会**来承担筹款，根据法律规定，这对德国来说是不可能的，因此我们德国人不得不把这当做我们同意的条件。

范科尔证实，委员会已经同意了这一要求并作出决定，要求政治组织立即预先缴纳这笔费用。

代表大会通过决议，确定1万法朗作为国际书记处的财政基础。

根据**海德门**的建议，一致决定把布鲁塞尔作为国际书记处的办公地点，原因在于比利时是中立国，比利时社会党人现在在布鲁塞尔"人民之家"已经有一个地方，国际联系在此交汇，并且，比利时党的印刷厂在那里，这可以节省一些开支。

王德威尔得对国际代表大会一致投给比利时工人的信任票表示感

谢，并保证，在下一届代表大会上将证实，比利时社会党人不会辜负这种信任。

范科尔以委员会的名义提出，采纳第二个决议以补充刚刚作出的关于国际书记处的决议：除了国际书记处之外，应该由各国议会党团委任**一个国际议会委员会作为享有同等权利的处理专门事务的委员会**以保证政治行动的一致性。在国际帝国主义和军国主义时代，最为重要的是在各国议会同时提出一致的抗议，使"不给军国主义一兵一卒，不给军国主义一分钱"的要求同样成为国际无产阶级的口号。还要在各国议会中同时提出有关劳动保护的共同要求，从而使这种要求在议会讲坛上的宣传鼓动力量得到提高。

这项提议被**一致通过**。王德威尔得支持的最近在巴黎召开的社会民主党大学生代表大会的如下提案也被一致通过：和国际书记处联合起来建立一个国际图书馆和国际档案馆，各国把社会党的报告、书籍寄送到那里，并委托书记处更多地收集这种对国际运动有用的材料。

上午的会议于12点半结束。

下午的会议

匈牙利代表**费伦奇**①发言：他向代表大会表示祝贺，并说明由于匈牙利社会民主党最近处于受迫害的境地，以致只能派出一名代表出席会议。在国外人们根本无法想象匈牙利"热爱自由"的政府对社会主义的血腥镇压。在1896年五一节，布达佩斯有19人被枪杀，57名农民和一大批工人受重伤；140名工人被捕受审。党的机关报《人民之声》被

---

① 在两份法文报告中为"泰萨特"。——编者注

10次提出新闻诉讼。仅在斯策雷姆行政区就有400多名工人被判处监禁共计约100年。据报道,在1897年6月—1899年3月15日这一期间,51名工人被宪兵枪杀,114名工人受伤,295名被逮捕并长时间受审,274名被从36个城市中驱逐,34名工人在监狱里被打得遍体鳞伤。工人被判处监禁共计136年零6个月,在国家监狱服刑时间共计9年,罚款共计34624克朗。在62个城市和乡镇中被禁止集会,在29个城市和乡镇中被拒绝批准章程。28个协会被解散。1899年1月7日,宪兵枪杀了6名工人,32名工人受伤。301名工人被捕和在押的时间共计1721天,判处监禁的时间共计25年零8个月,在国家监狱服刑的刑期共计1年零11个月,罚款26846克朗;18位同志被驱逐。在200多个乡镇根本就不允许集会。1899年6月至12月,《人民之声》的18篇文章被查处。自1896年以来,农民运动有了很大发展,但在此之后,特别是由于持续的经济危机和随之而来的失业的增加,农民运动倒退了。在布达佩斯有11个教育协会、歌咏协会和普通的工人联合会,其中6个是匈牙利工人的,2个是德国工人的,1个是波兰工人的,1个是意大利工人的,1个是捷克工人的。

澳大利亚社会民主党人发来一封贺信,并附上了一份关于工业和农业资本主义发展现状的详细报告。他们首先指出,那里已经存在农业辛迪加,辛迪加掌握在英国人手中,它严重地剥削农民和工人。因此工会的主要任务是,对社会改革进行鼓动,使工会成员满怀社会主义思想,并从社会主义的观点出发来开展其全部鼓动工作。

弗尔内蒙(比利时):依据上午会议作出的对国际团结具有极大意义的决议,他建议,星期五在会议结束后全体代表**步行前往拉雪兹神甫公墓**,以便向蒙难的公社战士墙敬献一个花圈。除了实际的任务外,我们不允许忽视革命的精神,因此我们必须庆祝所有纪念日,从这些回忆中,无产阶级能吸取新的勇气和受到新的鼓舞。

由于法国的统一代表大会将在星期五下午开始，这次示威活动在**星期五上午**举行。

稍事休息后讨论第二项议题：

关于限制劳动时间的国际立法，讨论在各国规定最低工资的可能性。

武尔姆就问题的前一个部分作报告。

武尔姆：委员会就这样一个问题进行了讨论，即工作时间是否能缩短，怎样能够缩短，以及如何能确定这种缩短，得出了同1889年巴黎代表大会一样的结论，如果工作时间的缩短有利于工人，就必须通过法律把这种缩短确定下来。不仅对于保护当代的工人，而且对于更多地保护后代，这种做法都是有必要的。1889年的代表大会要求目前最长工作时间为每天8小时。但是，当然这并不是说，不允许工人代表在议会中赞成用稍长的工作时间作为过渡的规定，因为我们原则上要求八小时工作日。缩短工作时间不能单单通过政治行动，也不能单单通过工会途径来达到。只有工会和政治组织携手为同一个目标而奋斗，才能取得成功。（喝彩声）委员会一致作出下列决议：

"代表大会宣布：正如前几次代表大会以及1889年巴黎国际工人代表大会所通过的决议指出的那样，缩短工作时间依然必须是全体工人继续努力的目标；此外，大会宣布，必须通过法律规定各国各行业工人每天工作最长时间暂定为8小时；大会责成各工人组织把工会斗争与政治斗争结合起来，逐步实行这一改革。"①

齐茨夫人：我受德国社会主义妇女的委托，声明完全拥护这个决议，尽管这只涉及用法律对缩短工作时间作出规定。人们已经开始用法

---

① 由于文本为德文，与前面法文本的措辞稍有不同。——编者注

律限制工作时间，并且因此认识到只要不能保护人们免受经济剥削，就谈不到女工的经济自由问题，这些同样受到我们社会主义妇女的欢迎。妇女在资本主义的统治下受到前所未有的奴役，她们的精力和体力被前所未有地榨尽，因此，如果不最终通过立法来为女工的生活和健康提供广泛的保护，就会出现充满危险的堕落，这是众所周知的事实。她们完全赞同德国社会民主党近年的几次代表大会关于必须大力保护妇女的决议。她们知道，倍受赞扬的"妇女尊严"，倍受表彰的"妇女道德"，她们的知足安分、谦虚，甚至她们的母爱在资本主义统治下都退化了，这些受到称颂仅仅是为了能够进一步剥削女工可榨取的劳动力。社会主义妇女也认识到，这种保护不只是为了妇女的利益，而是为了整个工人阶级的利益。如果妇女作为女工受到保护，那么她们也是作为妇女、作为母亲受到保护，对她们的经济利益的保护是她们的政治解放的必要的先决条件，因此妇女必须参加工人阶级的解放斗争，为此，必须在政治和工会方面给她们以活动的自由。（暴风雨般的掌声）

尚皮（阿列曼派）支持这项决议并介绍了那些已实行八小时工作日的国家的经验。这些国家提供了能够立即实行缩短工业劳动时间的证明。

决议被**一致接受**。

比利时的同志就**最低工资问题**作了报告。

戈伊德：在委员会里讨论得很活跃，遗憾的是有时有点离题。两种意见截然不同，英国人的意见是赞成用法律规定最低工资，而德国人的意见则认为这是不可能的，并认为这与社会主义观点相矛盾。有一点是一致的，即如果能从法律上作出规定的话，那么先决条件是要有强大的有影响的工会。因此，工人的任务是毫不犹豫地着手创建和扩建工会组织。争论的另一个问题是关于最低工资额。在生活处境、食品价格等各不相同的情况下，最低工资在不同的国家里，甚至在不同的城市里应该是不同的。然而委员会一致认为，**国家和乡镇的行政机关**在为公共工程招募工人时应实行规定的最低工资，在招标时无论情况如何都应承认工会所争取到的工资。

委员会建议通过下列决议：

"大会声明：规定最低工资额只可能通过强大的工会实现；不可能为各国规定普遍的和同样的工资级别，工资级别在任何情况下都必须与最广泛的意义上的生存必需品相一致；大会责成工人争取实现这一改革，寻找既适合于各地的经济和工业状况，又适合于各地的政治和行政管理状况的实现这一改革的方法和途径；为了实现这种改革，大会首先建议设法使有能力实行最低工资额的国家权力机关和公共管理机构，在公共工程中直接支付最低工资，同时责成承包公共工程的企业主采取同样的做法。"①

莫尔肯布尔：我在委员会里发言反对最低工资，不是因为我不想让每个工人挣得足够的工资，而是因为我相信，这个问题不可能通过国家立法，至少是不可能通过国际立法作出规定。（有人说："非常正确！"）100年前，这个要求在巴黎起过重要的作用。人们相信通过规定食品的最高价格可以消除贫困。人们忘了，工资可能下降到如此之低，以致不够支付法律规定的食品价格。今天，我们应该在不会影响食品定价的情况下提出最低工资的要求。应当怎样确定这种最低工资呢？在委员会里英国人提出了一个明确的数目。在俄国和易北河以东地区，这个数目显得非常之高；而在美国一些城市里，这个数目是不够的。但人们所能要求的，是同样的目标。在工会已经争取到最低工资的地方，我们必须要求，当局应为它所实施的一切工程支付这种工资，或者要求企业主也这样做，如果他们通过招标获得公共工程的话。一般地说，作为社会民主

---

① 由于文本为德文，与前面法文本的措辞稍有不同。——编者注

党人，我们不仅必须为那些劳动者，而且必须为每一个人（即使他没有工作），要求能够维持生活的最低工资。（有人说："非常正确！"）这个问题不是国际代表大会的问题，而是各国代表大会的问题，并且更多地是工会的问题。（德国人鼓掌）

武尔姆声明，德国代表在委员会中反对决议是由于翻译的不确切。对于现在摆在大家面前的条文，德国代表会表示同意。

关于最低工资的决议被一致通过。

开始讨论第十项议题：五一节。**报告人**是伯梅尔伯格。

伯梅尔伯格（汉堡）：到目前为止，1889年以来的所有国际代表大会都讨论过摆在大家面前的这个问题。委员会认为，今天没有理由改变布鲁塞尔代表大会的决议和伦敦代表大会的决议。因此他们一致提议通过下列决议：

"关于五一节，1900年的巴黎国际代表大会赞同历次国际代表大会的决议。大会认为五一节是要求实现八小时工作日的有效示威，停止工作是最有效的示威形式。"①

有两个国家要求完全停工。多数人拒绝使决议更尖锐，因为还缺乏实行完全停工的先决条件：强大的工会。因此必须到处为加强工会进行鼓动，并且比过去更多地向工人指出缩短工作时间的必要性。（有人说："对！"）

在茹尔努（法国）发言支持措辞更为激烈的决议文本之后，代表大会一致通过上述决议。

代表大会转入议事日程的第三个议题：

劳工解放的必要条件：1. 作为阶级政党的无产阶级的组织和行动；

---

① 由于文本为德文，与前面法文本的措辞稍有不同。——编者注

2. 在政治和经济上剥夺资产阶级；3. 生产资料社会化。

报告人**埃伦博根**（维也纳）：人们起初会对尤其把这个问题列入大会议程感到吃惊。这个问题无非是实现社会主义之后的问题。但也许把它列入大会议程，是为了消除工人队伍中的一些模糊的东西。和在委员会里一样，在这里我们也几乎不可能进行理论上的讨论。社会民主党的主要任务是教育无产阶级意识到他们的阶级状况和他们的政治权利。这项工作是非常艰辛的，但必须严肃地、实事求是地做。我们不能建议所有的国家按同一公式去做，因为各国的策略必然是完全不同的。社会民主党当然不能动摇，而必须对所有的日常问题和文化问题表明看法。我们的决议比从前更加强调合作制的重要性，强调为小小的改革而进行斗争，如互助储金会法、医疗保险公司法，所有这些斗争本身都不应该分头进行，而只应该朝着最终目标共同前进。我们不能把工人阶级的解放寄希望于突然的事件，它是日复一日在我们眼前发生的有机发展的产物。我们看到资产阶级的统治在日益崩溃，社会民主党的历史使命是为了争取资产阶级彻底崩溃这一时刻的到来而教育无产阶级，使他们过得充实、自由和目标明确。（热烈的掌声）委员会向你们提出下列决议：

"现代无产阶级是以可供剥削并且在经济上和政治上受到奴役的工人群众为前提的资本主义生产方式的必然产物。工人群众的起义和解放，如果不与这种经济方式的维护者发生冲突，是不可能实现的，而这种经济方式由于其内在规律将导致生产资料的社会化，因此，无产阶级应当作为工人阶级起来与资本家阶级进行斗争。以组织无产阶级成为阶级斗争大军作为自己的任务的社会党，首先有责任通过严肃的、不倦的工作教育工人阶级认识到他们的阶级利益和他们作为阶级的力量，并且利用工人阶级在所处的政治和社会形势下掌握的、符合人民的法制意识的一切手段，只要它们有助于实现这个目标。在这些手段之中，代表大会特别指出政治活动、普选权以及把工人阶级组织到政治小组、工会小组和合作社小组中，组织到教育协会、自由互助储金会等组织中，并要求各国社会党人使这些不同形式的组织（它们同时又是教育和斗争的手段）尽可能互相携手共进，通过这种方式继续加强工人阶级的力量，使工人阶级能够从政治上和经济上剥夺资产阶级，并使生产社会化。"①

会议于6点半结束。结束之前还就议事规程发生了一场激烈的辩论；一部分法国同志反对决议的"不足的形式"，并要求在表决之前，先把决议排印出来，这样人们就可以了解全文。主席团指责说没有印刷决议的资金，随之人们就代表大会组织委员会方面进行整个准备工作的不够完善的方式展开了激烈的讨论。

第四天的会议
（9月26日，星期三）

上午的会议

王德威尔得（布鲁塞尔）和**阿德勒**（维也纳）作为主席主持会议。会议开始继续讨论第三项议题。

各国代表团由各种不同的组织构成，这些组织对于有待作出决定的策略问题的看法各不相同，为了能够进行表决，使少数派不会自视为多数，主席团建议，**每一个国家应获得2张表决票**；要是这些国家在表决时意见一致，他们当然也应该投2张票。

又有2名意大利代表抵达，这样意大利代表团就有16名成员。

埃伦博根说，昨天一部分法国人反对关于第三项议题的决议，原因可能在于在法文翻译中出现了多个错误，削弱了决议的思想。他声明，

---

① 由于文本为德文，与前面法文本的措辞稍有不同。——编者注

决议的原文在委员会里获得一致接受，也为拉法格所接受，他的朋友们昨天反对翻译过来的不足的文稿，并因此要求先印出来，以便弄清该文稿的意思。

拉法格证实了这个解释；有一点在委员会里大家是清楚的和一致的，即现在不再去研究社会主义理论，而是把普遍承认的原则贯彻到实际中去。因此，委员会也拒绝讨论一年前伯恩施坦在德国的运动中提出的一切引起争论的问题，如合作制的意义。然而有一位成员把合作社誉为剥夺剥夺者的一种手段。这种观点是有代表性的，立即受到一位比利时代表的驳斥，他用比利时的经验说明，这不过是教育无产阶级去进行阶级斗争，并为这种斗争提供必要的物质手段的方法。人们对生产合作社的意义发表了各种不同的看法；也有人把它看做实行社会主义的手段；人们甚至在实践中已经迈出了极大的步伐，在科勒佐施奈德军工厂对面建立生产大炮的合作社。可以断言：在现在的社会制度下，生产合作社和私人企业一样听命于资本主义生产方式的同样法则。但委员会一致决定，让各国根据他们的政治和经济情况来决定这个问题。因此，他请求大家一致接受面前的这个决议。

克里切夫斯基（巴黎，俄国代表团）说，当拉法格把合作社甚至说成是对社会主义运动的一种威胁时，他对合作社运动的意义的这种判断是他个人的观点。此外，为了避免对委员会的观点，或者说对社会主义的最终目标的观点产生混乱，他提议，要明确地补充说明，所有在决议中提出的措施只能被看做是使工人阶级能够实现其最终目的——在政治上和经济上剥夺资产阶级并建立社会主义社会——的手段。

弗里布尔（法国）：拉法格关于"科勒佐的合作大炮工厂"的说法是错误的。在这个合作社的行动委员会里，他的组织也派有很多代表，在这种情况下，这个错误就更加令人费解。（有人说：" 听呀，听呀！"）

埃伦博根声明反对克里切夫斯基的修正案，该修正案在委员会里被视为多余而遭到拒绝。

表决时，克里切夫斯基的修正案未获通过，委员会的决议除1票反对外被一致通过。此外，由巴黎德国人读书俱乐部和意大利人提出的如下补充提案获得通过：

"各国社会党人有责任争取使他们国内的外国人跟本国人民同样地享有联合的权利，并利用他们所拥有的一切手段来实现这一目的。"①

现在开始讨论第九项议题：

夺取国家权力以及与同资产阶级政党联盟。

多数派的报告人是王德威尔得，少数派的报告人是费里。由于这个问题的重要性，主席团认为通过这种安排，少数派有关报告人安排的所有可能的顾虑都受到了公正的对待。

王德威尔得：我想尽力完全客观地就委员会的讨论和所作的决议作一个报告。（在把讲话译成德文时，法国人非常吵闹，以致担任翻译的蔡特金女士不得不向他们喊道："难道德国人没有权利了解这个精彩的讲演吗？法国人难道完全忘了他们最光荣的称号——对妇女的礼貌——了吗？"暴风雨般的掌声）盖得、费里和考茨基向委员会提交了不同的决议草案。最后考茨基受托起草了一个作为讨论基础的决议。委员会必须对两个问题作出决定：（1）关于选举联盟的问题；（2）关于个别社会党人参加资产阶级内阁的问题。关于第一个问题的讨论进行的时间很短。它已经由历次国际代表大会讨论过了，委员会一致同意盖得提出的如下决议，它与法国工人党最近在伊夫里召开的全国代表大会通过的决

---

① 由于文本为德文，与前面法文本的措辞稍有不同。——编者注

议一致：

"与资产阶级政党建立选举联盟的做法不允许长久进行，否则就会违背阶级斗争这个党的基本原则。只有在特殊情况下以及在限定的时间内才允许与资产阶级政党共同前进。"①

正如已经说过的那样，委员会一致同意只有在非常特殊的情况下才应该允许建立选举联盟。但问题在于，这种情况应持续到什么时候，才能使不结束这种暂时的联盟成为蠢举。费里用下面这个比喻来表达这种思想：三个国籍、政治观点、信仰都不同的行人穿过危险的森林，受到强盗袭击时，他们就联合起来把强盗打跑。（喝彩声）当在政治方面即将出现某些危险时，社会党人就要和资产阶级联合起来。当像意大利那样涉及保卫政治自由时，像法国那样涉及保护人们的个人自由时，像在比利时和奥地那样以争取选举权为目标时，和资产阶级政党联合起来是必要的。但是这种选举联盟总是危险的，必须限制在最低限度之内。第二个问题，即个别社会党人参加资产阶级内阁的问题，不是那么容易回答的。在委员会里这样一种观点占多数，即认为除了法国之外，这个问题对所有国家来说是一个学究式的问题（有人说："完全正确！"），并且完全是局部性的。

现在有两个相互对立的决议案，一个是考茨基的决议案，一个是费里和盖得的决议案。费里的决议案正式禁止社会党人加入资产阶级内阁。考茨基的决议案使加入资产阶级内阁受制于一定的条件，全文如下：

"在现代民主国家里，无产阶级夺取政权不可能是某种突袭的结果，而只可

---

① 这份德文版的决议与前面法文版的措辞有明显的差异。——编者注

能是无产阶级的经济和政治组织从事长期的艰巨的工作的结果,是无产阶级在体质上和精神上得到复兴以及逐步夺取市政机构和立法会议的结果。

但是,在政府实行集权制的国家里,政权是不可能一部分一部分地夺取的。个别社会党人参加资产阶级政府,不能认为是夺取政权的正常开端,始终只能认为是在迫不得已的情况下采取的暂时性的特殊的应急措施。

在某种情况下是否存在这种迫不得已的情况,这是一个策略问题,而不是原则问题。代表大会不对此作出决定。但是,在任何情况下,只有当这种危险的尝试得到团结一致的党组织的批准,并且担任部长的社会党人又继续成为本党的代表时,社会党人参加资产阶级政府这一行为才有可能带来良好的结果。

当担任部长的社会党人脱离自己的党,当他不再是党的代表时,他参加内阁这一行为就从加强无产阶级的手段变成削弱无产阶级的手段,从促进无产阶级夺取政权的手段变成推迟无产阶级夺取政权的手段。

代表大会声明,如果党组织宣布,资产阶级内阁在资本和劳动的经济斗争中明显地暴露出偏私,社会党人就必须退出内阁。"①

普列汉诺夫还对这个决议提出了一个修正案,该修正案说,如果党组织的同志不同意,他就不能留在资产阶级的内阁中;他只能参加在工人和资本家的一切斗争中保持坚定不移的中立立场的内阁。委员会认为这个修正案是我们队伍中的一位优秀理论家的机智的建议,我们向他表示敬意。

至于个别社会党人参加资产阶级内阁的问题,委员会中大多数人认为,对此表示同意或批准不是代表大会的任务。在这两种不同的倾向之间,我们必须发挥镇静、调解、团结的作用。但是,如果我们不是在开国际代表大会,而是开法国全国代表大会的话,我会毫不犹豫地对米勒兰问题作出这样的决定:不管当事人的道德品质和精神品质多么高,不

---

① 由于文本为德文,与前面法文本的措辞稍有不同。——编者注

管入阁的理由多么有力，我却要说：米勒兰犯了一个错误。由于参加资产阶级内阁而为工人阶级的事业造成的损失是灾难性的，远远超过它带来的好处。米勒兰为一个在工人反对自己经济上的剥削者的斗争中并不抱中立态度的政府承担了个人责任，并且因此还犯了另一个错误：他违背法国社会主义者的一个大派别明确表述的意志，现在还留在那里。

也许有些社会主义者认为这个决议太含糊、太不明确，但如果我们不想再增加一个造成分裂的理由，我们就不能更确切了。我们的意见是：在原则方面毫不妥协，但策略问题是各国自己的事。委员会和法国工人党（盖得派）同志们的分歧是：我们认为社会党人参加资产阶级内阁的问题是一个策略问题，而他们认为这是一个原则问题。但在我们看来，这与我们的朋友们另外所持的夺取政权的观点相矛盾。他们一直代表这样一种观点，即社会党人的责任是在一切可能的地方利用选举权夺取国家和市镇的政治权力。例如在里尔，他们为社会党人夺取市长职位而斗争；而在巴黎，他们想拒部长于门外。委员会认为，政治机构和行政机构之间没有大的区别。在一个真正的立宪国家里，社会党人只能作为党的成员，只能作为他的党的代表，作为党的受托人参加内阁。

奥尔在委员会里由衷地对大家说："像在德国这样的国家里，没有一个社会党人会蠢到不经党的委托而加入内阁。他要这样做的话，就会被立刻开除出党。"但我们的代表大会不是法庭，不是决定革出教门的宗教会议。委员会绝大多数人认为，这样的委托在任何时候都必须被撤销，并且，社会党的部长必须应党的要求立刻退出内阁。当部长陷入使自己名声扫地的窘境，因此他留在内阁中会导致议会中的社会党代表迷失和混乱之时，这样的时刻就到了。饶勒斯昨天就米勒兰事件发表了中肯的意见，认为这只是一个不能用党的正常发展情况来解释的偶然事件。

王德威尔得最后说，没有一个社会党人不承认米勒兰所实行的那些改革的价值。但是，同争取最终目标的伟大斗争相比，这些改革不应受到高估。道路布满荆棘，崎岖不平，也许通往各各他①的道路要求成千上万的人为之献出生命，但我们必须走完它。只有当无产阶级像西姆布赖人②那样用铁链条把彼此拴在一起时，我们才能凭借自己的力量去夺取公共权力机关。于是，无产阶级将成熟到足以去完成其历史使命，去夺取政权，并且大声向资产阶级说：现在，这个屋子是我的，你们滚出去！（暴风雨般的、经久不息的掌声）

午休。

下午的会议

费里对盖得提出的如下少数派决议作出说明：

"巴黎召开的第五次国际代表大会重申，必须把无产阶级夺取政权理解为对资本家阶级实行政治上的剥夺，不管这种剥夺是以和平的方式还是以暴力的方式进行的。

因此，无产阶级只能在阶级斗争的基础上，依靠自己的力量，以占据议席的形式参加资产阶级的管理。必须禁止任何社会党人参加资产阶级政府，社会党人对资产阶级政府应当始终保持不屈不挠的反对立场。"③

作为少数派的代表，费里说：委员会的摇摆态度是当前社会主义中表现出来的某种情绪的标志；**这种情绪在法国表现为米勒兰事件，在意大利表现为自治策略，在德国表现为倍倍尔提出的关于参加邦议会选举**

---

① 耶稣蒙难处。——译者注
② 古代日耳曼族的一支。——译者注
③ 由于文本为德文，与前面法文本的措辞稍有不同。——编者注

问题的决议。考茨基的橡皮性决议对代表大会毫无用处。必须作出具有明确规定的决议。在处理法国的争议问题时，不应该忘记法国马克思主义者的伟大功绩，他们在 20 年来致力于使马克思的明确的思想发挥作用。然而在他们中出现了这样一种倾向，即拘泥于某些不是源于马克思，而是源于他的诠释者的教条。饶勒斯派的功绩是，在现代的共和国法国反对以教权主义和军国主义为代表的中世纪法国的德雷福斯事件斗争中取得了领导地位，而盖得派在一旁止步不前，无所作为。但另一方面，饶勒斯由于他的党支持米勒兰而犯了一个错误。尽管如此，希望两派之间能够持久地团结起来。资产阶级根据社会主义的发展而采取压制它的不同手段。当社会主义还是新生儿时，他们对它进行诽谤和嘲笑；当社会主义长成孩童时，他们用反动措施来迫害它；当社会主义成为小伙子时，他们就企图对它施催眠术，把它引入歧途。（哄堂大笑）他们就像急于把女儿嫁出去的母亲。（哄堂大笑）女儿涂脂抹粉，穿上盛装，作出示爱的举动，当小伙子由于她的殷勤而被俘获时，他将变成一个温顺的、失去自由的、不幸的丈夫。（再次哄堂大笑）人们必须从这种立场来看待资产阶级内阁接受社会党人的做法。现在，人们也在德国感觉到这种做法的征兆。决议宣称要参加普鲁士邦议会的选举。考茨基的决议是对"假如"和"但是"的概括，它有一扇小小的后门。由于这个决议，米勒兰事件将再次发生，虽然门被关上了，但窗子还开着。原则被写在宣传画上得到拯救，而在巴黎却什么都允许做。虽然谈到了这是"危险的"尝试，但人们将会说：我们是些勇敢的人，足以承担风险！决议用社会主义的原则来推销资产阶级的策略。我们将因此走上邪路。策略和原则之间没有区别。策略只应是理论的应用，理论只是普遍的策略。在法国议会里，没有一个社会党人对远征中国提出抗议，他们甚至批准了这一掠夺远征的经费，这个事实表明，我们走到了哪里。（社会党议员桑巴特反对这种说法）

盖得关于选举联盟的决议案同样不够明确，但它比考茨基的决议案更为明确。考茨基的决议案提出的那种策略必然给人们带来的失望将接踵而至。在短时间之内，各国社会党将回归那种经过考验的不妥协的策略，而不是僵化在公式上。报告人最后希望，法国人将团结起来，因为在这场争论中没有胜利者和失败者。（热烈的掌声）

根据海德门的提议，规定讨论时发言时间为10分钟，报告人作报告时间为20分钟。

饶勒斯：我的发言只代表我个人的观点和我所代表的团体的意见。关于选举联盟我没有必要说太多。所有的社会主义政党都已经加入了选举联盟，或是为了保护政治自由、保障选举权，或是为进行社会改革而施加压力。法国人在德雷福斯事件中的作为，不外乎是他们支持自由派反对欺骗，反对教权主义、军国主义，不外乎是他们不让自由派独享进行这样一场斗争的荣誉。同样，德国人在制定海因茨法案时同样是这样做的，他们与艺术家和学者一起捍卫了艺术和科学，因此使歌德的祖国没有变成埃策耳[①]的祖国。（暴风雨般的掌声）在参加邦议会选举的问题上，党现在甚至决定必须参加选举。在意大利，我们的同志和共和党人联合起来了；在比利时，我们的同志和自由派联合起来了，在这个国家甚至不是为了争取普选权，而只是为了不让多元选举权变得更加不平等。在社会主义阵营中弥漫的对于选举联盟的不知所措，其原因或许在于，在实施对于我们来说是确定无疑的策略的同时，人们经常没有勇气承认情况已经改变了，并玩弄文字游戏。我不会为这种新策略而羞愧。

王德威尔得在今天早上宣称米勒兰问题纯粹是法国人的事情。的确如此！这个问题——事情或许令人遗憾——今天只有在法国才有可能。民主向更高阶段的发展，会使这个问题在我们中间成为可能。这个问题

---

① 即阿提拉。——编者注

将在所有立宪国家出现。有人说，米勒兰不能接受部长职务，因为他是从总统手中，而不是从选民手中接过部长职务的。难道我们没有通过我们选民派出的议员参加总统选举吗？（一位盖得分子喊道："这是一种挑衅！"喧闹声）（赞成声和抗议声）我在这里听到了抗议声，好像我们在全国代表大会上一样！（掌声和笑声）在外国代表看到对我的发言的报道时，他们将感到吃惊，对事实的这种简单陈述竟成为一种挑衅。（喧闹声再起；主席摇铃）

饶勒斯：凡是有强大的、有组织的社会主义政党的地方，就会出现这个入阁问题。在瑞士、比利时、英国都会出现这个问题。在英国，正如社会民主联盟的一位同志昨天在委员会里预言的那样，旧的自由党将因其陷入帝国主义而垮台，一个新的、真正民主的自由党将诞生。在比利时，如果在最近的选举中获胜，党就会决定与教权主义的多数派断绝往来。但是在意大利和比利时都不存在费里提出的问题和王德威尔得提出的问题，因为那里有严密组织起来的社会党，这些党将阻止这些问题成为纯粹的个人问题。

我赞成考茨基的决议案，也是因为这个决议案说入阁问题不是理论问题、原则问题，而是一个实践问题、一个**策略问题**。很长时间以来，我们把策略问题理解成原则性问题，因此作出了非常矛盾的决议，例如，德国社会党人在邦议会选举问题上作出的决议就是如此；首先是禁止参加，而后是允许参加，现在参加邦议会选举成了一种义务。所有这些都打着阶级斗争的名义。阶级斗争使我们必须确信，即为了无产阶级的利益而不可避免地把资本主义所有制改变为公有制时，工人必须参与这一过程。阶级斗争使我们必须说，现在无产阶级不能像罗伯特·欧文把拯救工人的希望寄托在维也代表大会上那样，把希望寄托在统治阶级身上。阶级斗争使我们必须说，工人阶级已经成熟到能够进行自己的事业，因此人们不能束缚他们的双手。

我赞成这个决议案，最后还因为有组织的社会党应该在今后对社会党人加入和退出内阁的问题作出决定，这也是我们的立场。因此，部长是处于党的监督和评判之下的。此外，我们无需担心资产阶级会经常愿意召唤社会党人入阁，当他代表党，也就是仅仅是党的受托人时，这种情况会更加罕见，因为在这种情况下，社会党人加入资产阶级内阁就是在政治上剥夺资产阶级的开端。只有在非常紧急的情况下、在极其危险的关头，资产阶级才会采取这个办法，因为它这时会明白，没有无产阶级的加入，就会出现一个资产阶级自己将掉进去的深渊。（暴风雨般的、经久不息的掌声）

桑巴特（巴黎）纠正费里没有一个社会党议员投票反对远征中国的拨款和对此提出抗议的说法。他自己就趁此机会说出了社会党人的想法，并受议会党团的委托对批准拨款提出抗议。议会党团在反对沙文主义和军国主义方面始终是团结一致的。他希望，已决定成立的国际议会委员会向各国所有的社会党议员公布这样一条口号：不给军国主义一兵一卒，不给军国主义一分钱！希望代表大会同样对米勒兰问题作出一个清楚、明确的决议。法国人将尊重这个决议。代表们必须明白他们对决议承担的责任，因为现在在法国发生的事也会对其他国家产生影响。

接着发言的是**茹安迪**（阿列曼派）。盖得派向他高呼：李卜克内西万岁！原因是他在他的党的代表大会上指责了李卜克内西对德雷福斯问题的态度。主席尽力使他把话讲下去。发言人表明了他的国际主义信念，并且讲述了米勒兰事件的背景。米勒兰被置于这样一个斗争岗位上，为的是在瓦尔德克—卢梭内阁中保卫共和国。无产阶级没有组织起来，但是它完全同意这个步骤。我们不能采取别的办法。在自由或人的尊严受到威胁时，无产阶级必须始终站在捍卫者的前列。（会场极其混乱，使这个讲话几乎无法得到翻译）

下一位发言人应是茹尔·盖得。但这时已经到了6点，会议结束，明天继续讨论。

第五天的会议[1]
(9月27日,星期四)

上午的会议

会议开始前德国代表团举行了一次会议。德国代表团决定,即使在代表团内部对个别决议的看法产生意见分歧,在表决时也一致投票。奥尔和辛格尔被选为德国参加国际常务委员会的代表。

范科尔(比利时)、菲尔霍尔茨(瑞士)和普列汉诺夫(俄国)担任会议主席。范科尔应德国代表团的请求通知,希望法国代表们在发言翻译期间更多地保持安静,否则德国代表团也许不能参加表决。此外,德国代表团提议,下届代表大会于5年后在阿姆斯特丹或维也纳举行,相反,英国人主张下届代表大会于2年后举行;**王德威尔得**支持英国人的建议;1889年,人们在巴黎决定,每隔2年召开一次国际代表大会,在伦敦已经有人把这个期限延长为3年,现在有人要延长到5年,最后就会把期限延长到10年或20年!国际代表大会的主要意义是使兄弟般的联系越来越紧密,以及使社会主义先锋战士尽可能经常地建立更密切的关系。代表大会对社会主义思想在国际上的发展具有非常重大的意义。

辛格尔:我们德国人不认为国际的团结和兄弟般的情谊取决于我们是否每隔2年、3年或5年见一次面;如果国际的团结和兄弟般的情谊

---

[1] 原文误写为"第四天的会议"。——编者注

没有深厚的根基，那它就根本毫无用处。此外，情况与以前相比也发生了变化；现在我们已决定成立国际常务委员会、议会委员会等；这些机构将承担从前的代表大会所做的一部分工作，而未来的代表大会将致力于讨论这些委员会的工作；人们必将提出种种建议。今天我们只能讨论重大的观点，不得不让各国处理各自的问题。难道两年之中变化会如此之快，以致国际无产阶级必须立即对新产生的重大观点表态吗？我们聚会越少，代表大会的意义和价值就越大；我们还记得，如今我们在我们的国际代表大会上不得不只是经常地重复我们的决议。我们德国人不必为我们的提案缺乏国际团结的感情的说法作出辩解。我们的提案恰恰将导致这样一种结果，即多次国际代表大会的任务在我们的一次代表大会中得到严肃的解决。（掌声）

科斯塔赞成英国的建议，因为在设立书记处之后需要尽可能快地作报告和行使监督。

奥地利和荷兰提议，下一次代表大会于3年后举行。在以国家为单位进行的表决中，**英国人的提案**以21票对19票**被否决**，**奥地利和荷兰人的提案**以32票对8票**被采纳**。佩尔讷斯托弗提议维也纳作为下一次代表大会举行的地点，波拉克提议阿姆斯特丹作为下一次代表大会举行的地点。克里切夫斯基不赞同在维也纳举行，因为俄国的社会党人，特别是生活在俄国境内的社会党人根本不可能参加代表大会。阿德勒同意在维也纳召开。

代表大会决定下一次代表大会在阿姆斯特丹举行。

继续讨论第九项议题：

夺取国家权力以及同资产阶级政党联盟。

盖得（受到其支持者表示拥护的掌声欢迎）发言：我关于与资产阶级政党建立选举联盟的决议提出了明确的条件，并以此保证了把联合限制在最低限度的可能性。阶级斗争越是尖锐，联合的可能性就越小。

我在很多方面赞成考茨基的决议案，赞同它不把社会党人入阁称为无产阶级夺取政权的开端。社会党人以何种方式进入内阁，是以选举获胜为基础还是由于内阁的恩典，这是有区别的。社会党人入阁，最好的情况也只能实现局部改良，这些改良实际上改变不了无产阶级的阶级状况。为了改变无产阶级的阶级状况，必须夺取中央权力。不仅夺取政权是必要的，而且**无产阶级专政**也是必要的，面对这种专政，1793年伟大的资产阶级革命家就已经瑟瑟发抖了。我也同意考茨基在其决议案中指出的这样一种观点，即社会党人入阁会对无产阶级产生涣散组织、混乱思想的后果，因为无产阶级的阶级觉悟被削弱了。考虑到国际社会主义，必须坚持严格的阶级斗争的立场。尽管社会主义已经成长起来，但我觉得它在广度上取得成就的同时，在深度上却遭受了损失。看来，它的脊梁骨似乎完全不像从前那样硬了。

但是我也不赞成考茨基的决议案，因为它使在头几句话中受到谴责的观点在最后起死回生。阶级斗争不允许搞阶级合作。李卜克内西也认为，加入资产阶级内阁的社会党人不再是一个社会党人。他可以认为自己仍是社会党人，但实际上他已经不是了，他不能再以党员的身份进行活动，他不能为两个主人服务。不可调和的阶级矛盾使同一个人不可能既是无产阶级的代表，又是资产阶级的代表。即便一个有组织的党支持这位社会党人部长，这也改变不了什么。形势只会因此更加恶化，因为于是全党要对资产阶级内阁的错误、罪行和破产承担责任。一旦士兵火枪的射击和警察马刀的砍杀使无产阶级认识到这个折中的部长的意义，党就会在无产阶级面前失去威信。任何一位部长都要为内阁的总政策承担责任，也要为它的对外政策、对战争拨款和舰队拨款承担责任。一个英国的或德国的米勒兰会通过他们的行动来危害国际团结。考茨基的决议案由于自身的矛盾将给无产阶级的进军带来严重的危险。我们坚信，除了阶级斗争，没有任何方法能拯救无产阶级！（暴风雨般的掌声）

英国人没有翻译上述讲话。

安塞尔：我是发电报给米勒兰祝贺他入阁的人之一。对我而言，甚至共和国是否处于危急之中这样一个问题并不是决定性的；在我看来，事情仅仅涉及：社会党人入阁对于无产阶级的利益和社会主义事业是有利还是不利？对此我持肯定的态度。考茨基决议案中最重要的一点是表达了这样一种思想：社会主义的胜利不是某种突袭的结果，而是长期地、慢慢地工作的结果。**这是与过去诀别**。过去，像教会让信教者相信天国的美好，像资产阶级相信政治自由的无穷威力那样，我们很长时间以来宣传要坚信大革命的那一天，因此人们经常出现这样一种看法，即好像到那时之前我们就可以无所事事了。从现在起应当采取另一种策略。这种策略就是要坚持不渝、孜孜不倦地从事日常工作，它不会像盖得担心的那样削弱社会主义意识。点燃一颗年轻、热情的心为最后的伟大斗争而献身，这是容易的；而作为一个组织的成员日复一日地履行其琐碎的、耗费精力的职责，这要困难得多。修筑街垒是光荣的，这种琐碎的工作也是光荣的。我们向老一辈革命先锋战士深表敬意，但我们也不应看不起今天那些主张采用更好的、更符合当前需要的斗争方法的人们。尽管我们为了达到我们的目的仅采取和平、合法的手段，但我们不会回避最后的战斗，因为资产阶级不会毫无抵抗地忍受在政治上和经济上对他们的剥夺。因此，我们必须组织起来，紧密地团结起来。人们称米勒兰为叛徒，因为他加入了资产阶级内阁。人们会谴责一个因企业主不得不宣布力所不及而出任一个大工业企业领导的工会会员吗？难道人们可能像现在让米勒兰对资产阶级内阁反对工人的任何行为承担负责一样，让这位工会会员对资本主义制度的一切弊端承担责任吗？盖得说，社会主义或许在广度上了取得进展，在深度上却没有。现在，在工人由于劳动时间过长、工资菲薄、受教育不足而缺乏学识和对社会相互关系的认识的时候，我们必须欢迎一种使工人起来完成使命的策略。这种新

的策略将成为在反对资本主义社会的斗争中提高无产阶级的自卫能力的手段。(掌声)

瓦扬（布朗基派）赞同盖得的发言，并谴责加入资产阶级内阁的做法。他反驳安塞尔说，没有尽职的工厂领导会被开除，没有为资产阶级尽职的社会党人部长同样会被开除。我们不愿意成为在沙隆枪杀工人的那伙人的同犯。安塞尔谈到最后的大战役，但是，如果我们没有群众支持的话，我们怎么能取得这场战役的胜利；如果群众看到，我们是资本主义的罪行的同谋犯的话，他们必然失去对我们的信任。我们必须始终是一个革命的党，这就是说，没有斗争，我们从资产阶级那里什么也得不到。但考茨基的决议案是一种投降。我们钦佩考茨基思想的深度，但我们不能同意他的决议案。在汉诺威战胜了伯恩施坦的考茨基①，现在在伯恩施坦面前投降了。

奥尔：我从未怀疑过，德国社会民主党的代表将能就这个问题发言，由于我对法国人的殷勤和好客评价极高，因此我本来就不可能相信，他们会不让我们德国人发言。所以，我不会忘记因你们的殷勤而向你们表示感谢。在长时间的辩论中，我们德国人没有听到什么新的看法。所有这些使法国工人阶级激动、发怒和分裂的问题，所有这些使我们不得不听了数小时之久的讨论的问题，几年前我们在德国已经讨论过了，只不过也许没有你们这里这么激动而已。我们关心同资产阶级政党联盟的问题和参加市镇行政管理机构等问题已经20年了，是经验促使我们做了法国同志（如果他们不愿损害工人阶级的最切身利益的话）现在也终于不得不做的事情。确实，我们那里还没有出现米勒兰事件！**我们还没有达到这样的地步！**但是，我希望，我们**不久就将如此！**（掌

---

① 1899年10月，德国社会民主党在汉诺威代表大会上通过了考茨基提出的批评伯恩施坦修正主义理论的决议。——编者注

声）这个问题对我们来说是纯粹**学究式的问题**。我们党的领导——他们可能碰到类似的问题——目前**距离单人牢房**比距离部长职位**近得多**。（哄堂大笑）在整个讨论期间，我感觉像罗伊特的小说《我当农场管家的时候》中的那个短工，在他面前，人们争论各道菜的好吃之处。这个简朴的下德意志工人说：烤李子和牛肉都是非常好吃的菜，但我们是弄不到的。（哄堂大笑）我们的处境也如此。但是事情还有另一面。在法国出现一位社会党人部长的原因究竟是什么呢？这关系到，共和国是否在法国将遭到毁灭，反动派是否将取得胜利，并且群众争取解放的运动（在法国的土地上为此已经血流成河）是否将因此倒退十年。只是遵循我们党的传统，我才作如下声明：从前在这样的时刻，当问题在于击退反动势力对自由的攻击时，当问题在于阻止政治和经济的倒退时，我们一刻也没有犹豫就履行了我们的职责。如果在我们面前出现这样的问题，我们就会对那些身处困境而被迫向我们求助的政党说：请放心，我们的传统和我们的存在本身要求我们和你们共同为自由、正义和进步而战斗。或许考虑到我们所爱戴的领导人，我们会说：我们不要部长职位，虽然如此，你们可以信赖我们。但是，如果有人对我们说："这只同资产阶级有关系，同你们一点关系也没有；问题仅仅在于会出现一个保守的共和国还是一个民主的共和国。"于是我们会声明说："不！不是这样的！"并且我们将回答："要卢贝，无论如何也不要一个凯撒！"（暴风雨般的掌声）在委员会里我只代表我们宣布：在德国，在我们所处的情况下，一个党的同志**不经党的同意就进入内阁是不可能的**。但我的确避免把对我们德国的情况来说理所当然的事情，推广到别国去。关于米勒兰事件我有一种想法：**在这种糟糕的情况下，在这种意见分歧的情况下，在我们的法国同志建造巴比伦塔的情况下，米勒兰究竟应该向谁去征求意见呢**？（热烈的赞同声）如果你们想避免米勒兰事件，那你们就要解决你们之间的争端；如果你们成为一个强大、统一、伟大的党，那么当历史上重新出现一个像你们现在所处的时刻时，你们将认识到统一的法国社会民主党的力量、权力和重大的影响。可惜，这一时刻还没有在我们那里出现。你们已经面临这一时刻。我们只希望，**这一伟大的日子，在它出现的任何地方都不会有渺小的人物！**（热烈的掌声）

我投票赞成考茨基的决议，但我并不同意它的全部提法。不过这取决于总的倾向，对此我是赞同的。人们指责考茨基的决议案是含糊的、不明确的，说它没有为各种情况提出预防措施。如果考茨基的决议案这样做，我倒不会投它的票了。我们不愿意在将来可能发生的一切事情上都受到约束。我们愿意在特定情况下根据我们的理论教育和纲领表明自己的看法。我们不放弃我们的这种权利。**我们不是口袋里装着最后真理的狂信者、预言家和教会创立者。**（热烈的掌声）我们在寻找真理，为了寻求真理，我们应当让道路通行无阻。（热烈的掌声）所以我们赞同考茨基的决议案。

我们希望，在我们被迫在这里进行讨论之后，法国人能从中吸取教训，认识到他们应当在他们彼此之间和在他们本国解决这样的问题。你们想一想，如果我们打算在这里讨论参加邦议会选举的问题，那会怎样！（哄堂大笑）国际代表大会只能表明最带普遍性的观点。其意义也就在于此。这是组织起来的无产阶级的盛大示威，是这一巨大力量的示威，而未来是属于这一巨大力量的。愿法国人不是作为战胜者或战败者，而是作为为国际无产阶级的事业而斗争的战士，与我们肩并肩地离开这个大厅。（暴风雨般的掌声，但盖得派未鼓掌）

开始午间休息。

下午的会议

会议由范科尔主持，开始时科斯塔以意大利代表团多数派的名义发表声明：他们将投票赞同考茨基的决议。

考茨基的决议案以29票对9票通过（每个国家投2票）；投票**赞成**的有：德国、英国、奥地利、波希米亚、丹麦、挪威、比利时、荷兰、西班牙、瑞典、葡萄牙、瑞士、阿根廷；投票**反对**的有：保加利亚和爱尔兰；赞同和反对**各投一票**的有：法国、波兰、俄国、意大利、北美合众国。盖得关于选举联盟的决议案以热烈的欢呼声通过。关于考茨基决议案的投票结果导致激烈的反对。盖得派高呼："到沙隆去！"（在那里罢工的工人被宪兵枪杀）和"勇敢的内阁！"

在宣读了一些表示支持的贺信之后，弗尔内蒙通告了保加利亚①人的愿望：每一个国家向下届国际代表大会提交一份有关工会运动的报告。

澳大利亚社会民主党将参加代表大会的委托书授予**海德门**。

开始讨论大会议程的第四和第五项议题：

各国人民之间的和平，军国主义，废除常备军。殖民政策。

对此有两项决议。

范科尔在热烈的掌声中以简短的语言阐明了关于**殖民政策**的决议案，决议案全文如下：

"鉴于，资本主义的发展必然导致殖民扩张，这就是各国政府之间发生冲突的原因所在；

---

① 在两份法文会议报告中为"比利时"。——编者注

鉴于，帝国主义作为资本主义发展的必然结果，在各国煽动沙文主义，迫使各国不断扩大开支、加强军国主义；

鉴于，资产阶级的殖民政策的唯一目的是提高资本家阶级的利润和维持资本主义制度，而为了达到这个目的，就要榨干作为生产者的无产阶级的血汗和金钱，并且对被武力征服的殖民地土著民族犯下无数罪行和残暴手段；

代表大会宣布：

组织起来的无产阶级应当利用他们所掌握的一切手段来反对资产阶级的殖民占领和殖民扩张，谴责资本家阶级的殖民政策，并在一切场合不遗余力地抨击丧尽天良、厚颜无耻的资本主义在世界各地做出的不正义的残暴行为。

因此，大会特别提出以下措施：

1. 各国社会党应当在一切地方热心研究殖民地问题；
2. 在经济情况允许的地方，千方百计地促进在殖民地建立与宗主国社会党保持联系的社会党；
3. 在各殖民地社会党之间建立联系和发展密切的关系。"①

海德门：作为英国社会党人，也就是作为世界上最大的殖民帝国的国民，我非常重视在此和国际无产阶级一起抗议殖民政策。我非常愿意同意这个决议，因为它也谴责了英国对德兰士瓦实行的无耻政策，英国社会主义者对此感到悲伤而羞愧。海德门接着详细地介绍了英国对印度的掠夺制度以及在那里发生的周期性饥荒的根源。在此，人们必须注意到，英国在印度并没有创造某种更高的文明，反倒是毁灭了一个远比我们的文明要好的古老的文明。这种事情目前正在中国重演。如果无产阶

---

① 由于文本为德文，与前面法文本的措辞稍有不同。——编者注

级不想使自己成为这种罪行的同谋犯，就必须根据面前的这个决议的精神行动。

奎尔奇赞成海德门的发言；但为了英国工人的荣誉，在这里他必须指出，尽管对德兰士瓦金矿贪得无厌的英国资本家试图进行种种有计划的腐蚀，还是不能使任何一个参加组织的工人提出支持战争的声明，更不要说一个组织了。英国的整个新闻界都被收买了，似乎都受到贿赂的腐蚀，只有工人完全保持了他们的本色。或许决议也应该包含这样的要求，即出版一份真正的收买不了的人民的报刊与腐败的资产阶级的报刊相对抗。

柯伦（伦敦煤气工人）：我受我所代表的5万名工会会员的委托，对前面几位发言人提出的抗议以及这个决议案表示赞同。在英国，现在有人特别卖力地向工会会员宣传说殖民政策是他们的利益所在，因为这种政策开辟了新的市场，以此提高了就业机会，提高了工资。但是英国工会会员没有被这些空话迷惑。他们反驳说：只要英国还有饿着肚子去上学的儿童，只要还有衣着褴褛的工人，还有陷入贫困的失业者，英国工人就没有兴趣把他们生产出来的商品输出到殖民地去。军国主义者欢欣鼓舞地说，英国是一个伟大的国家，在这个国家，太阳永远不会落下，这时我会说：在英国还有很多地方太阳从未升起过。（暴风雨般的掌声）

莫里斯（瓜德罗普社会党总委员会）也表示支持决议，他指出，在殖民地，特别是在安的列斯，社会主义的种子开始发芽，因此制定一个社会党人的殖民地纲领是一项急迫的任务。

范科尔在结束语中申明，人们对决议没有提出任何反对意见。国际无产阶级因此向世人展现了一个尊严的场面，他们一致给资本主义的殖民政策打上了可耻的烙印。

决议被一致通过。

主席通告了来自加拿大、昆士兰（澳大利亚）等地的支持信件。代表大会向奥地利和英国工人的选举斗争表示支持的提案，在热烈的欢呼声中获得通过。几个派代表参加大会的俄国革命团体宣布，他们不参加国际委员会的选举。

关于第四项议题：

各国人民之间的和平，军国主义，废除常备军。

罗莎·卢森堡作报告： 两个委员会，即第四和第五委员会一开始就举行联席会议，因为军国主义和殖民政策目前不过是世界政策这同一个现象的两个不同方面。在国际代表大会上对军国主义提出抗议不是什么新鲜事，无产阶级凭它正确的本能一向认为应把帝国主义看成是整个文明的死敌。老的国际就曾一再提出这样的抗议。但是，对我们来说，问题不仅在于重复以往的决议，而且在于面对世界政策这一新现象提出某种新的内容。发言人[①]在代表大会的掌声中描述了世界政策的疯狂和殖民政策的逆流，它们在最近六年中导致了四次流血的战争。对此，社会党人再也不应当局限于发表柏拉图式的宣言。到目前为止，国际的实践行动仅限于经济领域。一个国家的工人在经济上对其他各国工人状况的依存性早就显示出来，并且已经在一项以劳动保护为目标的国际的工会行动中得到表现。就政治方面来说，不同国家的工人利益的密切关系却难于觉察得多。但是在这方面世界政策也造成了急剧的变化。所有重要的文明国家一致卷入同样的军国主义、海上扩张主义，同样地追逐殖民地，到处出现反动，尤其是国际间出现了持久的战争威胁，或者至少是一种持续的敌视状态。但是从而也就造成了一种新的共同的政治活动的基础。无产阶级必须用国际的抗议运动来抵制帝国主义反动派的联盟。决议包含这一方面的实际建议。我们建议的东西不多，仅仅责成各国的

---

① 即卢森堡。——编者注

社会党议员投票反对用于陆地和海上军国主义的任何经费,并要求由代表大会创建的常务委员会在具有国际影响的,例如像中国战争这样的事件中在所有的国家发起同样形式的抗议运动。但是只要严格地做到这不多的几点,我们在国际关系方面无疑就会取得巨大进展。不过,国际工人政党的接近不仅从日常反军国主义斗争的立场来看是迫切需要的,而且从我们的社会主义最终目的来考虑也是迫切需要的。愈来愈有可能的是:**资本主义制度的崩溃**将不是通过一次经济危机,而是通过世界政策引起的一次**政治的**危机来实现。资本主义制度的统治或许还要长久保持下去。但是,丧钟迟早会敲响,为了使我们能在决定性时刻担负起伟大的任务,全世界无产阶级有必要通过不断的国际行动为这一时刻作好准备。希望这次代表大会就此提出口号,希望它向国际无产阶级发出这样的号召:"全世界无产者在期待反对资本主义制度的决定性的共同斗争中联合起来,共同进行日常斗争以反对军国主义的和世界政策的反动。"

这个一致通过的决议说:

"基于1899年在巴黎、1891年在布鲁塞尔和1896年在伦敦召开的各次国际社会党代表大会通过的谴责军国主义是资本主义制度的一个灾难深重的后果,并要求废除常备军、组织国际仲裁法庭以及由人民决定战争与和平问题的多项决议;

其次,鉴于上次国际代表大会以来发生的种种事件表明,无产阶级迄今所获得的政治成就以及现今社会的整个和平而正常的发展受到军国主义特别是它的最新形式即世界政策的极大威胁;

最后,鉴于这一扩张和殖民掠夺的政策,正如对中国的十字军讨伐向我们所表明的那样,引起了国际竞争和冲突,从而有使战争成为持久状态的危险,而无产阶级将必须独自为这种状态在经济、政治和道德方面作出牺牲;

代表大会宣布:

1. 每个国家的工人政党必须加倍努力地反对军国主义和殖民政策;

2. 首先绝对必须用维护和平的各国无产者的联盟来回答主张战争的各国资产阶级政府的世界政策的联盟,也就是说,从政治领域的多少带有柏拉图式的显示国际团结精神的做法过渡到强有力的国际行动,过渡到反对军国主义和世界政策的共同斗争。

为此,代表大会决定采取以下的实践手段:

1. 各国社会党为了反抗军国主义应着手进行并努力推动青年的教育和组织工作;

2. 各国议会中的社会党议员有责任无条件地投票反对用于军国主义、海上扩张主义或者远征殖民地的任何经费;

3. 委托社会党国际常务委员会,在一切具有国际影响的适当时机,在各国同时发动一次同样形式的反对军国主义的抗议运动。

大会反对像海牙会议那样的所谓和平会议,在当前的社会,这种会议像最近的德兰士瓦战争所证明的那样,不过是一种欺骗和蒙蔽。"①

在代表大会的热烈的赞同声中,法国社会主义妇女向克拉拉·蔡特金献上一束漂亮的鲜花,感谢她作为翻译人员所做的非常努力和尽心的工作,饰带上的题词是:

"**法国社会主义妇女献给克拉拉·蔡特金。**"

博纳维亚同志讲话赞扬克拉拉·蔡特金和英文翻译斯密斯-赫丁利,并对此表示满意,即参加历次社会党代表大会的妇女人数不断增加,这为她们及其所代表的男人们赢得了荣誉,并且保证了在妇女中进行更加有力的宣传这一社会党人的希望的实现。

---

① 由于文本为德文,与前面法文本的措辞稍有不同。——编者注

蔡特金同志激动地致答词，她接受献礼，不是为了她个人，而是为了德国妇女代表团，她们觉得自己与各国的社会主义者是始终紧密地团结在一起的。

一份反对沙皇制度镇压波兰人和芬兰人、英国人镇压布尔人以及土耳其人镇压亚美尼亚人的抗议书被一致通过。

接着进行大会议程第六项议题：

组织海运工人。

报告人 **A. 施特默**：委员会把运输工人也列入他们考虑的范围。海员和运输工人尤其直接地与其他国家的工人发生联系。这两类工人的组织以及通过立法途径消除他们所处的恶劣环境应当受到各国社会党的关注。对于消除恶劣的工作条件，资产阶级政党至今什么也没有做。我们必须依靠自己。在一切有专门的商船队法律的国家，社会党必须注意，使这些法律都尽可能变得完善并得到执行。海员应该从政治方面和工会方面组织起来并投社会民主党人的票。海员应尽力支持社会民主党人的组织工作。在尚无海员组织的地方，运输工人应设法争取海员加入国际运输工人联合会。应在各国议会中为海员提出如下急迫要求：

（1）取消海员职业介绍人，在各个海港成立受工人组织监督的职业介绍所。

（2）建造官方旅社和海员公寓，由工人组织领导、当局监督。

（3）成立有海员担任法官的特别法庭，处理在航行期间发生的纠纷；削减海运官员处罚海员的权力。

（4）规定工作日的最长时间，并明确加班及其报酬；星期日和假日只允许做必要的工作。

（5）对于受伤和丧失劳动能力的船员，应保证给予充足的抚恤金；在海员死亡的情况下，抚恤金应全部发给死者家属。

（6）规定最低工资额。

(7) 制定有关预防事故的规定的法律，特别是为所有的船只规定满载吃水线和配备人员的标准，该标准应考虑到海员的人数、能力以及理解指挥的外语知识。

(8) 通过法律保障海员享有公正的待遇、良好的伙食、良好的住宿以及良好的卫生条件。

(9) 废除海员法律中的一切特殊协议。

(10) 任命足够数量的检查员，他们拥有扣留以任何形式违反法律的船只的权利。

为**运输工人**提出的要求是：

(1) 在发生意外事故时给予充足的抚恤金；保险费的任何部分都不由工人缴纳；无论船只停泊在码头或在航行中，雇主对于一切事故都应当发给全额抚恤金，不得提出异议。

(2) 彻底检查劳动工具。

(3) 不得在饮食店和客栈支付工资。①

(4) 在各港口设立工人的职业介绍所。

(5) 规定工作日的最长时限和工资的最低限额；夜间和星期日工作时，须增加工资。②

委员会的建议在比利时代表**奥克托**的简短说明后被一致通过。

关于第七项议题——**为争取实现普选权和人民直接立法而斗争**，佩尔讷斯托弗（维也纳）受委员会的委托建议在不作讨论的情况下通过决议：决议表明了悠久的社会主义信念，即只要不推倒政治上的不自由之墙，就不能占领社会主义的城堡。

获得一致通过的决议如下：

---

① 以防止海员的工资被直接扣做押金。——编者注
② 由于文本为德文，与前面法文本的措辞稍有不同。——编者注

"对于所有的国家立法和执法机关实行普遍的、平等的、直接的和秘密的选举权是社会民主党不可动摇的目标,是达到政治和社会解放的一个重要手段。

大会要求被剥夺议会代表资格的国民或者说代表资格还建立在特权基础上的国民,为争取普遍的、平等的、直接的和秘密的选举权而斗争,直到它完全实现。大会认为,无论为争取实行这种选举权而进行的斗争,还是人民行使这种选举权,都是教育人民参加公共活动的一种最佳手段。

大会确信,妇女和男子一样有权要求政治权利;因此,大会要求男女均享有选举权。

大会宣布,在已经实行普选制的国家里,社会党人的责任是把他们那里已经实行的选举制扩大为比例代表制。通过实行比例代表制使普选的实施合乎规定。

同时,鉴于人民主权的思想,大会要求通过赋予人民创议权和实行全民公决来争取实现人民直接立法。

大会宣布,所有这些要求都是必不可少的教育人民的手段,其宗旨是使他们在思想上和精神上能够为争取社会解放而全力以赴、团结一致地进行阶级斗争,并为夺取政权作准备,以便能有计划地迈向建立社会主义社会。"①

关于大会议程上的第八个议题——**市政社会主义**,**万克**(布鲁塞尔)简短地说明了下列决议:

"鉴于不能把'市政社会主义'一词理解为社会主义的特殊形式,

---

① 由于文本为德文,与前面法文本的措辞稍有不同。——编者注

而只能理解为民主社会主义的一般原则在政治活动的某个特殊领域的应用；

鉴于通过这种活动而达成的改革只能被看做是实现社会主义社会道路上的一些阶段，社会党人必须在市政管理机构的所有领域里进行活动；

此外，鉴于完全自治的市镇不仅在经济问题方面是一个带来丰硕成果的活动场所，而且能够成为社会党人对抗资产阶级国家中央政权的一个强大支柱；

因此，1900年巴黎国际代表大会宣布：

在充分肯定一般政治活动的意义的情况下，各国社会党人的职责是对市镇管理机构中的活动的重要性给予注意，促进这种活动，并参与这种活动。在履行这一职责时，社会党人应推动公用交通工具、澡堂、医院等的市政化，并使它们成为无论从公众福利来说还是从在这些企业工作的人员来说都是模范的机构。小市镇必须为完成这些任务建立市镇联盟。在那些政治情况不允许市镇这样办的国家里，社会党人有义务竭尽全力，以争取获得对于实现这些要求所必不可少的政治自由。

大会通过国际书记处建议社会党市镇议员：（1）相互通告在一切领域实现的改革以及这些改革在精神上和财政上（经济上）所带来的好处；（2）设立国家局，记录市政管理机构中值得知道的事件，收集有关档案材料，尽可能地研究有关问题；（3）为了通过口头交换对这些问题和所取得的经验的意见，大会委托国际书记处召开一次社会党市镇议员国际会议。"①

这个决议也获得**一致**通过，接着代表大会讨论第十一个议题：**托**

---

① 由于文本为德文，与前面法文本的措辞稍有不同。——编者注

拉斯。

委员会报告人**维博**（荷兰）说明了如下决议的理由：

"托拉斯（卡特尔）是企业主为获得更多的利润而结成的经济同盟。这种同盟是在不以生产而以资本家的个人利润为目的的经济制度下进行自由竞争的不可避免的结果。生产资料的扩大使生产出来的产品的数量可能超过生产资料所有者能够销售出去的数量，从而使自由竞争成为利润的敌人，这样就必然消除自由竞争的制度，而代之以生产者的统一活动。所以，托拉斯是自然发展的结果。

只要托拉斯使生产和分配更有效率、更加节约，避免生产过剩，使生产成本降低，减少运输、销售、居间贸易和广告的费用，它就是一种更高的生产形式。但另一方面，托拉斯会趋于在联合起来的企业主要求时抬高价格和阻止价格因生产的进步而下跌；它使工人组织和工人进行组织的努力面对一个强大的、独一无二的企业主的组织，从而加强了对工人的压迫，这即使不是托拉斯的目的，往往也是它的结果。

特别是所谓的赢利同盟和垄断购买集团，它们不像托拉斯和卡特尔那样意味着一种更高的组织形式，而唯独以抬高最重要的消费品价格为目的；它对全体人民造成极大的损害，必须予以最严厉的抨击。

因此，国际社会党代表大会应使工人阶级注意托拉斯的危险，但并不能建议试图通过立法限制托拉斯。同样，由于托拉斯是资本主义生产方式的自然发展的结果，法律至多只能改变托拉斯的形式，但是绝不能有效地限制托拉斯的活动。不过，社会民主党没有理由反对打算强制性地要求托拉斯公布其章程及其营业报告的法律。

摆脱由托拉斯造成的这种情况的唯一可能出路只有国有化，而在今后，则只可能是在国际托拉斯已经达到其最高发展阶段的各该部门中实行生产的国际调节。

因此，无产阶级的任务应当是通过合作社活动加强和完善它在政治和经济领域的阶级组织，以便准备和加快有可能对由托拉斯组织起来的大生产部门实行剥夺、因此资本主义生产有可能被改造为社会生产的时期的到来。"①

这个决议在没有异议的情况下**被一致通过**。

接着讨论议事日程的最后一个议题：

总罢工。

由于时间太晚——已经7点了，这一问题——摆在人们面前的有一份多数派的决议案和一份由法国人与意大利人组成的少数派提出的决议案，只能作简短的讨论。

多数派报告人列金（汉堡）：在委员会里我们没有进行长时间的讨论，因为在委员会里工会会员非常多。为了作出决议，我们限于交流局部罢工的经验。我们恰恰不是在形式上完全重复伦敦代表大会的决议，以表明我们并没有改变我们对总罢工的看法。少数派由法国、意大利以及那些还没有工会组织的国家的代表团组成。只要还没有强大的组织，我们就无法讨论总罢工问题。无组织群众的总罢工对资产阶级来说是一件乐事，几天之内他们就可能把罢工镇压下去，甚至使用武器，由此而使几十年的工作毁于一旦。愿我们的法国同志和意大利同志关心必要的组织，然后我们将和你们站在一起。（热烈的掌声）发言人提出下列决议：

"代表大会在考虑了巴黎和苏黎世两次国际代表大会的决议的同时，特重申1896年伦敦国际代表大会通过的关于总罢工的决议如下：大会

---

① 由于文本为德文，与前面法文本的措辞稍有不同。——编者注

认为罢工和抵制是实现工人阶级任务的必要手段，但在目前的条件下大会并不认为有举行国际总罢工的可能。目前所必需的是工人群众的工会组织，因为罢工扩大到整个工业或所有国家的问题取决于组织的扩大。"

少数派代表**白里安**（巴黎）作报告：多数派的决议案是含糊和不明确的。但代表大会必须作出一个明确的、毫不含糊的决议。报告人与盖得派进行了争论，后者的多数人在 1892 曾支持过总罢工。但他们越是由于政治原因而改变他们的看法，工会就越赞成总罢工。在历次全国代表大会和国际代表大会上法国人几乎一致赞成总罢工。总罢工是对整个工会组织的奖励，就像局部罢工是对单个工会组织的奖励一样。人们怎么能拒绝总罢工而同时却不拒绝整个工会组织！怎么能！某一个工会组织起来为反对个别企业主进行斗争，难道整个工人阶级就不能这样做！依我看总罢工是一种革命的手段，这是一种能够提供比过去更多的保障的革命，一种不再使个别人采摘胜利果实，而使无产阶级能够夺取社会生产资料并掌握它的革命！因此，他请求接受由**阿列曼**、**黑彭海默**、**饶勒斯**和**布吕内利埃**署名的决议，该决议全文如下：

"鉴于总罢工是作为最适宜资本主义社会强加给工人阶级的斗争条件的革命斗争方式而出现的，大会要求无产阶级承担如下急迫的责任：不要离开任何斗争阵地，不要忽视利用任何可能的获得解放的手段；大会同时要求全世界工人为了总罢工而组织起来，也许这样的组织应该是他们手中的一种简单的工具，一个用于向资本主义社会施加为获得政治或经济方面的改革所必不可少的压力的杠杆，也许形势将变得有利，因此总罢工能为社会革命服务。"

在以国家为单位的表决中，多数派的决议以 27 **票赞成**、7 **票反对**

通过。法国、意大利、俄国各有一票，葡萄牙和阿根廷各投两票赞成少数派的决议。

至此代表大会的各项工作已经完成。

范科尔致大会闭幕词：我们现在就要分手了，但是三年之后我们将再会。全世界无产阶级的绝大多数是团结的。我们向各国宣布新的福音书，未来是属于它的；当我们在阿姆斯特丹相见时，将比现在更加有力、更加强大。（暴风雨般的掌声）国际万岁！

大厅里三次响彻万岁声。代表们从座位上起立。法国同志唱鲍狄埃的国际歌：这是最后的斗争……

范科尔：大会闭幕。

会议于七点一刻结束。

各国党和工人组织向大会提交的报告

德国的工会运动

——向1900年巴黎国际社会党代表大会提交的报告

概　况

我们在1896年向国际工人伦敦代表大会提交的一份报告中简要地叙述了德国工会运动自产生以来的发展情况。该报告指出，历史比较悠久的第一批工会，是在30年前，在德国大多数邦存在的禁止结社的法令被废除以后才成立的。1877年在德国参加工会的工人总共约有55000人，然而由于1878年颁布的反社会党人非常法，工会组织几乎完全被取缔了。只有少数几个工会组织熬过了反社会党人非常法存在的12年。不过，工会运动几乎被反社会党人非常法扼杀的这种状况只持续了很短的时间。不久，在德国一切比较大的地方人们就开始重新建立工会组织，起初它们只存在于个别地方，后来就逐渐联合成工会中央联合会。当1890年反社会党人非常法被废除时，这样的联合会已经有58个，它们的会员总计为301200人。当局已经认识到，用解散组织的办法来取消工会运动是办不到的，因为一个协会被解散了，很快就会有另一个协会成立起来。诚然，最近若干年来，即在反社会党人非常法存在期间，以及这条法律被废除后的初期，工会并不是没有受到妨碍的，相反，当局千方百计地利用现有的反动的结社法条文，企图阻止工会的发展，然而这个企图并未得逞。在1891—1893年的经济危机期间发生了小小的倒退现象之后，从 1893 年起，工会会员的人数就一直在持续不断地增长。

德国的工会运动不是一个统一的工会运动，而是分裂成好几个集团，它们是因政治观点不同而分裂的，有的还互相进行斗争。我们可以把它们分为四个集团：1．工会中央联合会；2．地方协会；3．希尔施—敦克尔同业公会联合会；4．基督教工会。此外，还有一批数量相当大、带有工会性质然而不属于上面提到的几个集团的协会。

我们将在下面分别叙述这四个集团的情况并首先介绍一下 1891—1899 年期间这四个工会集团每年拥有会员的人数。下面的表格反映了这方面的情况：

年份	中央组织	会员人数	其中女会员人数	地方协会会员人数（约）	共计	希尔施—敦克尔联合会	天主教工会
1891	62	277659	—	10000	287659	61653	—
1892	56	237094	4355	7640	244734	57797	—
1893	51	223530	5384	6280	229810	61153	—
1894	54	246494	5251	5550	252044	67058	—
1895	53	259175	6697	10781	269956	68717	—
1896	51	329230	15265	5858	335088	71767	—
1897	56	412359	14644	6803	419162	79553	—
1898	57	493742	13481	17500	511242	82755	—
1899	55	580473	19280	15946	596419	86777	112160

基督教工会几乎全是在 1897—1898 年间成立的，因此，关于它们的会员情况的材料最早只有 1899 年的。独立的协会在 1899 年共有会员 68994 人。如果我们把这个数字加进上表中列举的四类工会组织 1899

年会员人数中去，那么会员总数就达到了864350人。但在这里有必要明确指出，只有拥有580473名工会会员的55个中央组织才谈得上在进行真正的工会斗争，也就是说，在认真地努力争取改善工资待遇和劳动条件。其余的组织出于政治上的和宗教上的原因对中央组织持反对态度，它们当中今天有一部分成了中央组织卓有成效地进行这场斗争的障碍。然而不管怎样，它们总还带有工会的性质，或者至少表面上带有工会的性质。然而德国的某些协会却是另一回事儿，尽管它们也是由同一行业的人组成的。

这类协会有：邮政职员协会，会员有24061人；铁路职员协会，会员有22640人；私营企业雇员协会，会员有14201人；工长协会，会员有34962人；商人协会，会员有127115人；全德（反犹主义的）商店职员协会，会员有32014人。后面提到的几个在商业部门就业的工人的协会，也不能当做工会来看待，因为它们吸收的会员当中有25000—30000人是雇主。

在我们的报告中之所以提到这些组织只有一个目的，那就是为了防止外国同志们在听到这些协会的名称时误认为它们是工会组织。

工会的法律地位

德国的工会得不到任何法律保护，相反，许多起初对工会并不适用的法律规定，现在却要适用于它。所谓联合权条款，即工商业管理条例第152条，根本不保证工人享有不受干扰地扩大工会的权利，相反，它只是废除了禁止联合的规定，而且只是为工商业工人废除了这个规定，并没有也为农业工人废除这个规定。但是根据工商业管理条例第152条建立的协会却要受结社法的约束。这个迄今为止违反帝国宪法的规定、一直被视为25个德意志邦的特权的结社法，几乎在所有的邦内从根本上说都是反动的。它强行规定将会员置于警察的监督之下是工人协会承担的一种义务。

1899年12月，结社法作了一点微不足道的改进。帝国政府在迫不得已的情况下，不得不通过帝国法律取消禁止成立政治团体的做法。这样一来，必然需要一个集中的组织来实现自己的目的的工会，便多少获得了一点较大的行动自由，尽管结社法的其他一些规定依旧妨碍着它们的活动。

当局毫不支持工会，而是千方百计地企图阻止工会的发展，这表现在帝国政府在1899年企图为参加工会组织的工人搞一个非常法。德国皇帝宣布要颁布一条法律，这条法律规定，煽动罢工要被判处监禁。政府费了好大的劲才制定了一个包括监禁条款在内的法案，当然没有完全按照皇帝的意图办。这条法律如果得到通过，工会就会受到严重打击，成百的罢工工人就会身陷囹圄。政府方面的人士全力以赴，企图使法案获得通过。他们编写了备忘录，报道在罢工时发生过的闻所未闻的罪行。但是，参加工会组织的工人提供了非常充分的、有利于罢工工人而不利于雇主的证明材料，以致资产阶级的议员们也不得不像社会民主党的议员一样采取反对该法案的立场。这一法案被否决了，政府遭到一次重大的失败。

然而这件事本身充分证明，立法活动是朝着有利于雇主而不利于工人的方向进行的，确实有人在努力使这种炮制法律的伎俩按照以往的趋势进一步发展下去。它还证明，工会在德国绝没有享受到充分的法律保障。

工会中央联合会

这些组织就其倾向而言，表现出它是站在现代工人运动的基础上的。它的领导人都是社会民主党党员,其中有的人作为社会民主党的代表当选为帝国国会和某些邦议会的议员。中央联合会的会员或者是社会民主党的正式登记党员,或者在议会选举时投社会民主党候选人的票。中央联合会同党组织之间固然没有什么条约关系,也没有协定,而且前者在自己的代表大会上也不正式采取拥护党的立场,但是,从上面提到的事实中可以看出使这两支大军在阶级斗争中团结一致的内在联系。

工会中央联合会的正式立场,在政治上和宗教上都是中立的,按照它的规定,一个人能否参加中央联合会既不取决于他的政治观点,也不取决于他的宗教观点。这是它和上面提到的其他三个工会集团不同的地方。

中央联合会,正像它的名称所表明的那样,遍及全国各地。多数联合会会员都加入了地方分会。各个联合会的章程一般说来都是一致的,不过所收的会费却大不相同,每周从10芬尼到180芬尼的都有,而这取决于为救济会员而设置的机构。有55个联合会设立了46种旅行津贴,20种失业救济金,9种生病救济金和2种伤残救济金。有53个联合会义务地办起了本行业的专业报纸(联合会机关报),也就是说,它们向自己的会员提供的报纸是由联合会出钱办的。在1899年,这类专业报纸总共出了668660份。

在所有德国工会集团中,中央联合会无论就其会员人数而言,还是就其财政实力而言,都是使反对雇主的剥削企图的斗争取得胜利的最大保证。根据1895年的职业统计,各工商企业(上述联合会就是为它们而成立的)的从业人员(年龄从18岁至60岁)共有4958845人(其中妇女为820348人)。

在这些从业人员中有11.71%的人参加了联合会。百分比看起来比较小,但是在对这个数字作出判断的时候,应考虑到德国的经济发展情况。在某些工商企业(例如锻造业和磨粉业),多达60%的从业人员居住在只有 2000 名居民的小地方，他们分散在各企业的下属单位中工作，组织工作几乎完全无法进行。

相反，在较大的地方有组织的工人的百分比要高得多。在较大的地方，在某些行业高达 90% 的从业人员都参加了本行业的联合会。这样一来，工会就肯定能对工资条件和劳动条件施加影响，尽管边远地区，如上西里西亚、波森、东普鲁士和西普鲁士，还几乎没有工会组织。

下面这张表格说明了 1899 年各联合会拥有的会员人数，以及各联合会的收入和支出。

1899 年德国工会组织人数和力量一览表

序号	组织名称	成立时间	会员人数	其中妇女会员	分会数目	组织年收入（马克）	组织年支出（马克）	1899 年底库存现金（马克）
1	面包师	1885	3596	—	58	45465.34	46122.36	3230.09
2	理发师	1889	875	—	39	1899.78	2645.88	—
3	建筑工	1891	11149	—	164	86423.17	65130.16	44163.93
4	矿工	1889	33000	—	204	77046.47	67577.06	22546.32
5	雕塑工	1881	4098	—	97	103134.07	109515.73	60215.60
6	制桶工	1885	4920	—	123	43767.25	42274.36	24238.22
7	酿酒工	1884	8681	—	112	137769.60	127098.42	18688.14
8	图书装订工	1885	7631	1581	72	115487.30	66938.37	146293.48
9	印刷工	1866	26344	—	965	1580098.77	999503.09	2724101.19
10	印刷辅工	1898	1343	702	11	7473.57	3105.16	4368.41
11	办公室职员	1897	344	—	4	2184.78	1802.52	382.26
12	铺石工	1887	2469	—	96	10042.45	9368.84	683.61
13	工厂和商业辅工	1890	22592	2499	235	171517.57	112603.26	92902.88
14	制模工	1891	8817	—	147	156705.37	148189.25	12112.04
15	模具工	1898	344	—	18	3525.72	4768.45	717.17
16	雕刻工	1897	1006	—	28	15289.47	12232.25	10269.42

(续表)

序号	组织名称	成立时间	会员人数	其中妇女会员	分会数目	组织年收入（马克）	组织年支出（马克）	1899年底库存现金（马克）
17	园丁	1889	300	—	11	1863.36	1776.96	1138.29
18	旅馆勤杂工	1897	1387	—	11	26399.33	24749.71	10580
19	市政企业工人	1896	2574	—	32	19009.45	13945.96	7388.24
20	玻璃制造工	1890	3628	94	81	38343.41	36962.87	25601.86
21	玻璃装配工	1885	2300	—	72	40000	20732.22	21166.72
22	码头工人	1890	8587	—	47	62506.15	47030.71	45757.64
23	店员	1897	8730	—	64	77119.34	73447.11	22205.49
24	职员	1897	500	65	13	8194.77	6103.53	2289.16
25	仓库管理员	1895	334	5	—	3281.50	2065.65	674.22
26	手套制造工	1869	3241	116	43	61555.84	53483.81	79821.09
27	木工	1893	62570	521	542	643172.62	588136.43	252310.80
28	制帽工	1872	2545	90	44	83324.13	64672.63	114736.87
29	糖果制造工	1891	661	9	15	6093.87	5167.84	4595.08
30	铜工	1885	3314	—	64	59551.18	41623.42	86052.56
31	皮革工	1872	5369	—	97	69256.30	106138.17	11535.77
32	平板印刷工和石板印刷工	1891	4621	—	94	80661.17	53439.05	45942.06
33	油漆工	1885	9540	—	192	127893.78	74766.69	83528.39
34	机师和司炉	1893	4600	—	86	14981.45	14420.12	10055.99
35	石匠	1891	74534	—	821	1060996.26	932654.81	453563.52
36	五金工	1891	85013	2202	457	896685.35	902897.70	385148.31
37	磨坊工人	1889	1304	—	44	13025.13	11757.12	4326.94
38	瓷器制作工	1869	8660	260	137	153887.08	145438.07	168058.48
39	马具工	1889	2833	13	67	23689.92	19605.55	17217.69
40	甲板上层建筑木工	1890	1588	—	21	12623.70	10884.41	10013.98
41	造船工	1896	2748	—	15	19775.68	17508.65	12324.37
42	铁匠	1885	3350	—	46	34358.01	26959.42	18226.31

(续表)

序号	组织名称	成立时间	会员人数	其中妇女会员	分会数目	组织年收入（马克）	组织年支出（马克）	1899年底库存现金（马克）
43	裁缝	1888	12173	482	224	101217.25	81466.73	74663.24
44	鞋匠	1883	16922	1226	220	125740.75	95586.70	54871.21
45	海员	1890	2222	—	—	26693	18666	17626
46	石工	1872	10000	—	215	186884.16	176822.90	10061.26
47	铺路工	1886	3337	—	93	37395.52	34919.98	16274.70
48	泥水匠	1892	2570	—	51	16990.53	15658.16	12602.71
49	烟草工	1882	18401	3500	374	201358.70	190846.72	47131.27
50	香烟分拣工	1885	857	60	27	19490.15	13192.47	32924.24
51	裱糊匠	1897	3525	—	82	18620.89	15810.09	6364.28
52	纺织工	1891	37617	5832	237	295518.91	309382.42	31155.79
53	制陶工	1893	5765	—	126	75779.91	107157.53	10227.32
54	镀金工	1890	1145	23	23	11893.14	10486.57	10022.18
55	木工	1883	23719	—	462	373492.34	265636.16	194630.17
	共计	—	580473	19280	7623	7687154.71	6450876.20	5577546.17

  这些联合会是在1890年为了实现分散的联合会单独无法实现的目的，通过成立"德国工会总委员会"而联合起来成为一个统一的组织的。它们每三年举行一次共同的代表大会，每个联合会都可以派自己的代表（每3000名会员可以选派1名代表）参加代表大会。总委员会的任务就是在这种代表大会上确定的。在代表大会上要就工会的机构（失业救济组织、工资协调会、职业介绍所等）进行协商，并为工会应采取的策略规定一般的指导方针。

  总委员会进行一般的鼓动，做一些统计工作，同其他国家的工会保持国际联系。每个工会每一季度向总委员会交纳一次会费，按每个会员3芬尼计算。

  总委员会向1899年举行的工会代表大会提出了1896—1899年的结

算：库存35720马克，收入202299马克和支出167506马克。

总委员会每周出版1期《通讯》，发行量达10800份，此外，还为到德国来干活的意大利工人出版了一份宣传刊物。这份名叫《意大利工人》的刊物每两周出1期，每期发行4000份。

中央联合会举行的罢工

下表说明加入总委员会的各个组织在1890—1899年间举行的罢工的情况。

年份	发生罢工的企业数	罢工次数	参加罢工的人数	罢工持续时间（单位：周）	总支出（单位：马克）	已报告结果的罢工次数	其中获胜的罢工	
							次数	所占百分比
1890—1991	27	226	38536	1348	2094922	226	67	29.7
1892	21	73	3022	507	84638	73	25	34.2
1893	26	116	9356	568	172001	116	51	44.0
1894	27	131	7328	879	354297	129	36	27.8
1895	29	204	14032	1030	424231	194	87	45.0
1896	40	483	128808	1923	3042950	483	232	48.0
1897	37	578	63119	1921	1257298	578	272	47.1
1898	44	985	60162	4848	1345302	763	413	54.0
1899	40	976	100779	3976	2627119	976	524	53.7
总计	—	3772	425142	17000	11402758	3538	1707	48.2

前几年的统计资料不完全，后几年的资料也没有把地方上有组织或无组织的工人举行的罢工计算进去。但这类罢工次数并不多，比较一下1899年1月1日以来官方所作的罢工统计就可以得出结论：我们在上面看到的总委员会所作的统计是相当可靠的。

上面列举的这些罢工中有2023次是进攻性罢工，为支持这些罢工所花的费用为7763266马克，这些罢工中有992次，或49%，以胜利而告结束。其余的1730次是防御性罢工，支出的费用是3016317克，这些罢中有714次，或41.3%，获得了胜利。后面几年由于罢工组织得比较好，特别是由于工会在财政上能够提供更大的支援，罢工获得的成果比90年代初经济衰退时期大。

尽管在德国用在罢工上的开支数目相当大，但我们仍然对国外发生的较大规模的罢工给予支援。例如，最近两年我们就支援过英国机械制造工人262876马克，支援过布吕恩的纺织工人25000马克，支援过丹麦被开除的罢工工人133300马克，支援过奥地利矿工49500马克。

地方协会

这一工会集团只有很少的会员。它们拥有的会员的人数可能比第一个表中所列举的数字高一些，这些数字是以中央联合会理事会的报告为根据的。没有可靠的统计数字。关于它们的收入和支出的情况也一无所知。

地方协会于1897年举行了第一次代表大会，在代表大会上通过了它们的纲领，纲领中提出了下述基本规定："工会运动不能脱离自觉的、社会民主主义的政策，否则就会使工人争取在现存制度的基础上改善自己状况的斗争毫无希望和陷入停顿。"可见，它们希望，工会组织应成为社会民主主义的协会；并且，它们不认为那种认为工会组织和政治组织由于必须走两条即使是平行的、但毕竟是不同的道路来达到共同的目标，所以它们之间应当分开的主张有什么意义。它们认为，即使单从策略上来考虑（因为在工会斗争中必须团结一切工人，而不问其政治立场或宗教信仰如何），也看不出让这两个组织彼此分道扬镳有什么好处。

在反社会党人非常法的条件下，地方协会的存在多少有一些道理，因为一旦某个组织被取缔，很容易成立一个新的组织来代替被取缔了的组织。反社会党人非常法垮台后，在禁止成立政治团体的法令被废除因而遭到取缔的危险变得比较小了之后，地方协会即使出于策略上的考虑也没有存在的必要了。认为地方协会原则上应当存在的意见，在当前德国的经济和政治条件下是不正确的，原因很简单，因为这类工会组织不论在哪里都没有得到多少人的拥护。在工会斗争中它们也没有起什么作用。尽管它们通过成立事务委员会而建立了中央组织，但是它们的成就并未因此而大大提高。它们断言，工会联合会由于自己的各种救济机构而涣散了，尽管工会联合会列举了它所进行的经济斗争的次数，但它们还是不肯承认自己的说法是不正确的。

希尔施—敦克尔同业公会联合会

属于这个联合会的第一批工会组织成立于1868年。它们的目的是使从60年代初以来加入受社会民主党思想指导的工会的工人采取自由派立场。因此，这类工会成立的目的不是为了改善工资待遇和劳动条件，而是为一个在工人阶级中开始失去它迄今为止得到的支持的政党服务。如果它们在成立的时候怀着改善工人生活，而且是通过提高劳动收益的份额来改善工人生活的意图，那么我们会劝它们加入已经成立的工会，而不应另外成立敌视工会的联合会。然而，它们要充当资产阶级反对正在同它进行斗争的社会民主党的急先锋。直到今天，每一个希望加入这个联合会的人都必须填写一份"保证书"，声明他既不愿参加社会民主党，也不愿支持它。

单是这个事实就足以说明，这个联合会成立的意图主要是什么。这个联合会的领导人今天所持的观点就是一度强大的自由派的一小撮残余分子——今天也叫"自由思想派"——中存在的观点。

这个联合会的名称来自它的两个创建人希尔施和敦克尔。希尔施说，他在1868年，在几个星期之内研究了英国工会的本质，他断言，他的联合会是忠实地按照英国工会的榜样建立起来的。但是它和一百年来在同雇主的长期斗争中发展壮大起来的英国工联根本无法相比。

英国的工联由于它们所代表的力量，得到了雇主的承认，后者不得不同工联谈判。双方之间的这种表面上的和谐只是承认双方力量对比的表现。英国工联在数十年之久的斗争中所取得的成就，希尔施博士想通过请求，通过阐明他的组织的温和的性质来达到。这个希尔施—敦克尔同业公会的基本原则是保持雇主和工人之间的和平与和谐。由于这个缘故，在德国既没有人害怕这个联合会，也没有人尊敬它。

因此，该联合会在工人阶级中也没有得到多少人的拥护。尽管它已经有30多年的历史，但在反社会党人非常法期间没有遇到任何麻烦，并且一再得到企业主和工场场长的支持，不过，它的会员人数相对来说是很少的。1899年下面提到的这些同业公会联合会拥有的会员人数为：

建筑手艺工人	1958
矿工和采矿工人	301
雕刻工	371
雪茄烟和香烟工人	1576
工厂工人和手工工人	16758
版画业	1941
商人	4600
白铁和五金工人	3455
糕点工人	246
机械制造工人和五金工人	34025
甲板上层建筑木工	159
裁缝	3560
鞋匠和制革工人	6000

纺织工人	3623
木工	6431
制陶工人	1584
饭馆招待	100
绳索制造工	50
镀金工人	14
办公室工人	7
总计	86777

30年宣传活动所取得的这个微不足道的成果证明，这个同业公会联合会不代表工人的利益。除了1869年的矿工罢工而外，这个联合会没有举行过任何罢工。在它的年终结算中只列举了救济生活困难的会员的支出，而没有列举救济罢工工人的支出。这个联合会必须跟上时代的列车。曼彻斯特的观点将越来越被人们抛弃，工人保护立法将得到宣传。

这个联合会的会员，前几年有很多在工会同雇主的斗争中充当了工贼，今天不得不参加罢工。他们也起来反对——这是从未见过的新现象——他们联合会的维护者——希尔施博士，当内务大臣在普鲁士众议院声称必须采取强制措施镇压柏林有轨电车职员的罢工的时候，这位希尔施竟然表示赞成他的意见。

可见，尽管希尔施—敦克尔同业公会联合会成立的目的本来是为了雇主的利益使工人远离工会的战斗组织和社会民主党，从而分裂统一的工人运动，但是现在这个联合会却违背它目前的领导人的意愿而同充满社会主义精神的工会接近了。

基督教工会

就基督教工会成立的目的和它的倾向而言，如上关于希尔施—敦克尔同业会联合会所说的一切，完全适用于这个组织。

　　基督教工会存在的时间虽然还不长，但是它的会员的数量已经超过希尔施—敦克尔同业公会联合会了。在这里当然要考虑到这个组织所拥有的宣传手段。基督教工会主要是由天主教教会的代表成立的，而天主教教会的组织最完善。天主教教会的代表对信教的工人群众有决定性的影响，因此，由于天主教的倡议而成立的基督教工会获得了巨大的成就，这不是没有原因的。

　　成立基督教工会的目的不是为了工人的利益，而是为了同统一的社会民主主义工人运动作斗争，这一点那些成立基督教工会的人已不加掩饰地承认了。为了保护灵魂得救，为了保持工人对祖国的信任和热爱、对为剥削服务的机构的信任和热爱，他们成立了基督教工会组织。据说，工人如果参加了工会联合会就会失去这些所谓的美好的东西。其实这些为了基督教的缘故而建立的组织不过是对付工会的爆破纵队。没有人比天主教教会的代表更懂得组织起来的好处，没有人比他们更了解工人阶级的贫困。

　　如果他们真想通过组织来节制贫困，那么他们早就该在工会成立之前努力按照工会的形式把工人联合起来。但他们只是等到工会已经强大起来并且开始使雇主感到害怕的时候才这样干。教会代表在成立工会方面迅速取得的成果（至少从会员的人数来看是如此），他们在30或40年前，在能够对落后的工人阶层施加影响的教会的帮助下，也能取得。基督教工会大部分是在1897—1899年间成立的，最早的矿工联合会成立于1894年。尽管如此，基督教工会会员的人数在1900年年中总计已经达到152615人。1899年年底基督教工会拥有的组织如下：

	会员人数
矿工	22000
化工厂工人（施托尔贝格）	350
铁路工人（特里尔：25638；慕尼黑：17500；卡尔斯鲁厄：4239）	47377
制模工人（杜伊斯堡）	83
旅馆勤杂工，商人，雕刻业	150
制革工人（锡根）	283
伐木工人（慕尼黑）	1000
泥瓦匠（柏林：953；科隆：800）	1753
五金工人（波恩：8000；绍尔兰联合会：1500；杜伊斯堡：2000）	11500
鞋匠（多特蒙德、科隆、杜塞尔多夫：200；普法尔茨区联合会：500）	700
香烟工人（下莱茵）	500
男纺织工（下莱茵：8500；格拉德巴赫：5000；慕尼黑：2000；亚琛：2500；迪伦：840；奥伊彭：600；维珀菲尔特：80；博霍尔特：400）。女纺织工（亚琛：300；奥伊彭：301）	20350
钟表工人（黑林山）	424
造砖工人（利珀）	3980
保护工人协会①（黑尼黑）	800
保护工人协会（斯图加特）	300
保护工人协会（柏林）	610
总计	112160

---

① 这个协会几乎在一切行业都有分支机构，因此形成了一个各行业协会的地方中心。

基督教工会于1900年6月举行了第二次代表大会，在这次代表大会上，工人阶级出身的代表声明说，他们真诚地主张改善工人的生活待遇，并且为了实现这一目的将不惜与所谓的社会民主党工会联合。由此可见，参加基督教工会的工人似乎也不愿实现那些在友好的幌子下接近他们的工人敌人的愿望。至于基督教工会运动将来的结局如何，暂时还无法预测。但是可以断言，立足于阶级斗争基础上的工会的会员，它是一个也拉不过去的。基督教工会多半是从那些一直接受不到工会宣传的工人当中吸收自己的会员的，因此，基督教工会运动在唤醒更多的工人方面可能有点用处。尽管这些工人今天还是我们现代工会的敌人，但是，一旦他们理解了工会组织的本质和目的，他们就会认识到，工人需要的不是基督教工会，而是那种不顾基督教和其他国家机构的阻拦敢于奋起同雇主作斗争的组织。

结束语

在向伦敦代表大会提交的报告的末尾，我们曾表示，鉴于资本主义的国际联系越来越广泛和频繁，希望各国工会之间的联系也能得到加强。最近几年来团结在总委员会周围的德国工会同丹麦工会和奥地利工会之间的来往有了迅速的发展，对兄弟组织中发生的一切事件也表现出了深切的关怀。然而，尽管我们也同别的国家的组织交流信息，但联系还不够密切，还不能得到关于最重要的事件的消息。

但是，令人非常担忧的是，英国工联代表大会既拒绝同大陆的工会进行联系，也不愿同大陆的工会交换报告。1899年9月在普利茅斯举行的工联代表大会以428000票对352000票否决了下述提案：

"代表大会委托议会委员会设法促进不同组织同国外的相应机构交换报告的

活动。代表大会认为,这是使全世界的工人团结得更紧密,传播有关他们的状况与处境的详细消息,(如果可能)支持召开各种同业公会国际代表会议,以及普遍促进劳动的国际联系的手段。"

如果工联代表大会的代表对其他国家工会运动的情况一无所知,如果他们不知道雇主们如何费尽心机地煽动各国工人互相仇视,以便更顺利地对劳动力进行剥削,那么就只能通过这样的决议。

国际工人代表大会的任务就是要使雇主们的这种企图不能得逞。因此,我们在代表们中分发这一报告。我们强烈希望,它将有助于所有文明国家的同志们了解德国工会运动的情况。在德国,工会运动已越过了开始阶段,它今天在经济生活中已经起着不可低估的作用。国际团结的思想在德国工人运动中已深深扎下了根,这一点从德国工人已努力向正在同我们的共同敌人进行斗争的外国同志伸出援助之手的事实中可以看得出来。我们希望,各国参加工会组织的工人能建立经常的联系,希望这次代表大会的代表能够成为加强所有工业国家工人阶级团结的纽带。保护劳工,反对敌人。

1900年9月于汉堡。

德国工会总委员会

书记 卡·列金

希望同德国**通信**的外国同志可以使用如下地址:

汉堡市场大街15号

卡·列金

丹麦社会民主党向1900年9月23—28日于巴黎举行的工人国际社会党代表大会提交的报告①

丹麦社会民主党的政治活动

丹麦社会民主党已经向上届国际社会党代表大会提交了有关其建立、组织和行动方式的报告。如果要了解在1896年伦敦代表大会之前我们的活动情况，我们恳请读者参考我们的报告。在这里，我们只限于从总体上介绍我们活动的基本特点。

我们党创建于1871年。

那时我们的伙伴正在巴黎英勇地进行巷战，正是在这些政治暴动之后，社会主义理念才在丹麦普及开来。党建立在"国际"②的原则和章程的基础之上，自那时开始，这个特征就被保留了下来。这个新生组织的主要框架是由"丹麦国际工人联合会"建立的，在这个联合会内部，成员们根据行业的不同而被分在不同的部门。但在1873年，"国际"丹麦支部被警察取缔。行业部门立刻转变为独立的、拥有中央行政管理机构的工会，并采纳了"国际"的社会纲领。因此，工会是我们组织的真正基础。1878年，人们决定成立一个专门的机构：社会民主联盟。

---

① 哥本哈根路德·贝姆印刷厂1900年印制。
② 指第一国际，即国际工人协会。——编者注

这个机构应处理党的政治活动和宣传事宜，而工会则应是代表行业利益的机构。自那时起，我们组织的这两个机构就密切合作，保持着它们最初的特点，即同一政党——丹麦社会民主党——的并列的两个方面。

因此，当局对我们组织的这两个机构的每一次攻击都被看做是对整个党的进攻。特别是在1899年雇主同盟歇业事件中，当时雇主希望从政治和工会方面削弱我们党。

关于那次雇主同盟歇业的详细情况，我们请大家参看这份报告的下一部分；目前，我们只想说，正是这两个机构的联合行动才使得我们成功击退上述针对我们组织的权利进行的攻击。

我们党这次政治和工会方面的联合行动的一个结果是，我们的政治成员无法对我们的人数作出正确的估计。加入联盟的人数还在增加，但是必须记住，我们的党员中有一定数量的人是这两个组织的成员。此外，我们的部分党员，特别是农村地区的党员，还没有加入组织，但是他们在我们党的政治选举中参加投票，并订阅了我们的期刊。

我们党的政治组织，即社会民主联盟目前有200个支部和28000名成员，在哥本哈根及其周边地区有22个支部和13000名成员，其他的分布在各省。

1884年6月，我们在政治选举中首次取得胜利，两名社会党人成为丹麦下院的议员。尽管其中一位在1887年失去了席位，但是于1890年又重新获得议席。今年，第三位社会民主党人进入下院，而且上院中的两个议席也变成我们的了。到1896年，我们已能确保在丹麦议会中拥有10个议席，在市镇议会中拥有94个议席。

目前，我们拥有374个公共职位：14个议席（12个下院席位，2个上院席位）和260个市政机构职位。最后，有194人成为地方委员会委员；其余的166人成为纳税评估委员会委员或贫民管理委员会委员。

我们党在哥本哈根市议会中有13名代表。该议会由两个机构组成，一个是行政机关，叫做"地方行政官"；另一个叫做"市民代表"，投票决定开支。

"地方行政官"由9名成员组成，即1名由政府指定的"首席执政官"、4名市长和4名政务会委员。上述9名成员由公民代表委任，市长是终身制的，政务会委员任期6年。公民代表则由经哥本哈根市民选举出来的36名成员组成。只有年收入超过1000克朗（1克朗＝大约1先令1.5便士）的公民才拥有选举权。

在哥本哈根市议会的13名社会党人中，已经有1位被任命为政务会委员；其余12人则是公民代表的成员，其中1位被选举为副主席。

保守党以前在哥本哈根市议会和省会城市中没有竞争对手，现在已经被完全排挤出哥本哈根和几个大的省会城市了，联合起来的社会主义政党和自由主义政党在这些地方占据了多数地位。

同时，我们党的报刊已经在全国范围内传播开来。

像其他国家一样，一开始我们只有一份周报。1871年发行了创刊号。报纸的名字叫《社会主义者》。次年，该报成为日报；除了讽刺性报纸，直到1883年，该报都是我们党的唯一期刊，也是丹麦唯一的社会主义出版物。是年，我们的省级报刊得以创办。一份周报在日德兰省的主要城镇发行，第二年，它变成了日报。1896年，丹麦的社会民主党报纸有6份日报、3份周报，还有由工会发行的若干份出版物。目前，我们的主要机关报是在哥本哈根出版的《社会民主党人》。1885年该报发行20000份，1896年30000份；现在则达到41000份。我们的省级报刊也取得了类似的进步。

工会运动比政治运动更先进是很自然的事情。我们已经获得了更高的工资、更短的工作时间等等（参阅本报告的下一部分）。我们党在议会中只集合了少数人；直到最近这几年我们才取得了对市政的更大影响。虽然如此，我们在这个方面也可以指出几项成就。铁路工人的工资每年增长了近80万克朗。政府每年拨给病人救济团体约100万克朗的补贴，向穷人养老金拨款150万克朗。给劳工阶级建造住房的低息政府贷款得到批准。工人工伤保险得以建立，国家通过了一部自由选举产生的仲裁法庭的法律，承认了工人的行业组织。通过我们的努力，贫民管理委员会得到了实质性的改善。由于我们对军事开支的有力抗议，军费最终被决定减少。我们对间接税制进行了抨击，虽然到目前为止还未取得积极的结果，但是我们获得了其他方面的同情，因此我们能够阻止保守党频繁提出的提高间接税的要求。我们根据国际代表大会的决议，尽了我们最大的努力来为工人建立全面的保护，并劝说政府提出新的工厂法律。我们设法实现为就读于公立学校的儿童发放免费午餐，并防止滥用这些儿童做童工。我们认为，针对我们要求的反对意见确实在变得越来越弱。我们一再提交向八小时工作制迈进的动议；虽然尚未成功，但是我们已经取得了若干对劳动时间的限制，尤其是对星期天工作的限制。我们屡次要求政府对失业人员给予支持，而且，至少我们已经激起了针对这个重要问题和针对现存资本主义体制腐败性后果的热烈而详细的讨论——但是至今尚未成功。

然而，这并不是我们政治努力中最重要的部分；更重要的是，我们从未停止过对资本主义及其对社会的破坏性影响的批评，我们一直坚持提高大众对这种制度的危害性的认识并使这种认识达到成熟，一直坚持保持工人的革命精神，使他们能够彻底击败资本主义、夺取政权，在共同体内部创造一个公平的、社会主义的环境。

我们没有过于狂妄自大到认为我们这样一个小国会领导这一伟大的运动。但我们的目标——毫无疑问我们正力图实现我们的目标——是：当资本主义在大国中最终挣扎之时，我们将完全能全力以赴地推进这一新的工作。

我们可以肯定的是，到那时，我们国家的劳动阶级不会落在后面。

在过去的日子里，我们也曾感受到自由潮流掀起的巨浪。1848年，当二月革命使人耳目一新的波涛席卷欧洲大陆时，这阵波涛也曾拍打到我们的海岸。那时不少工人都很好地理解了这次运动的意义，但是新思想还没有渗透进全体工人阶级之中。正如其他国家一样，这次运动使得《自由宪章》得以通过，并推翻了国王的专制权力。但是在有关巴黎公社英勇斗争的喧闹声传入我国之前，真正的社会主义思想并没有在丹麦工人中被唤起。这时，丹麦也最终飘起了"国际"的红色大旗，尽管来自我国资本主义敌人的迫害令人发指，但是社会主义在丹麦扎下的根基如此之深，以至于再也不会被摧毁了。当下一波文化进步的巨浪涌向我国海岸时，它将受到为完成这一伟大的革命工作做好准备的有组织的工人大军的欢迎：拜金的资本主义终将不可避免地被推翻，建立在自由、平等和互爱之上的社会主义社会终将建立！

彼·克努森

"社会民主联盟"主席

哥本哈根勒默街22号

丹麦的工会运动

丹麦的工会运动无论在开始还是在进一步的发展中，都紧密地与工人联合的现代运动联系在一起。在开始之时，丹麦工人成立了1878年传入这个国家的"国际"的一个支部。现在，它构成了丹麦社会民主党的一翼。

1849年丹麦宪法保障了结社权。公民有了不受限制去参加为实现合法的目的而建立的社团的权利；不经审判，任何社团都不能被解散。在丹麦，没有立法对雇主和雇工的关系作出规定；1857年9月29日颁布的关于行业自由的法律阻碍了所有类似的法规；但是针对仆役、水手和学徒的法律条文已经制定出来了。

在工会出现之前，雇主肆意利用合同自由确定劳动条件，即工资、工作时间等等。最后，当丹麦工人被社会主义思想唤醒时，他们开始意识到自己的处境，他们的首要目标是通过联合成工会取得对确定工作条件的影响力；但是，在一开始，组织在这方面的作为进展缓慢，这可以从如下表格中看出：

1871 年	新成立工会 3 个	总计 359 名会员
1872 年	新成立工会 4 个	总计 1002 名会员
1873 年	新成立工会 11 个	总计 1153 名会员
1874 年	新成立工会 7 个	总计 368 名会员
1875 年	新成立工会 4 个	总计 229 名会员
1876 年	新成立工会 1 个	总计 50 名会员
1877 年	新成立工会 1 个	总计 28 名会员

1878 年，由于整个运动的一个重大危机：一些主要领导人逃亡美国，没有工会成立。

开始时上述 31 个工会共有 3189 名会员；到 1889 年底，会员总数达到 16146 名。

直到 1884 年，只有 115 个工会成立；但自 1885 年起，当中央工会建立后，就有 1080 个工会建立了起来。也就是说，有超过总数 90% 的工会成立了。

1900 年初，丹麦的工会总数是 1195 个，一共有 96295 名会员。其中有 1094 个工会的 83110 名会员隶属于中央组织：丹麦工会联合会。

各个不同的行业汇集到遍及全国的联合会之中。在中央组织中有

42个行业，1066个分会，以及80708名会员；比较小的行业没有成立联合会，但有28个工会和2402名会员；会员数共计83110人。

丹麦所有城镇和大部分村庄中的熟练工人和非熟练工人都以这种方式组织起来；但是正如在很多地方一样，工人很少，小工会数量很多。这种分布可以从下表中看出：

拥有10名以下会员的工会：316个（占工会总数的26.5%）

拥有11—50名会员的工会：529个（占工会总数的44.2%）

拥有51—100名会员的工会：173个（占工会总数的14.5%）

拥有101—250名会员的工会：111个（占工会总数的9.3%）

拥有251—500名会员的工会：30个（占工会总数的2.5%）

拥有501—1000名会员的工会：22个（占工会总数的1.8%）

拥有1000名以上会员的工会：14个（占工会总数的1.2%）

工会囊括了各行各业的几乎所有工人以及海运和陆运工人；真正的农业工人的人数仍旧相对很少。

工会中男工的人数是89052人，女工7243人。根据对工人的正式人口普查，工业和其他行业中的总人数是男工139348人，女工26760人。在与工会的会员人数作比较时，这些数字无法提供对工会会员和非工会会员之间的比例的正确估算。我们先是扣除了18岁以下的工人，因为他们还不被允许加入男工工会，只是破例可以加入女工工会。

考虑到1897年以来的正常增长，1899年底不同行业中超过18岁的男工人数达到了大约100300人。其中，工会会员人数大约有76800人，也就是说76.7%的人加入了工会。在一些行业中，特别是在建筑行业中，这个比例更高，有些情况下达到了95%—96%。

按照同样的方式进行计算，18岁以上女工的数量大约达到33300人，被组织起来的女工人数是7243人，相当于所有成年女工总数的21.7%。

结论是，就会员人数而言，丹麦各行各业中的组织占据了不错的领先位置。我们还满意地补充一点，即丹麦海员也被很好地组织了起来。他们有两个工会，一个是司炉工工会，另一个是轮船和帆船水手工会。每一个工会都囊括了整个行业；司炉工工会有6个分会和1100名会员，水手工会有7个分会和1841名会员。没有专门行业的劳动者的组织叫做杂工联合会，包括所有码头工人和港口工人、各行各业的勤杂工，以及很多农业工人。它有27600名会员。

没有加倍的斗争和个人以及整个工人阶级的极大牺牲，是取得不了这种令人欣喜的成果的。统治阶级在一系列毫无结果的尝试，在试图通过小规模同盟歇业、警察迫害以及在法庭的帮助下去破坏工人的团结而徒劳无功之后，决定进行最后一战。这就是现在闻名世界的1899年大规模同盟歇业事件。在大约4个月的时间里，有4万名加入工会的工人遭到解雇。

在对这次重大冲突进行描述之前，我们先就我们组织的形式作一个简短的概述。

组织的基础是行业联合会。全国同一行业的工人先在各地组成地方分部，然后这些分部组成联合会，按照惯例，联合会由每年召开的代表大会选举出来的委员会管理。

联合会的目标是确保会员获得与目前的生活必需品价格和工人的文化水平相符的、合理的劳动报酬。这部分通过确定计件工的价格标准，部分通过规定计时工的最低工资来实现。

此外，我们的目标是：

限制工时，尽可能取消加班、夜班和星期日上班。

向在其他地方找工作的失业会员提供路费补贴。

保护会员免受雇主的专横对待，为成员提供可能的法律援助。

对学徒的使用作出规定。总的来说，通过各种方式在组织的职业范围内保护和促进我们会员的利益。

我们的努力获得真正成功的证据是，所有行业中付给工人的平均工资都已经增加。1872年，每小时工资是20欧尔（约合3便士）；1899年，每小时工资是35欧尔（约合5便士）。此外，工作时间从1872年的11.3小时缩短到了1899年的10小时。不少行业的工作时间只有9—9.5小时；一些在工作过程不容中断的特殊行业（煤气厂工人、面包师、印刷工人），工作时间只有8小时。在限制加班和夜班、完全取消周日上班方面我们也取得了相当大的成功。如果从事这类工作，在日常工资之外要增加50%—100%。

1898年1月的代表大会决定建立一个中央组织："丹麦工会联合会"。之后，当年4月的代表大会修改了章程。目标是：通过工会和类似协会之间的合作，支持工人改善其总体生活条件的努力。中央组织承认，由于行业的性质，所有工会和行业协会不适于建立专门的集中化组织。工会委员会由管理委员会和来自工会的代表进行管理。委员会由13名委员组成：11名委员由每年召开的全体代表大会选举产生，另外2名则由社会民主联盟理事会选举产生。工会联合会同样选出两名社会民主联盟理事会理事。这些代表的构成是：在不超过1000名会员的工会中选举出1名代表，在不超过5000名会员的工会中选举出2名代表，在人数少于10000名会员的工会中选举出3名代表，依此类推，每5000名会员中选举出1名代表。

每年4月召开的全体代表大会被赋予了至高无上的权力。它由所有联合会委员会委员、没有成立联合会的协会各派出的一名代表，以及每一个地方组织即每个城镇的所有社会民主党组织作为一个单位派出的一名代表组成。

工会按每位会员每年20欧尔（约合3便士）的数额向工会联合会

缴纳会费，以用做行政经费。小行业的男工以及女工只需缴纳 10 欧尔（约合 1.5 便士）的会费（缴纳半数会费的会员）。

为获准加入工会联合会，各组织必须规定收取足够的会费，以便每名会员能存 7 克朗（1 克朗约合 1 先令 1.5 便士）用做罢工和同盟歇业的储备金。女工、农业工人以及其他低收入工人每人每年只需存 3.5 克朗。

各工会或协会必须支出的用于罢工或雇主同盟歇业的费用不超过 2% 的会员缴纳的储备金。如果金额更大，剩余部分由工会联合会通过向所有行业的全体在职会员征收不超过每周 1 克朗的特别会费来补贴。女工和其他低收入工人只需缴纳每周不高于 50 欧尔（约合 6 便士）的特别会费。

在特殊情况下，进一步提高特别会费要由全体代表大会投票表决，并且需要 3/4 的多数的赞同。

在工会联合会对情况进行调查之前不会发放任何补贴。联合会收集有关组织情况、劳动力市场状况等的数据资料。

在过去的几年中，雇主下了很大气力组织起来。1899 年春，雇主中央联合会在所有行业均建立了起来。它对外公布的目标是对劳动条件的发展作出规定，并代表雇主与工人组织进行对抗。

但是，雇主的真正目的是重新获得他们之前在确定劳动条件方面所具有的独一无二的影响力。一些主张自由竞争和资本主义剥削的最狂热分子甚至希望解散工会。他们所依赖的手段是大规模的雇主同盟歇业。

1898—1899 年间，雇主们一再试图创造使用这个资本主义新武器的机会，但是工会都成功地避免了冲突的发生。

1899 年 5 月，雇主们找到了一个新借口。日德兰省的大约 300 名细木工人举行了罢工，并拒绝了由雇主组织和工会联合会在它们组成的联合委员会上草拟的折中方案。雇主们抓住了这个时机。5 月 2 日，他们关闭了丹麦所有细木工厂。之后，细木工人表示愿意接受上述折中方案，但这时雇主们撕下了面具，宣布折中方案不复存在，并提出了一系列让人完全不能接受的要求；这种情况是雇主们事先就知道的。尽管如此，工会提出要在一个体面的地方进行协商，但是他们的建议被毫不客气地拒绝了，而且，在5月19日的代表大会上，雇主们决定将同盟歇业扩大至建筑行业和整个钢铁行业的所有工人。这份决议于5月24日生效，大约30000名工人被赶出工厂。雇主们甚至没有就此事给工人组织发出通知。

同盟歇业的这种扩大明显违反了一些行业中雇主与工人之间的协议。工人立刻将这个案子起诉至由双方于1898年共同建立的仲裁法庭。

6月24日，法庭作出了下述一致同意的裁决：

"虽然目前的雇主同盟歇业不涉及任何意味着需要赔偿或罚款的违法情况，但它违背了争议双方之间现有的协议，因为雇主同盟歇业基于的前提，不同于投票通过上述决议时工人有充分理由承认的前提。"

法庭宣布，雇主同盟歇业违背了构成现存协议基础的正常前提，这样，它作出了支持工人的裁决。

但雇主们无视这一裁决，继续进行这场斗争。法庭随后充当调解委员会进行调解，但却没有结果，现在雇主提出了一系列的新要求。要求的总数目前达19项，主要内容如下：

工会法中有关会员影响的某些基本条款应当以非政治化为目标进行修改。

工会联合会应保证自己的会员和非工会会员遵守和贯彻雇主的要求。

从根本上说，工会联合会应当为雇主的利益服务，而不是为自己会员的利益服务，并且担任支持雇主反对工人的警察。

应剥夺大约一半会员在其协会内部的选举权。雇主要求30岁以下的会员不得参加选举。

所有与工资和劳动时间有关的价格标准和协议都应于仲冬时节1月1日期满,这时是就业需求最令人忧虑的时刻,穷困会导致工人接受雇主的条件。

工会联合会应存入25万克朗(1克朗约合1先令1.5便士),作为遵守雇主的所有条件的保证金。

工会应承认雇主享有在其愿意和乐意时宣布同盟歇业的权利。

然而,双方并没有取得任何和解。之后,委员会主席、哥本哈根大学教授登泽尔先生建议立即结束雇主同盟歇业,把争议之事提交仲裁。工人代表同意了该建议,但是雇主们宣称这是不可接受的:同盟歇业将会继续。他们害怕将其不合理要求提交到仲裁法庭。

主席因此辞职,委员会也不复存在。8月初,雇主的报纸宣布仍然有15000—20000名工人处于停工状态:即铺砌工、道路工、水泥制造工;下一步,裁缝、纺织工人将被赶出工厂。

虽然恐吓起了作用,但是雇主们只成功地赶出了大约5000名工人。

这时,大规模的同盟歇业波及40000多名工人,占丹麦所有加入工会的工人的一半。

8月底,有影响力的银行家和金融家组织了新的谈判,结果于9月5日达成最终协议。雇主同盟歇业告一段落。

在这个折中方案中,工会一再提出的对雇主要求的一切反对意见都得到了注意,并决定成立一个常设的仲裁法庭。该法庭只负责调解有关对折中方案的正确理解出现的分歧。之后,国家通过特别法承认了该法庭,它像我国其他法庭一样被赋予了取证的权力。

4个月忍饥挨饿的斗争取得了多么卓著的成果啊!1899年的大规模同盟歇业无疑将作为现代历史上组织固有的力量以及团结和自我牺牲精

神的无与伦比的、最辉煌的范例而为人们所铭记。

丹麦工人抵抗的力量部分来自丹麦在职工人的一致和奉献（一些在职工人将其周薪的25%捐给了遭到同盟歇业的工人），部分来自数目极大的外国捐款。

同盟歇业中的收支状况如下：

（1）同盟歇业中各组织的总开支为2814377克朗（1克朗约合1先令1.5便士）。

（2）收到丹麦工人捐助的2136260克朗。

（3）外国捐助678117克朗。

（4）这些捐助中，189097克朗直接付给工会的单个组织。

（5）付给中央组织"工会联合会"489019克朗63欧尔。

可以看到，外国的部分捐资直接付给了工会；因此，我们不可能像说明各国捐助的489019克朗63欧尔那样，对直接交给单个组织的那笔捐助作出详细说明。

各国捐款一览表

国家	金额
德国	194261克朗27欧尔
英格兰、苏格兰、爱尔兰	72328克朗17欧尔
北美	68378克朗27欧尔
瑞典	59371克朗81欧尔
挪威	47805克朗90欧尔
荷兰	23145克朗07欧尔
瑞士	7160克朗33欧尔
芬兰	5075克朗66欧尔
奥地利—匈牙利	4052克朗41欧尔

比利时	2566 克朗 82 欧尔
非洲	1423 克朗 36 欧尔
法国	1405 克朗 78 欧尔
格陵兰（丹麦殖民地）	1005 克朗 00 欧尔
罗马尼亚	407 克朗 00 欧尔
西班牙	360 克朗 25 欧尔
意大利	28 克朗 46 欧尔
俄国	19 克朗 00 欧尔
其他国家	225 克朗 07 欧尔
总计	489019 克朗 63 欧尔

如果可以详细说明付给单个组织的189097克朗，英格兰、德国和瑞典的捐资会更多；特别是瑞典钢铁工人工会向丹麦钢铁工人工会送来了数额极大的长期捐助。

最后，这笔捐款的总数加上工会联合会用于支持同一时期零星罢工的133033克朗，从1899年4月1日至10月1日，我们用于工人停工的开支是**2947410克朗**。

我们借此机会感谢各国最真诚的工人同胞在我们为我们组织的自由而斗争时向我们提供的宝贵支持。我们充满信心地认为，于19世纪最后一年在巴黎举行的国际工人代表大会，在即将到来的世纪中能够成功地找到使工人击退资本主义最终进攻的途径和方法，能够创造出令阶级斗争变得多余、资本主义制度因此成为明日黄花的社会条件。

丹麦工会联合会主席　**J. 延森**
哥本哈根诺里法里马格街47号

西班牙社会主义工人党
致 1900 年巴黎国际代表大会

各位代表同仁：

在国际社会主义不断发展壮大的过程中，在自伦敦国际代表大会至今的这段时间里，西班牙社会主义工人党也不例外。加入我们队伍的党员人数、工人党在社会舆论面前的地位及其对公共事务的影响力都有所增长。而西班牙的经济和政治环境恶劣，尤其是工人阶级受教育的程度较低。

为取得这样的发展成就，西班牙社会主义工人党在宣传我们共同主张的同时，还借助于下列事件，来发动工人群众和影响那些有正义感的人士：

在上届卡诺瓦斯·德尔卡斯蒂略政府中，内政部长下令取消比斯开省几名市参议员的选举活动；

只把穷人家的孩子派往古巴和菲律宾，以镇压当地岛民的暴动；

向美国宣战；

向遣返归国的士兵补发拖欠的薪金；

以及蒙茹伊诉讼案。

这场为反对政府的一意孤行而开展的运动是经过深思熟虑的，是不屈不饶的和积极有力的。正因为如此，整个社会舆论和大部分资产阶级报纸都和我们站在了一起。行政法院在对内政部决议表示反对以后，不得不宣布该项决议无效，并承认当选的社会党人完全有权在市政大厦占有席位。

古巴和菲律宾的暴动,部分原因要归咎于西班牙资产阶级的政策和若干特权人物的无耻贪婪。对此,西班牙社会主义工人党不但谴责所有罪魁祸首的行为,而且还提出,要取消通过出钱代替服兵役的权利,以便能够早日结束战争,并满足古巴人和菲律宾人的合理要求。当穷人家的孩子们被迫在殖民地抛头颅洒热血的时候,富人家的孩子也要拿起武器,去参加战斗。面对这一饱受诟病的特权以及士兵们在古巴和菲律宾所遭受到的非人待遇,西班牙工人阶级义愤填膺,几乎全部都投身到这场运动中来了。这场运动对社会舆论的影响是如此强烈,我们完全可以相信,如果不是因为和美国的战争马上爆发,政府是会被迫为此次纷争寻求和平解决方案的。

当西班牙和美利坚合众国爆发战争时,西班牙社会主义工人党对战争进行了强烈谴责,并指出,西班牙资产阶级——特别是资产阶级政客们——对此负有不可推卸的责任。与此同时,西班牙社会主义工人党勇敢地表示,要和美国工人团结起来。在1898年"五一"大游行中,所有集会的主基调正是,对贪婪的美国资本主义和愚蠢透顶的西班牙领导阶级的厌恶,以及对美利坚合众国无产阶级的关切和友爱。虽然所有资产阶级政党(包括共和党人)——皮-马加尔及其追随者除外——都支持战争,并不惜编造各种谎言来支持国内的好战情绪和沙文主义倾向,但是西班牙社会主义工人党公开反对此类有害无益的态度。对美开战对所有人——不管是资产阶级还是无产阶级——来说,尤其是对无产阶级来说,都是灾难性的。因为,无产者要抛头颅洒热血,还不得不把口粮克扣到难以想象的地步。西班牙社会主义工人党在揭露这一点的同时,还提出要不惜一切代价实现和平,并不断重申这一诉求(只要和平还没有到来)。后来,许多资产阶级分子都承认,这场运动是严肃认真的,是明智之举。这场运动为西班牙社会主义工人党赢得了许多人的好感,甚至在非工人阶级群体中，情况也是如此。

我们的当权者们无耻地习惯于拖欠他们派往古巴岛镇压暴动者的无产者的微薄薪水——它们后来几乎全部落入利欲熏心的高利贷者手中，而那些将军们和军官们却能准时收到他们的薪俸。为了避免近期派往大安的列斯群岛的士兵们受到如此待遇，西班牙社会主义工人党举行了多次集会，严厉谴责对待先前遣返归国士兵的极不公道的行为，并为所有参加此次殖民战争的人争取全额、及时地发放工资。这场运动引起了强烈反响，并博得普遍好感。虽然西班牙社会主义工人党没有完全达到所追求的目标，但是，除了在道义上获得巨大成功外，还取得了一个成果，那就是，遣返归国人员在其他场合不至于被人瞧不起。

西班牙社会主义工人党率先提出，要对可怕的蒙茹伊诉讼案进行重审。为此，在坎比奥街谋杀案发生后不久，西班牙社会主义工人党就举行了集会。应该指出的是，大部分无政府主义者以及后来参与到复审斗争中来的许多共和党人都不是为了蒙茹伊诉讼案的重审而努力的。无政府主义者是想借此机会摆脱无端的指责；共和党人则是出于政治目的。后来，西班牙社会主义工人党人参加了所有旨在推动蒙茹伊案复审的活动。只是在共和党人和无政府主义者提出要采取我们认为会损害工人阶级利益的态度时，才放弃了这件事情。

西班牙社会主义报纸包括：马德里的《社会党人报》，中央机关报，周刊；毕尔巴鄂的《阶级斗争报》，比斯开省社会主义工人党各聚居区机关报；桑坦德省的《民意报》，周刊；奥维耶多省的《社会曙光报》，周刊，阿斯图里亚斯地区社会主义工人党各聚居区机关报；维哥的《团结报》，已创办十年；萨拉戈萨省的《社会前景报》，半月刊，以及马拉加省的《社会团结报》，每月出版。不久，还将新增两份机关报（周刊），一份在利纳雷斯市出版，另一份在卡斯特利翁市出版。

上届全国代表大会于 1899 年在马德里举行。考虑到西班牙社会主义工人党的发展势头及其在社会舆论中引发的关注度，大会通过决议，决定每日出版《社会党人报》。为此，大会决定，发行100000股股票，每股面值1法郎。只要股票发行量达到50000股，《社会党人报》就可以开始每天出版了。截至今天为止，股票认购额已达到9250股。我们相信，通过西班牙社会主义工人党各聚居区上下一心的共同努力，这笔资金很快就会募集到。

每次立法选举都显示，在竞选方面，我们的力量在不断发展壮大。尽管在西班牙，对于像西班牙社会主义工人党这样经济拮据的政党，能够取得如此可圈可点的成就是不可思议的。

在那些著名的竞选活动——包括1898年和1899年的竞选活动——中，西班牙社会主义工人党的选票数量持续增加。为了和前几年的情况作个比较，这里我们把在每次竞选活动中所获得的选票数量进行了记录：

1893年————7000票
1896年————14000票
1898年————20000票
1899年————23000票

在毕尔巴鄂，如果当局不允许出现选票买卖丑闻以及其他许多非法勾当，那么，早在几年前，在议会里就有社会主义工人党议员了。大家对比斯开省首府的竞选斗争会有一定的概念：在1899年的竞选活动中，受伤人数多达60多人，只有少数人记录在案。而这一数字有2/3以上是由行贿警员创造的，其余的则是其同僚们的杰作。他们不得不挥舞着拳头和棍棒来维护选举权。

应该指出的是，一个资本家就这样获得了一个议席，虽然遭到多人反对，却获得了议会批准。没有任何议员——不管是自由党人还是共和党人——对此表示反对。

在马德里，在去年的立法选举中，西班牙社会主义工人党的一名候选人大概得到了一个议席。但是，政府官员却几乎瓜分了他从自由党或萨加斯塔党的两名候选人那里得到的全部选票。

如果西班牙的竞选活动有哪怕一点点纯净的地方，那么，现在，西班牙社会主义工人党在议会里至少应该有6名代表。

在市级竞选活动中，我们得到了一些好处。现在，西班牙社会主义工人党在6个自治市拥有代表。它们分别是：毕尔巴鄂自治市、加拉尔塔自治市、巴拉卡尔多自治市、布尔戈斯自治市、曼雷萨自治市、科尔多瓦自治市。在毕尔巴鄂，有4名参议员；其他地方各1名。加拉尔塔的参议员是1名矿工。

在西班牙，五一大游行的意义与日俱增，尽管无政府主义者动作频频，以反对这一和平示威活动。今年，五一大游行的规模更是达到了惊人的地步。在马德里以及其他大城市和工人聚居地，生产活动几乎彻底瘫痪。在5月1日，多个村庄都举行了庆祝活动。集会一个接着一个，连最宽敞的会议厅都显得狭小了，无法容纳参加集会的工人群众。以前，资产阶级报纸曾经断言，五一劳动节将在西班牙消失。今年，资产阶级报纸不得不承认，工人的组织和力量在日益壮大，应该满足他们的一些要求。不但参加五一劳动节的工人人数引人关注，而且秩序井然，所有人都很冷静克制。举行庆祝活动的地方，没有一地出现异常情况。

自西班牙连年战乱造成满目疮痍以来，有这么多工人为改善劳动条件而聚集在这里，还是第一次。在马德里，有2万多名工人有了自己的行业组织。而在巴塞罗那、巴伦西亚、维哥、萨拉戈萨、阿维莱斯、萨瓦德尔以及所有较大城市，很少有哪个行业没有组织起来。在大批农业工人中，情况也是如此。罢工活动频繁。虽然有几次罢工由于缺乏经验或者资金而宣告失败，但是，很多罢工都取得了胜利：有的罢工人员的工资提高了，有的则减少了工时。有的行业取得了八小时工作日，有的行业取得了九小时工作日，有的行业则取得了十小时工作日。这次工人运动应该归功于两个因素：自战乱结束以来，生产活动有所增加；西班牙社会主义工人党大力宣传合作社的主张。近两年来，社会主义工人党在西班牙所有地区的手工业工人中既宣传了社会主义理论，也传播了合作社思想，以便让他们不再继续受到资方的剥削。如今，无政府主义者主张，通过危险的暴力途径来进行抵抗运动或者工会运动。但是，我们坚信，在社会主义工人党对此次运动的影响下，他们的图谋是不会得逞的。

从下列事件看，我们可以断言，目前，抵抗团体的壮大和西班牙社会主义工人党所取得的发展成果已经给当权者和资产阶级报纸造成了很大压力：

可以说，西班牙没有为工人立法。西班牙只有一部童工法，于1873年制定。但是，政府却把它抛到了脑后，根本没有施行，因此从未制定童工法实施细则。如今，这一立法原则已经存在。现政府虽然保守，但是，在它的倡议下，人们制定了一部妇女和儿童劳动法，还有一部工伤法。另外，议会还审议了周日休息法草案。如果不是一名共和党参议员以极端个人主义的名义在议会进行阻扰的话，草案当时可能就表决通过了。上月底，内政部长成立了劳动统计局。

由于真正的当事人——工人——没有参与制定，这几部法律价值非常有限。但是，作为对无产阶级所作的让步，其意义却是非凡的。

以往嘲笑或者谩骂社会主义工人党党员的报纸不再嘲笑或者谩骂了。相反，甚至还邀请我们的同仁伊格列西亚斯在其协会就社会问题开办讲座。很多记者都去参加了他的讲座。《自由主义者报》——西班牙最重要的报纸之一——专门为工人开办了征文比赛活动，以"五一"

为题，优秀文章获得了 500 法郎的奖金。另外，以"妇女和儿童劳动应该是怎样的"为题，优秀作文获得了 250 法郎的奖金。这两篇文章都刊登在今年 5 月 1 日的那一期报纸上。第一篇文章是举足轻重的社会主义工人党党员马蒂亚斯·戈麦斯同仁的作品。《马德里先驱者报》则走得更远。和《自由主义者报》相比，这家报纸的影响力毫不逊色。该报委托西班牙那些最著名的社会主义工人党党员撰写五一特刊，刊登所有国家里最著名的社会主义者的传略和肖像。

如今，政府和报纸都不再像往常那样，以片面和不公正的态度来对待那些和资方抗争的工人。政府刁难的情况少了，一意孤行的行为少了。而报纸则在某些场合和参加罢工的工人站在了一边。

然而，西班牙社会主义工人党党员却遭到了当局极不公正的对待。在毕尔巴鄂，一个军事法庭把我们的几个同仁——社会主义工人党参议员佩雷萨瓜、帕斯夸尔和卡雷特罗——判处了 28 个月监禁。另一个法庭——也是军事法庭——则判处巴拉卡尔多和比托里卡的社会主义工人党参议员 1 年多徒刑。他们全都是无辜的，却被判了刑。只不过是为了满足比斯开资本家对西班牙社会主义工人党和本地区出类拔萃的人的低级偏见和仇恨。

但是，这些恬不知耻的剥削者没有得逞。虽然我们的朋友们遭受了流放之苦和牢狱之灾，但是，作为既坚强而又有信念的人，他们现在和以往一样，以同样的热情投身到了我们思想的宣传工作中。

在力所能及的情况下，西班牙社会主义工人党致力于国内团结和国际大团结。西班牙境内所有的重大罢工活动都得到了它的帮助。对外，西班牙社会主义工人党则不断向汉堡的码头工人、英国的机修工人以及丹麦工人示好。

虽然西班牙社会主义工人党具有解放全人类和改善工人阶级地位的信念，但是，它永远无法占据国际社会主义的先锋位置。不利因素已被多次阐明，其他国家的社会主义者也都有所了解。但是，在受制于西班牙土地特殊条件的卑微位置上，在为实现全人类博爱的伟大斗争中，西班牙社会主义工人党将毫不犹豫、毫不气馁地履行其应尽的职责。

全国委员会
1900年9月18日于马德里

美利坚合众国社会民主党代表
向 1900 年巴黎国际社会党代表大会提交的报告

虽然在数量和在本国的影响方面落后于欧洲同志,但是当回顾自上届国际代表大会以来四年间发生的事件时,美国社会党人对自己的工作结果是满意的。

总的来说,美国历史上崭新的重大事件推动了社会主义情感在美国人民中的快速生长,以及劳动人民中不断提高的团结感和阶级意识。虽然这些事件在社会党人看来是资本主义制度的正常结果,但是它们使其他民众完全措手不及,并且对于把他们激发起来、促使他们对政治和经济问题进行思考和产生兴趣,其所起的作用胜过社会党人多年的宣传可能带来的效果。

四年前,破产的中产阶级要求自由铸造人为规定其价值的银币,设法以此来防止自身的衰落。不用说,社会党人在他们的宣传中已经竭尽全力地指出,雇佣工人的利益不会因只会给劳动群众讲花言巧语的中产阶级的胜利而得到保护。中产阶级在选举中失利,共和党——大资本家和托拉斯的党——开始掌权。但是回顾四年前的政治选举,我们现在不禁意识到,民主党人出于政治原因对财阀的谴责和对其令人愤慨的统治的揭露,在民众当中创造了一种对资产阶级统治的不信任和憎恶情绪,为社会主义思想和工人阶级在政治上的团结铺平了道路。

随后几年发生的事件、我们洋洋得意的财阀的积极工作,不过是对社会不满火上浇油,并且极好地促进了社会党鼓动员的教育和组织工作。

在先前的萧条之后，是热烈的商业活动时期，各阶级和组成我们政治体制各成分之间的相对位置随之发生了变化。

大资本家们开始感受到他们可以自由支配的巨大力量，并服从永恒不变的、决定着一个阶级的成长或衰落的发展规律，将共和国开上殖民扩张和军事征服的新航线。这种的新的启程从根本上背离了我们共和国从前的和平政策，是美国政治进一步发展过程中令人担忧的最重大变化，但这不过是我们的资本主义制度又一次扩张的次要的结果，标志着它进入到一个新的、更高的阶段，可能是合作的共同体成立之前的最后一个阶段。

托拉斯的出现从内心深处唤醒了我国所有阶级的民众，并无与伦比而引人注目地说明了社会党对我们当前制度的判断是正确的。同时，它深深地影响了每个阶级的利益，革新了旧方法，无情地破坏和取代了所有职业，因此，给予成千上万的民众充足的时间去思考现代资本主义带来的奇妙改变及其可能的结果。

最近四年来的经济发展也深深影响到了中产阶级，事实上，中产阶级被分成了两个部分。四年前，负债的农民冲在了自由铸造银币的最前沿，是他们提供了民主党多数的选票。巧合的是，国内谷物丰收，而欧洲歉收了，这就将小麦和其他农产品的价格抬高到了一个非同寻常的水平，因此，农民不仅改善了自己的状况，也清醒地看到在金本位下小麦卖出高价同样是可能的。

对于工业和商业中产阶级来说，情况并不如此。当他们也曾因为遇到好的时机而能在一定程度上改善自身状况时，他们必须在很大程度上遭受来自托拉斯的竞争，因此他们比农民更加不满。所以，民主党不得不以"邪恶的托拉斯"作为其竞选的议题，对颠倒黑白以及受大公司和托拉斯收买阻止任何真正损害资本家利益的不利立法的腐败政客集团表示大为不满。然而，在最后时刻，他们看到了一条走出共和党人帝国主义政策困境的出路，这就是自称反对帝国主义的政策（虽然他们从未在国会拒绝投票支持为军事目的的拨款），并宣布这是此次竞选的最重要议题。

同时，工人阶级一直在聆听民主党对共和党政策的谴责，一直在阅读报纸上对托拉斯及其手段的揭露，并一直感觉到看不见的"繁荣"发展的影响。

在美国，越来越多的人接受了对托拉斯控制的工业实行国有化和所谓天然垄断的企业归市政府所有的想法，这种想法使美国工人熟悉了社会党人的思想，仅仅在几年之前，它是资本家报纸上用来吓唬工人的令人头痛的问题。

因为情况到处如此，所以资本家阶级小心翼翼，唯恐工人接受中产阶级散布的软弱无力的社会主义原则。被认为在我国变得越来越重要的资方和劳方之间的大冲突，有助于向美国工人阶级表明，阶级斗争并不是社会主义哲学毫无根据的抽象概念。

在简短的综述（它是提交本次代表大会的报告的一个不可或缺的部分）中，不可能给大罢工以足够的篇幅。简单地说，几次罢工都使数千人参与其中，也总是导致警察和军队进行干预以维护雇主的利益。无需赘言，社会党人利用这些机会向工人阶级指出，我们有一个阶级政府，只有当工人学会把自己人选入立法机构，才能期望会获得好一些的对待。

因资本家政府表现出来的公然的残暴行径和对工人权利的蔑视而进行的最有名的罢工，是由爱达荷州的矿工们发起的，我们的一位代表已经在一本呈交这次代表大会的小册子中详细叙述了此次罢工。简要地说，该州的民主党州长联合共和党的美国总统枪杀和平罢工的人们，将无辜的人投进了监狱，对他们施加的暴行与俄国迫害劳工的记录相比有过之而无不及。

社会主义运动

难怪这种一以贯之的残暴对待和蔑视工人阶级的政策同我们描述的其他情况一起，促进了社会主义思想的传播，并导致社会党选票的快速增加。1896 年恰逢总统选举年和伦敦国际代表大会召开，我们获得了 36000 多张选票。1897 年，选票跃升至 55000 张。1898 年，社会主义工人党和社会民主党合在一起的社会党选票总数接近 93000 张，而且我们预计明年 11 月我们的总统候选人将获得翻一番的选票。

上次国际代表大会召开时，美国只有一名社会党人入选市议会。现在，我们在全国各市政机关中有超过 12 名社会党议员；在马萨诸塞州议会中，两名社会党人正在扰乱资本主义立法的平和宁静与心安理得。约翰·C.蔡斯同志第二次被选为马萨诸塞州黑弗里尔市市长，最近一次是在共和党、民主党和禁酒党联合反对的情况下当选的，还有库尔特同志也被选为马萨诸塞州布罗克顿城市长。

社会党官员怀着正直、勇气和活力来履行他们的新职责，捍卫选举他们的工人阶级的利益，通过给工人阶级举办说明我们立场的合理性的有针对性的讲座，通过给那些正在为废除雇佣奴隶制度而斗争的人们心中注入新希望，他们取得的成果比多年的宣传所能取得的还要多。

我们出版物的进步更为令人高兴。1896 年我们只有 1 份英语的社会党人报纸；现在我们拥有 9 份周报和 1 份月刊，另外还有很多德语和其他语种的日报和周报。

当笼统地讲完社会主义运动而谈到党内的发展和进步时，我们感到遗憾的是，我们不得不记录下一系列倾轧，如果没有这些倾轧，我们的运动会取得更大的成功。

在伦敦国际代表大会期间，美国只有一个社会主义政党，即社会主义工人党；但是此后不久，策略方面的分歧在党内表现出来，并最终导致了党的分裂。简要地说，分裂的主要原因是社会主义工人党的两三个领导人令人反感的——现在是严重错误的——工会政策。这些人不能容忍社会主义在工会行列中缓慢地发展，对美国工会部分领导人的腐败行为相当愤慨。他们想出了一个美国工人快速转而信仰社会主义的新计划，即组织与之针锋相对的工会，他们把它称为社会主义行业和劳工联盟。

社会党人一直质疑组织一个针锋相对的工会是否明智。上届国际代表大会在其有关工会的决议中说道："特别是政治观点的差异不应该被看做是在经济斗争中单独行动的理由。"它关于这个问题的态度不容置疑。或许在特殊情况下不顾上述决议是合理的：如果社会党人在工会中构成多数派或者至少构成强有力的少数派，这或许是单独行动的理由，虽然即使在这种情况下，采取这一步是否明智也会受到质疑。但是，正如社会主义联盟——它是由一个城市中属于几个工会的少数人建立的与工会针锋相对的组织——的例子那样，如果不是工人们自己主动这样做，而仅仅是由政党中少数从未在工会中工作过、因此没有接触过工会运动的有野心的领导人这样做；另外，如果采取这一步并未咨询过那些在工会运动中投入了毕生心血的社会党人，那么几乎可以无疑地说这种组织是没有权利存在的。起初，在创建人明确承诺它不会妨碍现存的工会，而将致力于将尚无组织的工人组织起来的情况下，工人党认可了这个联盟。就在这时，那些在工会运动方面经验更丰富的社会党人预言，这些承诺不会得到履行，联盟注定会与其他工会发生冲突。

实践表明，即使那些反对的人也无法预知所有将要产生的后果。联盟组织起来不久之后就陷入了与现存的印刷工工会的冲突，并让自己的成员以低工资接替罢工的印刷工的工作；不久之后它与其他工会也发生了类似的冲突，在工联主义者中"社会主义者"一词开始变成"破坏罢工者"（工贼）的同义词。最糟糕的是，它给与联盟关系密切并且其正式的机关报在未经党员同意的情况下成为联盟的正式机关报的党招来了非议。在这种情况下，党内摩擦就不可避免了，并且，由于党的官员在处理事务时的任意妄为和无视普通党员的意愿，导致了他们公开抗命和罢免全国执行委员会。我们不打算向代表大会详述随后发生的争执。简单地说，被免职的官员拒绝放弃授予他们的权力，尽管大多数党员通过全党投票支持对他们进行罢免的行动；他们以及他们的拥护者仍旧以社会主义工人党的名义继续独立存在，尽管正规的组织保留了大部分党员、各社会主义作家、演说家、有名的工会鼓动者和除纽约市的一份犹太人报纸之外的所有报纸。

在今年1月于罗切斯特市召开的最近一次大会上，党撤销了之前支持联盟的决议并表明了在工会问题上的态度，原文如下：

"鉴于工人阶级的工会运动是劳资之间不可避免的斗争的表现，对于抵制资本占据优势的经济力量、改善工人的生活条件、保持他们的生活标准来说完全是必要的，以及鉴于工会开展的阶级斗争有助于通过把工人组织为一个与资本家阶级对立的阶级来培养工人的团结感和政治独立性；

大会决定，我们——举行全国代表大会的社会主义工人党——完全承认只有当社会占有生产资料的时候对劳工的剥削才能够终止，尽管如此，我们宣布所有社会党人的义务是参加有组织的劳工的一切斗争以在目前的制度下改善其状况；

大会决定，我们特此撤销过去表示某一劳工组织优先于另一劳工组织的所有决议；

大会决定，我们重申社会主义工人党于1893年通过、1896年重新通过的建议所有党员加入各自隶属的工会组织的决议。"

这次大会上采取的另一个十分重要的措施是任命了一个九人委员

会、负责与社会民主党商议结成两党同盟的看法。

　　社会民主党于1897年在尤金·维·德布兹的领导下建立，一开始它的成分有点混杂，也许从这样一个事实中可以看出，它的社会主义思想相当混乱，即他们希望通过在人口较少的州建立社会主义殖民地的方式来开启社会主义时代。然而，大约一年的时间足以打消其较为先进的分子的幻想了，殖民计划也被抛诸脑后。在这之后，使该党一直区别于社会主义工人党的唯一的事情是后者对工会的非社会主义态度及其领导人的狂热的宗派主义精神。不过，随着在社会主义工人党内现在发生的改变，不再存在两党不统一为一个和谐组织的原因了，因此在罗切斯特任命了上述统一委员会。

　　两个月后，社会民主党在印第安纳波利斯市举行会议，热情地接受了罗切斯特委员会的建议，并接着任命了一个类似的委员会。之后两个委员会在纽约市举行了会议，制定了统一协定以及新统一的党的章程，并把社会民主党和统一社会党这两个名字提交两党，以选出一个作为新党的名称。两党的全体党员进行了投票，统一协定获得通过，社会民主党被选为新统一的党的名称。这次投票还选举前社会民主党的尤金·维·德布兹和社会主义工人党的乔布·哈里曼作为美国总统和副总统职位的候选人。然而，两党统一的实现并非一帆风顺。当所有协议都似乎完成之际，前社会民主党的全国执行委员会发表了一份"宣言"，提出了相反的建议。这两个最大的社会主义政党的统一已经成为必要，尽管前社会民主党的官员及其支持者仍旧反对统一并维持对立的组织，它的大多数党员都加入了统一党，除了受执行委员会控制的英文和德文机关报之外，前社会民主党的所有报纸都在为统一党的事业而斗争。

　　不过，目前的迹象表明社会民主党中的这种争论快要结束了，同志们对于统一取得的成就的热情，我们的候选人在社会主义者和劳工圈子中的受欢迎程度，社会主义宣传的极为有利的情况——这些都是上面提到过的，所有这些都表明社会党人将在明年11月的大选中取得巨大胜利。

综上所述，我们可以向我们的欧洲同志断言，发生在过去两年中的社会主义运动的内部斗争并没有妨碍我们取得良好的成果。党已经进入了其历史中的一个新时代，回顾它在运动的最初阶段作为宗派存在的时期，这种情况可能是不可避免的，但是幸好党已经走过了这一时期。它现在的规模、组织的形式、洋溢的精神使任何个人或任何一小撮人不再可能试图夺取对它的控制。它对从前所犯错误的坦率承认、它始终如一的友好与善意表明，工人们已经赢得了美国工人阶级先进分子的同情，使得在不远的将来，我们在推进我们事业的过程中即使超越不了我们的欧洲同志，但赶上他们是可能的。

向社会民主党致以兄弟般的问候。

代表　乔布·哈里曼，雅各布·龙布罗，
S.因格曼博士

1900年9月于纽约

1896年8月—1900年8月匈牙利社会民主党的活动情况

——向1900年巴黎国际社会党代表大会提交的报告

当世界各国有组织的无产阶级的代表在国际社会党人巴黎代表大会上聚集在一起分发事先印好的关于各国社会民主党的活动情况的报告的时候，或者当他们在发言中说明他们自上届代表大会（1896年）以来在传播社会民主主义思想方面所开展的活动的时候，我们清楚地知道，各国工人党的代表会怀着充分的自信心历数许多光辉的胜利和种种优异的成就。但匈牙利社会民主党的代表只能提供一点关于我们党的非常缓慢的进步，关于党在国内的力量仿佛处于停滞状态的增长的微不足道的信息，不过还是要提供这一信息，说得确切些，在我们最优秀的战友面前，我们可以谈一谈匈牙利工人阶级所进行的艰苦斗争，而不致为自己的了无成就感到羞愧。当我们把外国同志的许多报告中的喜气洋洋、充满希望的词句拿来同我们在回顾中描绘的平淡的背景相对照时，我们也不会胆怯得丧失勇气和信心：因为在过去几年中，匈牙利社会民主党人在非常不利和毫无希望的情况下也履行了自己的义务，而这种困难的情况大概再没有哪个欧洲国家遇到过。

我们经过慎重考虑可以这样说：几乎没有哪个地方的一切经济条件，以及在此基础上的一切社会条件和政治条件，对于无产阶级的解放斗争来说，比匈牙利的情况更不利！我们在这里不可能把这种悲惨的状况淋漓尽致地描绘出来，即使这样做在目前尤其有必要，因为在国外很少有人了解匈牙利的情况，而匈牙利的御用报刊，正像奥地利、德国和法国的御用报刊一样，所描写的情况多半只是无耻的捏造和撒谎；但是我们可以而且也希望简明扼要地指出某些因素，这些因素把匈牙利国土变成对现代工人运动来说是非常贫瘠而且到布满深渊的土地。

1848年革命在匈牙利创造了走上资本主义生产轨道的可能性。农奴制被废除了，奥地利奉行的使匈牙利的任何工业运动还在萌芽状态中就被窒息的关税政策，在解放战争后改变了。在匈牙利，资本主义也开始活跃起来。取得和奥地利平等的地位刚刚为政治活动扫清了道路，大工业企业的必然后果——无产阶级工人运动——在匈牙利很快也就应运而生了。出现了工人运动的匈牙利，和那些通过派遣社会主义工人阶级的代表参加这次代表大会而证明自己同属欧洲文化的国家结成了伙伴。

30年来，在匈牙利一直存在着政治性工人运动。在最初10年，这个运动自然相当缺乏统一性和自觉性。30年足够创造出许多东西，能使工人阶级成为一个在决定国家活动的方针方面举足轻重的因素。如果说在世纪交替之际匈牙利工人阶级还不能以这方面的成就感到自豪，那么其原因与其说在于匈牙利工人的秉赋，不如说在于这个国家工业发展的方式和方法。

当1848年革命失败后匈牙利向奥地利俯首称臣时，匈牙利人并未选择那条必定会自然而然地导向提高他们的权利的道路。他们没有走上同奥地利进行经济竞争的道路，以便富强起来，使自己的政治要求能够相应地受到重视；相反，他们放弃了一切经济活动，于是漫长的经济衰落的时期开始了。奇怪的是，他们的这个弱点竟成了他们获得胜利的源泉：财政枯竭而政治稳定的奥地利害怕无所作为的匈牙利甚于害怕发奋图强的匈牙利；只要打几场败仗，就足以使奥地利领导人相信，或者是让匈牙利人从完全消极的状态中解脱出来，或者是让君主国灭亡；他们宁愿要前者——于是匈牙利获得了独立。

匈牙利人虽然获得了独立，但是只有在错综复杂的斗争中，只有在富有教育意义的政治斗争和经济斗争中才能赢得的东西——勤劳、能干、劳动兴趣，他们却没有得到。腐败的战争，腐败的胜利，腐败的果实，所谓匈牙利的经济繁荣，在一个长时期内实际上只不过是持续不断的、结果造成周期性危机的创办企业和发行股票的诈骗活动，这种诈骗活动也给工人运动打上了烙印。短期的经济繁荣不足以卓有成效地消除长期的倒退和停滞及其伴生现象（失业、工资发生巨大波动和最终被压低到最低限度）所产生的影响。因此，匈牙利工人运动自开创以来的历史，在一个长时期内一直是无纪律、转瞬即逝的热情和萎靡不振纷纷呈现的舞台，造成这些现象的原因是物质上没有能力和由此而产生的思想上不成熟。

直到 19 世纪 80 年代末，匈牙利的工业发展才走上了正轨，获得了一定的稳定性，表现出力量的巩固。与此相联系，我们看到了工人运动也变得强大起来，建立了更牢固的组织，采取了确定的方针，进行了系统的宣传。如果说尽管如此匈牙利今天还是不存在统一的、把工人阶级的一切集团都包括在内的工人运动，那么这是由于各种不同的原因造成的。

工业的地区性分布是妨碍工人运动扩大的第一个因素。整个匈牙利的商业和工业、水陆交通、科学、精神生活，大部分都集中在首都布达佩斯。30% 以上的工业企业都设在布达佩斯，其中包括大部分大工厂和大交通企业。这种状况在别的地方就某些方面来说也许会受到人们的衷心欢迎，但是在匈牙利却是工人运动发展的一个巨大障碍。

然而，在匈牙利还有另外一种情况，这种情况在别的条件下必定会成为社会主义运动的最可靠的基础的真正承担者，但在匈牙利却适宜用来夺走本来就很软弱的工人运动的最后一点力量：我们指的是农业工人运动。最近几年来这个运动的迅猛发展，收割庄稼的工人的罢工和对罢工工人的往往是血腥的镇压是尽人皆知的事实。农业工人运动引起了人们对世界上没有先例的农业财产分配状况和工人状况的普遍注意；在匈牙利，在有职业的居民当中19.56%的人①是只有靠自己的双手劳动为生的农业短工；在匈牙利，1895年大型农业企业（超过160公顷的企业）拥有的土地占农业耕地面积的32.3%，在有些地方占50%，甚至比这还多；在匈牙利，采邑拥有的地产在全部耕地面积中所占的比例在自由主义政权下从1867年的0.99%提高到4.7%；对这样一个国家各国社会党人开始感到兴趣，并预言，匈牙利的社会主义一定会有光辉的未来。当然，这不是没有道理的。事实上农业工人中有相当大一部分人是具有社会主义思想的，或者，至少是对社会党人采取友好态度的，而这是由于菲薄的工资、经常的失业、沉重赋税的压力以及布达佩斯工人的宣传活动造成的。这一大批群众却成了工业工人运动发展道路上的障碍，因为他们汲尽了工业工人运动中不可或缺的力量，而匈牙利工业工人运动，正像我们在上面所提到的那样，还没有达到应有的发展程度；这种发展程度，在其他国家里，是工人运动试图向农村居民深入发展的前提，或者说，在作这种尝试之前必须是已经存在的东西。在其他一些在农村居民中存在着社会主义运动的国家，例如，在比利时，有一种几乎是自动起作用的宣传手段，在那里传播社会主义学说几乎用不着费力气，也就是说，在这些国家里有这样一个情况，即在小农和农业工人居住的地区有许多工业中心，具有社会主义思想的工业工人经常直接接触附近的居民，这就为进行宣传工作提供了天然的机会，而这种情况在匈牙利多半不存在，因为最大的工业城市布达佩斯以及其他工厂集中的城市，从这个观点来看，不占地利。

　　匈牙利工人运动没有力量的另一个原因是缺乏政治权利。匈牙利资

---

① 也就是1234725人（包括家属在内为2426048人）。

产阶级不是通过激烈的斗争从贵族那里夺得扩大自己经济力量所必需的政治权利的，相反，它宁愿采取更方便和更有把握的方法，即用捐赠财物、拉拢上等贵族参加它搞的金融投机活动的办法来贿买它所需要的那些优先权。封建贵族的优先权，现在成了他们两家的特权，于是工人阶级在其政治斗争和经济斗争中，除了高傲的、目光短浅到极点的贵族这个对手而外，又多了一个目光同样短浅的、胆怯的和伪善的对手——资产阶级；这个阶级根本不进行斗争去争取权利，而始终只是进行肮脏的交易来贿买优先权，它完全没有自由感，它愚蠢地、没有见识地同一切反动分子联合起来反对工人阶级的解放斗争。

最近几年，关于匈牙利统治阶级正用一切手段对社会民主党进行血腥的歼灭战的报道传到了国外，这些报道尽管不多，但始终有，特别是在1898年。自那时起，我们从前不受人重视的运动因迅速渗入农村无产者的各个阶层而变成了一个可怕的运动。为了对付它，当局利用了各种法律和政府法令、警察局发布的告示，以亚细亚式的寡廉鲜耻对法律进行随意解释和露骨践踏。关于这些情况，党的报刊经常用各种文字进行报道，在这里没有必要详细叙述当局最近5年来对匈牙利工人干下的一切无耻勾当。但是，有一点大概必须在这里指出，即除了俄国而外，没有哪个国家的工人运动，甚至是工会运动，或经济运动像在匈牙利那样受到国家和各种国家机关的严重阻挠。

大家知道，1848年的出版法要求政治报刊提供大笔保证金。内阁通过一道法令对这个出版法作了"改进"，即实施书报检查制度（当然只是对社会主义的报纸才实施），而这个书报检查制度比三月革命前的书报检查制度还要坏得多。

在当局始终乐于在书信中嗅到一点什么可疑的东西时，书信秘密就可能受到损害。

集会权被下面这道命令取消了。这道命令规定，举行集会必须得到当局的批准，否则要受到惩罚；对这道命令还可以随意引申，3—6个工人或农民如果坐在他们家门前的一条长凳上，或者坐在一间屋子里的一条长凳上，就可能被说成是私自集会而受到惩罚！

像集会权一样法律几乎没有作出过规定的结社权，同样受到各种内阁法令的"节制"，以致工人们无法结社。不仅不能成立政治团体，就是教育协会和行业协会（工会）也不能成立，因为它们的章程得不到批准。此外，现存的行业协会和教育协会也会遇到各种想象不到的困难，有的甚至被解散。

当局异常热衷于行使把它所不喜欢的人从一切地方撵走，把他们发配到没有户籍的地方去的权力（大家知道，每个人只能在一个地方有户籍），以便通过警察把每一个"宣传员"从他所在的地方（哪怕他刚在那里仅仅待了两个小时）弄走。1898年布达佩斯警察局拍摄的社会党人的照片显然使匈牙利当局臭名远扬。但可能大家并不知道，最高法院认为这个措施是正当的，并在法律上予以认可。

关于匈牙利阶级议会为了制止农业工人运动而详细地、专门地制定的那条奴隶法，各国的同志们也已经听到很多传说了。这条法律把当局变成受地主支配的奴隶总管，替他们约束不听话的工人。这条法律是这样一个怪物，连欧洲具有保守思想的法学家听到它所起的作用时都会摇头不止。

还有，大家都知道1897年颁布的一道政府法令，这道法令禁止募捐。它规定，要募捐必须得到当局的批准（永远也得不到），否则要受惩罚，而且即使把募捐解释成支付报刊书籍的订费也不行。

我们最后应谈一下选举权吗？我们相信，大家都知道得很清楚，世界上没有哪一个国家选民人数与居民人口的比例像匈牙得这样低。① 至

---

① 选民人数占居民人口的5.2%。

于在少数享有特权的人中选举是如何进行的,这在国外是人所共知的,因为"匈牙利式选举"已成为一句口头禅了。

但是,人们还知道得不十分清楚的是,在没有法律(它本来应当规定公民的自由和权利,可是在匈牙利却没有这种法律)和违反法律(匈牙利政府和资产阶级对那些给予人民最低限度的权利的法律也不尊重)的情况下,当局是如何利用上述敌视工人的法律准则来对待无产者的。法官和宪兵、各州警察头目们完全不把任何法律规定放在眼里,他们违法和犯罪的案件堆积如山——正如上级法院和主管部门在许多场合在有关人员长年累月地为非作歹之后不得不承认的那样;而位高权重的布达佩斯警察局则喜欢依据一大堆乱七八糟的、多半是它自己炮制的、对法律一窍不通的无产者完全不熟悉的法令。涉及讼事时无产者由于没有钱,只有在极个别的情况下才能请律师,而律师的代理权又往往会被警察当局拒绝,只要后者愿意这样做!因为,大家知道,在匈牙利有一个最大的自由,这就是每个人愿意做什么就可以做什么;当局也不例外。既然它拥有大批用刺刀、长枪和手枪武装起来的士兵,所以,吃亏的是具有欧洲人的非凡举止的无产者——而这照例是社会民主党人——就是可以理解的了。

还有一件事。资产阶级人士断言,在1849年革命失败后直至1867年恢复宪法为止臭名昭著的奥地利专制政体存在的这18年中,在国内枪毙的人还没有1895—1898年这4年中在班菲担任首相时枪毙的人多,在他的统治下,农民和工人被当做宪兵试验他们的武器的靶子。

尽管如此,当局的任何压力都未能使无产阶级运动瘫痪,虽然匈牙利人民是贫穷的,非常贫穷,而且近几年来农业还连年歉收,并经常爆发危机。经营农业的人的贫困,甚至我国的地主也在使劲叫嚷,自然是小农感受最深,时间最长;压在小农身上的骇人听闻的赋税压力(在许多地方已超过应纳税的地块的纯收益),现在更多地只是名义上的土地所有者的不断增长的债务,①谷物价格的下跌,其他生产领域的竞争和利用现代技术的一切成就来进行生产的大地主的竞争,高利贷,成千上万的工人在全年大部分时间里的大批失业,向国外移民者的不断增多②(国家企图用武力来制止这种现象),缺乏维生素引起的糙皮病和其他传染病,酗酒,在整个农村地区经常出现的地地道道的饥荒,拖欠税款和扣押,自杀事件的增加③,所有这些现象每一种都值得专门用一节来谈一谈,但是单单提一下这些情况已足以使我们明白为什么被榨干了的、一贫如洗的人民连为工人运动最必需的宣传手段捐献一点资金都无能为力。在那些因单独一人付不起报费、一张报纸在一个村里要辗转经历100多人之手、许多党员同志直到"日子变得好一些"为止都要靠"借债"度日的地方,显然是谈不上发展党的报刊的;在那些连干面包都没有,而不得不用燕麦、树皮和糠烤成的代用品供饥饿的儿童食用的地方,在那些衣衫褴褛的人们在冬天不得蜷缩成一团以便暖和身子的地方,人们也没有钱来购买小册子,没有钱来资助受到处分或被监禁的同志,还不用说,每个接受这种资助或要求给予这种资助的人注定要受到法律的制裁!

---

① 根据土地登记册的记载,地产的负担同未增加前的情况相比,增加如下:

　　　　　　　　　　　　单位:千克朗
　　　1894　　　　　　　　136602
　　　1895　　　　　　　　231088
　　　1896　　　　　　　　234192
　　　1897　　　　　　　　267012
　　　1898　　　　　　　　214303

② 1899年和1900年上半年的材料还没有公布。1896年、1897年和1898年这三年移居国外的人数分别为:24649人、14106人和22149人。

③ 自杀事件在全部死亡事件中所占的比例,1881—1887年为0.40%,1892—1895年为0.45%,1897年为0.64%,1898年为0.66%。

还有一个情况应受到注意，这就是，匈牙利也像奥地利一样，有许多不同的民族①和宗教团体，学校教育令人失望②，统治阶级的贪污腐化和罪恶行径自然不能不触及被压迫阶级，因此，大概每个人都理解，为什么我们提出的关于过去四年中我们党的活动的报告没有什么令人鼓舞的东西，只是揭开了一幅关于匈牙利的状况的悲惨图画，而一些下流报刊多年来都在厚颜无耻地散布关于这个国家的富裕、蓬勃发展和繁荣的卑鄙谎言。

像别的国家那样组织起来的党组织，在这里自然是谈不上的。在有工会组织的地方，同志们是按照他们的部门联合起来的；如果不是这种情况，他们就成立所谓的"党组织"或小组，这些"党组织"或小组在它们选出的干部的领导下开展活动。这些活动分别按照有关的州的经济条件、地方当局的性质和当地同志的人数，或多或少地使人感到有些像在欧洲国家中进行的活动。

在宣传方面能取得的成就都取得了——但这并不能说明多少问题。报纸发行了，传单和小册子免费分发了或廉价地销售了，群众集会和会议举行了，协会成立了；至于报纸、传单和小册子有多少被合法地没收和非法地盗窃了，群众集会和会议有多少次未获批准并被解散了，有多少演讲人被监禁起来和被驱逐了——这些情况无论内政部还是我们党的书记处都知道得不十分清楚，因为前者从当局那里、后者从同志们那里得到的报告并不是详尽无遗、每个事件都不漏过的；我们在这里补充一

---

① 根据官方的、带有匈牙利沙文主义色彩的统计，1890年匈牙利人在全国人口中所占的比例是48.53%，德意志人13.12%，斯洛伐克人12.5%，罗马尼亚人17.08%，鲁提尼人2.50%，克罗地亚人1.28%（克罗地亚—斯洛文尼亚人还没有计算在内），塞尔维亚人3.27%。

② 1890年文盲占全部人口的54.56%（9465172人），1897—1898年，20.23%的学龄儿童（589000人）未上学。

些材料:

1896年有19个工人被枪毙,57个农业工人受重伤,在布达佩斯有一大批工人因庆祝五一节而遭到逮捕,140个工人被拘押待审;《人民之声报》吃了10次官司;单是在塞勒姆州就有400多个工人被判处监禁,累计约达100年。

党的领导机构提出的关于1897年6月—1899年3月15日这一时期的报告,列举了下面这些并不十分完整的统计资料:

警察打死了51个工人,打伤了114个工人;在54个城镇中好几百个工人的家庭受到搜查。295个工人被逮捕和遭到较长时期的待审拘押;274个工人被从36个城市中驱逐出去和撵走;34个工人在监狱里被打得皮开肉绽,鲜血淋淋;同志们被判处徒刑的时间达130年6个月零15天,被判处监禁的时间达38年8个月零10天;作为政治犯被判处监禁的时间达9年1个月零5天,共计178年3个月零30天;罚款共计34624克朗。

在62个城镇中,群众集会多半都在最荒诞的、滑稽可笑的借口下被禁止了。29个城镇的行业协会提出的要求批准其章程的申请,遭到了拒绝(在各农业工人协会提出的章程中只有一个得到了批准);有28个协会被解散了。

1899年1月7日宪兵在新圣安娜打死6个工人,打伤32人。301个同志被逮捕并被拘留1721天;同志们被判处监禁的时间达25年8个月零13天;作为政治犯被判处监禁的时间达1年11个月零14天;罚款26846克朗;18个同志被驱逐;在200多个乡镇根本不允许举行群众集会。1899年6月至12月,《人民之声报》有18篇文章被没收。

根据以上叙述的情况,关于我们党在政治方面取得了哪些具体成就,我们自然没有什么可说的;根据乡镇选举法(这个选举法尽管不是平等的和普遍的,但总算能给予那些在乡镇定居的小农和小纳税人以投票权),我们最近几年在15个乡镇和城市总共派出了130名代表。不过这点成就无法和国外社会党人领导的乡镇参议会的活动相比,因为一方面,匈牙利的乡镇自治机关由于法律的限制,完全被捆住了手脚和封住了嘴，任凭上级主管部门（州和内政部长）摆布；另一方面，有权进行直接干预的当局（首席法官）在故意忽视某些他们所不喜欢的法律规定的情况下，迄今为止还在阻挠我们的同志们在乡镇参议会里进行的每一项促进公共福利的活动，而且甚至在某种借口下暂时停止我们的同志的官职（乡镇长等）。这样一来，选举，或者通过选举我们的同志们在乡镇代表机构中获得的多数，甚至是有害的，因为有关地区的居民通过这种办法丝毫也感觉不到在乡镇的管理方面有任何改善的迹象；甚至在同志们那里，在获得徒有虚名的胜利之后也难以避免产生失望情绪。

至于国会选举权——在可以预见的时期内大概是匈牙利无产阶级最重要的要求，这也是一场必须进行到底的最困难的斗争，因为联合起来的资产阶级各个阶层在匈牙利正以比他们在欧洲所固有的狭隘性大得多的狭隘性顽固地反对改革，尽管这种改革——除一小撮人外——也是符合他们的利益的；无论如何，通过我们党的宣传，为选举改革问题造成了一定声势，遗憾的是，由于缺乏力量，这种宣传没有系统地进行。因此，今天每一个反对党主要是为了使它的或多或少已经降低了的声望不致丧失殆尽，或者提出普选权的要求，或者要求至少适当扩大选举权，当然，它们并没有为此认真地做点什么事情；不过这毕竟证明，这种思想是符合人民愿望的。最近几年来，选举权的宣传几乎成了党的活动的全部内容。今后我们也必须全力以赴地去进行这种宣传，以便有阶级觉悟的匈牙利无产阶级最终能够至少部分地按照西方国家兄弟党的斗争方式去进行自己的斗争。

1896年以来，农业工人的运动有了强大的发展，但从那以后，主要是由于持续不断的经济危机和因此造成的失业人口的经常增加，以及对农业工人阶级的野蛮压迫和臭名远扬的对社会党人的仇恨，这个运动从1898年起开始倒退了，当然主要是在那些运动才产生不久、组织还不牢固的州。但总的看来，我们可以断言，社会民主党农业工人以顽强的精神经受住了野蛮的迫害和摧残，他们在这方面的表现比起有组织的工业工人来丝毫也不逊色。当然，由于我们多次提到的国内的令人失望的状况，农业工人运动在近期内暂时是没有希望得到发展的。

为了提出自己的特殊要求和建立农业工人和小农的统一组织，1897年2月在布达佩斯举行了第一届农业工人代表大会，大会通过了一项关于农业无产阶级对政党所持立场的决议，表示愿意与社会民主党联合。大会选举了一个11人委员会来领导农业工人的专业事务和组织。1897年12月，举行了第二届农业工人代表大会，130个乡镇派出的212名代表参加了大会。1899年4月召开了第三届代表大会，92个乡镇派出的133名代表参加了大会；此外，123个乡镇发来了贺信，说它们由于经济困难，不能派代表前来参加大会。第四届代表大会在1900年春季举行，由于农业工人极其贫困，这届代表大会没有多少人参加。

农业工人和小农的专业报刊《农业杂志》于1897年4月出版，起初是两周出一期，从1898年1月起改为每周出一期。然而到了这年4月由于遭到史无前例的迫害，不得不停止出版。1899年杂志重新获得生机，但是由于读者的贫困，它仅仅存在了4个月。从那以后，直至它的重新出版在资金上有了保证为止，《人民呼声报》每星期四出版的农村版，便被当成是农业工人的专业报纸。

在1896年偶尔出现的，而在1897年已使地主阶级惊惶失措的农产品收割季节雇佣工的罢工，使劳动条件普遍有所改善。

我们的农村党员大部分都是从纯匈牙利人聚居区吸收来的，但是，在他们的队伍中也有大批德意志人和塞尔维亚人。他们的经济状况各不相同；大多数人只不过是徒有虚名的一间小屋和一块土地的所有者，从这块土地上得到的收益完全不够维持一家人的生活，因此，他们不得不在收割季节去当雇佣工人，去耕地、整治渠道和修筑道路以便糊口，或者到地主家去当佣人，或者，最后，到城市里去当短工和壮工，干脏活和累活——如果能找到的话；不过他们当中也有些人境况较好，这些人是有资格参加国会选举的人的亲属，真正的小地主。无可否认，这后一类人的利益同没有财产的农业无产者的利益并不是在一切问题上都一致，但尽管如此，迄今为止在他们之间，或者在策略方针方面，从未发生过冲突。至于国外有许多同志主张的对农村宣传采取机会主义的妥协策略和掩饰策略，那么值得一提的是，我们队伍中的成千的农业无产者被吸收到党内来不是通过隐瞒和掩盖我们的目的的办法，不是通过再三许诺保护他们的财产和保证永远把他们当做地主的办法，而是通过始终针对他们的顾虑（我们应该说"为了"吗？）而直言不讳地说出那些构成我党纲领基础的有关经济发展进程的真理的办法。

不言而喻，各行业工人的工会组织也必须和上面提到的各种困难作斗争；尽管如此，最近四年来工会组织取得了不小的进步。《人民呼声报》1900年年历总共列举了125个行业协会（43个在布达佩斯，82个在各州首府），这些协会分属42个不同的部门。印刷工人、图书装订工人、细木工、裁缝、钢铁和五金工人、泥瓦匠、石匠和木匠都有自己的专业报纸。建筑工人和木材工人举行了专业会议：1899年举行了第一届工会代表大会，大会记录也用德文出版了。布达佩斯的工会运动由各行业协会委员会组成的工会理事会或工会理事会执行委员会（由11名理事组成）领导。无论如何，匈牙利的文明状态中有一点是值得注意的，即商业部长已经承认，在涉及各行各业的事务时工会理事会在一定程度上有资格充当工人的代表。

在商店职员中进行的旨在成立行业协会和创办专业报纸的宣传，没有取得有效的结果。

要把矿工组织起来，简直是根本不可能的事情；在有关领域里，各矿业公司是绝对的专制君主，国家和它的官员只是那些公司的工具。矿工们有两个教育协会。

在我们这里是没有必要进行专门的妇女宣传的。在印刷工人、鞋匠、洗衣工、制版工、图书装订工和纸盒工的组织中，以及在（唯一的）纺织工人协会中，都有女工。在农业工人中，妇女多半都是同志，她们也常常当演讲人，她们在活动中受到人们的信任。我们的农村女同志在热心用无产阶级精神教育儿童方面，产生了不容低估的影响；而在城市里，在用无产阶级精神教育工人子女方面却很少取得必要的成就。

在布达佩斯，人们正努力把学徒工组织起来，并在当前用匈牙利语为学徒工出版了一份专业报纸。教育协会正在成立过程中。

在大学生当中我们的宣传没有取得什么值得称道的结果。这是非常自然的，因为，在大学里学习的青年主要是资产阶级的子女，他们在自己的活动中和自己的思想方法上处处都表现出是资产阶级的影子；我国的有教养的无产者比起他们国外的阶级同志来，水平也要低得多，这是显而易见的。大学生中也有个别同志迄今为止已经为党做了一些往往是有益的工作。

我们党的报刊（关于它们的艰难处境，我们已经有机会谈了一下）现在有下列各种：《人民呼声报》，每周出 3 次，布达佩斯；《工人报》，每周出 1 次，芬夫基兴；《未来》，两周 1 次，拉绍。用德文出版的报刊有：《人民呼声报》，每周 1 次，布达佩斯；《人民意志报》，每周 1 次，泰梅什堡。在克劳森堡和喀琅施塔得，党员同志们打算出版匈牙利文的报刊。在普雷斯堡出版的《真理报》，在新佩斯出版的《进步报》和《自由报》，在阿拉德出版的《工作岗位》和《新世界》现已停刊。同样在布达佩斯出版的幽默杂志《电火花》和《鞭子》，以及用斯洛伐克文出版的半月刊，或者，确切些说月刊《新时代》也已停刊。我们的塞尔维亚党员同志很久以来就要求有一个用他们的语言出版的机关刊物。出版一份罗马尼亚文的报纸以便在特兰西瓦尼亚的罗马尼亚人中进行宣传是必要的，但在目前情况下，这个非常正当的愿望是无法满足的。

在此期间，用匈牙利文出版的小册子有：倍倍尔：《妇女》[1]及《基督教与社会主义》，李卜克内西：《社会民主党想干什么》，马克思：《雇佣劳动与资本》、《共产党宣言》，恩格斯：《社会主义的发展》[2]，拉法格：《所有权的发展》，拉萨尔：《论宪法的本质》，白拉克：《打倒社会民主党人》，雷斯勒：《谁在破坏家庭？》，沃尔弗：《为什么我不再当公立学校教师》，普列汉诺夫：《无政府主义与社会主义》，魏特林：《贫苦罪人们的福音》，利赫卡：《红色幽灵》，英格韦尔：《论社会主义史》，罗伯斯比尔：《关于选举权的演说》、《劳动权》、《赤色分子究竟想干什么？》。匈牙利文原著（其中有奇兹毛迪奥：《农业工人的状况》、《人民问答手册》）、14种诗集和6首诗歌与传单发了几千份。大部分传单成了报纸被起诉的原因。从前编写的关于党和党纲的宣传小册子现在大量重新出版。

经过顽强斗争，5月1日这天停工已获得半官方的承认，并且几乎没有为了停工而发生冲突；但是，对于五一节的庆祝活动，当局则千方百计地进行刁难；不过，无论在我国工业工人的心目中还是在农业工人的心目中，这个兄弟般团结的节日的崇高思想已经根深蒂固。

教育协会、歌咏团和一般工人协会在布达佩斯有11个，其中有两个是德意志人组织的，1个是波兰人组织的，1个是意大利人组织的，1个是捷克人组织的；较大的行业协会都有它们自己的歌咏团；在外地，有32个地方有这类组织，这里当然没有把那些为数众多的、其章程未获批准的协会包括在内。一般说来，人们的兴趣和活动都集中于那些也关心自己的成员的教育的行业协会。即使一切协会都必须放弃政治活

---

[1] 即《妇女与社会主义》。——编者注
[2] 即《社会主义从空想到科学的发展》。——编者注

动,它们的成员也都几乎无一例外地是同志。在工会运动和政治运动之间也根本谈不上有什么对立,即使工会运动获得了蓬勃发展,那是因为它们只是由有阶级觉悟的工人创立的。那些成立得较早的受沙文主义者、教权主义者和所谓"民族民主党人"控制的自我教育协会、病人救济协会和社交协会只是徒具虚名而已,没有什么意义。

敌对的资产阶级政党通过成立"工人俱乐部"(布达佩斯)、"民众图书馆",举办通俗报告会,以及诸如此类的活动,企图在外地到处离间我们和群众的关系,或者提醒人们警惕红色煽动者;不过以此为目的的种种努力,由于它们十分愚蠢,多半使人感到滑稽可笑,而我们可以断言,甚至在那些对政治还漠不关心和被引入歧途的人民阶层中,它们也丝毫没有受到称赞。

关于资产阶级政党的挤压,我们没有多少东西可以报告。曾经多次发生过这样的事情,即工人群众为了资产阶级的自由参加示威游行,而在这种示威游行的队伍中也出现了一小批激进的资产者,除此而外,对于匈牙利的整个统治阶级,我们只是把它们当做公开的敌人来看待。我们的孤立也有它的好处,那就是,即使鉴别力最差的人很快也能清楚地看出阶级差别来;我们完全不怕同哪个党派竞争,我们根本不怕它们也提出一个真正合乎民意的纲领。我们的力量还太弱,因此没有人来拉拢我们,也就不会出现哪怕同某个资产阶级政党暂时结盟使我们偏离正道而陷入机会主义的、妥协的泥坑的情况。由于受到凶恶的敌人的残酷无情的打击而在匈牙利社会民主党人心中积累起来的仇恨,不会这样快就允许我们哪怕只是暂时地向折磨我们的人中的几个罪犯伸出自己的手。

匈牙利社会民主党没有什么巨大的成就可以自豪;但是,它现在取得的一切,是由它自己在极其不利的情况下,在同众多形形色色的敌人的斗争中取得的。它将在这条荆棘丛生,但是稳当可靠的小路上继续前进。它充满强烈的愿望，要在兄弟的行列中努力占有相称的地位。它充分意识到它所肩负的的特殊使命：唤醒扶犁挥锹的男人们，把他们组织起来，引导他们去为社会民主党解放人民的崇高目标进行胜利的斗争。

1896年国际代表大会以来荷兰工人运动主要事件概述

——社会民主党执行委员会为1900年9月巴黎国际代表大会编写

在提供给参加本次代表大会代表的对过去四年中荷兰工人运动主要事件的概述中，我们必须在一开始就指出，我们不得不非常简短，所以只能将最重要的事情呈现给你们，并且必须局限于一个大概的、因而是有些肤浅的综述。

让我们以这个问题开始：荷兰工人阶级的情况如何？我们的答案如下所述：

荷兰工人和所有盛行资本主义生产制度的国家的工人同伴一样，是这种制度的牺牲品；他们也形成了一个雇佣奴隶阶级；他们亦是生产剩余价值的工具。荷兰像其他很多国家一样，工作时间长，工资低，对女工和童工的剥削深重，年老的工人得不到资本家的慈善机构的怜悯，当患病或遭遇事故时，在职的技工和工人只能自己设法面对。

在自由意味着对劳工阶级的掠夺自由的大部分地方，"典型的自由国度"中的中产阶级已经证明自己是投身于自由的。我国工厂立法的范围表明了这一点。我们以荷兰现有的唯一一部保护劳工的法案（1889年颁布）的主要措施为例。这项法案不适用于农业、园艺、林业、畜牧业、泥炭业、仆役、化学业和零售商店，而只适用于工厂和作坊。它禁止使用12岁以下的童工，规定12—16岁的童工和各年龄段女工每天工作 11 小时，但让其他所有工人的工作时间由雇主随意规定。不必说，该法案允许大量例外存在，实施的检查极其漫不经心，起诉的事例非常罕见，而对侵权行为的最严厉惩罚无一例外是微乎其微的罚款。

十四小时工作日与其说是例外，不如说是惯例。无论在农业地区和煤矿还是在拥有"本地"工业的城镇，童工都得干苦活。国际上盛行的、形影不离的工时长、工资低的罪恶是我们所固有的。日薪 12、14 或 16 便士是农业地区的惯例，而熟练的技工每天挣得的工资极少超过 3 先令。

这种情况的普遍性说明不存在强有力的工人运动——虽然我们马上将补充说明这方面的明显进步是可以感觉到的。现在荷兰工人正在把自己组织成为一个独立的工人政党，这样的迹象有很多并且值得注意。

工会过去受到误导，对接触政治有某种担心，直到最近都把社会民主主义看做是死敌。但是现在情况正在发生变化，随着工联主义和社会民主主义之间结成紧密的联盟，工业组织的力量成倍加强。大多数工会都在成长，越来越多地参与政治事务，以致现在很多工联主义者视议会中的社会民主党成员为工人真正的并且是唯一的代表。

工会的成长离不开它们中一部分的坚决行动。工业纠纷和罢工非常频繁地发生。然而，毋庸多言，这些罢工并不是总能获得人们期望的结果。为反对雇主对联合权的攻击，在许多行业中进行了不屈不挠的斗争。为了令工人获得更好的生活条件，钻石工人（屡次进行）、印刷工、木匠、泥瓦匠、砌砖工、纺织工、轮船机师、司炉工、码头工人以及多种非熟练工人进行了持续时间或长或短的罢工。在一些罢工中，工人取得了胜利；在其他罢工中，他们遭到失败。但是，后者的情况总是这样，即不幸通常都是由于政府的行动造成的，政府总是准备，甚至急于动用供雇主支配的警察、军队和海军，帮助他们镇压他们的奴隶，使之更加屈服。众多损失惨重的罢工教会了工人必须完善工会组织；这些组织也可以被看做是工人阶级不断增强的阶级意识的重大标志。

现在，合作越来越被看做是工人所掌握的、以卓有成效地进行他们反对有产者阶级的斗争的一个非常好的方法。合作社常常把它们的一部分盈利送给罢工或遭遇雇主同盟歇业的工人，或者捐给社会民主工党（因其荷兰语首字母而被称为 S. D. A. P. ）的资金。

总而言之，现在我们可以这样评价工会运动，即它正在放弃其无政府主义倾向，它的会员人数在壮大，影响在增强，并且它不再拒绝与社会民主党合作。工人们正认识到这样一个真理，即直接的政治行动理所当然是改善其经济状况的一个手段。铁的事实教会了他们即使是最不愿意去学习的东西。为了使大家更好地理解这一点，我们现在看一下政治情况。

1897 年 6 月的大选是在 1896 年选举权法案生效后的第一次大选。该法案在相当大的程度上扩大了选民的范围；但是，选举权仍然不是普遍性的。法案的规定非常狡猾，将大部分城市工人排除在选举权之外。选民主要由中产阶级组成。因此选举结果是可以预料到的：议会主要由我们资产阶级的代表，即律师、商人、工业领袖和少数大地主的代表组成。

但新的成分被纳入到我们的上院（迄今为止那里一直没有这种成分），即我们党的两名代表——法学博士彼·耶·特鲁尔斯特拉同志和 H. 亨·范科尔同志，前者是农业地区的代表，后者是工业地区的代表。这是我们党第一次参加选举。它在 100 个选区的 29 个中进行了斗争。大城市的结果非常不尽如人意，原因首先在于上文已经指出的选举法案的复杂难懂的规定，其次在于工人中的无政府主义精神，那时这种精神比现在强烈得多。

例如，阿姆斯特丹只给了我们 22000 票中的 1150 票。我们在恩斯赫德获得的选票最多，范科尔在那里斩获了 1337 票，特鲁尔斯特拉在温斯霍滕、蒂切尔克斯特拉德、吕伐登分别得到了 1216、1149 和 939 票。我们所有候选人的得票合起来共 11000 票有余。

唯一的直接结果是特鲁尔斯特拉同志进入了第二轮投票，之后在所有三个地区中都当选，在吕伐登获得 1872 票，在蒂切尔克斯特拉德获得 2672 票，在温斯霍滕获得 2276 票。

遗憾的是，同一个人在这三个地区都当选了；后来，在特鲁尔斯特拉不得不放弃的吕伐登和温斯霍滕，我们落选了。

不过，我们党将在议会中拥有一个以上的席位。在恩斯赫德的补缺选举中，范科尔一开始获得了 2589 票，在第二轮投票中获得 4333 票，从而当选。

我们党参加了代芬特尔、芬丹和哈勒姆三地的补缺选举。在芬丹的选举中，J. H. 沙培尔同志取得了胜利。他是一名年轻的工人，已经是格罗宁根镇政务会和省政务会的成员，在大选中以 1597 票对 465 票当选。

这里要提及的是，社会党的"自由骑士"G. L. 范德茨瓦格先生在斯霍特兰德的农业地区当选。

所以，现在有 3 名社会民主党人作为工人阶级反对资本家统治的活生生的抗议坐在议会中。他们常常利用机会抨击政府的表里不一，指出资产阶级改革的徒劳无功，抗议这样的做法，即把公共财富严重浪费在陆军和海军军费上，而与此相比，完全忽视采取有利于工人的措施。

在这里不可能把他们在辩论许多在议会中讨论和通过的法案的过程中所说和所做的一切都叙述一遍，所以我们只讲述最重要的事件。

没有普选权，就几乎不可能把工人阶级有效地组织成一个独立的政党。因此，我们的代表在一切可能的时候都指出了现存选举法的缺点。1898 年 11 月，在对内阁提出的法案进行严厉批评之后，特鲁尔斯特拉提出了一项决议，第二院借此宣布支持普选权。在被提交讨论后，5 月

3日，经过长时间的辩论，决议以54票反对、33票支持遭到否决。所有天主教和加尔文教的神职人员，以及16名自由党党员投了该决议的反对票。与此同时，一项支持普选权的群众运动开始了。

1899年，我们党在于吕伐登召开的会议上通过了一项大意相同的决议，并责成执行委员会召集一次所有劳工组织参加的会议，以组成全国普选权委员会。这次会议于1899年11月12日召开，之后在会议上成立了这个拟议中的委员会。它现在包括8个全国性工会、15个地方委员会以及30个地方社团；它以极大的热情为普选权进行宣传，为了即将到来的1901年大选，它将在明年冬天积极地投身于自己的工作。

1895年3月，养老金问题在议会中被提了出来；之后，在自由派劳工代表B. H. 黑尔特先生的提议下通过了一个决定，任命一个皇家委员会调查养老金的可能性以及设立养老金的总的原则。1898年7月，该皇家委员会发布了其报告，结论如下：

一、原则上建议设立养老金和残疾抚恤金；
二、鉴于委员们之间的观点存在巨大差异，皇家委员会不提出草案。

因此，委员会三年的工作几乎一无所获。

同时，木匠总工会发起成立了国家养老金全国委员会。全国各地均召开了支持这一计划的会议。1897年9月19日气势恢宏的全国性游行示威在海牙举行，在示威中通过了支持国家养老金的决议。

三天之后，特鲁尔斯特拉同志在议会上对这项决议进行了辩护，并要求皇家委员会中的一个空缺职位应由社会民主党人担任。当然，这从未得以实现。几个星期之后，政府居然宣布养老金问题是最重要的一个问题。但是，考虑到财政部必须在50年中支付800万或900万弗罗林，政府没有提出任何明确的建议。对于我们的资产阶级来说，这笔支出太多了。

不用说，由工会要求的、我们党倡导的国家养老金的想法遭到了我们"进步人士"的奚落，他们称之为不可能的事、乌托邦式的废话等等。所以，这个问题与几年前相比一点都没有向得到解决更进一步。或许，这将向工人阶级表明，没有获得普选权之前是不会取得令人满意的结果的。

由于是女王加冕之年，1898年——资产阶级掌权50周年，是"各阶级"的重要的一年。全国都竭尽全力把这个仪式办成国家的庆典，可以预见的是，资本家阶级会通过在一部分民众中煽动那种不假思索的"对荷兰的热爱"，设法利用这个事件作为攻击社会民主主义的武器。

我们党的1898年代表会议指示执行委员会发布了一份声明，说明了党对这些庆典的态度。这份声明于8月1日发布；它透彻地阐明了现代国家中君主制度对资本主义所具有的意义。这些庆典只引起了少数几次反对社会民主党人的游行示威——这是我们劳工阶级正在更加清楚地洞悉现在的社会关系的证据。

我们的代表没有参加加冕仪式，这引起了资产阶级报刊的恶毒攻击。我们的代表在议会中详细地为自己的态度辩护，他们谴责自由资产阶级的虚伪，这个阶级在50年前将君主政体变成了国家的区区装饰之物，但现在却极力称颂这一过时的制度，试图增添其在人民眼中的权力和荣光，因为现在它可以被用来加强资本主义的权力。

众所周知，和平会议是在我们坐落于海牙的皇宫召开的。作为对这出闹剧的抗议，我们党组织了大型集会，在这些集会上不同国家的同志们解释并维护了社会民主党人有关和平运动的立场。

5月5日，政府提出了一项法案，要求为代表的接待等事宜拨款75000弗罗林。我们的代表对此进行了抗议——自然，抗议无效。

大约1899年底，政府提出了一项法案，对某些行业中由雇主承担的、强制性的工人意外和伤残保险作出规定。尽管它还有很多缺陷，例如它将农业工人排除在外，但是与其他国家类似的立法相比，它的条款规定还是令人赞许的。大雇主们立刻开始鼓动反对该法案，因为他们将不再能够控制支付的保险费、保险金的领取时间等事项。他们只是必须向政府的银行缴纳保险费。几乎所有持不同意见和观点的工人都发起了反鼓动行动，如此一来阶级战争蓄势待发。第二院以绝对多数通过了该法案。然而，最大的危险是第一院——就像所有其他国家一样，这是富豪和反动派的机构——很有可能会否决这项措施。所以5月27日在海牙举行了一场声势浩大的游行示威，成千上万来自全国各地的工人表达了他们将该法案变成法律的最迫切愿望。结果徒劳无功。几天之后第一院否决了该法案，这使工人一方重新进行鼓动，结果是政府提出了一项新法案（现在已经提交议会讨论），新法案建立在与被否决的法案相同的原则之上，但是给了了雇主在缴纳保险费方面稍微多一些的自由。当然，并不能说这就是这项法案的结局了；但是无论如何工人们都必须积极地行动，以免失去对工人负债累累的资本主义的这一小笔分期付款。

在现政府和议会帮助下实现没有华丽的辞藻但迫使资产阶级承担一些费用的真正的社会改革是多么的不可能，对义务教育法案的讨论以及后来通过的它的过程充分证明了这一点。这项法案（现在已经通过成为法律了）空洞无物，只是一种虚伪的规定，它没有包含任何用来补救恶劣的经济状况——教育在很大程度上受到忽视的原因所在——的条款，简言之，这是一部"廉价的"法律，一根会在即将到来的大选中被自由党用做合适的装饰品的漂亮羽毛。

我们的代表努力提出旨在使工人阶级的经济状况获得一定改善的措施，例如国家提供的生活费；但是他们徒劳无果。当他们所有的努力都遭到阻挠时，这些国民教育的最热切倡导者们被迫投票反对这项法案。他们在一份强有力的声明中为自己的投票进行了辩解，宣言表明这项法案根本就不是社会改革，而仅仅是华而不实的装饰品，对于工人阶级来说只有害处。

在将要结束对我们的代表所进行的议会工作的概述时，我们声明：范科尔同志（政府东印度公司的前工程师）运用他广博而全面的关于殖民地的知识，屡次谴责政府继续亚齐战争的做法，并从总体上谴责其殖民主义政策。

我们已经指出过，我们的一名代表（沙培尔同志）也是格罗宁根省政务会的一名成员。与此同时，我们党在10个市镇政务会都有代表。反动的选举权法案是我们只在这些机构中获得区区20个席位的主要原因，与议会相比，选举市镇政务会的权利甚至受到更多的限制。

F. 范德胡斯同志被任命为阿姆斯特丹大学社会主义经济学的讲师和我们党的主席亨利·波拉克同志被政府聘请担任中央统计委员会的一个空缺职位，同样显示了我们党不断提高的影响力。

我们有充分的理由对即将发生的事情怀有极大的信心，相信1901年大选（普选权将成为这次大选的竞选口号）将证明，荷兰大部分工人阶级正在为一个没有资本主义的未来而奋斗。

荷兰社会民主工党执行委员会

主席　亨利·波拉克

书记　**J. G.** 范奎科夫

参加国际代表大会代表

H. 亨·范科尔

亨利·波拉克

彼·耶·特鲁尔斯特拉博士

1900年9月于阿姆斯特丹

附 录

目前，社会民主工党由75个地方支部和附属社团组成，共有3500名成员。这个数字可能不是很大，但考虑到党是在大约6年前由当时存在的社会主义联盟的12名成员建立的，这无疑非常鼓舞人心。这12个人不放弃被上述联盟抛弃的政治行动。他们想在争取无产阶级解放的斗争中利用一切可能的手段。随后，昔日同志之间发生了激烈的斗争。慢慢地，社会民主工党不仅党员人数增加，而且影响也扩大了。而社会主义联盟却萎缩了，尤其是在其一部分成员（他们声称自己是自由社会主义者，但实际上是无政府主义者）退出联盟之后。今年6月24日，社会民主工党和社会主义联盟召开了一次会议，通过这次会议，社会主义联盟剩下的成员被吸收进了社会民主工党。

一周发行3次的党的机关报《社会民主党人》于1900年4月1日被新的日报《人民报》取代，下院议员彼·耶·特鲁尔斯特拉博士任主编。

在格罗宁根和吕伐登出版的党的另一份机关报《人民的战斗》，由下院议员J. H. 沙培尔和G. W. 梅尔克斯任主编。

一份月刊为《新时代》，由F. 范德胡斯、赫尔曼·戈尔特博士和罕丽达·罗兰-霍尔斯特任主编。

荷兰工会拥有17份期刊，其中3份（钻石工人、教师和雪茄工人工会的期刊）是每周出版1次，8份（木匠、印刷工、面包师、裁缝、铁路服务员、纺织工、邮递员和社会民主党教师工会的期刊）是每半个月出版1次，6份（女装裁缝、砌砖工、装潢工、家具木工、油漆工和机修工工会的期刊）是每月出版1次。

部分工会联合成立了全国劳工书记处。根据1899年的报告，该联合会由 44 个全国性工会和地方性团体组成，共有成员 13050 名。

在诸如阿姆斯特丹、乌得勒支、鹿特丹、米德尔堡、阿纳姆、弗拉辛等城市有同业公会。虽然它们中的大部分还不成熟，但是却表现出生命力和活力的明显征兆，这种生命力和活力将成为现代工人运动的强有力因素。

关于俄国社会民主主义运动的情况

——向1900年巴黎国际社会党代表大会提交的报告

敬爱的同志们：

我们肩负着一项愉快的任务——向大会作这个报告。从国际伦敦代表大会召开以来已经过去四年了。在这四年中俄国工人运动获得了重大发展。

在俄国这个绝对专制的国家，这个把执行权的纯亚细亚式的绝对权力同现代警察官僚国家的最完善的技术暴力手段结合起来的国家，出现了工人运动，向前发展的工人运动！仅在几年前，关于可能出现工人运动的想法，对于许多社会主义者来说，还是一个美丽的梦，还是一种马克思主义者的"教条式地"把西欧的条件搬到俄国来的妄想。现在梦已经成为现实。在这个现实面前，过去的一切怀疑都必须打消，正像过去对俄国资本主义是否能够获得发展的一切怀疑都必须打消一样。

经济必然性的要求比沙皇政府的一切枷锁更有力量。沙皇政府即使为了在世界政治中实现其大国目标，也不得不发展资本主义；而随着资本主义的发展，工人运动也产生和发展起来了。当然，如果拿西欧的标准来衡量，俄国工人运动无论就数量还是质量而言，都显得比较逊色。然而俄国工人运动毕竟是第一个使沙皇政府真正感到恐惧的革命运动，因为在这个革命运动中，一个奋起的阶级在俄国第一次展开了反对现存制度的斗争，而且是在国际社会民主主义的旗帜下进行这场斗争的。

我们的先驱者——70年代和80年代的革命者——的悲剧性的厄运

在于，他们不得不把他们的充沛的精力无益地用来阐述一种错误的、受国家的落后经济状态支配的观点。无产阶级阶级运动的因素当时还刚刚处在萌芽状态中，因此当时的社会主义革命斗争的思想承担者对这些有发展前途的萌芽还不屑一顾，他们深信，在俄国可以"超越"资本主义的发展阶段，并且——由于农民公社的存在和被认为经济平等的农民群众的似乎由此产生的共产主义本能——可以直接实现社会主义社会制度。1879年成立的"民意党"仍然忠于这一基本观点。不过这个党也有它的历史功绩，这就是它同过去无政府主义者否认政治斗争的做法相反，最先把革命运动引上了政治轨道。但是"民意党"反对专制制度的斗争不是阶级斗争，而是一种由一个密谋组织用纯粹密谋的手段进行的斗争，它指望用恐怖手段来消灭沙皇本人，而忽视其他应在纲领上予以规定的斗争形式，包括在工业工人中进行宣传在内。70年代革命运动的实际进程表明，工业工人接受社会主义思想比农民容易得多。工人阶级中已经涌现了相当多的英勇无畏的革命战士；其次，已经成立了一个工人组织——"北方工人协会"，它在1878年首先提出了政治斗争的要求；最后，70年代末在彼得堡还发生了罢工这种自发的工人运动。然而，只有当"民意党"比它的先驱者们更加注意并下更大的功夫在工人中进行宣传时，一个新的、独立的阶级的这些明显的活动才能对运动的思想领袖们的活动产生影响。这样一来，工人就像其他城市居民阶层和从事其他职业的人那样，只能起到密谋组织的辅助力量——尽管是非常重要的辅助力量——的作用，只能充当密谋组织的招募对象，尽管是特别有用的招募对象。在无产阶级和"民意党"企图依靠的其他阶层之间还没有出现因特殊的经济利益而形成的质的区分。

不管多么大胆的思想冲击都无法制服沙皇政府（站在它一边的除贵族和农民阶级而外还有受它保护、豢养和宠爱的工业资产阶级）；只有通过为自己的解放而斗争的无产阶级，才能形成与支持沙皇政府的积极和消极的社会力量相抗衡的革命力量；革命的思想家如果想使自己的活动取得成功，就必须站在无产阶级的立场上，就必须为无产阶级运动服务——这种认识是以"民意党"的失败为代价取得的，并经由革命人士逐渐深入到群众之中，正如经济发展越来越明显地变成资本主义向城乡的胜利进军，一个数量、智力、阶级觉悟和斗争本领不断增长的无产阶级便应运而生一样。

在转入我们的报告的正题时，我们首先想说明一下我们要报告的社会民主党工人运动的地域范围。

我们首先把俄国的亚洲部分和高加索划出去，不过在那里随着工业的发展，社会主义的宣传也已经开始，可以觉察得到，群众已开始觉醒了。在高加索地区进行活动的主要是亚美尼亚的社会民主党人。

其次，我们也不谈芬兰的工人运动。这个小小的但是高度发达的文明国家，这个俄罗斯帝国的至今享受着自由这种幸福的唯一角落，从工人运动的观点来看，是非常使人感兴趣的；不过我们相信，关于这方面的情况芬兰的同志们自己会谈的。在这里我们只想对沙皇政府向芬兰施加的野蛮的、背信弃义的暴行表示我们的极大愤慨。

同样，关于波兰（它的相当大一部分领土被俄罗斯帝国用血腥的暴力吞并了）工人运动情况的报告，这是我们的波兰同志，特别是"俄罗斯和波兰犹太工人总联盟"的同志们的事。

俄罗斯帝国的其余部分还居住着9400万人，按照这些地方的经济和历史特点，它们被划分成24个地区，其中有15个地区主要是农业区。关于平原地区社会主义宣传的情况，我们只收到了3个地区的消息：若干关于农民的《战斗情谊》和农业工人罢工的小册子或传单（关于农业工人罢工的小册子或传单是用乌克兰文写的）。然而这只是一些彼此没有联系的、分散的小组的活动；至于农村的（与往往是自发的农民暴动相反的）自觉的群众运动，目前还根本谈不上。因此，我们的报告只能涉及9个工人运动广泛开展的地区，这些地区居住着5000多万人。

此外，关于波罗的海地区，毫无疑问，我们拉托维亚的同志们会单独提出一个报告；在白俄罗斯地区，"俄罗斯和波兰犹太工人总联盟"正在进行活动，这个联盟是我们党的一个自治的组织，它将提出自己的报告；而在立陶宛地区进行活动的，一部分是立陶宛同志和波兰同志，一部分是犹太同志。

因此，我们要提供的是关于以下6个地区工人运动的详细报告，这6个地区是：彼得堡、俄国中部工业区、乌拉尔北部和南部地区、基辅地区和南俄地区（"新俄罗斯"）。

还要指出一点，我们的报告是根据"非法"出版物、"俄国社会民主党人联合会"在国外的档案、我们在国外出版的机关刊物《工人事业报》上发表的并作为小册子出版的大量国外通讯和情况报告，以及，尤其是根据莫斯科、叶卡捷琳诺斯拉夫[①]、伊万诺沃—沃兹涅先斯克和哈尔科夫社会民主党地方委员会，敖德萨和尼古拉耶夫社会民主党小组专门为了在国际代表大会上的报告的起草工作而给我们送来的报告起草的。

摆在我们面前的关于90年代运动情况的原始材料（直到1894年底），只是记载了一些零星的罢工和工人骚动，或者只是一些宣传鼓动传单。毫无疑问，在此之前工人和雇主之间也经常发生冲突，不过这些冲突没有公开化，因此没有记录下来。但是真正的工人运动此时还不存在。相反，90年代初在彼得堡、莫斯科、伊万诺沃—沃兹涅先斯克、基辅和敖德萨，以及稍后一些时候在哈尔科夫、叶卡捷琳诺斯拉夫、下

---

① 今第聂伯罗彼得罗夫斯克。——编者注

诺夫哥罗德、乌拉尔地区、特维尔和图拉就已经出现了秘密宣传小组，它们的宗旨是传播科学社会主义思想，使科学社会主义思想通俗化，并且在理论上对把科学社会主义思想运用到俄国加以论证。在这方面，从1883年起就开始进行宣传活动的设在国外的"劳动解放社"（普列汉诺夫、阿克雪里罗得和维拉·查苏利奇）作出了巨大的贡献。

宣传小组起初完全是由知识分子的代表组成的，它们给自己提出的任务是，在小规模的、自然是秘密的教育团体中向理解力比较强的工人灌输社会民主主义思想，把他们培养成有坚定信念的社会民主党人。

但即使是关于社会主义的这种温和的宣传，也被政府认为而且有充分理由认为是对它的存在的威胁，至少在将来会给它带来巨大的麻烦。发生的事情证明，这个将来在当时就已经近在眼前了。

对俄国社会民主党人的最早的宣传尝试的回答，是在许多城市发生了一系列逮捕事件。由于这种宣传是在不同时期和不同地点进行的，所以第一批逮捕持续了几年。1891年9月在敖德萨发生了逮捕事件，12月在彼得堡发生了逮捕事件，同一年在伊万诺沃—沃兹涅先斯克也发生了逮捕事件；1892年在彼得堡又发生了一次逮捕事件；1894年1月在敖德萨发生了一次新的逮捕事件；1894年5月和年底在基辅，12月在莫斯科发生了逮捕事件；1895年1月在哈尔科夫，8月在叶卡捷琳诺斯拉夫……

在此期间，在一切工业地区都出现了工人自发的群众运动，并迅速传播开了。这个运动采取的形式有罢工、骚动，间或有暴动。这一转变是由1895—1897年彼得堡工人的值得纪念的群众性罢工引起的，这次群众性罢工迫使专制政府颁布了一条法律，把工作日普遍缩短为11小时半，星期六和节日前夕缩短为10小时。这条法律尽管还有许多漏洞，使雇主很容易避不执行它，但我们还是要毫不犹豫地说，它是战斗的无产阶级所取得的有巨大意义的道义上的成果。

广大工人群众当时还根本没有接触过社会民主主义的宣传,自然对社会主义或政治自由的要求没有丝毫概念。在经济状况良好、工业和对劳动力的需求迅速增长的影响下,群众在斗争中提出的要求是提高工资、缩短工作日、修改压制工人的车间规章制度、撤销特别令人憎恨的车间领导人,等等。

正如已经说过的那样,这些群众运动是自发的,不以社会民主主义宣传小组的活动为转移的。我们的宣传员现在必须在两条道路中选择一条:或者像过去一样只管进行系统的宣传,以便把个别工人培养成能理解社会民主主义思想的人;或者面向正在觉醒的群众,以便在争取他们的基本的、有时不明显的经济要求的斗争中当他们的先导,并且确信,这一斗争很快就会从个别工厂的工人和雇主之间的一系列冲突发展为整个俄国工人阶级反对雇主和偏袒雇主的政府的阶级斗争。社会民主党人虽然还有点犹豫,但还是选择了后一条道路:如果我们换一种方式同群众保持联系,然后用群众自己的经济斗争经验来教育他们,使他们达到更高的发展阶段,获得阶级意识和开展政治斗争,那么群众性的宣传鼓动就要求我们首先要抓住群众唯一能理解的经济要求。

1895年在俄国传播的《论鼓动》的小册子根据犹太工人运动的经验清楚地说明了为什么要从在宣传团体中进行活动过渡到向广大群众进行宣传鼓动。作者们开宗明义地指出,他们"作为社会民主党人给自己提出的任务是,使无产阶级相信政治自由的必要性,这是他们进一步发展的先决条件"。但是,为了达到这个目的"必须在工业工人中根据他们的日常需要和要求经常进行宣传活动",以便通过这种办法用工人自己的斗争经验来教育他们,使他们获得阶级意识,并"为政治鼓动"打下"基础"……

我们的同志当时遭到了许多责难,有人说他们的纲领太狭隘了,说他们把自己降低到群众的水平,而不是把群众提高到他们的水平,等等。其实为了使**群众**易于接受政治鼓动，上述策略是最合适的。在一个像俄国这样的国家里，这样做是不言而喻的，因为在那里每一种即使是无害的公开活动，特别是当它对工人产生影响的时候，都会受到阻碍和压制；在那里完全没有自由的政治机构的教育的影响；在那里"臣民们"享受不到任何资产阶级的自由和权利，而这是进行公开的政治活动的先决条件；最后，在那里群众的正常教育水平极其低下——和西欧国家完全不同，在这样一个国家里，还必须把经济斗争看成是培养阶级意识和政治斗争的"预备学校"（如像在德国人们对工会的称呼那样）。之所以必须这样，尤其是因为沙皇政府在每一次大罢工时都比欧洲各国政府更凶恶得多地偏袒雇主一方，它急忙用它的警察、宪兵和士兵来帮助雇主，用哥萨克的皮鞭、有时还用长枪来对付罢工工人，它还下令进行大规模逮捕、解雇和对"暴动首领"采取行政"放逐"……因此必须启发经历过罢工的最落后的工人的觉悟，使他们认识到"慈父"（群众对沙皇的称呼）对工人的友爱的真面目，使他们认识到这个制度带来的福利是什么，在这个制度下，工人的罢工，即工人为自己最切身的利益而进行的斗争，依据刑法——至少在法律上——被认为是一种所有参加者都要受到监禁的罪行。① 因此，在俄国，罢工对于群众来说是教会他们认识到政治自由的必要性的最生动的课堂。

与群众的经济斗争相结合的策略，整个来说取得了良好的结果。我们说的是"整个来说"，因为在俄国各个地区的经济条件迥然不同，各工人阶层的性质和文化水平也千差万别，因此对于一般鼓动活动来说，特别是对于群众的政治教育来说，有的地方基础比较好一些，有的地方

---

① 事实上政府当然不可能贯彻它的法律：如果政府想把全体罢工工人，或者，哪怕是大部分罢工工人都关起来，或用别的方法来惩罚的话，那么监狱就会有人满为患，而工业也会陷于瘫痪。

则差一些。其次，还要考虑到各种经济冲突的性质和实际进程，各个地方运动的历史的长短，以及——最后，但并不是最不重要的——始终威胁着我们的各种组织的遭到逮捕的厄运，这种逮捕往往把最能干、最有经验的力量夺走了，并使各个组织之间的联系遭到破坏……不过无论如何，上述策略使我们的组织不管在哪里都能对群众产生持久的影响，并使我们的组织能够越来越成功地把自发的群众运动导向意识到自己的政治任务和社会主义任务的阶级运动。工人阶级越来越信任和理解社会民主党的传单、小册子和报纸，而且也信任和理解那些以适当的理由，比如，借庆祝五一节的机会提出政治要求的宣传品。

　　一句话，我们的运动在各个地区视情况不同取得了或多或少的进步，在政治上或多或少地变得成熟了。总的方向到处都是一致的，只是这一运动在不同的地区处于不同的发展阶段而已。

　　除了群众性的宣传鼓动之外，不应忽视在宣传小组中对个别工人进行全面的教育，这是不言而喻的，因为在宣传方面受过完善教育的接班人是必不可少的，因为由于逮捕而经常给我们的组织造成的裂缝必须由他们来填补。

　　罢工运动给社会民主党的活动指出了一条新的道路，在群众中为它打下了广阔的基础，并使它能在群众中迅速引起反应，还使搞宣传工作的小组运动能够同自发的群众运动融为一体，这种罢工运动现在究竟有多么强大呢？

　　在俄国，统计罢工的次数自然是特别困难的。在这方面根本不可能要求十分完整。然而从收到的原始材料中我们发现，在最近5年中发生了217起罢工。

　　只有111次罢工对参加罢工的人数作了统计，共计达236020人。

　　罢工者的平均数字说明不了什么问题，因为从数字方面来看，有些罢工规模相差很大。有6次罢工参加的人数总计达130000人，其中有的罢工参加者达10000人，或更多一些，而有3次罢工每次参加的人数都达到30000人。有35次罢工，参加的人数从1000人到10000人的都有，总计达90336人。有39次罢工，参加的人数为100人到1000人，总计达14589人。最后，有31次主要是手工业工人举行的罢工，参加人数每次不超过100人，总计达1095人。

可见，较大规模的罢工（参加者每次在1000人以上）占71%，参加的人数占93%。

大部分罢工是在纺织工业、冶金工业和机器制造工业部门发生的。在有统计资料的201次罢工中，有75次是在纺织工业部门，有65次是在冶金工业部门发生的。此外，参加罢工的还有：玻璃厂工人、糖果加工厂工人、煤气厂工人和港口工人、裁缝、鞋匠、面包师、纽扣工人、茶叶贸易职工、细木工、裱糊匠、油漆工、锯木工、车辆制造工、铁路员工、制作茶炊的铁匠、糕点工人、图书装订工人，等等。

罢工的原因主要是要求提高工资和缩短劳动时间。在已经知道罢工原因的157起罢工事件中，有61起是为了提高工资，有51起是为了缩短劳动时间。

此外，工人们还经常为反对减少节假日而斗争。在我国，各种节假日要比欧洲国家多得多，这是一种前资本主义的关系的残余。通常在我国每年有80—88个节假日，而在个别地区几乎有100个节假日。1897年的工人保护法把必须放假的节假日，包括52个星期日在内，缩减到66个。节假日的减少是这条法律的一个阴暗面。

其次，必须强调指出，罢工的原因之一是抗议工厂领导人和工程师的粗暴行为——这是在工人群众中人的自尊心加强的一种令人欣慰的证明。

罢工持续的时间只有66次作了统计，累计达651天，其中有35次罢工持续了1—3天，有11次持续了3—10天，其余的20次持续了10

天以上。时间最长的一次罢工是在乌拉尔地区的五金工人中发生的，它持续了90天。

最后获得胜利的罢工所占的百分比相当高。我们知道156次罢工的结局，其中有113次胜利了，只有38次失败。这说明，我们的雇主尽管经常得到政府的自愿帮助，但是比其他任何国家的雇主都更害怕罢工。只要某个工厂的工人打个呵欠，或者甚至只要在工人中散播提出某些要求的传单，就足以促使雇主作出让步。因为如果发生罢工，那么政府很容易通过它的暴力行动挑起一场严重的暴乱，工人自然要遭受重大牺牲——大量被逮捕、驱逐，甚至被处死，但是，在这个过程中造成的巨大损失——机器被捣毁、房屋被焚烧、商品被破坏——自然也是无法弥补的。

此外，不言而喻，我们的组织经常提醒罢工工人保持冷静的态度，随着群众认识的提高和我们组织影响的扩大，罢工进行得越来越平静和越来越有纪律了。

在不可能合法地举行集会的情况下（撇开强行召开的群众集会，或者确切些说，罢工工人的非法集会不谈），我们在鼓动中基本上是依靠（自然是秘密地）印刷的宣传品，尤其是用胶誊写版印刷的，或者是用打字机打好后再用油印机印刷的宣传品。

俄国的受到限制的"合法"报刊只能向工人透露一星半点社会问题和政治问题，只能向他们提供拙劣的文化资料。书报检察制度对最近几年来出现的带有马克思主义色彩的报刊监督得特别严格，而这类报刊在水平较高的工人阶层中有很多读者。俄国国内的秘密印刷所，特别是"俄国社会民主党人联合会"国外印刷所在某种程度上同检察制度的限制进行了针锋相对的斗争。我们可以说，尽管在物质上和技术上困难重重，但在对通俗的科学书刊和鼓动书刊的需求随着运动的发展大大超过了供给的情况下，我们还是取得了巨大的成绩。我们出版的小册子特别丰富多采。

出版秘密报纸所遇到的困难尤其多，直到现在为止这还是我们的出版工作中的一个非常容易感觉到的缺口。我们的报纸很像小小的杂志，而且还是不定期的，出版次数太少。

我们于1896年12月在基辅和1897年在彼得堡作了出版报纸的最早尝试。从那时起直到1900年春季止，在各个不同的地方，各种不同的报纸相继出版了30号：《前进报》——基辅，9号；《彼得堡工人报》，2号；《工人思想报》——彼得堡，8号；《我们的事业》——尼古拉耶夫，3号；《工人报》——基辅，2号；《工人旗帜报》——彼得堡，2号；《萨拉托夫工人报》，2号；《南方工人报》——叶卡捷琳诺斯拉夫，2号。可见，平均起来每月出版1号以上。这个数字本身固然是非常小的，但是必须考虑到，我们每出1号报纸就必须付出一笔代价——若干年监禁和更长时期的流放……

关于报纸（目前还有4种继续存在）的情况，我们在下面还要详细地谈一谈。

然而报纸在一定程度上被传单这种天然的和反应灵活的鼓动手段所代替，这种鼓动手段最先在我们的组织和战斗的群众之间建立起了内在联系。现在我们不仅在罢工的时候印发传单，或者为了揭发某些工厂内的滥用权力的事件而印发传单，而且越来越经常地就工人阶级或多或少地关心的一般公开政治事件印发传单，譬如，已经提到的每年印发的五一节传单就是这样。还必须提一提关于女大学生韦特罗娃自焚事件的传单。韦特罗娃因参加一个秘密政治团体而被捕，她被关在彼得堡附近的彼得—保罗要塞的一间牢房里，被宪兵奸污后自焚而死。关于这个事件几乎所有的组织都印发了传单。此外还有对1897年颁布的工人保护法的批评和解释，对在栋布罗瓦发生的镇压波兰罢工工人的流血事件的抗议的传单，叶卡捷琳诺斯拉夫委员会关于在马里乌波尔①发生的屠杀工人的事件（1899年）和关于对布良斯克的工人的审判（因为暴力罢工）的传单，等等。

  传单的发行量随着运动的扩大和有关组织的工作效率的提高而增加。在一般情况下，发行量介于300份至1000份之间。如果专门针对某些企业，一般性质的传单的发行量可以达到3000—5000份。每一份传单的读者当然都有几十人。当1896年夏天彼得堡纺织工人大罢工的时候，在1个月至1个半月内向群众散发了大约20000份各式各样的传单。

  我们确信，在俄国五一节对于工人阶级反对沙皇政府的斗争，和在奥地利五一节对于争取普选权的斗争具有同等重要的意义。在波兰工人和犹太工人中间较早出现的比较进步的运动的例子表明，通过停止工作，甚至举行游行示威的办法来庆祝国际节日，在沙皇的帝国也是可能的，只要运动达到了一定的阶段。迄今为止当然还未能吸收广大群众积极参加庆祝（一个例外是，今年哈尔科夫举行的五一节庆祝活动同时还发出了大罢工的信号——关于这次罢工下面还要详谈），而只是秘密地举行了一些五月集会——在彼得堡从1891年就开始了，参加这些秘密集会的人数的多寡，视各个地方的情况而定（从100人至100多人不等），当然参加这种集会的人都是可以信赖的、已经受到良好的宣传教育的工人。凡是已经建立了组织的地方，在广大群众中到处都散发了五一节传单，在这些传单中除了关于八小时工作日、社会改革方面的要求，以及有时还有大量地方性的要求之外，也提出、解释和论证政治方面的要求。传单经常用暗示西欧无产者以及波兰和犹太无产者是如何庆祝五一节的方式，呼吁工人们用停止工作的办法来庆祝劳动节，但遗憾

---

  ① 现称日丹诺夫。——译者注

的是，正如已经说过的那样，迄今为止这种呼吁只有在个别场合才得到群众的响应。

今年出现五一节传单的地方有：彼得堡，新历5月1日5000份，旧历5月1日（5月14日）又是5000份；其次是莫斯科、叶卡捷琳诺斯拉夫（300张红色标语和200本小册子）、哈尔科夫、基辅、顿河畔罗斯托夫和敖德萨。我们举出在莫斯科、敖德萨和罗斯托夫提出的内容完全相同的6点要求作为有代表性的五一节要求。这些要求是："1. 联合、结社、集会、言论和出版自由、人身不可侵犯和参与立法；2. 对全体工人一律实行八小时工作日，概不例外；3. 废除加班加点；4. 恢复被1897年6月2日通过的那条法律所取消的节日；5. 扩大工人立法和工厂视察制度，使之适用于国营企业和手工业；6. 国家为工人承担义务保险，发生工伤事故时雇主有赔偿的义务。"

沙皇政府害怕带有国际性和阶级性、带有政治要求的五一节甚于害怕工人运动的任何一种其他表现形式。这个情况是我们迄今为止举行群众性的五一节庆祝活动特别困难的原因。每逢五一节的前夕，当局在运动的一切中心都要进行大规模的逮捕，以便及时地使组织工作陷于瘫痪，这已经毫无例外地成为秘密警察的惯例。为了更保险起见，在旧历5月1日前夕，只要有可能，当局还要进行一次逮捕。因此，1898年五一节前在全俄国发生了1000多起逮捕事件；1899年五一节前夕在彼得堡发生了约250起逮捕事件，基辅和其他几个城市在4月25—26日晚上发生了176起逮捕事件，后来于4月底和5月初在基辅又发生了约500次搜查住宅事件和150起逮捕事件。今年彼得堡庆祝五一节的筹备活动、叶卡捷琳诺斯拉夫和基辅五一节游行的筹备活动都被破坏了。在首都3月份有30多人被捕，5月1日前后又有大约100人被捕；在叶卡捷琳诺斯拉夫及其近郊4月28—29日晚上发生了120起搜查住宅事件和80起逮捕事件，同时叶卡捷琳诺斯拉夫委员会设在克烈缅丘格的秘密印刷所连同为五一节游行准备的 500 份传单和旗帜都被没收了；在基辅，警察和军队采取的广泛的"安全"措施，阻止了游行活动……在我们的历史不长的运动目前所处的情况下，人们自然会感到惊讶：大规模的逮捕竟然未能阻止五一节传单的及时出现和传播。

除了国内组织印发的传单而外，在国外的"俄国社会民主党人联合会"的五一节传单和最近两年来《工人事业报》出版的五一节专刊也广为传播。

在我们遭到监禁和流放的那些年代，我们作出的牺牲究竟有多大？关于这个问题哪怕大致完整的材料也没有。由于进行社会民主党的鼓动和宣传，以及由于参加罢工而遭到迫害的人的数字根本不可能确定。我们认为，摆在我们面前的数字还没有达到真正数字的一半。

最近 5 年来我们有 5942 人遭受迫害，其中有 1460 人受到政治警察的审查。审查通常持续 14—16 个月，有时持续 20 和 22 个月。"由于认错了人"而被逮捕者，两三周以后被释放，其余的被捕者要过 6—8 个月后才能得到行政"判决"，或者一直被关在监狱里直至"宣判"公布为止。现在假定，每一个被捕者平均只被关押 6 个月，那么最近 5 年来，我们的同志坐了 700 年牢，而且要看到，这还仅仅是待审拘留！而我们提供的数字至少低估了一半！

在较详细地阐述各个地区的运动和组织活动情况之前，我们必须谈一谈一件最重要的、表明整个运动的特征的事实——**俄国社会民主工党**于 1898 年 3 月在俄国国内举行的一次代表大会上宣告成立了。出席这次代表大会的有彼得堡、莫斯科、基辅、叶卡捷琳诺斯拉夫等地组织的代表和"俄罗斯和波兰犹太工人总联盟"的代表。

我们的第一次党代表大会发表了一个宣言，它阐明了党的基本原则，并从无产阶级的阶级利益和无产阶级的最终目的的角度出发论证了争取政治自由的斗争的必要性。它在谈到俄国资产阶级的卑鄙的政治行径之后强调指出，"俄国无产阶级所需要的政治自由只有俄国无产阶级自己才能取得"。它还说明了随着运动的发展壮大成立一个把各地方小组联合成为一个统一的党组织的理由。

宣言最后说，由于各地方小组联合成为一个党，"各地方小组终于使俄国革命运动走上了自觉的阶级斗争的新阶段。俄国社会民主工党是社会主义的运动和思潮，它继续着俄国以前一切革命运动的事业和传统；社会民主党把争取政治自由的任务当做全党当前任务中最重要的任务，向着老'民意党'的光荣活动家早已明确提出的目标前进。但是社会民主党选择了另一种手段和途径。因为社会民主党自始至终都要自觉地成为组织起来的工人群众的阶级运动。社会民主党坚信，'工人阶级的解放只能是它自己的事情'，并将坚持不懈地使自己的全部行动都符合国际社会民主党的这个基本原则"①。

此外，党代表大会还通过了一个组织章程。我们在这里重述一下章程中的某些规定：

"1.'工人阶级解放斗争协会'、'工人报'小组和'俄罗斯和波兰犹太工人总联盟'合并成一个统一的组织，定名为'俄国社会民主工党'；其中'俄罗斯和波兰犹太工人总联盟'作为自治组织加入党，它只在专门涉及犹太无产阶级的问题上是独立的。

2. 由党代表大会选出的中央委员会是党的执行机关，中央委员会向代表大会报告工作。

---

① 见《苏联共产党代表大会、代表会议和中央全会决议汇编》（中共中央编译局编，人民出版社1964年版）第一分册第6页。译文依据德文略有改动。——译者注

3. 中央委员会的职责是：

（1）关心党的有计划的活动（分配人力和物力，提出并执行统一的要求，等等）；同时中央委员会要遵循党代表大会的总的指示；

（2）出版书刊并送达各地方委员会；

（3）组织有全俄意义的活动（庆祝'五一节'，就重要事件印发传单，支援罢工工人，等等）。"①

往下，接着是关于中央委员会在紧急情况下的决定权的规定，关于中央委员会增补新的委员的权力（在发生逮捕事件时）和关于党的经费来源的规定。

第7条规定，地方委员会对中央委员会享有广泛的独立性。

第8条授权党的中央委员会同其他革命组织发生关系，"因为这并不违背党纲规定的原则和党的策略方式"，并"承认每个民族都有自决权"。

第9条宣布，党的最高机关是由各地方委员会代表组成的党代表大会，并规定了定期举行的和紧急召开的党代表大会。

"10.'国外俄国社会民主党人联合会'② 是党的一部分，并且是党的国外代表机关。

11.《工人报》为党的正式机关报。"③

1898年党代表大会召开之后，从鼓动时期开始以来用"工人阶级解放斗争协会"的名义进行活动的一切地方组织都改名为"俄国社会民主工党委员会"，那些没有派代表出席代表大会或在代表大会召开之

---

① 见《苏联共产党代表大会、代表会议和中央全会决议汇编》（中共中央编译局编，人民出版社1964年版），第一分册第7页。——译者注

② 即俄国社会民主党人联合会。——编者注

③ 见《苏联共产党代表大会、代表会议和中央全会决议汇编》（中共中央编译局编，人民出版社1964年版）第一分册第7页。——译者注

后才成立的地方组织，也改用这个名称。

　　同年春有几个小组联合组成了"俄国社会民主党"，并于1898年5月在一个秘密印刷所出版了第一号《工人旗帜报》。这几个虽然遭受过逮捕但仍然没有被破坏的小组至今尚未加入"俄国社会民主工党"。按照《工人旗帜报》在祝贺"俄国社会民主党"成立的一篇文章中的说法，这正是"俄国的丑恶状况"所造成的结果，这种"丑恶状况使得同时成立两个致力于同一目标的党派成为可能……"①

　　具有特征的"俄国状况"还使我们至今无法召开第二次党代表大会。党的机关报《工人报》出版了3号之后，它的印刷所在党代表大会举行过后不久就被查封了，《工人报》至今尚未重新出版。但不管怎样，第一次党代表大会在各个组织之间建立起了持久的、极其宝贵的思想联系，给它们提供了共同的、纲领性的方针，为一切社会民主主义力量在组织上联合起来铺平了道路。在我们的运动越来越需要统一的策略和组织结构的情况下，实现这个联合便成了当前的任务。

　　现在谈谈随着群众运动的开展在工人中代替了过去那些孤立的宣传小组的组织的状况和活动。

　　最先出现的是**彼得堡**"工人阶级解放斗争协会"，它是在1895年秋成立的。但在1895年12月和1896年1月由于警察多次进行的逮捕，这个组织已经遭到重大损失：有几十位同志已经被拘留了一年多，其中有22位同志——像往常一样，通过行政途径——总共被判处了65年流放。然而协会很快就恢复了生气，新的力量参加进来了，以致1896年夏天当30000名纺织工人大罢工爆发的时候它能够开展极其有力的活

---

①　《工人旗帜报》的印刷所很快就被查封了，它的第2号是1900年3月在国外出版的。

动。当然，这些活动使它再一次付出了重大的代价。秘密印刷所也同时被查封了，它对罢工运动作出了无可估量的贡献，被查封的时候致罢工工人的最后一份传单还在印刷中。对印刷所的建立出力最多的8位同志每一位都为此被判处了2年监禁和8年流放——流放到西伯利亚北极圈的另一边。不过彼得堡协会在1896—1897年冬天达到了它的鼎盛时期，就在1897年1月它坚决地领导了18000名纺织工人的大罢工，并取得了胜利。政府的回答是进行新的逮捕：1897年春天逮捕了64人，其中有48人在被拘留了1年半之后总共被判决158年流放。

在此期间，彼得堡的群众运动不仅迅速向深度发展，而且迅速向广度发展。因此鼓动方法不可能只有一种形式。当在过去的经济斗争中受过教育的工人已经成熟到能够接受政治鼓动的时候，刚刚被卷进运动中来的广大工人阶层才开始需要纯经济利益基础上的鼓动。如果现在能够打下广泛的组织基础，那么在这个基础的范围内，各种不同的鼓动方式就能有益地发挥作用。但遗憾的是，1897年的放血手术①使协会大大地削弱了。这年秋天，在协会之外出现了一个组织——"工人思想社"，它肩负了一项特殊任务，即在它的宣传鼓动中迎合广大文化水平较低的工人阶层的要求。不幸的是，这个组织的成员开始把本来是适宜的，对开始阶段来说是恰当的，因而是必要的鼓动方法简直推崇为一种原则，他们在这样做的时候把经济斗争同政治斗争对立起来，并把政治斗争摆在次要地位。

顺便说一句，在俄国革命运动的全部历史上，有一种反复出现的坏现象，即人们总想把在一定条件下特别有效的某种斗争方法或斗争手段立即推崇为唯一正确的教条；不过我们确信，工人运动的广泛基础同它的明确的基本原则结合起来就能保证整个俄国社会民主党不再像70年

---

① 指大逮捕。——译者注

代的思想运动那样在策略上狂热地从一个极端跳到另一个极端,尽管某些暂时的、孤立的失误还在所难免。

"工人思想社"出版了一份从技术和保密方面来看办得很好的同名报纸,并顶住了警察的迫害达3年半之久。"工人思想社"产生了一定的影响,这个影响在1898年达到了顶峰,后来由于累遭逮捕,它逐渐被削弱了,而没有在彼得堡的党员同志中物色到足够的替补力量。因此它越来越依靠协会或委员会方面的支持,以致它终于加入协会。可见,"工人思想社"的片面倾向并未长期获得有利的土壤。

作为"工人思想社"的平衡力量,在彼得堡同样在1897年秋天出现了已经提到过的"工人旗帜社",它具有鲜明的政治革命倾向。

目前我们的协会或委员会又成为彼得堡最强大的组织了。我们希望,它将重新把首都的全部社会民主主义力量联合起来。

最近几年来彼得堡组织的预算每年达到20000—25000马克。

在莫斯科我们的同志也是在1894—1895年冬天组织起来的,几乎跟彼得堡的同志们同时。1895年我们的同志在一个秘密集会上第一次庆祝了五一节。参加集会的有200个同志。同年6月和8月发生了大规模逮捕事件,这些逮捕事件已经与正在开始的罢工运动有关了。

1896年2月在巴黎公社25周年纪念活动即将举行之际,我们莫斯科的同志们代表28个大工业企业的605名工人给法国工人写了一封贺信。

不久,莫斯科组织在新的基础上进行了改组。成立了一个中央委员会作为领导机构,它的委员有10—12人,协助中央委员会工作的还有一个顾问机关,它由每个工业企业派一名代表组成。莫斯科组织拥有一笔莫斯科的总的斗争基金和一个秘密图书馆。

群众运动的迅速发展——这在1896夏天经常发生的罢工和骚动中

表现出来——要求我们全力以赴进行鼓动工作。

1896年6月16日在一次有300多人参加的集会上，在莫斯科第一次出现了一面红旗，会上庄严宣告了"莫斯科工人协会"的成立。这次集会决定，在听取关于彼得堡群众罢工的报告之后同时在莫斯科举行一次罢工以声援首都纺织工人的要求。筹备工作进展顺利，7月初爆发了一连串罢工。当7月6日发生大规模逮捕事件时，人们已经每天都在期待在莫斯科爆发一场总起义。在此之前不久，维拉·查苏利奇同志在一次集会上还受协会1000名会员的委托，代表协会出席伦敦国际社会党代表大会。

1896年秋天罢工爆发的次数特别多，大量印发传单遂成为当务之急。政府对此的回答是进行新的逮捕，11月10—11日夜间逮捕了53人，12月又进行了几次逮捕。罢工直到1897年还在继续进行。

在莫斯科尽管工业有了迅速的发展，但运动除了受到疯狂的迫害之外，还受到下述情况的不利影响，即大批工人都属于没有知识的阶层，他们经常流动于工厂和农村之间。这个情况妨碍着对一般说来文化水平很低的群众进行组织和教育的工作。此外，莫斯科几乎完全没有为男工开办的星期日学校，其他合法的教育设施——民众图书馆和公共阅览室——也非常罕见，而这是由于官方有计划地禁止的结果。

但是，尽管如此，所有观察家都断言，工人阶级的智力水平和自我意识都在迅速提高，因此它变得越来越成熟，终将能够进行自觉的解放斗争。

自1898—1899年冬天以来，莫斯科组织就作为"俄国社会民主工党委员会"进行活动。由于先前发生的逮捕事件，委员会最近才恢复了同工人群众的旧的联系，并建立了一些新的联系，以便随后组织传播社会民主主义书刊，进行宣传鼓动工作。为了便于进行鼓动，委员会制作并散发了一个调查表，调查不同工厂的工人的状况。在几个企业，委员会根据收集到的信息散发了传单,结果迫使雇主作了让步:有一个企业把劳动时间缩短了半小时,在其他一些企业废除了某些滥用权力的做法。

自从委员会成立以来,在1899年2月、4月、5月、6月、10月、12月和1900年1月3日和17日都发生了逮捕事件。

在莫斯科这个谢尔盖大公总督的"采邑"和沙皇最厚颜无耻、最狡猾、成批地训练奸细的特务头子祖巴托夫的官邸所在地进行的逮捕和驱逐,给我们的活动造成的障碍大概比其他任何地方都大。然而不管我们遭到多少次逮捕和驱逐,我们在过去几年中所做的工作不是徒劳无益的。在工人中有一个由有经验的和熟练的宣传员组成的牢固的核心,这些宣传员经常在没有知识分子的任何支持下独立地组织和领导罢工,编写传单,偶尔也写一些宣传小册子。这里或那里还有一些受过良好教育的工人,他们在提供给他们的社会民主主义书刊的帮助下,在宣传小组中独立地进行活动。

我们的莫斯科委员会的任务还有,为附近的工业地区供应书刊。

在**伊万诺沃—沃兹涅先斯克**这个"俄国的曼彻斯特"——纺织工业中心,或者在弗拉基米尔省,工人们恢复了80年代中叶的自发的暴力斗争。但是几年以后经验就教会了当时一味靠力量解决问题的群众进行平静的、守纪律的斗争。

我们在取消夜班和缩短劳动时间的问题上进行了最顽强的斗争。现在舒亚和伊万诺沃—沃兹涅先斯克的织布工人和纺纱工人已经取消了夜班。邻近地区的织布工人和纺纱工人的工作日照例缩短为9小时,棉布印花工人的工作日照例缩短为11.5小时。提高工资和恢复原有节假日的斗争没有取得什么成就。此外,工人们反对实物工资制和雇主侵吞罚款的斗争获得了胜利。迫使政府于1886年颁布了一条废除滥用实物工资制的法律的，首先是这一地区纺织工人的斗争。

第一个宣传小组成立于1890年。然而早在1891年它就由于逮捕而遭到了破坏。后来一个在伊万诺沃被警察拘留过的同志奠定了这个战斗组织的基础，组织尽管多次遭到迫害，但直到今天还在进行活动。1895年这个组织的成员增加了很多，它改组为"伊万诺沃—沃兹涅先斯克工人协会"，成立了一个出纳处和一个拥有相当数量的合法书刊和非法书刊的图书馆。

随着1895年10月织布工人罢工的爆发（参加者有2000人），鼓动活动也开始了，虽然协会最初认为这是不可能的。这一活动在春天展开了，那时协会的力量已得到加强。除了为比较进步的工人制定了一个社会主义的宣传纲领而外，还为广大工人群众制定了一个鼓动纲领，它的主旨是设立罢工基金。一个年轻的织布工人奥特罗科夫（1899年在流放中由于生活必需品匮乏而早逝了，当时他才28岁）崭露头角，表现为一个能干的、善于鼓舞群众的鼓动员。在1897年12月进行的一次大罢工（参加者有15000人）中，以奥特罗科夫为首的最积极的协会会员，作为领导者和鼓动员进行了活动，他们同时还在罢工工人中散发鼓动小册子。

协会在1897年第一次庆祝了五一节，参加的人甚为踊跃。

1897—1898年，协会同邻近的工业中心科赫马和舒亚的小组，以及同莫斯科的组织建立了联系。

不言而喻，在伊万诺沃我们的历史同时也是一部战士的受难史。协会曾三次——1896、1897和1898年——遭到逮捕，损失惨重，共有100多位同志被当局从它的队伍中夺走了，其中有4位最优秀的同志在沙皇政府的压迫下早死了或者自杀了。

但是组织经受住了可怕的打击，并且在继续进行工作，尽管劲头时大时小。

1898年秋天"工人协会"加入了俄国社会民主工党，从那以后，它就作为俄国社会民主工党"伊万诺沃—沃兹涅先斯克委员会"发挥作用。

在**基辅**，在过去成立的几个宣传小组进行合并之后，1894年宣传活动便系统地组织起来了。

在方兴未艾的群众运动的影响下，在这里人们也开始进行在经济斗争基础上的鼓动。我们的彼得堡的同志们1896年夏天所获得的经验，对基辅来说也有参考的价值。当然在这里斗争必须在比较狭窄的范围内进行。基辅共有24万居民，它固然是一个大的商业和文化中心，但是只有将近1万名大工业工人。无产阶级的基本群众是手艺匠学徒或家庭手工工人，而从俄罗斯中部流浪来的将近5000名建筑工人则构成一个流动的文盲阶层。同样也谈不上对大批短工的有益的社会民主主义影响。在基辅，工人运动的真正承担者是手工业工人无产阶级。

然而就是在这个比较不利的基础上，我们的组织由于小心谨慎和坚持不懈，也取得了良好的结果，尽管由于逮捕而蒙受了巨大的损失。

在基辅委员会领导下进行的一次最大的斗争，是今年5月初发生的1000名烤面包的学徒工的罢工。这次罢工获得完全胜利。在委员会印发的传单中提出了下列要求：把劳动时间缩短为12小时（半小时吃早点和1小时吃午饭的休息时间包括在内），提高包括学徒工在内的各种工人的工资，星期天休息，搞好工作场所和工人宿舍的卫生，改善伙食，对工人要客气。还必须指出一点，今年初在烤面包的学徒工当中成立了一个组织。

1897年夏天，基辅的所有社会民主主义小组联合成为一个统一的组织"工人阶级解放斗争协会"，它由两个委员会组成，一个叫编辑委员会，一个叫鼓动委员会。此外，还成立了一个完全由工人组成的"工人委员会"。同年夏天举办了一系列关于俄国革命工人运动史和国际工人运动史的报告会。报告会在基辅附近的一个森林里举行，听众有60至80人，他们情绪饱满。

从1896年12月起开始出版《前进报》，到今年春季共出了9号。在《前进报》第4号（1899年1月）上，"协会"和"工人委员会"宣布合并为"俄国社会民主工党基辅委员会"。

1898年3月，我们的基辅组织遭受了最重大的损失，当时全俄国都在进行大逮捕。基辅的同志们累计被判处75年流放，长期待审拘留还没有算在内——调查几乎持续了2年。然而尽管如此，1个月后他们又把五一节传单撒遍全市。

自1894年以来，在基辅五一节都是在秘密集会上庆祝的。参加今年五一节集会的有100多名工人。

基辅委员会的财务报告表明：1898年3月15日至1899年1月收入1663卢布55戈比（1卢布＝2.15马克），1899年9月1日至12月10日收入1107卢布12戈比，1899年12月10日至1900年5月1日收入982卢布57戈比。

现在基辅委员会是我们最强大的组织之一。出席这次国际代表大会的基辅委员会代表享有充分地代表350名有组织的会员的权利。

在叶卡捷琳诺斯拉夫，我们的组织获得了迅速的发展。

在南俄，特别是在叶卡捷琳诺斯拉夫省，冶金工业的异乎寻常的迅速发展，近年来先是引起了自发的、暴力的罢工运动，后来这个运动在社会民主主义宣传鼓动的影响下开始具有了自觉的和有组织的性质。

1897年12月，一个由知识分子组成、另一个由工人组成的两个小组，联合组成了"叶卡捷琳诺斯拉夫工人阶级解放斗争协会"。协会提出的当前任务是，在广大工人群众中结合群众自己感觉到的需要开展纯经济性的鼓动。1898年3月，在叶卡捷琳诺斯拉夫发生了15起逮捕事件——与同一时期在俄国许多城市发生的大规模逮捕有关，但"协会"照样进行自己的活动。5月1日它印发了一份宣传这个国际节日的意义的传单。

1898年发生了多次罢工和骚乱，它们往往带有暴力的性质。在这一年中同志们的鼓动活动完全是围绕着经济斗争进行的。大家认为，这时提出政治要求是不合适的，因为在运动刚开始发展的阶段群众不易理解政治要求。但是当政府机关在罢工中开始越来越经常地、越来越无理地偏袒雇主的时候，形势就发生了变化。工人对当局的愤慨增加了，于是我们的组织便趁机转而开展政治鼓动。

1899年1月，我们的组织在一张印发了2000份的传单中向工人们通报了俄国社会民主工党的成立，并宣布加入该党，同时还阐明了党的宗旨和意义。从那以后，一切传单上的署名都改为"俄国社会民主工党叶卡捷琳诺斯拉夫委员会"。

1899年的五一节传单（3000份）是由工人们自己编印的。在这张传单中第一次提出了政治要求。在五一节这天举行了一次秘密集会，参加者有将近100个手艺匠学徒。叶卡捷琳诺斯拉夫的工人们在自己的演说中第一次表明了他们准备为政治自由而斗争的愿望。

委员会在往后的极其活跃的、全面的活动中利用一切合适的机会对群众进行政治教育。特别值得一提的是在马里乌波尔的罢工工人遭到血腥镇压时散发了3000份传单，这些传单号召工人们为政治自由而斗争。委员会在1899年总共散发了6000份铅印的和6500份胶版复印的传单。

1900年3月，带有鲜明的政治色彩的《南方工人报》创刊号出版了，印了1000份，但是不够用。第2号印了2000—3000份。上面已经提到过的在五一节前夕发生的80起逮捕事件和印刷所的被查封也没有使委员会的活动中断。

工人对我们的书刊的需求大大地增长了。委员会也向其他南方城市提供书刊。

委员会也作出了越来越大的努力在工人阶级中进行组织工作。不仅手艺匠学徒自发地成立了较小的协会（他们比较容易组织起来，而且一般来说智力也比较高），而且在工厂工人中也出现了这样的协会。工人协会始终为自己提出一定的政治目标。因此第二年在工厂工人中就建立了基金，它的任务除了购买书籍而外，还有救济被捕的同志。1899年9月，有几个工厂的工人建立了一个名叫"开端"的基金，它的宗旨是购买和散发合法的和非法的书刊，以及救济被捕者。最初3个月它的收入达到63.6卢布，几乎全是会员缴纳的会费。另一个工人基金的年收入达到122卢布，其中约109卢布是会费。

1899年党委员会的结算是，收入1048.9卢布，支出981.6卢布。

哈尔科夫在最近几年中才发展成为一个工业中心。直到最近我们的运动才在那里成为群众性运动。

工人当中的第一批社会民主主义小组出现于1894—1895年。当时根本谈不上对群众的鼓动影响，哪怕只是在经济斗争基础上的鼓动影响都谈不上。

随着一批机器制造厂和其他大企业的兴起和发展，情况也发生了变化。在主要是从俄国中部移居来的工人（他们的文化水平一般说来当然都比较低）当中也有彼得堡、莫斯科和伊万诺沃—沃兹涅先斯克的工人，他们已经直接或间接地受到过社会民主主义宣传的影响。群众很快开始觉醒了，他们到处都卷入了罢工的浪潮。

1897—1898年已经可以清楚地看出自觉的、有组织的斗争的征兆。无论在工厂工人中还是在手工业工人中都已经成立了许多小组。1898年2月，这些小组在关于缩短劳动时间的1897年法律生效之际散发了一份胶版复印的传单。1898年的五一节，它们在城外举行了几个小规模的庆祝会，其中每个庆祝会都有数十人参加。

1898年6月，手工业工人小组遭到了重大损失：警察在工人和知识分子的家庭里大约进行了50次搜查，有20多位同志被捕。但是警察还没有对工厂工人小组采取行动。

1898—1899年，运动继续向前发展。我们的组织在工厂工人中的联系扩大了。1899年5月1日，我们的组织以"俄国社会民主工党哈尔科夫委员会"的名义在所有大工厂和许多手工业企业中散发了《工人报》编写的五一节传单（铅印的有1000份，胶版复印的约800份）传单引起了巨大的反响，在许多工厂中工人们谈到要在5月1日这天停工；但是这个打算还是不得不放弃了。五一节仍然只是在一些露天集会上进行了庆祝，参加的同志约有150人。在这些集会上除了通常的五一节演说而外，还讨论了策略问题、建立基金和图书馆的问题、宣传和鼓动方面如何进行活动的问题，等等。

接着不久，由于社会民主党工人的口头鼓动，在几个机器制造厂内出现了争取缩短劳动时间（由11.5小时或11小时缩短为10.5小时）的运动（在一些大企业，工作日已经改为10.5小时，而在国营铁路工场已实行10小时工作日）。几天以后，工人们的要求实现了。

作为对五一节鼓动的回答，当局在工人住宅区布置了大批士兵和密探。然而并未发生冲突，只是有几个密探遭到工人一顿痛打。无数次的家庭搜查和20多次逮捕事件对于秩序的维护者来说还是无济于事：工人们拒不交代散发传单者的名字。两三个星期以后，当局不得不释放全体被捕者。不过，在政府机关的催逼下，"有嫌疑的"工人被大批解雇了。

值得注意的是，工人们对当年发生的激烈的大学生运动给予了热烈的同情。在火车站前为被驱逐的大学生举行的欢送会，每次总有好几百个工人参加。5月1日前夕，在拘留被捕的大学生的兵营前，1500个工人举行了集会，他们向被捕的大学生高呼"万岁！"在这个过程中同警察和哥萨克士兵发生了冲突，双方都有一些伤亡。

所有这些事件都对群众产生了教育和鼓舞的作用。在组织工作方面所作的努力产生了越来越大的效果。成立了拥有几十个成员的小基金会、小型图书馆、工人委员会。

1900年的五一节是刚兴起不久的哈尔科夫工人运动的一个高潮，这次五一节同罢工运动结合在一起了。4月中旬，人们散发了庆祝五一节的小册子。一星期之后又散发了纪念五一节的传单。这些小册子和传单中包含有停止工作的呼吁，以及下列要求：出版和言论自由，人民参与立法，结社和联合的自由，八小时工作日和提高工资。呼吁起了作用。5月1日（旧历）这天，大型机器制造企业的几乎全部工人以及一部分手工业工人——图书装订工人、鞋匠、面包师和糖果制造工、鞋类剪裁工、细木工等——都停止工作来进行庆祝。2000名工厂工人打着红旗，高唱革命歌曲举行示威游行；而在一家铁路工场的周围，3000名工人举行了露天大会。当哥萨克士兵逮捕了150名工人的时候，工人们，尤其是铁路工人们，竭力设法使全体被捕者于5月2日获得释放，与此同时他们还拒绝复工。另一方面，有好几个工厂的工人进行了罢工，他们除了提出各种地方性的要求而外，还提出了八小时工作日和在工厂成立工人委员会等一般要求。罢工在有的企业持续了两天，在有的企业持续了两个星期。铁路工人获得了部分胜利，一家机器制造厂提高了工资，其余的企业罢工都失败了，这主要是由于当局施加了巨大的压力。同样，5月17日重新爆发的铁路工人罢工也失败了，这次罢工的唯一目的是要求释放头一天晚上被捕的51名工人。

五一节的运动证明了哈尔科夫工人阶级广大阶层的团结一致的感情、政治觉悟和阶级觉悟有了令人欣慰的提高。社会民主主义活动之所以迅速获得成功，主要是由于当地老工人的知识水平比较高，只需要有工业发展的推动，他们就会立即参加俄国工人阶级的解放斗争，而且是参加到这种解放斗争的比较先进的形式中去。

在**敖德萨**，目前运动的承担者主要是小企业的比较进步的工人阶级。早在70年代末和80年代初，当地工人就非常乐于接受关于社会主义和政治自由思想的宣传。从90年代初起，社会民主主义的宣传就开始了。一再发生的大量逮捕事件只能使运动暂时遭到削弱。

1895年，约200名工人在一家饮食店举行长时间集会，以便制定"南俄工人的纲领"。这一企图使先驱者们除了遭到待审拘留（在一天之内主要是在建筑工人中发生了150起逮捕事件）外，还被判处61年流放。

其次，仅仅为了说明警察的最野蛮的行动，必须指出1897年在工人和知识分子中发生了40起逮捕事件，1893年3月和4月发生了50起逮捕事件。然而在五一节人们还是散发了传单。

1898年底有几个小组联合起来共同进行工作，它们成功地开展了鼓动活动。

在最近一个时期的罢工运动中，必须强调指出的有下面这些事件：1899年秋天面包师争取把劳动时间缩短为12小时的运动，为此500多名工人曾在城外的一个花园里举行了集会；其次，大约有10次小规模罢工（参加者30—100人）获得成功，这些罢工主要是为了提高工资，有一次（成衣业工人罢工）是为了把劳动时间缩短为10.5小时、取消罚款、把车间置于工商业视察制度的监督之下等；最后是钳工们争取十小时工作日和提高工资的3次胜利罢工。

1899年五一节那天，60个有组织的工人集会进行庆祝。1900年有100个工人参加了庆祝五一节的集会，还散发了五一节传单，接着不久就发生了约 120 起逮捕事件。

尽管敖德萨的党组织多次遭到逮捕，但它继续存在着。

除敖德萨之外，**尼古拉耶夫**也有资格成为俄国最南部工人运动的中心。第一个社会民主主义组织"南俄工人协会"就是于 1897 年在尼古拉耶夫成立的。它利用了其他地方较早出现的运动的经验，一开始活动时就立即在群众中进行鼓动。工人协会除了散发传单（这些传单大部分是针对个别工厂中欺压工人的事件的，很受欢迎）而外，还出版了 100 份用胶版复印的报纸——或者毋宁说杂志——《我们的事业报》。它刊登社会问题和政治启蒙的文章，例如，论 1897 年的工人保护法，论种族仇恨，论工厂视察员和密探行径；此外，还有斐迪南·拉萨尔的传记。正像上面已经提到过的那样，这本杂志只出了 3 号。此外，工人协会还散发从敖德萨运来的国外出版的社会民主主义小册子。

尼古拉耶夫的政治警察在此之前没有同"颠覆"分子打过交道，因此在搞特务活动方面还不够老练，在比较长的一个时期里还没有发现工人协会的踪迹，尽管工人协会进行秘密活动的技术还很不高明。1898 年 1 月前后，工人协会已经把共约 200 个受到宣传影响的工人组织成若干小组，每个小组的人数最多不超过 25 人。协会存在 6 个月以后，建立了一个中央基金会，由中央委员会管理。收入的一半用做罢工基金，1/3 用来互助，1/6 用来购买图书。

但是协会存在的日子已经屈指可数了。1898 年 1 月 21—22 日夜间，在协会进行了 10 个月活动之后，由于叛徒的告密发生了第一批逮捕事件，而这个叛徒竟是中央委员会的成员！

最近在尼古拉耶夫发生的事件有：1899 年 11 月的两次大罢工和 1900 年 1 月的一次大罢工，它们都是在造船厂和冶金工厂发生的。主要要求是：提高工资、废除罚款、解除一工厂领导人的职务、释放被捕的约 10 名罢工工人。工人们的全部要求都实现了。在一月罢工中有一个社会民主主义小组散发了传单。

这个报告的范围迫使我们还要简单地谈一谈社会民主主义活动刚刚开始、目前同群众还没有密切联系的那些地区和地方运动开展的情况。

在**乌拉尔地区**（这里居住着 50 万矿工和金属工人），从 90 年代初以来，争取提高经济地位的群众斗争已成为一种经常现象，主要是为提高低到极点的工资而斗争。在**斯拉托乌斯特**，无论就罢工工人的团结一致和行为守纪律而言，还是就取得的成果而言，运动都表现得特别突出。当地国营冶金工厂的工人通过斗争在 1897 年使工资提高了 1 倍。他们在 1898 年争取到了每班劳动时间限定为 8 小时。当然发生了逮捕"乱党首领"的事件，这是不言而喻的。1898 年 7 月 12 名工人每人被判处 2 周监禁。在**叶卡捷琳堡**①，1898 年 5 月在一家织布厂内贴出了一张号召为提高工资而斗争的传单，这使尚未经历过这种事件的警察大吃一惊。

此外，近年来在**萨拉托夫**、**下诺夫哥罗德**、**雅罗斯拉夫**、**特维尔**、**图拉**、**布良斯克**（奥廖尔省）、**波尔塔瓦**、**克烈缅丘格**和**顿河畔罗斯托夫**等地出现了罢工运动，或社会民主主义宣传鼓动的认真尝试。

在**萨拉托夫**，1898 年 5 月 1 日（旧历）出现了由"萨拉托夫社会民主党小组"署名的胶版复印传单。1899 年 6 月和 7 月出现了两号胶版复印的《萨拉托夫工人报》。除了人们普遍感兴趣的文章而外，它还登载了一则关于不久前铁路工场和金属工厂发生的罢工的地方报道，这自然导致了逮捕事件。

最后，提供一点关于国外"俄国社会民主党人联合会"的材料，

---

① 今斯维尔德洛夫斯克。——编者注

根据我们党的第一次代表大会的决议，这个联合会是党的一部分和党在国外的代表。

联合会（成立于1895年）在其日益扩大的活动中反映了俄国社会民主主义运动的发展。它所起的作用正像对德国社会民主党实施反社会党人非常法期间设在瑞士的德国社会党人全国委员会所起的作用一样。

联合会的收入情况如下：

1895年3月—1896年3月	2600法朗
1896年11月—1897年11月	3675法朗
1897年12月—1898年12月	14940法朗
1898年12月—1899年12月	16910法朗
1899年12月—1900年8月①	18205法朗

联合会出版物的印张数量如下：

1896年	22印张	1899年	89印张
1897年	36.5印张	1900年（到9月为止）	55.5印张
1898年	42.5印张		

从1898年4月起在日内瓦出版了联合会的机关刊物《工人事业》杂志。到1900年8月，该杂志已出版了7期和两期五一节专刊，此外，今年6月和8月还出了两期《工人事业副刊》。近年来联合会出版的小册子也有显著增加：1897年出了7种，其中有4种是由彼得堡"工人阶级解放斗争协会"出版社出版的，1898年出了8种，1899年出了10种，1900年的头8个月出了9种。

---

① 8个月。

随着联合出版活动的增加,联合会的书刊秘密运回俄国的次数和数量,特别是最近一年半以来,也增加了。

在这个报告中简短地描绘的肯定不全面的关于我们的运动的情况,使我们理所当然地对未来怀有最美好的希望。我们在社会民主党的历史上经受了一场空前艰苦的斗争,但是,我们坚信,这场斗争一定能进行到底,直到取得胜利。

在我们的运动面前矗立着巨大的、骇人听闻的障碍,而直接或间接地制造和加剧其他一切障碍的最大的和最骇人听闻的障碍就是沙皇专制制度。因此,我们的一切努力,我们的一切活动形式,我们的一切斗争方法都是针对着打倒沙皇政府这个目标的;这个障碍一定会被扫除!迄今为止社会民主主义工人运动所取得的成果保证能够做到这一点。

受俄国社会民主党人联合会的委托
《工人事业》杂志编辑部

关于瑞典社会民主主义和工会运动的情况

——向 1900 年巴黎国际社会党和工人代表大会提交的报告

与大多数欧洲国家相比，瑞典的工人运动起步很晚。但是与其他国家一样，瑞典以一种不同寻常的速度，很快就从几乎纯粹的农业国转变为拥有大量工业的国家，于是，工人在一个相对较短的时间内开始理解其阶级的处境，并通过洋溢着社会主义精神的工会，试图筑起一道堤坝来制止极其残暴的剥削和获得提高自己的物质、社会和政治条件的帮助。

截至 1870 年，超过 72% 的瑞典人是靠农业和农产品过活的。到 1890 年，这类人的数量已经减少到了 61%，几乎可以肯定地说，今年的人口普查会证明，现在只有不到一半的人口还是直接靠农业谋生。工业、商业和交通运输业的从业人员在总人口中的比例已经从 1870 年的 20% 上升到了 1890 年的 32%，目前，毫无疑问的是这个比例已经超过了 40%。特别是工业阶级的数量，已经从 1870 年的 60 万人增加到了 1890 年的 110 万人，目前，瑞典王国中的 500 万居民中已经有超过 150 万人属于工业阶级。城市人口从 1850 年的 35 万人增加到了 1898 年的 106 万人，占总人口的比例从 10% 上升到了 21%。

根据现代的原理，这种重大的社会变革使工人运动在瑞典成为可能。1879 年遭到军队镇压的瑞典北部松兹瓦尔锯木工人大罢工如同一道闪电，揭露了瑞典工人在法律权利方面的无奈状况。温顺的自由派"工人协会"从 80 年代初期开始不得不逐步给按照英国模式成立的工会让路，与此同时，瑞典第一个社会民主党人奥古斯特·帕尔姆开始通过著述和讲演宣传新的观点。

社会党人的鼓动很快征服了深受其精神影响的年轻的工会运动。1885年，在《时代报》———一份由亚尔马·布兰亭出版的报纸——的指导下，斯德哥尔摩工会变成了社会民主党的阵地，从那时开始，瑞典的工会运动就与社会民主党携手共进了。

接着是一段热烈宣传的时期。1885年创刊并于1890年起成为日报的斯德哥尔摩《社会民主党人报》由布兰亭任主编，卡尔松也担任过几年主编，报纸的发行已经遍及了瑞典中部和北部。自1887年直至最近去世，阿克塞尔·丹尼尔森在马尔默（位于瑞典最南端）出版了自1890年起成为日报的《工作报》。在瑞典西部的哥德堡，虽然早前的尝试没有成功，但是，运动有了一个由弗·斯泰屈创办的机关刊物——《新时代》，它自1899年起成为日报；目前林德布拉德任主编。在全国范围内发行的周报《人民报》主要是在斯德哥尔摩出版；加布里埃尔松被选为主编。1893年社会主义报刊大约有1万名订户，但现在有2.5万—3万名订户。还必须把社会党工会的报刊计算在内，目前，这些工会大约拥有20家报纸，发行量至少有5万份。

让我们回头来看运动的发展情况。通过报刊和为数众多的小册子，通过人们的彼此相告，思想得以在全国传播开来，组织得以在各地建立起来。自1887年开始，试图镇压这场运动中最杰出的人士的受惊的政府所提起的司法起诉，只起到火上浇油的作用，但在1889年国会下院否决了限制言论自由和集会自由的法案时，这种起诉逐渐停止了。同年，瑞典社会民主工党在斯德哥尔摩召开的代表大会上成立，党建立在政治和行业协会的基础上，但是，我们将要简要介绍的情况直到目前一直阻碍着前者的发展。

* * *

瑞典的工人阶级几乎完全没有政治权利。如果没有 800 瑞典克朗①的财产，没有纳税满一定年限，就没有选举投票权——贸易保护主义者1887 年上台以来征收的对于广大人民群众来说极其沉重的关税，在此并不算做纳税。结果是，在 120 万名成年男子中，只有大约 30 万人在选举中有投票权。只是在近几年，工会利用好时机迫使工资提高，很多工人才越过了这一"栏杆"或者说最低标准，而工资的这种提高并不是决定性的和持久的胜利。

在这种情况下，工党的首要政治目标必然是为争取**普遍选举权**进行鼓动，过去 10 年的很大一部分工作就是为了达成这一目标，但迄今为止还没有取得任何积极的成果。1891 年在诺尔雪平召开的党的第二次代表大会（它的另一个重要意义是，在丹尼尔森和布兰亭的领导下明确拒绝了一切无政府主义倾向）决定于 1893 年召开人们所说的"人民议会"。然而，如果没有那些赞成选举权、在农村有很强的影响力、可以支配在地方上广泛发行的报刊的民主党人的支持，这是不可能实现的。无论如何，这个提议越来越为人们所接受，一个重要的组织者是现瑞典国会议员戴维·贝里斯特伦。15 万公民投票（就像正式选举国会议员那样，不过是基于普选权）选出了以尽可能广泛地进行选举改革为目标的第一届"人民议会"。

在选举期间，社会民主党人和自由党激进分子之间发生了冲突，特别是在大城市。1890 年国会选举时，自由党人拒绝了工人指定他们自己的一些候选人的请求，从此，这两个团体就彼此针锋相对。现在，社

---

① 1 瑞士克朗约合 1 先令 1.5 便士。

会民主党人以 12000 票对 9000 票使自己的人民议会候选人胜出，以此报复他们。在人民议会中，社会民主党人自己仅占据了 120 个席位中的 30 个席位；但他们积极的策略为他们赢得了很多拥护者。此外，人民议会还通过决议，指出应努力确定是否把比利时式的政治罢工作为施加压力的最终手段。

国会和政府对这种激进的立场感到不安，完全拒绝了有关选举权的所有改革建议，并且，1893 年的新选举基本上没有带来任何改进。社会民主党的候选人在斯德哥尔摩和马尔默获得提名并且获得的选票有所增加，但是，自由党再次设法排斥工党。正是这种情况促成了 1894 年在哥德堡召开的第三次代表大会，这次大会强烈建议举行一次政治性的大罢工以争取普选权，并且党应当朝这个方向进行宣传鼓动。

然而，有一段时间发生的事情带来了另外一个重要的问题。1895 年春，由于瑞典沙文主义者的威胁和无理行径，瑞典和挪威的关系变得非常恶劣，以致有人公开鼓吹瑞典进攻那时装备不良的挪威，以便朝着瑞典的霸权地位和挪威"稳固的君主制"的方向解决"联盟问题"。瑞典工党通过有力的鼓动与这些骨肉相残和疯狂的犯罪计划进行斗争，尽管他们的报纸因叛国的罪名遭到传唤并且布兰亭被指控"煽动暴力"，但事实上，他们有力的鼓动对此作出了贡献，即为统治阶级之间产生一种更加和平的情绪以及使连接瑞典和挪威的工人兄弟的纽带比以往变得更加紧密扫清了障碍。

自由党激进分子以"打倒大罢工的支持者"为口号展开 1896 年人民议会的竞选活动。社会民主党人不费周章就赢得了较大城镇的选票，但农村地区却预计可能给自由党激进分子可靠的多数票。不过，仅仅是在 67 票对 63 票的情况下，所有关于政治性大罢工的思想才遭到决定性的否决。这完全打乱了之前团结一致的争取选举权大军的两翼的策略，结果，人民议会逐渐瓦解。自由党一翼致力于通过发行不会惹麻烦的小册子进行宣传，在短时间内其组织就四分五裂了。另一方面，社会民主党迫切而成功地致力于建立一个稳固而广泛的工会组织。但是，他们现在明白了，在像瑞典这样的国家在尝试举行有可能成功的政治性大罢工之前，还有太多的工作有待完成。

而在这期间，议会的情况变化很大。在1896年的激烈斗争之后，工党成功地使布兰亭在斯德哥尔摩市郊的一个工人区当选；1899年，他几乎以全票再次当选。这样，党在国会就有了一个发言人（在瑞典人看来，这意味着政治影响力的一个较大的提高），同时，赢得的胜利激励着党不顾当前混账的选举法继续投入新的努力。不过，一些迹象看来证明，对实际的选举改革的顽固反对近来已经削弱了。就是在这一年，分崩离析的持自由主义或激进观点的进步分子在S.冯·弗里森的领导下聚集在"统一自由党"中；该党在下议院形成了一个强有力的少数派，并且已经有了一定影响。同时，正在芬兰实施的、直接违背沙皇的誓言和承诺的轻率举动，使对全国和斯堪的纳维亚人团结的需要更为明显，甚至对于保守党来说更是如此；因此，该党的部分成员不再盲目地反对选举权改革或对待民主的挪威的政治和解方针。在这样的气氛中，今年两院都决定请政府全面研究选举权问题。但是，这距离使人民满意的真正的选举权改革还有很长一段路要走。

* * *

由于不享有普选权，群众大会和示威游行几乎是能使工人的意见得以广为人知的唯一途径。在这方面，五一节的示威游行对瑞典来说意义重大。很长一段时间以来，5月1日都是以放假半天的形式庆祝的，而且它得益于这样的情况，即为数众多的——以我国的人口数衡量——对正常工作日和选举权改革感兴趣的工人群众年年都参加了这些露天集会。去年，在50次露天集会上售出了10万多个示威游行的徽章。毫无疑问，工人阶级的这些集会为工作时间从12或13个小时甚至更长，显著地缩短到10—11个小时作出了贡献，10—11小时的工作时间于90年代得以在各行业实行，并在一定程度上在农业中推行。

然而，这个过程中最显著的因素，亦即在过去的10年中改善了工人阶级状况的最显著的因素，是**工会**的巨大发展。不允许有政治表达渠道的人士热切地接受了运动的这一分支，在此请大家记住，强大的丹麦工会已经成为一个典范和行动的鼓动者。从一开始，我们就通过斯堪的纳维亚工会代表大会（1886年于哥德堡，1888年于哥本哈根，1890年于克里斯蒂安尼亚①，1892年于马尔默）与丹麦（和挪威）的工人保持联系，这个代表大会在瑞典劳工运动的发展中起到了非常重要的作用。直到在最近的这次代表大会（1897年于斯德哥尔摩）上，人们才发现，瑞典的工会已经成为一支若干年前很多人做梦都想不到的社会力量。

工会在其最初前进的道路上确实采用了一些不值一提的手段，并且受到不断倾轧的困扰。在这些小团体之间除了党提供的地方联系，几乎不存在任何联系；并且，在所有的大规模的斗争中，例如在1891—1892年努尔贝里（瑞典中部）的矿工罢工中，人们不得不通过党以自愿捐赠的形式获得援助。

不过，各行业工会逐渐联合成为囊括所有行业的组织，这样，就使整个运动具有了真正的稳定性。因此，伴随19世纪中叶我国工业进步而来的能够是工会运动的大范围传播，在这期间，工会常常根本无须任何斗争就能处理好事情，使工人从市场状况中获益匪浅。在罢工成为必要的地方，它们被更为有条不紊和更为有力地展开，而且总的来说，在

---

① 今奥斯陆。——编者注

那些需要技能的行业中都取得了预期的成功；在无须技能的行业中，资本至今还拥有一件可怕的武器，即能够在我们这个幅员广袤的国家的那些到现在还很少受运动影响的省份里收买破坏罢工的工贼。工会也常常通过提议或者表示愿意接受仲裁来寻求公共舆论的支持，这种方式在很多重要的斗争中都获得了成功，而且国会已经提出了一项推进仲裁的法案。

1898年，瑞典工会实现统一的另一个重大步骤——即把各工会集中为全国性的**中央联合会**——的时机成熟了。该联合会在由来自24个混合工会的226名代表参加的斯德哥尔摩工会代表大会上成立，这些混合工会拥有约60000名有组织的工人。联合会的目标是：当联合权遭到威胁，当削减工资造成冲突时，进行抵抗，提供援助——在这种情况下，行业工会无法这么做。在因为要求更好的工作条件而引起的冲突中，各行业的专门工会依然有责任也有义务继续独自处理一些较为琐细的问题。

而且，中央联合会的所有工会以2/3的绝大多数决定，应该在3年之内加入社会民主党。

中央联合会很快就在有关联合权的大规模冲突中受到火的洗礼，这场冲突于1899年春天达到白热化的程度，如上提到的决定就是其中的一个理由。松兹瓦尔附近的诺尔兰的1500名锯木工人和哈兰的500名纺织工人被告知要在放弃工会或者放弃生计之间作出选择。他们与工会站在了一起；冲突持续了3个多月。在精力充沛的领导人弗·斯泰屈——他于今年春天去世，我们必须对此表示痛惜——的指导下，中央联合会为罢工工人募集了24万瑞典克朗。由于雇主逐渐雇用到非常多的人（他们大多是来自芬兰）来顶替罢工工人，工人最终不得不放弃斗争。然而，尽管斗争失败了，但是工人力量的惊人发展使其他雇主放弃了他们制定的限制工会力量和权利的计划。瑞典全国人民都以极大的兴趣关注这场斗争。布兰亭在国会就对联合权的保护问题向政府提出了质询。政府却不顾联合权遭到侵犯的事实，宣称它必须保持中立，强烈反对工人运动的反革命言辞成了随后的辩论的一大特点。

工会必须拥护社会民主党的决定立刻引起那些为了削弱工人的阶级感情而主张保持工会"非政治性"的人，以及那些把所谓的"强制社会主义"视为对信仰自由的危险攻击的人的仇视狂潮。然而，这个决定事实上应当被看做是对那些希望在工人的工会运动和政治运动之间出现分裂的反动派的最有力的回应。而且，应该记住的是，瑞典的工会运动是社会主义宣传的直接产物，因此，在大多数工会中，这个决定绝没有改变现状，因为它们已经隶属于社会民主党了。另一方面，只要纯粹的政治团体越是表现不出活力、缺乏实际行动的领域，党就必须坚持这种追求。

尽管如此，这个观点还是越来越为人们所接受，特别是在经历了重大的斗争之后，人们希望在党和工会之间建立一种更为灵活的联系。在今年于马尔默举行的党和工会的代表大会上，对1898年决定的修订就表达了这一观点。结果，中央联合会在强调整个工人运动的团结的同时，宣布接受社会主义原则，并承诺把同样的精神注入它们的工会；但是另一方面，必须拥护党的决定被撤销了。

于是，此后同1898年之前一样，各工会自己决定是否加入社会民主党在各地的地方组织——它们通常名叫工人公社。

目前中央联合会由19个混合工会组成，它们包括了758个地方工会，总共有大约46000名成员（其中有大约1500名妇女）。最大的工会是：细木工和木工工会（6000名会员，108个分会），码头工人工会（5500名会员），杂工工会（5000名会员），石匠工会（5000名会员），泥瓦匠工会（4000名会员），油漆工工会（3000名会员），鞋匠工会（3000名会员），等等。

为了与雇主试图降低工资的做法作斗争，今年中央联合会（弗·斯泰屈去世后由 H. 林德奎斯特担任主席）也卷入众多冲突之中。西海岸石匠工会大约 1200 名成员遭遇同盟歇业。冲突持续了 9 周，最终工人取得了胜利。同时，斯德哥尔摩建筑行业大约有 4000 人被开除，但是经过持续 5 周的斗争，雇主被迫同意仲裁，仲裁在主要的问题上都使双方达成了令人满意的协议。

瑞典最大的工会——拥有约 11000 名会员和 100 个分会的冶金工人工会——到现在为止只是有条件地加入了中央联合会，尽管其很多会员是党员。另一方面，在社会党出现的时期之前建立、因此大部分会员仍是自由派的排字工人工会拒绝加入中央联合会。

为了阐明这一问题，让我们来考察一下瑞典社会民主党的人数。从上文可以明显地看出，目前这个政治组织基本上是由那些同样支持工会的协会和成员构成的。但组织是地方性的，因此每个较大的地方都有自己的工人公社，工人公社由那些承认党的纲领（国际共同章程①的翻版，由阿克塞尔·丹尼尔森起草并于 1897 年在斯德哥尔摩代表大会上通过）并缴费支持党的基金的工人协会组成。迄今为止，这些地方协会组成了 3 个人们所说的大区，即瑞典中北部（主要城市是斯德哥尔摩）、瑞典南部（主要城市是马尔默）和瑞典西部（主要城市是哥德堡）。今年代表大会在马尔默召开，但人们认为取消这些分支机构，在一个在斯德哥摩设立执行委员会、成员遍及全国的总委员会的领导下把瑞典所有工人公社联合起来的时机已经成熟。从 1894 年起，党的书记由 K. M. 西斯尼茨担任。

把 1894 年哥德堡代表大会时的成员人数与 1900 年马尔默代表大会时的成员人数作一比较，党的迅速发展和与此同时工会运动的进步就非

---

① 即国际工人协会共同章程。——编者注

常清楚地表现出来。在 1894 年，3 个大区分别只有 4000、3000 和 1000 名缴纳党费的党员。今年这个数字已经分别上升到了 26000、14000 和 5000 人，或者说总共大约有 45000 名党员。

* * *

因此，尽管工人没有选举权，党员人数如此众多的党（从现实的角度看，它是一个拥有强大的工会中央联合会，除此之外还拥有 3 份日报的党）在瑞典公众中拥有一定的影响力。但最明显的是在重要的经济企业中工人们在运动中不断加强团结。

党在全国不同地方已经拥有几个自己的**人民之家**，在很多地方人民之家还为周边地区的工人群众建立了人们所说的人民公园或消夏游乐园。

目前，位于斯德哥尔摩的人民之家正在建设之中，建成将花费 50 万克朗。除了会议室，这座建筑还有社会民主党人的办公室、党的文印室、工人图书馆以及很多工会的办公室。在这方面，斯科讷省取得了巨大的进展，该省人口密集，工业发展迅速，已经成为我们瑞典工人运动的中流砥柱。在马尔默，红旗已经在一座规模相当大的人民之家上空飘扬了很长一段时间，此外，这座人民之家还为《工作报》提供了办公室。马尔默的人民公园是一座独一无二的宏伟建筑，公园的盈余为社会主义宣传提供了经费。除此之外，斯科讷的其他城市——赫尔辛堡、于斯塔德、隆德等——也用类似的方式使工人对娱乐和享受的要求直接为工人运动的进步服务。

斯科讷也是合作运动开展的地方，这种主要并且本来就是以福利社为形式的运动最近几年在瑞典工人中取得了相当不错的进展。在 1899 年的代表大会上，社会民主党人倡导将这一运动中的各种团体集中在一起；今年，大会作出决议，在马尔默——在当地的大型福利社"平底锅"的旁边——成立一个对全国所有协会开放的批发商店。这一不过是处在初期阶段的运动自然不可能像工会那样与政治性的劳工运动保持紧密的联系；然而，这份报告提及此事是因为这些福利社基本上都由社会民主党人掌握，有很好的理由期望若干这样的企业可以为争取工人自由的持续斗争提供物质帮助。

* * *

我们瑞典的社会党人首先承认，这样的斗争在瑞典既是艰巨的，也是繁重的。尽管我们没有选举权——这是我们国家最可耻的罪恶，但与其他国家的社会党朋友相比，我们享有一定的运动的自由以及看来使较快的发展成为可能的宽容。然而，我们的统治阶级以这样的方式实践了"急性子，慢动作"这句有关瑞典人的古老的格言，即他们在每一条通向进步的道路上都设置了很多障碍，但当反动措施出现任何问题，有时又急匆匆地把它们挪走。

瑞典**工厂立法**证明了这种情况。除了软弱无力和执行不力的有关雇佣童工的1881年法案，国会著名的激进议员（斯德哥摩代表）S. A. 赫丁于1884年首先提出了工人阶级的要求。由于他的提议而得以任命的委员会起草了一个节制危险职业的议案，以及关于事故保险、医疗保险的法案和关于养老金的法案。但是，只有一个法案，即针对危险职业的法案得以通过；1890年，当局任命了3名——仅仅3名——检查员去检查法案的限制规定的执行情况。（后来，检查员的数量增加到了5人，今年已经决定增加到8人，因为他们现在还要检查童工的情况。）另一方面，到目前为止政府提出的所有保险法案、如上所述的关于事故保险的法案以及更为全面的伤残人抚恤金和养老金法案（根据德国的做法，但有非常重要的自己的细致规定）都遭到了国会两院或其中一院的否决。但也不能说，政府除了把这些法案提交给国会还做了更多的事情。所以，在社会保护立法问题上，瑞典仍采取了一个最落后于时代的国家的立场；今年通过的一项关于童工的法案不可能在实质上改变这种看法，因为在最为重要的条款上，它无耻地纵容了资本家的利益。

与此相反，保护雇主所说的"自由劳工"——即工贼——的立法却在90年代取得进展。早在1893年，由于补充了一条代表这些令人关注的人的利益的特别规定，刑法典就变得更加严厉了；1899年，受到社会党人的中央联合会成立的压力，国会立即通过了一项明显针对工人罢工的更为严厉的措施，也就是扩大了检察官的权力。这部法案的内容如此不同寻常地偏袒某一个阶级，对"企图"犯这种罪的行为的惩罚如此不公正，因此高等法院一致劝说不要通过这项法案。尽管如此，作为对受到政府有关挪威的政策激怒的极端反动政党的安抚措施，法案在1899年竞选活动期间还是获得批准。不少瑞典工人成了这部可耻的所谓《阿卡普斯法》（得名于提案人的居住地）的牺牲品，但总体而言，作为一个引起人们抗议的法律，它的影响对工人运动有利。如果我们对**当前**法官运用的这部法律予以适当的注意，它就可能像以前那样几乎不会成为罢工和同盟歇业期间工人捍卫自身权利的任何障碍。

由于在考察选举权状况时已经说明的原因，目前在瑞典实施一以贯之的压迫统治的可能性不大，刚刚发生的首相的更换看来并不意味着掌权者有这样的意图。然而，瑞典社会民主主义——它的可仰赖之处在于它符合发展的要求——将利用其对手的所作所为。在相对平静的时期，比如现在，我们利用我们享有的运动的自由去做对自己有利的事情；如果暴风雨再度来临，我们会像过去一直屡试不爽的那样依靠工人阶级的团结，并且在某种程度上依靠在一切危急时刻支持着瑞典民族的公正感和对自由的热爱。我们刚刚经历了最惨痛的损失，即瑞典南部运动的创始人和领导人、我们党最优秀的记者阿克塞尔·丹尼尔森和我们伟大的组织者、中央联合会的生命和灵魂弗雷德里克·斯泰屈——从运动伊始他们二人就是可靠的战士——在几天之内相继逝世。但是，虽然一个个战士倒下了，运动却在向前。今后我们将一如既往竭尽全力去唤醒工人阶级的阶级感情，用社会主义启蒙他们，把他们组织成为政党和工会。我们的运动在精神上向来是国际性的，我们将与我们斯堪的纳维亚国家以及像我们国家一样资本横行的其他国家的同胞携手一步一步向前去夺取权力，一步一步地走向伟大的、世界的社会主义理想：自由的人民治理自己、自己的国家和管理所有的财富，为了所有人的福祉而共同劳作。

代表执行委员会：

亚尔马·布兰亭

1900年9月15日斯德哥尔摩

图书在版编目（CIP）数据

第二国际第五次（巴黎）代表大会文献／童建挺主编．—北京：中央编译出版社，2015.11
（国际共产主义运动历史文献／王学东主编；19）
ISBN 978-7-5117-2821-0

Ⅰ．①第⋯
Ⅱ．①童⋯
Ⅲ．①第二国际－会议文献－汇编
Ⅳ．①D145

中国版本图书馆 CIP 数据核字（2015）第 259848 号

第二国际第五次（巴黎）代表大会文献

出 版 人：刘明清
责任编辑：薛迎春
责任印制：尹　珺
出版发行：中央编译出版社
地　　址：北京西城区车公庄大街乙5号鸿儒大厦B座（100044）
电　　话：(010) 52612345（总编室）　　(010) 52612336（编辑室）
　　　　　(010) 52612316（发行部）　　(010) 52612317（网络销售）
　　　　　(010) 52612346（馆配部）　　(010) 55626985（读者服务部）
传　　真：(010) 66515838
经　　销：全国新华书店
印　　刷：北京印刷一厂
开　　本：787 毫米 × 1092 毫米　1/16
字　　数：364 千字
印　　张：28.25
版　　次：2015 年 12 月第 1 版第 1 次印刷
定　　价：170.00 元

网　　址：www.cctphome.com　　　　邮　　箱：cctp@cctphome.com
新浪微博：@中央编译出版社　　　　　微　　信：中央编译出版社(ID: cctphome)
淘宝店铺：中央编译出版社直销店(http://shop108367160.taobao.com)　　(010)52612349

本社常年法律顾问：北京嘉润律师事务所律师　李敬伟　问小牛
凡有印装质量问题，本社负责调换，电话：(010) 55626985